prometeo
libros

CALEIDOSCOPIO DE LAS
POLÍTICAS TERRITORIALES

María Carla Rodríguez

María Mercedes Di Virgilio

(compiladoras)

Caleidoscopio de las políticas territoriales

Un rompecabezas para armar

Caleidoscopio de las políticas territoriales : Un rompecabezas para armar / María Mercedes Di
    Virgilio ... [et.al.] ; compilado por María Mercedes Di Virgilio y María Carla Rodríguez. - 1a ed. -
    Buenos Aires : Prometeo Libros, 2011.

    402 p. ; 23x16 cm.

    1. Política Social. I. Di Virgilio, María Mercedes II. Di Virgilio,
María Mercedes, comp. III. Rodríguez, María Carla, comp.
    CDD 300

© Prometeo Libros, 2011
Pringles 521 (C1183AEI), Buenos Aires, Argentina
Tel.: (54-11) 4862-6794 / Fax: (54-11) 4864-3297
distribucion@prometeolibros.com
www.prometeoeditorial.com

Índice

PRÓLOGO

La ciudad, el territorio, las políticas públicas, multidimensional alambique de los procesos de cambio social.

Lugar para conquistar nuevos derechos o hacer reales los que ya tenemos.

Lugar de aproximaciones y distancias. De conflictos y consensos. De experiencias individuales y colectivas. Complejidad y diversidad. Contradicciones crecientes. Desigualdad. Dualidad. Ciudad formal e informal. Vivienda normal o subnormal. Enclave global o asentamiento marginal. Situaciones y visiones contrapuestas.

Lugar desde donde plantear interrogantes y cuestiones. Desde donde inferir el pensamiento del presente y alimentar las percepciones del futuro.

Desde donde superar las limitaciones disciplinares que se revuelven interpeladas por las transformaciones necesarias en la manera de concebir o actuar.

Lugar, en fin, donde es posible la construcción colectiva en pos de la equidad.

** Caleidoscopio… al explorar las relaciones entre la política habitacional, la política urbana y los procesos de desarrollo urbano metropolitano nos propone perspectivas múltiples sobre experiencias habitacionales presentes en el horizonte temporal de las dos últimas décadas en una aproximación que incluye una crítica revisión y aprendizajes estratégicos para la reconsideración de futuros lineamientos.*

Atraviesa así provincias, ciudades y barrios

La mirada recorre las provincias de Buenos Aires, Córdoba y Mendoza, transita por la Ciudad de Buenos Aires y se extiende en su Área Metropolitana, deteniéndose en diversos distritos en la reflexión sobre problemáticas socioterritoriales tensadas por la desigualdad, las contradicciones y aspiraciones de una sociedad en cambio. Cruza las ciudades de Córdoba, Rosario y Mar del Plata dando cuenta de acciones desarrolladas que ofrecen lugares al análisis evaluativo. Cuyos resultados inapelables nos muestran así que, a pesar de los sostenidos esfuerzos realizados por la Sociedad y el Estado, éstos no han construido ciudades inclusivas, antes bien han instalado, crecientes marginalidades, negando el derecho a la centralidad de los sectores más pobres, profundizando la segregación y la fragmentación socioterritorial.

Recorre políticas, planes, programas y proyectos

En la bisagra invertida de la descentralización de los 90 y la recentralización de la primera década del nuevo milenio observa la multiplicidad de políticas, programas y proyectos realizados desde diferentes instancias y niveles del gobierno, rescatando *presencias, ausencias y consecuencias…*

Así pone en valor, en los 90, la presencia del accionar y de los aportes de los gobiernos locales y de los sectores populares en su rol de agentes activos de una política habitacional, cuyo eje social compensatorio no alcanza a disimular la huida del Estado de sus responsabilidades centrales y el traslado de parte de sus cargas en los actores convocados.

En el inicio del milenio analiza y reflexiona sobre los alcances de iniciativas habitacionales, organizadoras de los esfuerzos sociales de promoción y reactivación productiva de la poscrisis, expresos en la singular persistencia de las tradicionales modalidades de intervención y gestión del Programa Federal de Construcción de Vivienda; las nuevas intencionalidades del Plan Federal de Emergencia Habitacional, los evolutivos aportes de los Programas de Asentamientos Irregulares: Mejoramiento de Barrios PROMEBA y Rosario Hábitat, las contraposiciones regresivas del Programa Ciudad de Mis sueños (Córdoba) y las innovaciones en la construcción social de la Ley 351 Autogestión habitacional de la Ciudad de Buenos Aires.

Coloca en el centro del debate la dialéctica entre las transformaciones de las políticas del hábitat y las condiciones de producción de la ciudad, y alerta sobre la precarización de la institucionalidad pública y la preeminencia de lo coyuntural sobre la visión del futuro convocante.

Muestra la centralidad de la intervención del Estado, inseparable en el análisis de las experiencias cuya presencia o ausencia incide en la distribución de beneficios y oportunidades, la modelación de la vida y necesidades familiares, las formas de organización social, las conductas y decisiones en el acceso a la vivienda y a la ciudad y en los cambios del patrón de asentamiento residencial.

Así, las consecuencias del *"dejar hacer…"* impulsor de las modalidades de inserción urbana precaria que se acumulan sin respuesta creando la agenda pública de situaciones inducidas. Mientras que en el *"hacer…"* actúa en lógicas cerradas generando consecuentes conductas controversiales, construyendo estigmas territoriales y conflictividades sociales. Presiona sobre el conjunto decidiendo por sí aislado de los efectores sociales y de la ciudad, desarrollando suelo y relocalizando hogares en los bordes de la urbanización, en zonas fronterizas, con condiciones urbanas deficitarias, con dificultades de accesibilidad. Fragmentario, "filtra" demandas y recursos que se orientan, muchas veces en o por, los interesados con mejor capacidad de gestión, dando cuenta de una noción instrumental limitada de la participación y de las organizaciones sociales. Sectorial, omnipotente, denota su ineficiencia en la discontinuidad, descoordinación y falta de integralidad en sus abordajes.

Desde allí, interpela las ausencias de condiciones inclusivas de acceso al suelo, de promoción de la economía social, de participación social, de desarrollo y fortalecimiento de capacidades institucionales y sociales, de reconocimiento de los esfuerzos cotidianos de los pobladores pobres en la construcción social del hábitat en el que viven.

Advierte sobre la persistencia de políticas asistenciales que mantienen la dependencia de los sectores "beneficiados" y sobre la relocalización forzosa que trae consigo la pérdida simbólica y del sentido de pertenencia de las familias desplazadas.

Valora en las presencias el emergente protagonismo de los habitantes y la creciente participación de los sectores populares organizados, y su insoslayable proyección en el devenir de las políticas del hábitat.

Responde interrogantes que vinculan temáticas y experiencias

¿Qué capacidades tiene el Estado argentino para intervenir en la problemática del hábitat, teniendo en cuenta las transformaciones y los cambios en su rol ocurridos durante las últimas décadas? ¿Qué hicieron los Estados Provinciales para atender el déficit habitacional de los sectores más pobres a partir de las reformas acaecidas a nivel nacional? ¿Desde qué organismos trabajó en ello? ¿Qué programas puso en marcha? ¿A qué actores convocó y para qué?

¿Cuáles son las relaciones que entablan el proceso de producción de la ciudad metropolitana, la política urbana y la política habitacional en la Región Metropolitana? ¿Qué contribuciones realiza el Programa Federal de Construcción de vivienda al desarrollo urbano metropolitano? ¿Qué lectura puede hacerse del modo en que incide en el proceso de distribución/ localización de la población en la metrópolis? ¿Cuáles son sus implicancias territoriales y sociales más importantes?

¿Qué se entiende por "vivienda", principalmente cuando se aborda la cuestión desde una política pública? ¿Se refiere a ésta sólo como unidad física, funcional para la reproducción de las familias tomadas individualmente, o se incorpora en ese concepto al medio y a las necesidades involucradas para el desarrollo de esa reproducción? ¿Qué tipo de articulaciones entre Estado y sociedad se construyen en relación con la provisión de viviendas? Más específicamente, ¿cómo se vinculan el Estado, el mercado y los actores sociales en la formulación y ejecución de la política habitacional?

¿Cuál es la incidencia del desarrollo de infraestructura y de la focalización de las intervenciones? ¿Cuáles son los conflictos entre el fragmento espacial y la interconectividad de las redes sociales? ¿Cómo juega la localización de las viviendas en el acceso a la centralidad?

¿Cómo incide la dimensión normativa en los conflictos? ¿Qué contradicciones atraviesan la producción jurídica en la reglamentación del acceso al suelo urbano? ¿Qué instrumentos se ponen en juego? ¿Quiénes, cuáles y cómo logran imponerse? ¿Cómo se define lo legal y lo legítimo en las prácticas desplegadas? ¿Es posible pensar en otras racionalidades normativas presentes en el proceso? ¿Qué aportan las metodologías de participación comunitaria en el abordaje de la integralidad de las intervenciones?

¿Qué papel juegan las mujeres en las cuestiones relacionadas con el acceso, permanencia y mejoras del hábitat?, y ¿cuál es el alcance de las transformaciones subjetivas que involucran a su propia personalidad, al reconocimiento de sí misma, a la adquisición de nuevas capacidades, a la seguridad y conciencia de derechos?

En todas las instancias se interpela ¿cómo, para qué y quiénes construimos la ciudad?

Opone lógicas dominantes del campo de actuación…

Lógica privada, lógica popular y lógica pública que en su intersección se manifiestan en la acentuación del proceso de periferización residencial de los sectores de menores ingresos y en la continua expansión de la mancha urbana metropolitana, cuyas deseconomías tensionan las capacidades de los gobiernos para la gestión del territorio.

Lógica pública y la lógica de la necesidad conjugadas, en la incorporación de los asentamientos irregulares a la ciudad a través de innovadoras intervenciones físicas y sociales que integran en el abordaje, diversas escalas (urbana, barrial y habitacional) y niveles de acción (colectiva, familiar e individual) y que junto con la participación de los beneficiarios construye inequívocos espacios de interacción de las partes involucradas en la gestión urbana, en los que se articulan compromisos recíprocos y se canalizan conflictos emergentes.

Lógica positivista tecnocrática, cerrada, predeterminada, patriarcal y de clase y lógica horizontal, dialéctica, evolutiva, flexible y adaptativa, del pensamiento de un desarrollo centrado en el ser humano, contrasta así, la interpretación *"del otro"* con la construcción *"con el otro"*. Propone, desde allí, una herramienta: *el diseño participativo,* el que, a través de la construcción colectiva y las decisiones consensuadas entre diversos actores, permite concretar propuestas integrales y espacios habitables. Destaca sus aportes al proceso de transformación de percepciones y los impactos que se generan en las personas, la familia y la comunidad toda desde los sexos a los derechos, los roles y las formas de apropiación y uso de los espacios privados y públicos donde se inserta. Y también, a la reversión de la lógica caracterizada por la *clandestinidad, invisibilidad y la ley del más fuerte* que rige la definición de los espacios informales de habitación de los sectores más pobres.

** Caleidoscopio… desarrolla aportes conceptuales que abren caminos en el panorama complejo y diverso que desafía las políticas públicas en la realidad de las intermodelaciones socioterritoriales que implican. De este modo amplía la mirada de las ciencias sociales generando un espacio de ensanche multidisciplinario de abordaje, en donde la conceptualización se vuelve instrumental a la aproximación de la polivalencia y polisemia que las caracteriza.*

Se interroga sobre la especificidad de lo urbano y las características que agrega a las políticas públicas y sobre las interinfluencias entre lo micro, lo macro y viceversa, construyendo respuestas que nos amplían las posibilidades de comprensión de las interrelaciones entre los procesos de cambio social, los lugares, la ciudad y sus resultantes. Al par, cuestiona los modos en que percibimos, construimos y usamos el conocimiento fundante de las decisiones y las acciones.

- La apertura de los conceptos de territorio, escala, multiescalaridad presentados en abierta concurrencia con los actores sociales aborda la retroalimentación dialéctica y temporal de la construcción social que los especifica, mientras brinda elementos que constituyen un elemento fundamental para comprender los recorridos y orientaciones que asumen las políticas. Denota, también, la relevancia de los procesos de producción de diferencias socioterritoriales como dimensión del análisis de las políticas públicas y la de la cuestión urbana, y nos advierte que las transformaciones territoriales no son sólo escenario, sino un medio de la producción activo de la desigualdad, y que la vulnerabilidad selectiva expone a las poblaciones de manera desigual a sus efectos.

- Ante la convergencia territorial de los procesos de desarrollo macroeconómico y aquellos devenidos del campo del hábitat y el habitar, tiende un puente aproximando lo micro y macro en el análisis y concepción de la actuación.

Coloca en el centro de las estrategias "lo micro", las personas, los hogares en su capacidad de respuesta a los desafíos de los escenarios actuales. Valora desde allí el aporte a la creatividad y la acción colectiva, que importan su trabajo y las acciones que libran desde los lugares que habitan, su lucha obstinada la producción social del hábitat y el impulso de procesos innovativos de contenido e impacto transformadores que protagonizan.

Esta apertura valora la interfaz entre las estructuras socioeconómicas y familiares presente en la interacción social de las dimensiones individuales y colectivas de opciones y decisiones en su contribución a las políticas. Esto es, la relación que existe entre la inserción de las familias en el hábitat y la movilización de redes familiares y sociales, no sólo en la ampliación de las posibilidades y recursos para atender las necesidades sino como vehículo de cambio social. Visión que otorga una valoración estratégica de la producción social del hábitat, tanto como proceso potenciador de la economía popular urbana y de las mejoras en la calidad de vida, como motor de la sociedad urbana toda.

Debe considerarse aquí que, si bien desde lo "macro" las políticas públicas construyen las estructuras de oportunidades cuya amplitud de acceso constituye la garantía de participación y reproducción de los hogares, las mismas no sólo son percibidas y aprovechadas, sino también creadas por las propias familias y las organizaciones, a través del sistema de relaciones en el que se inscriben.

A esta posición se suman los aportes de la mirada que invita a abordar las políticas sociales como parte del proceso de reproducción social y a considerar la dimensión colectiva del hábitat en las estrategias habitacionales familiares enlazadas en las redes sociales y la organización comunitaria que avanza y se vuelve central, en los enlaces entre lo micro y lo macro, en la construcción de la equidad y la ciudadanía consciente y responsable.

- Ante la implementación de políticas y programas públicos propone un abordaje que profundiza en el comportamiento y definición de los actores involucrados. Se interroga sobre cómo discernir las personas, grupos, instituciones, empresas que pueden influir en los procesos o estar afectados por la temporalidad dinámica y variable de los mismos. Advierte sobre la falta de neutralidad de sus visiones, valores, capacidades e intereses y pone el acento en la acción estratégica que despliegan para que el accionar se oriente a sus deseos. Denota la acción y la situación que los determina y la naturaleza política de la red de relaciones interdependientes presentes, en los ámbitos y momentos de formulación y ejecución de las decisiones.

Es en esta dirección, que se suman otras reflexiones sobre las capacidades del Estado en la faz relacional de la *Gestión del hábitat*. Lugar concreto de restricciones y oportunidades en el cual se materializan las relaciones de intercambio, se procesan las diferencias, se reconfiguran los problemas, se encuentran posiciones y se dan las soluciones de diferente manera en cada caso, lo cual trae a la escena, otra vez, los aspectos más políticos que técnicos de las respuestas a las demandas sociales.

En la *Gestión del hábitat*, se manifiestan así las capacidades de los actores, gubernamentales y de la sociedad civil, en el articular recursos, mediar entre posiciones divergentes y resolver las tensiones originadas en los intereses encontrados de los actores que se expresan en el territorio, y que se vuelven clave como elemento estratégico de la toma de decisiones.

** Caleidoscopio… distingue los procesos autogestionarios colectivos que entrelazan su accionar en la producción social del hábitat y en los procesos sociopolíticos, como elementos presentes en el devenir futuro de las políticas urbano habitacionales desde una perspectiva integral de alcance territorial.*

Organizaciones, Movimientos, redes sociales aglutinadas en torno a la intención de resolver el hábitat cotidiano, tierras, vivienda, ciudad. Surgidos como nuevos actores en la estructura sociopolítica y buscan incidir en la Agenda de Sociedades y Gobiernos. Cuentan con capacidad de crear espacios de construcción de mecanismos de decisión y producción de consensos, como de conocimiento social y creación colectiva, haciendo expreso el impulso de participar, "de hacerse parte" de los acontecimientos que configuran sus vidas y exigen nuevos modos de relacionamiento e inclusión en las decisiones públicas, que se dan acompañadas por la dialéctica entre la mayor conciencia social de las situaciones deficitarias y la más amplia percepción de los derechos humanos y sociales que caben en su satisfacción.

Las trayectorias y testimonios del Movimiento de Trabajadores Desocupados, del Movimiento Territorial Liberación (MTL) en la construcción del complejo habitacional Monteagudo y los alcances de las innovaciones institucionales promovidas desde el Movimiento de Ocupantes e Inquilinos - CTA dan cuenta de nuevos imaginarios en las formas de acceso al trabajo, la vivienda y la ciudad, y de la aceptación del desafío de participar e impulsar programas complejos que integren los diversos componentes y procesos del desarrollo más allá de la construcción de viviendas.

Los esfuerzos realizados se traducen y refuerzan en las resultantes insoslayables: Mayor capacidad de gestión de los pobladores organizados. Participación responsable. Organización. Solidaridad activa. Fortalecimiento prácticas y capacidades. Compromiso y convivencia social. Reavivación posible de la economía barrial y urbana. Ellos ilustran sobre las relaciones entre producción del hábitat, organización de la población y proceso sociopolítico y resignificación cultural implicadas en los procesos de reorganización de la vida cotidiana y la reapropiación colectiva del espacio vivido, que construyen la sustentabilidad de las innovaciones introducidas.

La *dimensión cultural* se presenta así como el factor clave desde donde se puede avanzar en la construcción de las innovaciones en las políticas a través de la valoración de la *Apropiación* de sus protagonistas. *Apropiación* que implica dar lugar a la ecuación articuladora del *Autoconocimiento,* entendido como conciencia de posibilidades y limitaciones de cambio, de errores y aciertos conseguidos y de lo mejor u oportuno para adaptarse a las circunstancias de tiempo y lugar. De la *Autoestima* expresa en la capacidad de cambio, de obtención de logros, de sobreponerse a las dificultades. De la *Apertura* ligada a la amplitud de espíritu, a la capacidad de reconocimiento de los avances logrados por los otros, los diferentes y el interés por asimilar esas enseñanzas y de la *Acción colectiva* que conjuga todos estos elementos en la capacidad de organizarse y movilizar recursos con el fin de acordar y obtener metas colectivas en la consecución de una sociedad más justa y equitativa.

* Caleidoscopio… propone un recorrido indispensable para los que piensan e intervienen en políticas públicas. En lo personal, las palabras de los jóvenes investigadores que reúne me han evocado vivencias, percepciones y razones transitadas, como también me han cuestionado respecto de las potencialidades y limitaciones de los procesos que me involucraron como gestor de políticas públicas. Al par que me han colocado frente a caminos conceptuales y evaluativos conducentes a una perspectiva amplia y prospectiva responsable, de la complejidad del hábitat que nos desafía.

Arq. DP Myrian Beatriz Rodulfo

Coordenadas para el análisis de las políticas urbanas:

un enfoque territorial

María Carla Rodríguez
María Mercedes Di Virgilio

1. Las características de las políticas urbanas

No caben dudas de que en las tres últimas décadas, tanto a escala nacional como regional, los aspectos territoriales se han ido convirtiendo en referentes fundamentales de las políticas públicas. Por un lado, la implementación de políticas sociales focalizadas y los procesos de descentralización colocaron al territorio como objeto privilegiado de la *acción pública*[1]. Por el otro, en la medida en que los profundos procesos de cambio tecnológico, económico, cultural y político a escala mundial impactan inevitablemente a nivel territorial, globalización y localización se convierten en dos caras de una misma moneda (Moncayo Jiménez 2002; Harvey 2000). La recuperación de la dimensión territorial en el plano de las políticas públicas nos invita, entonces, a revisitar los rasgos y las características de aquellas acciones e intervenciones que desde el ámbito público reconocen al territorio como un componente clave, con el fin de aportar instrumentos analíticos que permitan discernir con mayor claridad qué se entiende por *política(s) urbana(s)*.

En pos de ese objetivo, el capítulo avanza en la indagación de la especificidad de *lo urbano* en las políticas públicas con el propósito de dar cuenta de que los territorios no son una simple proyección espacial de las iniciativas públicas, sino que son una cons-

---

[1] Siguiendo a Repetto (2005: 43), utilizaremos aquí la noción de *lo público* asociado "al ámbito de influencia de la política en general y de las políticas públicas en particular, entendiendo que estas últimas son *públicas* porque afectan a la colectividad y son resultado de la disputa de intereses procesada políticamente donde intervienen múltiples actores, no sólo gubernamentales".

trucción social, que condensan acciones y comportamientos múltiples, acumulados en el tiempo, con capacidad de influir también de forma significativa sobre el desarrollo de la política en un sistema de retroalimentación dialéctico. En esa búsqueda, para situar los estudios de las políticas públicas en el contexto de una *geografía de los lugares*, no se trata simplemente de dar cuenta del ámbito y de la escala de la intervención (aun cuando ambos aspectos resultan también relevantes), sino también de asociar a la acción pública el componente territorial en la explicación de las posibilidades que la política tiene para direccionar su propio proceso de implementación, y de obtener resultados que van más allá de las expectativas que definen su diseño. Estas posibilidades derivan de las condiciones de *milieu* (condiciones sociales, políticas, culturales, institucionales, etc.) que encuentran donde intervienen (Sforzi 1999). Desde esta perspectiva, el estudio de las políticas urbanas avanza en el desarrollo histórico del campo de los estudios urbanos que invita a la construcción de perspectivas y esfuerzos *de ensanche,* crecientemente interdisciplinarios (Winograd 1989).

Las preocupaciones que dieron origen a este trabajo y el enfoque que lo sustenta surgieron durante el desarrollo de los proyectos de investigación sobre producción social del hábitat (en adelante PSH) que las autoras venimos desarrollando en el Área de Estudios Urbanos del Instituto de Investigaciones Gino Germani. Uno de los hallazgos más significativos vinculados al análisis de los procesos de PSH es que el Estado y sus intervenciones juegan un rol central en su desarrollo (Di Virgilio 2004; Rodríguez 2004; Rodríguez y Di Virgilio *et al.* 2007, entre otros), constituyéndose en un componente insoslayable de dichas experiencias, por acción u omisión. En este marco, cuando hablamos de intervenciones estatales hacemos referencias a la multiplicidad de políticas, programas y proyectos que desde diferentes instancias y niveles del gobierno tienen capacidad para modelar la vida cotidiana de las familias, sus formas de organización social y el territorio en el que habitan. Dichas intervenciones producen importantes *marcas* en la vida cotidiana de las familias de sectores populares, en las formas de organización social y en el hábitat en tanto que contribuyen a definir *estructuras de oportunidades* para dar respuesta a los requerimientos de su vida cotidiana[2]. El acceso a las *estructuras de oportunidades* se vincula, por un lado, con las características del segmento del mercado de tierras y con el tipo hábitat en el que las familias desarrollan su vida cotidiana, y por el otro, con las *condiciones de su localización* asociadas a formas diferenciales de acceso al suelo, a los servicios, a los equipamientos urbanos, a los lugares de trabajo, etc. (Di Virgilio 2009). Reconociendo, entonces,

---

[2] Las *estructuras de oportunidades* se definen aquí como "las probabilidades de acceso a bienes, a servicios o al desempeño de actividades. Estas oportunidades inciden sobre el bienestar de los hogares, ya sea porque permiten o facilitan a los miembros del hogar el uso de sus propios recursos o porque les proveen recursos nuevos. El término *estructura* alude al hecho de que las rutas al bienestar están estrechamente vinculadas entre sí, de modo que el acceso a determinados bienes, servicios o actividades provee recursos que facilitan a su vez el acceso a otras oportunidades" (Katzman 1999: 9).

la importancia que las intervenciones públicas territoriales tienen en la organización social, avancemos en el análisis de las características de las *políticas urbanas*.

¿Cuál es la especificidad de lo urbano y qué características agrega a las políticas públicas?

Antes de avanzar en la definición de la especificidad de *lo urbano*, una de las cuestiones que vale recordar es que toda política pública –y las políticas urbanas no parecen ser una excepción– se define como un *proceso político* que involucra a un conjunto de actores que buscan realizar sus intereses por medio de diferentes estrategias (Castells 1974: 294). En el caso de las políticas urbanas, este *proceso político reconoce un anclaje territorial.* El calificativo *urbano* refiere, en ese marco, a unidades espaciales (territoriales) en las que se realizan y especifican procesos de producción, consumo, intercambio y gestión (Castells 1992: 65).

Para avanzar en una definición acerca de cuál es la *especificidad de lo urbano y de las características que agrega a las políticas públicas,* resulta necesario explicitar cómo concebimos el *espacio urbano,* cuestión que subyace a la comprensión de la dimensión territorial. Uno de los aspectos significativos de la naturaleza del espacio es su carácter multifacético (Lefebvre 1972), que refiere a una multiplicidad de aspectos sociomateriales ligados con la localización de determinados eventos (función de contención) y con las condiciones de posibilidad para su concreción (función de orden social). Esta condición dual del espacio es lo que permite pensar una noción de *praxis transformadora de los actores* en el territorio respecto de sus condiciones de producción, apropiación, consumo y gestión.

Tal como señaláramos, el espacio posee propiedades estructurales en tanto medio de producción (suelo urbano, por ejemplo) y parte de las fuerzas productivas (espacio abstracto socialmente producido). De este modo, la producción y la apropiación del territorio –junto con la tecnología, el conocimiento y el trabajo– definen el potencial productivo de una sociedad. En la etapa actual del desarrollo capitalista, esta cualidad del espacio nos sugiere, como plantea Harvey (2000 y 1978), la no separación tajante entre los aspectos de producción, consumo e intercambio que se materializan en el territorio y lo estructuran, aunque a los fines analíticos necesitamos distinguirlos. En este marco, por un lado, los procesos de consumo, orientados a garantizar la reproducción simple y ampliada de la fuerza de trabajo dan cuenta de la apropiación individual y colectiva de bienes, servicios e informaciones socialmente producidos (v. g. vivienda, alcantarillado, infraestructuras, dotaciones colectivas culturales y recreativas, equipamiento social, etc.) (Castells 1974: 280). Por otro, las políticas urbanas articulan modalidades específicas de producción de ciudad en las cuales el espacio juega como instrumento y elemento transformador de las relaciones sociales y políticas que se expresan en los conflictos –explícitos o latentes– por su apropiación (Rodríguez 2007).

En el territorio, la sociedad se produce y reproduce a sí misma: las *coherencias* del orden espacial contribuyen a controlar las contradicciones inherentes al desarrollo capitalista. El capitalismo, como modo de producción, ha sobrevivido, en parte, a través del uso del espacio para recrear las relaciones sociales que lo sustentan, por medio de un desarrollo geográfico desigual y combinado (Harvey 2003). Así, el control sobre la producción y la apropiación del territorio y las relaciones espaciales tiene una importancia estratégica para el control de otros medios de producción. Tanto las relaciones de posesión como su externalización material (la producción del territorio) están unidas a las relaciones de propiedad que constituyen el corazón del modo de producción capitalista, cuyo despliegue y carácter es eminentemente urbano.

En este marco, el espacio, transformado socialmente en territorio, deviene un instrumento de importancia estratégica para el Estado: *la organización territorial representa la jerarquía del poder y las políticas urbanas expresan ese estado de las relaciones sociales*. Asimismo, el territorio tiene un carácter ambivalente en la medida en que se constituye como producto y proceso de las relaciones sociales. En su producción y apropiación, relación y objeto se vinculan resistiendo a ser *reducidos* a una consideración unidimensional. De este modo, el territorio opera, por un lado, como *container* del proceso político, constituyéndose en una manifestación espacial de las actividades, prácticas y relaciones que los actores desarrollan en pos de la apropiación del producto social. Y, por el otro, las actividades, prácticas y relaciones del proceso político adquieren rasgos que les son propios y que están definidos por las singularidades de la estructura espacial.

Otro aspecto que parece caracterizar a las políticas urbanas, vinculado con lo expuesto hasta aquí, es el hecho de que mientras otras políticas públicas se orientan hacia la provisión de servicios a ciudadanos, clientes, usuarios y/o consumidores, las políticas urbanas focalizan sus intervenciones en un determinado territorio o en áreas espacialmente delimitadas y/o en grupos sociales asociados con aquéllos. La definición de los problemas que las intervenciones públicas intentan resolver parte de ese anclaje territorial y de sus características, antes que de las poblaciones y/o grupos que allí se asientan. A pesar de ello, en la medida en que las políticas refieren a una determinada área y/o territorio, esas áreas de referencia se constituyen en un medio para acceder a grupos concentrados espacialmente en ellas (Cochrane 2003: 532).

Así, en el marco de la implementación de las políticas urbanas, la definición misma de *lo urbano* (como alcance y a la vez escena de la acción pública) es resultado de un proceso de construcción social, político y también simbólico-cultural. Los procesos políticos que se realizan y especifican a nivel territorial van construyendo política, y también, simbólicamente, una territorialidad de referencia en la relación entre los distintos actores y en las cuestiones que ingresan a la agenda pública. De este modo, la construcción de un *territorio de referencia* se convierte en tarea del propio *proceso político*, que no puede ser pensada como prerrequisito de la acción ni tampoco como una decisión exclusivamente técnica. El *territorio de referencia* constituye así una unidad espacial configurada por la historia de la relación entre los actores y por las cuestiones que los vinculan.

En este contexto, un actor se constituye como tal en la medida en que actúa de manera comprometida con relación a cuestiones socialmente problematizadas a nivel territorial[3]. Desde esta perspectiva, es la categoría de *acción social territorializada* la que define su inclusión como actor en el marco de la implementación de una política urbana. La relevancia de los actores, de este modo, no está dada sólo por el hecho de que su acción se desenvuelva en un área predefinida, sino también por el sentido, la intencionalidad y los propósitos de la acción. Asimismo, la acción pública de los actores urbanos reconoce diferentes alcances conforme sean las cuestiones desde las cuales se organiza. Su alcance territorial variará según los marcos de la experiencia, la problemática y las cuestiones sobre las cuales dichos actores pongan en juego su capacidad de acción pública (barrio, localidad, cuenca, región sanitaria, municipio, distrito escolar o región educativa, provincia, nación). La complejidad se torna aún mayor en tanto estos procesos nos enfrentan con actores (individuos, grupos o instituciones) cuya actuación pública no sólo tiene un alcance territorial diferente, sino que también sus intereses se despliegan en más de uno de esos territorios, con influencias más o menos explícitas sobre el área de referencia que se define en el marco de la política (Chiara y Di Virgilio 2006).

Cuando la política pública se encuentra con el territorio, las particularidades de este último contribuyen a redefinir el curso de la acción en la medida en que sobreimprimen a su desarrollo la impronta de una configuración socioterritorial particular. De este modo, la política urbana no sólo recupera su especificidad por su *carácter territorializado,* sino que además dicho carácter se define por una *particular configuración de relaciones e interacciones sociales que constituyen un elemento fundamental para comprender el derrotero y los sentidos que asume la política misma*[4]. Esto es así en la medida en que en el territorio se despliega un conflicto central entre el *espacio abstracto* (como externalización de las prácticas político-económicas del capitalismo y del Estado que demandan crecientemente *fragmentos intercambiables* de ciudad, en términos de complejidad y agregación, pulverizando las relaciones sociales de carácter fragmentado, jerárquico y, concomitantemente, homogéneo) y el *espacio social* (espacio de valores de uso producidos por la interacción de todas clases en la vida cotidiana) que, por definición, es heterogéneo e irreductible (Lefebvre 1972).

---

[3] Las cuestiones socialmente problematizadas son precisamente las que direccionan las estrategias de los actores en pos de zanjar las brechas entre condiciones del contexto, sus consecuencias en el territorio y el abanico de problemas hacia los que se orientan las políticas y programas.

[4] Obviamente, sin soslayar que la dinámica y el sentido de las relaciones que se desarrollan en el territorio no pueden ser comprendidos independientemente de las condiciones más generales que definen las coordenadas para la acción.

El territorio, entonces, expresa una construcción social activa y compleja que ancla indefectiblemente la vida cotidiana de los habitantes a partir de definir un juego de relaciones intrínsecamente conflictivo. En este juego, poderosos jugadores compiten para lograr mayores ganancias mientras que los más débiles luchan para sobrevivir, reproducirse de manera ampliada y, a veces, en ciertos momentos de la historia, para organizarse, resistir, desafiar y proponer otro orden de cosas.

Por ello, el territorio, como expresión de la lucha de clases y de contradicciones de género, etarias, culturales, étnicas, religiosas, etc., es una incubadora de cuestiones socialmente problematizables que pueden impulsar, cuando efectivamente son problematizadas, la acción por parte del Estado y por parte de la sociedad. El territorio, por lo tanto, ofrece y genera limitaciones, pero también posibilidades para cada actor, individual o colectivo, que despliega su accionar en el ámbito socioespacial en donde desarrolla su vida cotidiana. Es en el territorio, finalmente, donde se manifiestan las condiciones de producción, apropiación y resignificación que hacen a las posibilidades de transformación de los procesos que han configurado y configuran la *producción social de la desigualdad* y de las múltiples dimensiones en las que se manifiesta (accesibilidad a los recursos estratégicos: agua, fuentes de energía, entre otros; equipamiento e infraestructuras para diversos usos y necesidades sociales: habitacionales, productivas, de servicios, recreativas, entre otras; etc.) (Rodríguez 2008).

2. Las escalas de intervención de las políticas y sus relaciones con fenómenos macro, meso y microsociales[5]

Tal como señaláramos anteriormente, un rasgo de las políticas urbanas es que, en parte, su especificidad está dada en su interfaz con el territorio. Sin embargo, esta característica no implica que las políticas urbanas tengan por definición un alcance eminentemente local y, mucho menos, que su análisis sólo pueda resolverse desde una perspectiva microsociológica. Por el contrario, la definición del alcance de las políticas urbano-territoriales y de la escala socioespacial más adecuada para su análisis constituye un aspecto crítico cuando estamos interesados en dar cuenta de su derrotero. Para avanzar en este recorrido, es necesario descifrar previamente *cómo se define una escala.*

Tradicionalmente, la cuestión de las escalas espaciales está vinculada con la discusión en torno a la forma en que la geografía ha abordado el espacio. En este marco, la escala se aproximó fuertemente a la noción de *escala cartográfica*, que define la relación entre superficie real y superficie representada. De este modo, de acuerdo con el tipo de estudio o la dimensión a ser analizada, la escala permitía definir o *recortar* el territorio a ser examinado. Así entendida, la definición de la escala era una tarea previa al desarrollo del proceso de producción de conocimiento. "Una vez establecida, la escala se

---

mantenía fija y dejaba de ser objeto de interés. Por ejemplo, la escala estatal ha sido una escala privilegiada por la geografía tradicional, contribuyendo a que los territorios de los estados se consideraran como unidades fijas e inamovibles (y a su naturalización); era el punto de partida del análisis, y todo aquello que se hiciese quedaba incluido en dicho territorio" (Ministerio de Educación de la Nación, sin fecha)[6].

Sin embargo, a partir del reconocimiento de que los fenómenos sociales, aun aquellos que se circunscriben en un ámbito espacial acotado (el barrio, la vivienda, las plazas, etc.), requieren para su comprensión del tratamiento de aspectos que acontecen en otras escalas, la geografía y las otras ciencias sociales han avanzado hacia un nuevo estudio de la cuestión de las escalas. Desde esta perspectiva, la escala deja de ser un dato previo, para convertirse en *una lente* a la que recurre el investigador para aproximarse al fenómeno (en nuestro caso, la política y/o sus efectos) a ser analizado.

> Así por ejemplo, si estuviésemos interesados en analizar los procesos de desindustrialización o empobrecimiento de la población de una determinada localidad, el análisis que llevaríamos a cabo [...], muy probablemente [requeriría] que incorporemos procesos sociales y económicos que acontecen en otras escalas, por ejemplo la escala global en la que se llevan a cabo las estrategias de división espacial del trabajo de grandes empresas que actúan en todo el mundo, pues son estas estrategias globales las que explican, en último término, las decisiones de localización de sus plantas; quizás debamos también recurrir a la escala estatal, pues probablemente las políticas del Estado (definidas no sólo para la localidad que nos ocupa) tengan injerencia en lo que en dicha localidad sucede, o incluso medien entre las decisiones globales de las empresas y las consecuencias que se perciben en el ámbito local (Ministerio de Educación de la Nación, sin fecha).

La definición de la *lente* más adecuada para llevar adelante la indagación supone la identificación de los actores del proceso de la política urbana analizada, de los efectos territoriales, así como también de las prácticas y representaciones de los actores involucrados en la política misma[7]. De este modo, al examinar las *huellas de la política urbana en el territorio*, los procesos que ésta desencadena y que han generado y generan la materialidad, la dinámica y la diferenciación territorial —no sólo en perspectiva sincrónica sino también histórica–, el investigador se enfoca en una realidad contingente y dinámica que se caracteriza siempre por su ubicación relativa en un contexto mayor. Asimismo, cuando de políticas urbanas se trata, la escala de las intervenciones, generalmente asociada a la cobertura y volumen de los proyectos, presenta otras aristas si se considera que más allá del tamaño, en la intervención se ponen en juego una multiplicidad de cuestiones asociadas a los cambios y a la variedad de escalas (Catenazzi y Da Representaçao 2009). Este reconocimiento exige considerar las interacciones entre

---

[6] Cabe destacar que, como señala Valenzuela (2004), "la selección de una escala como punto de partida, no es inocua ya que determina la relevancia de los fenómenos, su impacto y significado".

[7] Tal como señaláramos anteriormente, estos actores despliegan lógicas de configuración y actuación que pueden o no ser locales y definen un *entramado* que transforma y recrea las políticas y que produce, en definitiva, el territorio (Pirez y Herzer 1995).

los procesos globales, los regionales y los locales sobre dicho territorio a fin de evitar sobredimensionar, en un solo nivel de análisis, la importancia puntual de factores o elementos (Valenzuela 2004). La noción de *articulación escalar* (o juego de escalas) ha ido cobrando fuerza para dar cuenta de esta cuestión (Herod 2003).

Para precisar el concepto de *escala,* Gutiérrez Puebla (2001) distingue cuatro dimensiones: la escala como *tamaño,* como *nivel,* como *red* y como *relación.* La primera se corresponde con la *escala cartográfica* y establece órdenes de magnitud y nivel de detalle o resolución. El segundo concepto alude a la escala *como nivel jerárquico* (local, provincial o estadual, regional, nacional, global). La *escala como red* rechaza la idea de escala asociada a determinadas áreas o niveles jurisdiccionales y plantea la idea de redes de agentes que operan a distintos niveles y profundidades de influencia. Por último, la noción de *escala como relación* se apoya en la idea de que cuando se cambia de escala, los fenómenos, acontecimientos, procesos y factores que se contemplan pueden ser básicamente los mismos, alterándose las relaciones entre ellos y su peso relativo en la definición del fenómeno a analizar, adquiriendo algunos una importancia diferencial.

Los tipos de escalas

La escala como *tamaño* puede ser definida por el número de veces que la realidad es reducida para su consideración. Es el concepto de escala cartográfica, en la cual esa reducción se expresa mediante una fracción, por ejemplo 1: 500.000, donde 1 es la realidad y 500.000 es el número de veces en que la realidad ha sido reducida para su representación cartográfica. Según el valor del denominador se denominarán planos (de 1: 1 a 1: 10.000), cartas (de 1: 10.001 a 1: 500.000) y mapas (de 1: 500.001 en adelante). Las escalas se clasificarán según el grado de detalle que admitan en la representación: los planos tienen escalas grandes, que permiten un mayor grado de detalle, los mapas tienen escalas pequeñas por su menor grado de detalle.

La escala como *nivel* jerárquico implica admitir que entre la instancia mundial y la puntual existe toda una gama de niveles insertos unos en otros y asociados muchas veces a las divisiones político-administrativas (a las jurisdicciones). Cada uno de estos niveles es generalmente denominado como supranacional, nacional, regional y local.

Las políticas urbanas tienen inercias que producen efectos más allá del momento y el lugar de la intervención. Teniendo en cuenta esta característica, en el marco de la conceptualización de la escala como *red* y como *relación,* Santos (2000) aplica la noción de *escala* a los acontecimientos, siguiendo dos acepciones. La primera es la *escala del origen* de las variables involucradas en la producción del acontecimiento. La segunda es la *escala de su impacto,* de su realización.

Los acontecimientos no se dan aisladamente, sino en conjuntos sistémicos —verdaderas situaciones— que son cada vez más objeto de organización en su instalación, en su funcionamiento y en el respectivo control y regulación. De esa organización dependerán, al mismo tiempo, la duración y la amplitud de esas situaciones, las que, a su vez, admiten dos tipos de solidaridad. El primer tipo tiene como base el origen del acontecimiento, su causa eficiente, cuya incidencia se produce, simultáneamente, en diversos lugares, próximos o lejanos. Se trata aquí de acontecimientos solidarios pero no superpuestos: su vinculación procede del movimiento de una totalidad superior a la del lugar en el que se instalan. El otro tipo de solidaridad tiene como base el lugar de la objetivación del acontecimiento, su propia geografización. Aquí los diversos acontecimientos concomitantes son solidarios porque están superpuestos y ocurren en un área común. En el primer caso tenemos *la escala de las fuerzas operantes* y en el segundo tenemos *el área de incidencia, la escala del fenómeno.*

Así, la escala de origen del acontecimiento se relaciona con la fuerza de su emisor. Es poco probable que el gobernador de un Estado o el intendente (alcalde, administrador comunal) de un municipio tengan condiciones para generar otra cosa que acontecimientos regionales o locales, respectivamente. Mientras tanto, en el ámbito geográfico de una región o de un lugar, las escalas superiores de acción están frecuentemente enviando vectores. Estos vectores de diferentes niveles jerárquicos se combinan para construir solidariamente *un área común de incidencia, que es su escala de realización.* Normalmente los estudios territoriales se centran en esta última, en tanto área de ocurrencia (y superposición) de los acontecimientos. La misma reviste una extensión variable, que a su vez orienta la selección del nivel inicial de análisis.

Fuentes: Valenzuela (2004)

A pesar de la existencia de las múltiples clasificaciones, *la articulación escalar* en el análisis de una política urbana constituye una opción que permite dar cuenta de la complejidad de su implementación y de sus efectos. Esta perspectiva supone centrar la atención en el *proceso de su implementación y sus huellas en el territorio*: las formas, la materialidad y la dinámica del territorio y de la forma urbana en un momento determinado[8]. Asimismo, supone vincular la política y su desarrollo con sus condiciones de producción. Las políticas urbanas, en su historicidad (y asociadas a otros factores y procesos), tienen capacidad de producir el espacio urbano; condensan acciones de múltiples actores que operan en distintos niveles o instancias (escalas) con sus prácticas materiales y sus representaciones (imágenes y discursos). Como resultado de esta dinámica en el territorio se manifiestan procesos de desarrollo desigual y diferenciación espacial[9].

Al respecto, Smith (1984: 135) señala que:

---

[8] Dichos procesos condensan prácticas y representaciones de una gran variedad de actores que construyen el espacio urbano a distintas escalas.

[9] El análisis de la política desde distintas escalas permite identificar *conflictos verticales* (entre diferentes jurisdicciones o niveles) y *conflictos horizontales* (entre localidades, entre regiones o incluso entre naciones). De este modo, la delimitación de escalas facilita reconocer la yuxtaposición de intervenciones desde múltiples niveles de gobierno y las consecuencias que sus modos de interrelación plasman socioterritorialmente.

"las raíces del desarrollo desigual se encuentran en los propios patrones de acumulación del capital. El capital se debate siempre entre una tendencia a la universalización y su necesidad de fijarse en sitios concretos que inevitablemente lo convierten en algo particular. Esta tendencia contradictoria se materializa, con el tiempo, en una forma territorialmente particular agrupándose en torno a una jerarquía de escalas espaciales. Las escalas, como explica Marston (2000: 229) refiriéndose al trabajo de Smith, se (re)crean a través de los procesos capitalistas y se organizan en torno a una jerarquía sistemática que mantiene y facilita diferentes procesos involucrados en la acumulación y circulación del capital [...] El análisis del proceso de formación de las escalas, cualquiera que esta sea, nos ofrece, por lo tanto, una ventana crucial a la comprensión del desarrollo desigual del capitalismo y a su frágil tendencia al equilibrio" (González, 2005)[10].

A partir de la consolidación de los procesos de globalización económica, política y cultural y la aceleración del desarrollo científico y tecnológico, adquieren particular relevancia los procesos de producción de *diferencias socioterritoriales*. Desde la perspectiva de Harvey (2003), el concepto de *desarrollo geográfico desigual* comporta la fusión de dos elementos: las escalas cambiantes –dado que la variedad de escalas jerárquicas en las que se organizan las actividades humanas implica en su esencia discordancias entre fuerzas de magnitudes e impactos diferenciales y significativas diferencias con las escalas dominantes hace dos o tres décadas atrás– y la producción de diferencias geográficas como expresión de esos impactos, en las distintas áreas de incidencia de un fenómeno (en nuestro caso, las políticas urbanas).

En ese contexto, y en relación con el análisis de las marcas territoriales y con el impacto de las políticas urbanas dirigidas a grupos de bajos ingresos, se torna relevante determinar su aporte y sentido respecto de lo que Harvey concibe como la *vulnerabilidad selectiva,* que expone a las poblaciones de manera desigual a efectos tales como el desempleo, la degradación de los niveles de vida y la pérdida de recursos, de opciones y de calidades ambientales, en diversas escalas espaciales, al mismo tiempo que se "concentra la riqueza y el poder y más oportunidades políticas y económicas en unas cuantas localizaciones selectivas y dentro de unos cuantos estratos restringidos de población".

Las transformaciones territoriales no son sólo escenario, sino también, y sobre todo, medio privilegiado de la producción activa de la desigualdad. Ejemplos en Argentina de estos días (y de estas últimas décadas) son la expulsión de población rural de sus tierras por avance de cultivos de alta rentabilidad, la degradación del medio ambiente rural y urbano que acompaña estos procesos (Villa Ituzaingó, Córdoba), las migraciones forzosas (con el trauma silencioso, privado y poco heroico del exilio económico), la expulsión de la población urbana pobre a localizaciones cada

---

[10] En este punto, interesa destacar que la relación entre las condiciones particulares de un área geográfica y la dinámica global de acumulación capitalista implican siempre una vinculación problemática que normalmente está mediatizada, en grados diversos, por actores de muy variada índole y con diferentes cuotas de poder.

vez peores, presionados por la ley de hierro de la liberalización del suelo urbano, la especulación del mercado inmobiliario y la falta o el desacierto de las opciones de políticas urbanas planteadas. Estos ejemplos ponen de manifiesto que el análisis de las distintas formas de desigualdad constituye una dimensión insoslayable del análisis de la cuestión urbana y de las políticas públicas.

¿Cómo lo macro influye en lo micro, y viceversa?

Otro aspecto a considerar en la definición de la escala de análisis de las políticas urbanas es la clasificación del fenómeno en términos de los niveles *macro o microsocial.* En este punto vale la pena recordar que *los términos macro y micro no remiten a realidades empíricas específicas sino que constituyen analizadores que pueden aplicarse al estudio de cualquier realidad empírica* (Alexander 1994). La definición del nivel más adecuado para el análisis de las políticas urbanas no depende tanto del fenómeno que se quiere analizar como *del interés del analista y de la forma en la que éste lo construye como problema de investigación.* En este marco, el problema, entonces, consiste en crear desde cada uno de los niveles (macro y micro) *mecanismos, recursos metodológicos y conceptos* que traduzcan o tracen dimensiones de análisis de los fenómenos urbano-territoriales, en general, y de las políticas urbanas, en particular, en el nivel microsocial hacia dimensiones que caracterizan fenómenos urbanos asociados al desenvolvimiento del sistema urbano y viceversa. Desde esta perspectiva, los fenómenos socioterritoriales que involucran al individuo y al hogar en el que conviven no pueden ser tratados intrínsecamente como fenómenos de nivel micro. Tampoco las ciudades, los procesos económicos que en ellas se desarrollan, la dinámica de los mercados de trabajo, de tierra y vivienda pueden ser definidos *per se* como de nivel macro. Ambos niveles se articulan entre sí y la naturaleza de dicha articulación está dada fundamentalmente por el *propósito analítico* que guía la indagación (Gerstein 1994).

Con base en los aportes de Berman (1996), es posible pensar que la cuestión del vínculo entre el nivel macro y microsocial en el análisis de políticas urbanas consti-tuye un aspecto crítico, en la medida en que si bien la focalización territorial de las intervenciones coloca al nivel local como un lugar privilegiado del análisis, dichas intervenciones no son necesariamente propiciadas por organizaciones locales (aun cuando éstas participen de su implementación) y, cuando lo son, dichas organizaciones gozan de una autonomía relativa respecto del control federal y/o provincial.

Como sucede con toda política pública, la implementación de las políticas ur-banas nos hace frente a dos tipos de problemas. Por un lado, el gobierno central (en el caso argentino, el gobierno federal) debe ejercer influencia sobre los organismos regionales (estaduales o provinciales) y locales para que desarrollen sus iniciativas de acuerdo con lo previsto. Berman (1996) define a esta cuestión como la cuestión de la *macroimplementación.* Paralelamente, los gobiernos subnacionales (estaduales o locales) tienen, también, que formular e implementar sus propias iniciativas; a este problema el autor lo denomina problema de la *microimplementación*. Desde esta perspectiva, lo que distingue a los procesos de la macroimplementación de los de la microimplementación no es tanto el nivel del gobierno que guía el curso de la acción sino más bien sus *contextos institucionales*: mientras que el contexto institucional de la macroimplementación es todo un sector de la política que abarca los diferentes niveles del gobierno y las múltiples jurisdicciones, el contexto institucional de la microimplementación es una organización prestadora de servicios (en general, una organización local). Sin embargo, tal como señaláramos anteriormente, la autonomía de dichas organizaciones es acotada y sus acciones, directa o indirectamente, se ven influenciadas por los lineamientos de la política sectorial.

De este modo, el análisis de las políticas urbanas en el nivel local nos permite realizar un análisis situado en coordenadas espacio-tiempo, ligando las marcas y efectos de las políticas con la vida cotidiana de los sectores sociales que viven y padecen en las ciudades. No obstante, lo local adquiere dinámicas particulares tributarias, en parte, de las dinámicas endógenas, pero también de su capacidad y forma de procesar los lineamientos y acciones que emanan a nivel sectorial. Ambas necesitan ser explicadas y articuladas –desde el reconocimiento de su singularidad– a fin de dar cuenta de un modo lo más acabado posible del derrotero de la política sectorial.

En este marco, asumir la relatividad en la visión de un mismo hecho desde distintas escalas constituye una opción sumamente enriquecedora para los estudios urbanos, que hemos aprendido y explorado en investigaciones previas (Herzer 1998 y 2008). Supone agudizar la atención sobre los procesos que generan las formas, la materialidad y la dinámica del territorio, y reconocer que estos procesos se constituyen como fenómenos históricos multiescalares, que condensan no sólo diferentes escalas espaciales sino también niveles de implementación.

3. Caracterizando el comportamiento de los actores. ¿Quiénes son los actores de las políticas? ¿Cuáles son sus características? ¿Cómo se definen en los diferentes niveles?

En el proceso de implementación de políticas urbanas es fundamental conocer a los actores involucrados, ya que no juegan un papel neutral en el mismo, sino que tienen intereses y capacidades diferentes. Los actores involucrados en la implementación de los programas en el ámbito público no son meros peones sino que actúan estratégicamente, es decir, buscando que las actividades operativas respondan de alguna manera a sus visiones, valores e intereses (Cortázar 2005). Es de esperar, por lo tanto, que reaccionen ante las propuestas de intervención basándose también en tales intereses.

En el análisis del papel que les corresponde en el proceso de implementación debemos tener presente lo siguiente:

- Los actores involucrados en la gestión operativa *tienen el control directo de las rutinas y actividades operativas*, por lo que influyen poderosamente en la dirección y la forma que ellas adquieren cotidianamente (Lipsky 1980). En el caso de la provisión de servicios sociales, la relación de coproducción entre el proveedor y el usuario es un espacio adicional de conflicto y cooperación sobre el cual los operadores ejercen control directo (Cortázar 2005).

- Los actores involucrados en la implementación no son actores neutrales, sino que *tienen valores, visiones e intereses propios* que guían su acción, pero que no necesariamente coinciden con los que orientan el programa en ejecución (Cortázar 2005). Los operadores desarrollan sus actividades logrando algún tipo de equilibrio entre sus propios valores e intereses y los que orientan al programa. En el extremo, como han destacado muchos estudios económicos sobre el comportamiento de las burocracias, pueden dejar de lado los objetivos propios del programa para poner por delante sus propios intereses (como el mantenimiento del puesto de trabajo, el incremento del tamaño o del presupuesto de su entidad, la captura de funciones o actividades correspondientes a otras áreas u organizaciones, etc.) (Moe 1998).

- Es muy *complicado y costoso que las autoridades políticas ejerzan un control efectivo sobre la labor de quienes realizan las actividades operativas*. Ello debido a que quienes participan directamente en las operaciones tienen información de primera mano sobre los costos y recursos, la demanda de los servicios, el progreso de las actividades operativas, la calidad de los servicios y el logro de los resultados. Los superiores ejecutivos o las autoridades políticas dependen de dicha información para poder ejercer control sobre la marcha del programa. En consecuencia, los operadores pueden utilizar estratégicamente esta ventaja respecto al manejo de información, sirviendo a sus propios intereses más que a los del programa, en lo que la economía denomina problema de la relación entre "agente y principal" (Moe 1998; Savedoff 1998).

- Es también *complicado y costoso que los ciudadanos y los usuarios ejerzan un control efectivo sobre la labor de los operadores*. Probablemente ellos obtendrán algún beneficio de dicho control, pero individualmente el beneficio resulta tan pequeño que no cubre los costos (tiempo y esfuerzo) que conlleva el reunir y entender la información sobre las operaciones de los programas, así como el organizar actividades efectivas de control. De esta manera, pese a que los usuarios o ciudadanos tienen interés en ejercer control, éste muchas veces no se realiza, en lo que la economía denomina el problema de la *acción colectiva* (Olson 1998).

En síntesis, los intereses propios de los operadores, la utilización estratégica que éstos pueden hacer de la información sobre las operaciones, el accionar de otros actores y el devenir del propio proceso político abren amplias oportunidades para que *se desvíe* la marcha del programa hacia otros objetivos, resultados o intereses. Los actores de la implementación no son meros administradores; en su quehacer redefinen permanentemente los lineamientos esbozados en el proceso de formación de la política o programa. [11]

¿Quiénes son los actores en y del proceso de implementación?

La noción de *actor* remite a aquellos individuos o colectivos con capacidad para incidir en el proceso de implementación de las políticas públicas. Como lo advierten Chiara y Di Virgilio (2009), la definición de los actores en el marco de los procesos de implementación no constituye una cuestión que pueda definirse aisladamente o por fuera de dicho proceso. Antes bien, cada escenario de implementación define en su desarrollo al conjunto de los actores involucrados. En este marco, si bien es posible identificar como actores potenciales de los procesos de implementación al gobierno local, a los organismos públicos de los diversos niveles de gobierno –estadual y/o nacional–, a las ONG de desarrollo de alcance regional o nacional, a las organizaciones sociales de base, sindicatos, organismos internacionales, etc., es el proceso mismo el que define su inclusión en tanto actor. Esta definición es siempre dinámica y cambiante, y varía a lo largo del proceso de implementación.

Asimismo, advierten que los actores involucrados en el proceso de implementación no son solamente aquellos involucrados directamente en su desarrollo, sino todos aquellos cuyas acciones, representaciones y prácticas tienen capacidad de incidir activamente sobre él mismo. La posibilidad de incidir de manera activa en la implementación de una política o de un programa público requiere de la disposición de dotaciones importantes de recursos de poder. Dichos recursos son los que facilitan la materialización de los intereses de los actores en el plano concreto de la acción pública (Repetto 2009).

Veamos un ejemplo. En el barrio de La Boca, finalizadas las obras de realización de la defensa costera en 1996, que culminaron con las recurrentes inundaciones por sudestada, mediante un crédito del BID tomado a comienzos de esa década, se produjo una oleada de juicios de desalojo en inquilinatos habitados por sectores populares. Esta situación generó un contexto de movilización defensiva que dio lugar al surgimiento de una Asamblea de desalojados de La Boca acompañada por la acción parroquial local. La demanda organizada se vuelca a la Legislatura y da pie a la sanción de una Ley de Emergencia Habitacional, que crea un fondo específico para el hábitat

---

[11] Un ejemplo en este sentido puede verse en el análisis de la implementación de la Ley 341 de Autogestión y Emergencia Habitacional en la CABA sancionada en 2000. La política fue diseñada en la Legislatura, a instancias de dos activas organizaciones sociales de vivienda y hábitat- implementando una metodología participativa que involucraba ejecutivo, legislativo y un espectro mayor de organizaciones sociales. Tras una breve etapa donde se inició, en el organismo del ejecutivo, la formulación de una reglamentación con la participación de las organizaciones, el cambio abrupto de funcionario responsable, determinó, finalmente, la definición de una operatoria altamente burocratizada, que impuso numerosas restricciones por sobre las definiciones iniciales de la ley. Para un análisis detallado puede verse Rodríguez: 2009 y Rodríguez, Di Virgilio *et al.* 2007.

popular. El ejecutivo instrumenta una operatoria, la Resolución 525, con la cual canaliza esa demanda pero da repuesta a una demanda nacional de la Subsecretaria de Vivienda, construyendo un instrumento que se adecua a la Ley Federal de Vivienda sancionada en 1994. De ese modo, los recursos locales reciben el mismo tratamiento que los federales, "financiando de manera directa a la demanda". La implementación de la misma, que permite comprar viejos conventillos sin prever los recursos para su posterior rehabilitación, estableciendo condominios indivisos por parte de las familias beneficiarias, también despertó el interés de inmobiliarias de la zona, tendiendo a producir un alza en los precios de esos inmuebles. La implementación también contribuyó a fragmentar el proceso organizativo inicial (Herzer, 2008). El balance de esta experiencia condujo a la Mutual de Desalojados de La Boca –que emergió de ese proceso como uno de los actores más activos– a impulsar la creación de una operatoria de otorgamiento de créditos colectivos, confluyendo –en el marco de una reunión de la Secretaría Latinoamericana de la Vivienda Popular en la ciudad de San Pablo en 1998– con la experiencia cooperativa autogestionaria del MOI-CTA. Esa confluencia, en el contexto favorable a la participación social durante el proceso de autonomización de la Ciudad de Buenos Aires (Rodríguez: 2009), impulsó inicialmente la mesa de trabajo que durante un año y medio formuló la Ley 341.

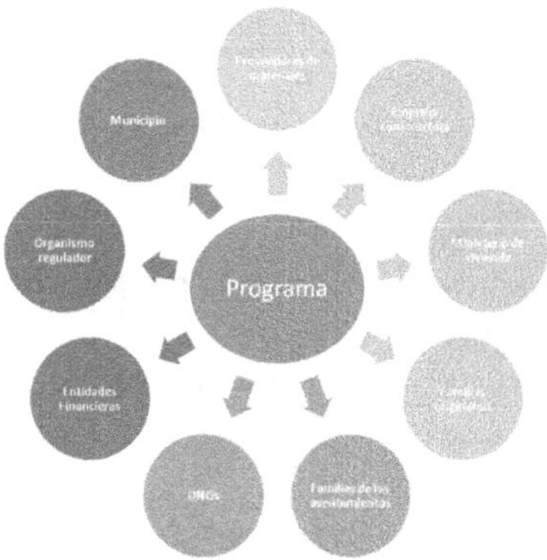

(Sánchez 2007)

¿Quiénes son los actores en y del proceso de implementación? Es decir, ¿quiénes son las personas o grupos, instituciones o empresas que pueden influir en el proceso o estar afectados por el mismo? En nuestro ejemplo es claro que las familias pueden constituirse en actores del proceso; sin embargo, dado que no todas tienen los mismos intereses ni poseen los mismos recursos, es posible que no exista un único colectivo que las aglutine. Asimismo, la entonces Municipalidad de la Ciudad de Buenos Aires jugó un rol central, pero tampoco constituyó un actor homogéneo. Seguramente los diferentes organismos del gobierno local se posicionaron de manera diferente, tanto en relación con el problema como con su posible solución. Intervinieron también actores del sector privado, algunos muy interesados en la promoción de obras públicas para dinamizar la actividad en su sector (éste es el caso de las empresas constructoras). Además otros, quizá menos vinculados, podrían haber intervinido en el proceso: ONG, entidades financieras, etc.

Sin embargo, no todos los actores lograrán incidir de igual manera en el proceso de implementación de la iniciativa. Repetto (2009) nos aporta una *tipología de los recursos clave* con los cuales los actores deben contar para lograr incidir en dicho proceso:

Tipología de recursos de poder

TIPO DE RECURSO DE PODER	EJEMPLOS
Recursos políticos	• Apoyo de la ciudadanía, de los grupos de interés y de los mandantes políticos • Autoridad formal • Liderazgo y autoridad informal • Movilización y acción colectiva • Habilidad para negociar, argumentar y comunicar
Recursos económicos	• Presupuesto • Dinero para incidir en la agenda gubernamental
Recursos técnico- administrativos	• Mandato legal • Organización • Información y habilidad para procesarla • *Expertise* burocrática • Capacidad para descifrar contextos de incertidumbre
Recursos ideológicos	• Ideas y valores con legitimidad social • Prestigio moral

(Repetto 2009:146)

De este modo, la injerencia de los actores en el proceso de implementación variará según su peso relativo y la dotación de los recursos de poder con que cuenta. De ambos factores dependerá la capacidad política de los actores individuales o colectivos para incidir, negociar y/o ejercer capacidad de veto en el proceso político (Repetto 2009). Algunos actores pueden ocupar posiciones estratégicas en el proceso de implementación e incidir directamente en y sobre él. Otros, en cambio, pueden ocupar posiciones periféricas y, aun cuando su incidencia sobre el proceso no es directa, pueden obstaculizar, bloquear o demorar las posibilidades de otros actores –estos sí estratégicos– de producir las transformaciones que se esperan en el curso de la intervención. En estos casos, su importancia radica en su *poder de veto*. Cabe destacar que la posición –periférica o estratégica– de los actores en el proceso político puede ir modificándose en el desarrollo mismo del proceso (Chiara y Di Virgilio 2009).

Tal y como mencionáramos con anterioridad, no necesariamente todos los colectivos y/o individuos involucrados en el proceso de implementación de políticas y programas públicos se constituyen en actores con capacidad de incidir en el proceso. Tampoco todos aquellos que tienen capacidad para incidir efectivamente inciden. ¿Cómo discernir, entonces, quiénes son los involucrados? ¿Quiénes entre ellos tienen capacidad de incidir en el proceso de implementación de una política y/o programa público? ¿Quiénes son efectivamente actores estratégicos en y del proceso? ¿Quiénes reservan para sí el poder de veto?

Por ejemplo, retomando el caso de aplicación de la Ley 341 en la CABA, a partir de su sanción en 2000, se organizaron aproximadamente 12.000 familias en 400 cooperativas inscriptas en el Programa, de las cuales 110 compraron terrenos y sólo algunas decenas lograron iniciar y terminar obras a lo largo de la década. En ese período, por un lado, el alza creciente del precio del suelo – la dinámica inmobiliaria – juega un papel significativo en el estrechamiento de la operatoria. Por otro, los actores de gobierno (legislativo y ejecutivo) no definen medidas alternativas (puesta en uso de suelo fiscal-banco de inmuebles, modificación de parámetros financieros: subsidio para el componente suelo o definición de medidas normativas como creación de zonas especiales de interés social). En el año 2006 el ejecutivo "cierra" arbitrariamente la posibilidad de inscribirse en el programa a nuevos grupos cooperativos. Finalmente, durante los años 2009 y 2010, el nuevo ejecutivo reduce significativamente las partidas presupuestarias para sustentar la operatoria (en el marco de una medida más amplia de desguace de la política habitacional). Por contrapartida, el ejecutivo se vio obligado a continuar proyectos sólidamente instalados, tanto en la línea administrativa-jurídica como en el sostén de movilización sociopolítica de la trama de organizaciones que fue madurando en el proceso. En ese contexto, las organizaciones más activas del proceso impulsan nuevas propuestas en la Legislatura (que ha cambiado su composición) y definen horizontes temporales estratégicos, ya no inmediatos sino orientados a incidir sobre el futuro ejecutivo.

En este marco, entonces, si bien es posible identificar a los actores potenciales de los procesos de implementación (como lo son en nuestro ejemplo los usuarios y sus familias, las empresas en donde trabajan, los conductores y empleados de las empresas de transporte automotor, etc.), son acción y situación las coordenadas que definen su inclusión como actor en un determinado proceso. Esta definición es siempre dinámica y cambiante, y varía a lo largo del proceso mismo.

Chiara y Di Virgilio (2009) plantean que un actor se constituye como tal en la medida en que actúa en relación con cuestiones socialmente problematizadas sobre las que pretende intervenir la política. Asimismo, son las diferentes situaciones en el proceso de implementación las que, en última instancia, completan la definición acerca de quiénes son actores de y en los procesos de implementación: en una situación un actor puede ser definido como tal y, en otras, no.

Actor, cuestión y situación

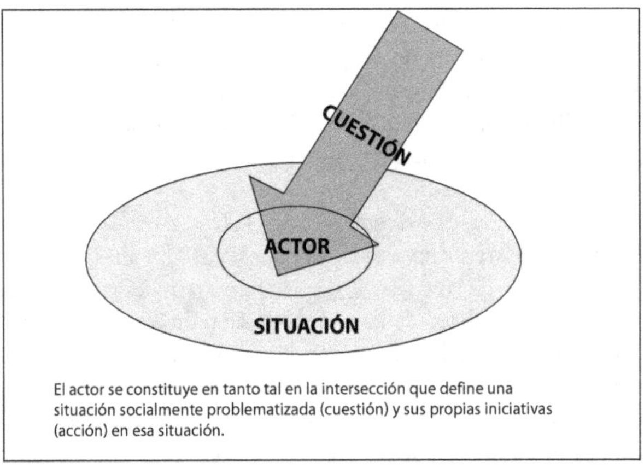

(Chiara y Di Virgilio 2009)

La acción pública de los actores así definidos tiene alcances diferenciales conforme sean las cuestiones a partir de las cuales ésta es interpelada y/o impulsada. Esto significa –en términos concretos– que su alcance e injerencia variarán según los marcos de la experiencia, la problemática y las cuestiones sobre las cuales pongan éstos en juego su capacidad de acción pública. La complejidad se torna aún mayor en tanto estos procesos enfrentan al gerente con actores (individuos, grupos o instituciones) cuya actuación pública no sólo tiene un alcance diferente (barrio, municipio, estado o nación), sino que sus intereses se despliegan en más de uno de esos ámbitos.

Los actores ocupan diferentes posiciones en el proceso de implementación de las políticas públicas. Algunos individuos o grupos toman una posición estratégica en el sistema de decisiones. Estos actores son aquellos involucrados en el proceso de formación de políticas y desarrollan funciones de articulación del campo cognitivo y del campo de poder (Belmartino 1998).

Otros pueden ocupar posiciones periféricas y, aun cuando su incidencia sobre el proceso de toma de decisiones no es directa, pueden obstaculizar, bloquear o demorar las posibilidades de otros actores –estos sí estratégicos– de producir las transformaciones que se esperan en el curso de la intervención. En estos casos, su importancia radica en su carácter de mediadores y en su capacidad de definir los temas del debate y el marco cognitivo en el cual se desarrollan las negociaciones, alianzas y conflictos que sustentan la toma de decisiones. Asimismo, su posición –periférica o estratégica– puede ir modificándose en el desarrollo mismo del proceso de gestión. De este modo, la construcción y deconstrucción de los actores está marcada por el conjunto de las relaciones sociales y políticas en el marco de las cuales éstos definen su acción y también por las representaciones que se construyen en el contexto de dichas relaciones (Chiara y Di Virgilio 2009: 73).

Finalmente, ¿cómo reconocer a los actores en y del proceso de implementación de las políticas públicas? Inicialmente, se requiere identificar con claridad el problema sobre el cual interviene el programa y/o la política. Cabe señalar que el problema no se define sólo por la cuestión sobre la cual un programa interviene, sino también por las características de la intervención. El problema queda definido, de este modo, también por las características del servicio que el programa presta o entrega. Definido el problema, será necesario dar cuenta de qué organismos están involucrados en el proceso de gestión y/o en el campo de problemas sobre el cual interviene la política. ¿Cuál es su nivel jurisdiccional? ¿Se trata de organismos nacionales, regionales o locales? ¿Cuál es su papel? ¿Cuáles son sus atribuciones? ¿Sus competencias? Se requiere, entonces, identificar cuáles organismos de jurisdicción nacional, regional y/o municipal serán interlocutores en el proceso de implementación de la iniciativa. Es necesario, también, identificar qué organizaciones o actores de la sociedad intervienen en el campo de problemas en el que se inscribe el programa y/o la política, qué relación tienen con los beneficiarios y/o destinatarios y de qué tipo de organizaciones se trata (sindicatos, organizaciones de base, cámaras empresarias, ONG, etc.).

Los ámbitos de implementación de políticas y programas públicos suelen operar, en la práctica, como una red de políticas compleja o *policy network*. La noción de *policy network* alude a una red de relaciones interdependientes entre actores. Le otorga a dichas relaciones una naturaleza política, ya que éstas se desarrollan en el terreno de la política a partir de toma de decisiones e implementación de políticas públicas, en un entorno gubernamental, institucional y/o estatal específico (Petrizzo Páez 2004). La estructuración de redes (en muchos casos de carácter más personal que institucionales) juegan un papel central en el desarrollo de las estrategias a escala micro que afectan, en buena medida, la implementación de las políticas. (Marques: 1999). Las redes dan cuenta de la permeabilidad entre lo estatal y lo privado y, *haciendo foco* en los intersticios de esa estatalidad, permiten comprender la configuración de trayectorias de políticas.

4. Las políticas de tierra y vivienda en el AMBA y otras áreas metropolitanas argentinas: hacia una síntesis de los aportes del libro

Un hilo conductor articula el recorrido propuesto por los capítulos de este libro: indagar las relaciones entre las características de los procesos de desarrollo urbano metropolitano, la política urbana y la política habitacional.

Los aportes de los diferentes autores nos permiten identificar, como las piezas de un rompecabezas, una serie de directrices generales que estructuran continuidades significativas y profundizan tendencias sociales y urbanas en las últimas dos décadas. En este apartado condensamos una lectura de los principales aportes, haciendo referencia al tratamiento de escalas, actores y niveles de análisis que caracterizan el abordaje territorializado que intentamos proponer.

Revisitando la década de 1990: continuidades, diferencias y aprendizajes

Un primer hallazgo que es posible recuperar con base en los trabajos de Rodríguez, Di Virgilio *et al.* y Relli para el Gran Buenos Aires, Córdoba y Mendoza es que las políticas de apoyo a las formas de producción social de hábitat implementadas en la década de 1990 no cuestionaron los patrones tradicionales de urbanización orientados por la *dinámica del mercado*. Tampoco morigeraron el vaciamiento progresivo de capacidades institucionales gubernamentales ni, en términos más amplios, la deslegitimación creciente de la vida política local, puesto que los mecanismos de participación que se desarrollaron fueron acotados en alcances y perduración, básicamente, por su inscripción general, anclada en el reemplazo de las nociones de universalidad de los derechos (anteriormente garantizados por la gestión pública de los servicios básicos y la protección de los trabajadores y sus familias a través de la legislación laboral), y por las nociones de atención a las consecuencias no deseadas del modelo, en el marco de la supuesta lucha contra la pobreza.

Los gobiernos provinciales fueron protagonistas privilegiados de ese proceso, como intermediarios en el conflicto central de la reestructuración de la sociedad argentina durante los años 1990. Las políticas provinciales de hábitat fueron un instrumento más de actuación de esos gobiernos, en la dimensión urbana- metropolitana. Vistas en perspectiva, se orientaron más a desactivar la potencial disruptividad de los sectores sociales afectados negativamente por las políticas nacionales, que a una mejora efectiva de sus condiciones cotidianas de vida. De este modo, la reestructuración de la política habitacional no implicó el acercamiento de los recursos a la población de menores ingresos.

A pesar de ello, consideramos que revisitar estas experiencias aporta una serie de aprendizajes en relación con la necesidad de rediseño de las actuales políticas federales de hábitat, necesidad reclamada por un amplio espectro de movimientos sociales, ONG, sindicatos y sectores del conocimiento ligados al hábitat. Por un lado, estas intervenciones han mostrado capacidad contundente para reducir costos (como lo muestran las experiencias del P17 en Córdoba y Mendoza). Por el otro, han permitido visualizar el mejoramiento barrial como un proceso integral estrechamente asociado al desarrollo de capacidades organizativas, económicas, sociales y políticas de los sectores populares.

Las tendencias que se consolidan en el nuevo milenio

A escala regional, los análisis de políticas, programas y casos sugieren la profundización de un patrón de desarrollo geográfico desigual y combinado en los procesos de metropolización: periferias empobrecidas y en expansión, centralidades reforzadas y excluyentes, fragmentación del territorio como marca particularizada del período, donde proximidad física puede coexistir con tabicamiento social. Sin embargo, este es un punto de partida. Como en un caleidoscopio, matices, colores, movimientos complejizan y reconfiguran los elementos de esta cartografía, particularizando los efectos de las políticas urbanas y de hábitat en distintas escalas.

Pueden identificarse una serie de ejes vertebradores:

1. Profundización de la segregación socioespacial urbana: incremento del déficit de localización. Las intervenciones públicas en obra nueva han tendido a reforzar los patrones de segregación socioespacial. Un ejemplo paradigmático del segundo cordón es el municipio de Florencio Varela que, como muestran los trabajos de Vio y Marichelar, reforzó su carácter de ciudad dormitorio de los sectores populares, mediante la ejecución de Federal de Construcciones y de Emergencia Habitacional.

La impronta nacional de omisión política en materia de provisión de suelo urbano accesible y de calidad para los sectores populares ha jugado un papel clave en este proceso, por el cual la política de vivienda tiende a reforzar la concentración de pobreza en los municipios más pobres. Esta desvinculación se ha salvado con un espectro de respuestas locales que, al igual que en la década de 1990, no revierten el patrón estructural: Florencio Varela proveyó suelo municipal, José C. Paz compró tierra de borde, sin urbanización. Sólo Moreno instrumentó un banco de tierras. En otros casos, se completó o densificó la trama urbana existente en barrios de origen autoproducido y, a veces, las organizaciones sociales proveyeron tierra pública adquirida por ellas en períodos precedentes (por ejemplo, la Federación de Tierra y Vivienda en La Matanza).

La contribución de los programas federales al valor de uso complejo de la urbanización también se ve reducida por la falta de coordinación sectorial para el desarrollo conjunto de los equipamientos públicos (centros de salud, escuelas), aspecto que se acentúa en el caso de los grandes conjuntos habitacionales. Sumado a ello, la nula o insuficiente disponibilidad de transporte público traslada al ámbito privado del hogar el desarrollo y los costos de las estrategias para concretar los desplazamientos básicos necesarios para la vida cotidiana.

En la Ciudad de Buenos Aires, corazón del AMBA, el Programa Federal de Construcciones expresa la continuidad de la práctica tradicional de ejecución de vivienda social en las áreas donde el sector privado ha mostrado poco interés. Los barrios del sur, en especial Lugano y Parque Avellaneda, son receptores principales. Para los actores ligados al proceso de implementación, esta localización –asociada al aporte de tierra pública local– se vincula con un enfoque político iniciado en los años 1990 y continuado por las diferentes gestiones, que persigue el desarrollo y valorización del área: "Incorporar el sur al norte". Otros piensan que, simplemente, se debe a la ausencia de una política local activa de captación de suelo.

A escala metropolitana, paradójicamente, mientras el Programa Federal de Construcción de Vivienda atiende a la reducción del déficit habitacional, se asiste a la generación e intensificación de un nuevo déficit, que Vio caracteriza como *déficit locacional o de localización*, con el cual se alude a las condiciones desfavorables de inserción residencial metropolitana que experimentan los hogares, respecto de la distribución espacial de las oportunidades de empleo y obtención de ingresos, así como al acceso a los equipamientos y servicios públicos necesarios (valores de uso) para la vida cotidiana.

2. Contribuciones de la focalización hacia una mayor fragmentación socioterritorial. Echevarría, analizando un programa de mejoramiento barrial en la periferia de Moreno, demuestra cómo la aplicación de criterios rígidos de focalización territorial acentúan la fragmentación entre barrios próximos territorialmente y con similares características socioeconómicas. La producción de *estigmas* entre vecinos se muestra como un activo dispositivo productor de segregación en el plano simbólico cultural.

El análisis evidencia las dificultades para construir legitimidad en relación con los criterios de aplicación de los programas focalizados que aportan mejoras muy circunscriptas en océanos de precariedad (la provisión puntual de cloacas es un ejemplo paradigmático en el AMBA). También permite reconocer que indicadores materiales de selección considerados en forma aislada no alcanzan para definir parámetros adecuados de intervención. Por ejemplo, la mayor precariedad de la vivienda está asociada con la menor antigüedad de asentamiento y, por ende, con un menor arraigo en el territorio. Cuando la intervención focalizada actúa a partir de este criterio parcial, en realidad contribuye a alentar un proceso de activación de los mercados informales, desencadenando un circuito de compra-ventas por expectativas de mejora de impactos efímeros en las familias vendedoras, presuntas beneficiarias de la intervención.

Asimismo, pone de manifiesto cómo la privatización de servicios y el endeudamiento público dirigidos al desarrollo de programas focalizados en sectores vulnerables operan como dos caras de una misma moneda, profundizando, a escala local, la desigualdad y su marca territorial: la segregación socioespacial urbana. En este marco, resulta evidente que la resolución de cuestiones vinculadas a los servicios y a las condiciones generales de habitabilidad, como el saneamiento, los desagües, el tratamiento de cursos de agua, etc., necesita ser planificada desde una mirada superadora de la "política del fragmento urbano" (Clichevsky 2000), otra continuidad de los años 1990.

3. Precarización de la institucionalidad pública. Aunque "Federal de Construcción de Viviendas" y "Federal de Emergencia Habitacional" se llaman habitualmente *programas*, no los son en el sentido de su instrumentación administrativa en el ámbito del aparato gubernamental. Se trató, por el contrario, de convenios marco que aportaron cierta formalización a una serie de acuerdos políticos contingentes entre los niveles nacional y local de gobierno, con asignaciones de recursos igualmente contingentes.

El análisis de Marichelar, sobre el ciclo de vida de Techo y Trabajo, es ilustrativo al respecto: entre 2004 y 2007, en el AMBA, el 70,2% de las cooperativas del Programa fueron constituidas y gestionadas por los municipios. Se verifica así la realización de una fuerte transferencia de recursos económicos, y más aún, especialmente concentrada en un caso –José C. Paz– por decisión política del Ejecutivo Nacional. De este modo, pese a las idas y vueltas entre descentralización y recentralización, a las significativas magnitudes de inversión en el caso de Federal de Construcciones y las ambiciosas metas cuantitativas, en la coyuntura poscrisis también se asistió a una continuidad respecto de la profundización de la precarización institucional[12].

Como muestran los trabajos de Vio, Ostuni y Marichelar, en el nuevo milenio, una institucionalidad estatal fragmentada y debilitada en el sector habitacional contribuyó a estructurar un conjunto de carriles paralelos y contingentes, cuyos beneficiarios privilegiados distan de ser los sectores populares.

4. Centralidades urbanas más excluyentes. Los análisis de procesos orientados a la relocalización y desplazamiento desde áreas centrales a periféricas de población radicada de larga data en las ciudades de Mar del Plata y Córdoba, propuestos por Canestraro y Von Lucken, presentan estrategias de los gobiernos locales en materia de políticas urbanas cuyo objetivo central es la recuperación de suelo urbano para el desarrollo inmobiliario.

Ambos casos describen procesos de reestructuración urbana y dan cuenta de los modos en que las políticas de vivienda se instrumentan funcionalmente para coadyuvar a esos procesos. Las políticas de desplazamiento planteadas en estos casos por los gobiernos locales, en consonancia con los gobiernos provinciales, también aportan a la generación de *déficit de localización*.

En Córdoba, para instrumentar ese objetivo, el gobierno municipal coadyuva a la estrategia provincial, aprobando loteos por excepción que flexibilizan los criterios de urbanización sin discusión pública. Las nuevas ciudades-barrios avanzan sobre áreas rurales afectadas por la sojización, en desmedro de los riesgos ambientales y sanitarios para la población involucrada (por ejemplo, en la localización lindera al ahora mediáticamente célebre "Barrio Ituzaingó"). Por su parte, Villa de Paso, en Mar del Plata, evidencia cómo el gobierno local construye una estrategia de defensa del derecho de propiedad, sin existir reclamos por parte de los propietarios originarios, sino en función de intervenir como actor estratégico en el fomento de la valorización del área. Para ello, desconoce los procesos históricos de apropiación del espacio que desarrollaron sus habitantes, y omite posibilidades y trayectorias gestadas también en el seno de la institucionalidad estatal en términos de los derechos posesorios de varios de sus habitantes (Ley 24.374) teniendo en cuenta la antigüedad de la ocupación.

---

[12] Cuya marca democrática de origen quizás puede identificarse en la Constitución de 1994 y el Pacto de Olivos.

Ambos casos muestran cómo determinados sectores logran imponer sus intereses, evidenciando que la estructura espacial tiende a expresar y yuxtaponerse a la estructura social. Poblaciones con bajos niveles de organización y altamente fragmentadas constituyen una trama vulnerable, cuyos derechos pueden ser fácilmente *omitidos* desde el Estado.

A contrapelo de estas tendencias, en Ciudad de Buenos Aires, el despliegue de procesos organizativos autogestionarios, y su expresión normativa en la Ley 341, habilitó un significativo campo de disputa por la democratización de la apropiación de la centralidad urbana. La conformación no prevista de un banco de inmuebles de calidad y óptima localización con destino a la producción de vivienda social dirigida por las organizaciones es un saldo provisorio de esta disputa social y política.

5. La dimensión cultural en las políticas de hábitat y urbanas. El papel de los elementos no estructurales. Los efectos sobre la dimensión cultural, entendidos como los efectos y transformaciones de perspectivas y significaciones sociales que articulan el entramado de actores involucrados en las políticas y programas, es otro aspecto que ilumina varios de los análisis de los autores.

En algunos casos, se constata la reproducción de encuadres políticos asistenciales que mantienen la dependencia de los actores comunitarios ligados a la lógica de supervivencia con respecto a los actores políticos locales y extralocales, que así reproducen sus propias bases de existencia y poder. La gestión en estos casos se sustenta en una concepción de *dar y quitar* la vivienda (y la ciudadanía) a los destinatarios pasivos.

La violencia simbólica y material que comportan estos procesos resalta en el caso de Córdoba, donde el impacto negativo de la relocalización forzosa se expresa en una pérdida de símbolos, códigos y sentido de pertenencia por parte de las familias desplazadas.

La focalización aplicada en el territorio conlleva a que los programas contribuyan a reforzar estigmas entre los habitantes próximos, profundizando la dimensión simbólica de la segregación. Como contrapartida, no siempre las metas materiales son el objetivo más apreciado por la población. En Rosario, producto de un proceso de evaluación participativa, los habitantes de un barrio mejorado valoran particularmente la apropiación colectiva de un modo de interacción sociocomunitaria para la producción social del hábitat y el tratamiento de los conflictos.

La dimensión cultural emerge como factor clave para la sustentabilidad y los alcances de las transformaciones promovidas a través de colectivos autogestionarios de hábitat. La tarea de resignificación cultural, enraizada en la reorganización de la vida cotidiana y la reapropiación colectiva del espacio vivido, es característica de los procesos organizativos autogestionarios y constituye la argamasa que da sustentabilidad, es decir, flexibilidad, capacidad de adecuación y, en definitiva, reaseguro estratégico basado en la apropiación social, a los dispositivos de políticas, programas e instrumentos que se puedan diseñar, impulsar e instalar.

Finalmente, enhebrada en la tarea de resaltar la significación de la dimensión cultural en la producción del hábitat, se inscriben los análisis sobre diseño "formal" e "informal" desde la perspectiva de género y sus relaciones con la producción del hábitat. El diseño "informal" emerge como estrategia de sobrevivencia, con sus limitaciones asociadas, mientras el diseño "formal", que "interpreta al otro", incide en la transformación de los asentamientos "informales" , en muchos casos analizados, reforzando la inequidad de genero. El "diseño participativo", en ese contexto, se plantea como factor de apoyo en la tarea de transformación de las relaciones sociales. Como señala Enet: "El diseño tradicional no contempla lo individual, lo particular, los tiempos especiales, la forma progresiva de construir y de-construir colectivamente según el proceso que cada grupo puede y quiere darse. Por contrapartida, el diseño participativo se define con y para el grupo humano. Se diseñan espacios para ser vividos, no para ser mostrados o acumulados en la carrera financiera. El diseño para vivir se construye desde la vida cotidiana. No se decreta, no es sólo ladrillos, no es sólo un espacio formal arquitectónico para revistas. El diseño para vivir resulta de procesos de transformación y permanencia, de acuerdos y de divergencias, de sentimientos y de imaginarios de cada persona, familia y comunidad".

6. Integración territorial y perspectiva integral en las propuestas políticas autogestionarias de organizaciones y movimientos sociales. Como muestra el análisis de Di Virgilio, cuando profundizamos la comprensión del carácter que asume la dimensión colectiva de los procesos sociales de producción de hábitat, no podemos obviar el hecho de que la mayoría de las actividades de participación vinculadas al acceso a recursos de los programas sociales se relacionan con la participación para la sobrevivencia y con la participación en organizaciones diseñadas desde arriba. Esto parece ligarse con el papel que estas formas de participación cumplen en relación con la reproducción de las unidades domésticas. A diferencia de la participación en los primeros tipos de unidades, en las organizaciones generadas desde "abajo" el desarrollo de la participación es una acción intencional y volitiva que supone la construcción de organizaciones o instancias específicas y un esfuerzo continuo para asegurar su mantenimiento. Los diferentes arreglos organizacionales y las posibilidades que tienen de reorganizar los lineamientos de los programas sociales y políticos guardan relación estrecha con la capacidad que dichas organizaciones tienen para definir objetivos de intervención propios y superadores de las necesidades cotidianas que tienen las familias que las integran.

De este modo, la potencialidad o las limitaciones de ese capital para resolver la integración social de los individuos y las familias dependerá, tal como señala Rodríguez (1997), de que estos arreglos organizacionales:

→ Logren articular redes de intercambio preexistentes con políticas públicas y políticas sociales, lo cual redunda en otorgar mayor fortaleza a la red para el desarrollo de estrategias de acción.

→ Asuman objetivos propositivos. Los objetivos meramente reivindicativos tienden a agotarse cuando ya no se sostienen las condiciones que permitieron su emergencia. Satisfecha la demanda o simplemente desgastada, la organización tenderá a diluirse. Por el contrario, el desarrollo de propuestas tenderá a generar una dinámica de trabajo donde existirán mejores condiciones que aseguren la perdurabilidad de la organización.

→ Generen, a través de su racionalidad interna y su práctica, una estructura de recursos diversificada, que no se agote en un programa o una política, y que le permita responder con mayor integralidad a las demandas de los miembros.

→ Sean capaces de establecer alianzas más amplias con otros actores.

Algunos casos muestran cómo los programas de apoyo a la PSH (Techo y Trabajo, Ley 341) han posibilitado puntualmente la generación de capacidades autogestionarias en el sector constructivo que trascienden las intervenciones que les dieron origen. Tal es el caso de Techo y Trabajo; 16 cooperativas de Florencio Varela conformaron una organización de segundo grado –FECOOTRAUN– que realiza trabajos a terceros, y fue subcontratada por la empresa PYPSA para la ejecución de viviendas en el marco del Plan Federal de Construcción de Vivienda. (Marichelar). Del mismo modo, MTL construcciones, concluido su proyecto original, continuó ejecutando para otras cooperativas de la Ley 341 y asumió una obra de gran envergadura en el marco del Programa Federal de Vivienda en Ciudad de Buenos Aires, como subcontratista de Green (Ostuni). De carácter puntual, invitan a indagar sus posibilidades de replicación y masificación.

Por el contrario, un ejecutivo local instrumentó *cuasi empresas municipales*, bajo una forma encubierta de precarización laboral y demagogia política. ¿Cuál es el saldo de esta experiencia? Se formaron numerosas cooperativas, se firmaron convenios por miles de viviendas, pero no se sostuvo el trabajo de los cooperativistas ni se pudieron finalizar las viviendas comprometidas. El estudio de un MTD en Ciudad de Buenos Aires (Perelman) muestra cómo la construcción de una perspectiva de integralidad sólo puede gestarse anclada en una cotidianeidad bidimensional que involucra personas y colectivos organizados. En ambos planos aparecen concatenados los temas de la vida cotidiana: vivienda, trabajo, alimentación, salud, habitar y poder usar la ciudad.

En un contexto de segregación creciente, migrando desde San Telmo hacia Barracas al fondo, los MTD cada vez cuentan con mayor dificultad para desarrollar sus actividades. El incremento del precio del suelo para alquilar locales, por ejemplo, se conjuga con otras prácticas autoritarias de control sobre el espacio público que el estudio pone en evidencia (persecuciones personales, detenciones policiales), y que prefiguran las actuales y denunciadas intervenciones de la UCIP.

La ya mencionada MTL implica la recuperación de capacidades productivas en control de los trabajadores organizados produciendo barrios y ciudad. De este modo, la producción de conjuntos habitacionales de vivienda pública da un giro. Tal como lo muestra el trabajo de Fraga, las prácticas asociativas fueron ganando terreno y complejizando el inicial reclamo de alimento y vivienda para dar lugar a formas de organización y gestión que mostraron la capacidad ejecutora de MTL. Su experiencia originaria, el complejo Monteagudo, no sólo solucionó el problema de la vivienda para 326 familias, sino que significó la posibilidad de recuperar para un gran número de personas la cultura del trabajo autogestionario.

Asimismo, el trabajo de Rodríguez muestra que a través de la experiencia del MOI, y su proyección en la gestación de la Ley 341, la autogestión cooperativa desafía con evidencias el sentido común economicista naturalizado y hegemónico que supone vincular precio de mercado y capacidad de pago individual de cada familia como criterio definitorio del dónde habitar, naturalizando la segregación socioespacial, es decir, la negación del derecho universal a la centralidad urbana.

La disputa por la democratización de las ciudades evidencia que no hay desarrollo políticamente neutro. Del mismo modo, la autogestión tampoco es un *mecanismo neutral* para cualquier modelo de desarrollo. Las condiciones cotidianas de vida de los sectores populares dependen de los procesos políticos que los involucran o protagonizan, y nuestras ciudades metropolitanas son territorio privilegiado de estos procesos.

En un contexto continental y nacional donde ninguna línea de políticas habitacionales ha mostrado su capacidad contundente para reducir el déficit habitacional, el balance de alcances y limitaciones de la experiencia analizada plantea claramente evidencias de que las vías autogestionarias posibilitan articular respuestas integrales hacia la transformación de la desigualdad socialmente producida, estructurando campos de políticas urbanas y procesos de recreación de la institucionalidad estatal (conjugando momentos de conservación, destrucción y creación). La disputa por la democratización de las ciudades – de su uso, apropiación y disfrute- evidencia que no hay desarrollo políticamente neutro. Del mismo modo, la autogestión tampoco es un *mecanismo neutral* para cualquier modelo de desarrollo.

Finalmente, luces y sombras, avances y retrocesos, bajo el prisma de caleidoscopio de las políticas de hábitat, invitan a reconocer que las condiciones cotidianas de vida de los sectores populares dependen de los procesos políticos que los involucran, pero también, de sus capacidades para protagonizarlos, afrontando el conflicto de un modo integral y transformador. Nuestras ciudades metropolitanas son territorio privilegiado de ese devenir.

Bibliografía

Alexander, J.; Giesen, B.; Munich, R. y Smelser, N. (1994); *El vínculo micro-macro*. Guadalajara: Universidad de Guadalajara/ Gamma Editorial.

Belmartino, S. (1998); "Nuevo rol del estado y del mercado en la seguridad social argentina", ponencia presentada en el XXI Congreso Internacional de la Latín American Studies Association. Chicago.

Berman, P. (1996); "El estudio de la macro y la micro implementación". En: Aguilar Villanueva, L. F. (Ed.); *La implementación de las Políticas*. México: Miguel A. Porrúa.

Castells, M. (1974); *La cuestión urbana*. Madrid: Siglo XXI Editores.

Castells, M. (1992); *Problemas de investigación en sociología urbana*. México: Siglo XXI Editores.

Catenazzi, A. y Da Representaçao, N. (2009); "Acerca de la gestión de la proximidad". En Chiara, M. y Di Virgilio, M. M. *Gestión de la Política Social: Conceptos y Herramientas*. Buenos Aires: Ed. Prometeo/ Universidad Nacional de General Sarmiento.

Chiara, Magdalena y Di Virgilio, María Mercedes (2009); "La gestión de la política social: aspectos conceptuales y problemas". En: Chiara, Magdalena y Di Virgilio, María Mercedes (Organizadoras); *Gestión de la política social. Conceptos y herramientas*. Buenos Aires: Ed. Prometeo/ Universidad Nacional de General Sarmiento.

Chiara, M. y Di Virgilio, M. M. (2006); "Políticas sociales orientadas hacia el desarrollo y debates acerca de su institucionalidad". Revista *Perfiles Latinoamericanos*, nº 28. México: FLACSO.

Clichevsky, N. (2000); *Informalidad y segregación urbana en América Latina. Una aproximación*. Santiago de Chile: CEPAL, serie Medio Ambiente y Desarrollo.

Cochrane, D.A. (2003); "The Social Construction of Urban Policy". En Bridge, G. y Watson, S. (Eds); *A Companion to the City*. Oxford: Blackwell.

Cortázar, J. C. (2005); "La implementación de los programas sociales como un proceso estratégico y gerencial". *Revista del CLAD : Reforma y Democracia*, nº 33.

Di Virgilio, M. M. (2004); "Casa se busca. Explorando las relaciones entre estrategias habitacionales, redes sociales y políticas sociales". Cuenya, B.; Fidel, C. y Herzer, H. (Coord.); *Fragmentos sociales: problemas urbanos en Argentina*. SIGLO XXI Editores. Buenos Aires.

Di Virgilio, M. M. (2009); "Producción de la pobreza y políticas públicas: encuentros y desencuentros en urbanizaciones populares del Área Metropolitana de Buenos Aires". En: Autores Varios, *Producción de Pobreza en América Latina y el Caribe*. CLACSO. Buenos Aires. (En prensa).

Gerstein, D. R. (1994); "Desbrozar lo micro y lo macro: vincular lo pequeño con lo grande y la parte con el todo". En: Alexander, J.; Giesen, B.; Munich, R. y Smelser, N. (1994); *El vínculo micro-macro*. Guadalajara: Universidad de Guadalajara/ Gamma Editorial.

González, S. (2005); "La geografía escalar del capitalismo actual". En *Scripta Nova REVISTA ELECTRÓNICA DE GEOGRAFÍA Y CIENCIAS SOCIALES*, Vol. IX, núm. 189. Universidad de Barcelona.

Gutiérrez Puebla, J. (2001); "Escalas espaciales, escalas temporales". En: *Estudios Geográficos*, Año LXII, Nº 242. Madrid: Instituto de Economía y Geografía, CSIC.

Harvey, D. (1978), "The urban process under capitalism: a framework for analysis". *International Journal of Urban and Regional Research*, Vol. 2, núm. 1-4.

Harvey, D. (2003); *Espacios de Esperanza*. Madrid: Ed. Akal.

Herod, A. (2003); "Scale: The Local and the Global". En: Holloway, S.; Rice, S. P. y Valentine, G. (Eds); *Key Concepts in Geography*. London: Sage.

Herzer, H. (2008); *Con el corazón mirando al sur: transformaciones en el sur de la Ciudad de Buenos Aires*. Buenos Aires: Ed. Espacio.

Herzer, H.; Di Virgilio, M. M.; Redondo, A.; Lago Martínez, S.; Lanzetta, M. y Rodríguez, C. (1998); "Hábitat popular, organizaciones territoriales y gobierno local en el Área Metropolitana de Buenos Aires. Análisis comparativo de dos estudios de caso". Informe final de investigación. Proyecto UBACyT CS032, programación 1995-1997. Área de Estudios Urbanos del Instituto de Investigación Gino Germani, Facultad de Ciencias Sociales, UBA. Buenos Aires.

Lefebvre, H. (1972); *La vida cotidiana en el mundo moderno*. Madrid: Alianza Editorial.

Lipsky, M. (1980); *Street level bureaucracy: Dilemmas of the individual in public service*. New York: Rusell Sage Foundation,

Marques, E. C. (1999); "Estado e empreiteiras na comunidade de políticas urbanas no Rio de Janeiro". *Dados*, Vol. 42, núm. 2.

Marston, S. (2000); "The social construction of scale". En *Progress in Human Geograohy*, Vol. 24, núm.2.

Moe, T. (1998); "La teoría positivista de la burocracia pública", En Saiegh, S. y Tommasi, M. (Comps.); *La nueva Economía Política: Racionalidad e Instituciones*. Buenos Aires: EUDEBA.

Moncayo Jiménez, E. (2002); *Nuevos enfoques teóricos, evolución de las políticas regionales e impacto territorial de la globalización*. Santiago de Chile: CEPAL, serie Gestión Pública.

Olson, M. (1998); "Governement and Growth a Simple Hipótesis explaning cross-country differences in productivity Growth". *IRIS* Working Paper, Nº 218.

Petrizzo Paéz, M. (2004); "Redes de institucionalización: vinculando evidencias empíricas y redes políticas". http://revista-redes.rediris.es/webredes/ivmesahis/Portoroz%20 Petrizzo%20Paez%20Paper.pdf

Repetto, Fabián (2009); "El marco institucional de las políticas sociales: Posibilidades y restricciones para la gestión social". En Chiara, Magdalena y Di Virgilio, María Mercedes (Organizadoras); *Gestión de la política social. Conceptos y herramientas*. Ed. Prometeo/ Universidad Nacional de General Sarmiento. Buenos Aires.

Rodríguez, M. C. y Di Virgilio, M. M. *et al.* (2007); *Políticas del hábitat, desigualdad y segregación socio espacial en el Área Metropolitana de Buenos Aires.* Buenos Aires: Área de Estudios Urbanos, IIGG/ Grupo Argentina de Producción Social del Hábitat, HIC AL.

Rodríguez, M. C. (2004); "Producción social del hábitat. Una perspectiva en construcción". En Cuenya, B.; Fidel. C. y Herzer, H. (Comps.); *Fragmentos Sociales: problemas urbanos en Argentina.* Buenos Aires: SIGLO XXI Editores.

Rodríguez, M. C. y Ostuni, F. (2007); "Del proceso cooperativo al proceso kafkiano". En: Cuenya, B. (Comp.); *Políticas urbanas en debate.* Buenos Aires: SIGLO XXI Editorial. (En prensa).

Rodríguez, M. C. (2007); *Tiempos de caracoles. Autogestión, políticas de hábitat y transformación social.* Buenos Aires. Tesis para optar por el título de Doctor en Ciencias Sociales, Facultad de Ciencias Sociales, UBA.

Rodriguez, M. C. *et al.* (2008); "Intervención y no intervención: Políticas públicas en el proceso de renovación del área sur de la Ciudad de Buenos Aires". En Herzer, H. (Org.); *Con el corazón mirando al sur: transformaciones en el sur de la Ciudad de Buenos Aires.* Buenos Aires: Ed. Espacio.

Rodríguez, M. C., (2009); *Autogestión, políticas del hábitat y transformación social.* Espacio editorial. Buenos Aires.

Sánchez, N. (2007); "El marco lógico. Metodología para la planificación, seguimiento y evaluación de proyectos". En: *Visión gerencial,* Año 6, N° 2.

Santos, M. (2000); *La naturaleza del espacio.* España: Ariel.

Saveedoff, W. (1998); *La organización sí importa: educación y salud en América Latina.* Washington: BID.

Sforzi, F. (1999). "La teoría marshalliana para explicar el desarrollo local". En: F. Rodríguez (Ed.) *Manual de desarrollo local.* Oviedo: Trea Ediciones.

Smith, N. (1984); *Uneven development.* Oxford: Blackwell.

Valenzuela, C. (2004); "Reflexiones sobre la dialéctica de escalas en el examen de los procesos de desarrollo geográfico desigual". En: *Scripta Nova REVISTA ELECTRÓNICA DE GEOGRAFÍA Y CIENCIAS SOCIALES,* Vol. IX, n° 552. Universidad de Barcelona.

Winograd, M. (1988), *Intercambios.* Buenos Aires: Espacio Editora.

Páginas web consultadas:

http://aportes.educ.ar/geografia/nucleo-teorico/estado-del-arte/el-espacio-geografico/la_escala_geografica.php

Políticas de hábitat descentralizadas y reconfiguración neoliberal del territorio

Dos décadas en dos ciudades argentinas: Mendoza y Córdoba

María Carla Rodríguez
María Mercedes Di Virgilio
María Soledad Arqueros Mejica
María Laura Gil y de Anso
María Cecilia Zapata

La reforma del Estado en América Latina, en general, y en Argentina, en particular, tuvo entre sus pilares a los procesos de descentralización de la política social. La secuencia de reformas descentralizadoras se inició en Argentina a fines de la década de 1970, y se profundizó, sobre todo, en el decenio de 1990 constituyendo, junto con la focalización, una estrategia predominante en materia de cambios en las políticas sociales (Repetto 2000; Rosenfeld 1995) y un rasgo sobresaliente en las reformas institucionales que acompañaron la restitución del régimen político democrático y la reestructuración de la economía de mercado en las últimas décadas.

Vistos de manera retrospectiva, los resultados obtenidos en materia de descentralización han sido diversos. Por un lado, las matrices institucionales sobre las cuales se generaron los traspasos fueron heterogéneas (Ansolabehere 2003). Por otro, los tipos de autoridad delegada y los recursos en los diferentes contextos, así como los mecanismos a través de los cuales operó dicha delegación, también parecen haber sido variados.

Un campo en el cual operó con fuerza la descentralización sectorial-administrativa en los años 1990 fue el sector vivienda, que en la misma operación sufrió una recategorización conceptual, pasando de la órbita de la obra pública, hacia la de la política social. El puntapié inicial de ese proceso lo marcó la descentralización del FONAVI (Fondo Nacional de Vivienda), en agosto de 1992, en lo que puede caracterizarse como una descentralización "compensatoria" (Rodríguez 2007)[1]. El FONAVI había sido creado en 1972, como un fondo permanente de asignación específica para la construcción y el financiamiento de viviendas económicas, obras de infraestructura y equipamiento comunitario para los sectores de bajos ingresos[2]. El desbalance progresivo entre niveles crecientes de evasión en los aportes –tanto públicos como privados–, recuperos restringidos y gastos que se incrementaron con el costo ascendente de la construcción en un contexto inflacionario, mermaron su cobertura y limitaron sus objetivos como fondo rotatorio. Por ello, el objetivo que cumplió con mayor eficacia fue subvencionar la dinámica de algunos grupos económicos, que resultaron protegidos de las transformaciones aperturistas. De hecho, entre 1976 y 1980, el incremento de la producción estatal –en 71.330 unidades– absorbió el 25% de la caída bruta de la producción privada del sector (Rodríguez 2007).

El traspaso de los recursos del FONAVI al Fondo de Coparticipación Federal implicó una transferencia de recursos hacia las provincias por un total de 900 millones de pesos anuales (monto que en su momento representaba el 40% de los recursos del Ministerio de Salud y Acción Social) (Repetto y Moro 2004). Este proceso modificó la dinámica intraburocrática de los organismos y contribuyó a definir una nueva institucionalidad (Catenazzi y Di Virgilio 2006). Originalmente, la operatoria se ejecutaba a través de un esquema de gestión altamente centralizado. La Secretaría de Desarrollo Urbano y Vivienda de la Nación dictaba las reglamentaciones, definía los programas a financiar y los criterios generales de selección de los beneficiarios, mientras que los organismos provinciales sólo quedaban a cargo de la ejecución de dichos programas[3]. Con la nueva normativa, la Secretaría de Vivienda perdió su función

---

[1] El Acuerdo Interestadual de agosto de 1992, ratificado por Ley 24.130, autorizó a la Nación a retener un 15% de la masa de impuestos coparticipables a cambio de remitir a las provincias una suma fija mensual destinada a cubrir desequilibrios fiscales. Los recursos financieros provenían de cuatro fondos, entre ellos, el FONAVI (Rodríguez 2007). Cabe destacar que la ley que reglamentó la transferencia fue sancionada recién tres años después. En el interregno, el uso de los fondos careció de controles precisos. En abril de 1995, queda institucionalizada la provincialización del recurso FONAVI a través del Sistema Federal de la Vivienda.

[2] Inicialmente, la operatoria se financiaba con contribuciones de trabajadores y empleadores (y desde 1992, para evitar su quebranto, mediante un porcentaje del impuesto a los combustibles). A través del otorgamiento de créditos hipotecarios se proponía, por un lado, incidir en la demanda por medio de subsidios que incrementaban su solvencia. Por el otro, influir sobre la oferta facilitando la realización de viviendas "llave en mano" por empresas privadas (Cuenya 1997: 27).

[3] Los IPV estaban a cargo de las acciones relacionadas con el medio de inserción de las obras: identificación de tierras disponibles para la localización de las viviendas, la elección de su tipología, la

distribuidora y los Institutos de Vivienda quedaron a cargo de la ejecución, no sólo de las acciones orientadas a la producción de vivienda sino también de la asignación de los recursos.

Al finalizar la década de 1990, la composición de la inversión en las diferentes jurisdicciones mostraba estrategias diversificadas de asignación del recurso FONAVI. Algunas jurisdicciones, como por ejemplo Salta, invertían montos equivalentes en la construcción de vivienda y en créditos, y también destinaba fondos a la construcción de infraestructura y equipamiento. Tierra del Fuego, por su parte, asignaba un monto considerable al sistema de créditos. Santiago del Estero, en cambio, invertía la totalidad de los recursos en la construcción de vivienda básica. Otras jurisdicciones priorizaban la inversión en vivienda y parte en créditos. Algunas provincias, a su vez, se endeudaron con el Banco Hipotecario –privatizado y transformado en banco de segundo piso– y redestinaron las partes más rentables de sus carteras hipotecarias a cambio de la obtención de fondos para desarrollos vinculados con sectores sociales de mejor capacidad adquisitiva[4] (Rodulfo 2003). En este contexto, los IPV desarrollaron distintas operatorias con diferentes niveles de subsidio y destinadas a diversos segmentos de la demanda. En la siguiente tabla pueden observarse las características de los tipos de operatoria desarrollados (Catenazzi y Di Virgilio 2001).

Tabla 1. Tipos de operatorias financiadas con fondos provinciales y sus características (1998)

Operatoria	Características generales	Distribución del % de las viviendas	Costos promedio por vivienda	Ingresos mínimos requeridos	Plazos de amortización	Tasa de interés
Demanda libre	Financiamiento total	38,2	US$ 18.856	US$ 470	Hasta 300 cuotas	3%
Cofinanciadas	El destinatario aporta entre el 20 y el 30%	27,9	US$ 21.000	US$ 760	Hasta 240 cuotas	6%
Descentralizadas	Los gobiernos locales ejecutan las obras y aportan el terreno	33,9	US$ 14.266	US$ 260	300 cuotas	Sin interés

Fuente: Catenazzi y Di Virgilio (2001).

---

licitación para su construcción y la adjudicación a la población demandante.

[4] Las provincias también suscribieron compromisos con otros bancos o inversores privados. Condiciones gestoras de los agudos conflictos con deudores hipotecarios a partir de la crisis de 2001.

No obstante la diversificación iniciada, la producción de viviendas "llave en mano" continuó dominando la producción habitacional, articulada mediante los distintos mecanismos de cofinanciamiento previstos por la Ley 24.464. Como puede verse en el cuadro, los ingresos mínimos estipulados también acentuaron su utilización hacia sectores sociales de mayores ingresos en el 66% de los casos.

En este escenario, el artículo analiza los derroteros de la política habitacional provincial en las áreas metropolitanas de las ciudades de Córdoba y Mendoza. Se focaliza, en particular, en la planificación y gestión de las operatorias, el papel de la población destinataria, sus marcas territoriales y una lectura de los resultados alcanzados. Por último, perfila continuidades y rupturas con las líneas rectoras de la política habitacional en la década actual.

Nuevos lineamientos de política habitacional: entre provincias y municipios

La articulación de los recursos FONAVI con recursos municipales (básicamente vinculados a la provisión de suelo) mediante el desarrollo de operatorias cofinanciadas orientó parcialmente su utilización hacia sectores sociales de menores ingresos. De hecho, las operatorias implementadas desde el nivel municipal representaban a fines de la década un tercio de las soluciones habitacionales, demostrando cierta capacidad de los municipios para alcanzar a dicha población (Tabla 1).

Asimismo, se inició una incipiente diversificación de los lineamientos de políticas habitacionales dirigidas a los grupos de menores ingresos, siendo las más significativas, las políticas ex postorientadas a la regularización dominial (Herzer *et al.* 1998; Catenazzi y Di Virgilio 2006). Si bien estas iniciativas no tuvieron un impacto significativo en términos cuantitativos –por el reducido volumen de fondos disponibles en relación con las necesidades sociales a atender–, tuvieron capacidad para instalar en el debate de las políticas habitacionales las cuestiones vinculadas a los déficits cualitativos, a la (re)consideración de los sectores populares como sujetos activos de las políticas y la "puesta en valor" de su contribución en la superación de las condiciones deficitarias, colocando la mirada sobre el rol del sector público como corresponsable en la gestión y ejecución de proyectos y programas habitacionales (Rodríguez y Di Virgilio *et al.* 2007).

En este marco, los ejecutivos provinciales definieron algunas operatorias orientadas a la producción social del hábitat (en adelante PSH)[5], reconociendo e involucrando

---

[5] La PSH incluye una gama de modalidades habitacionales autoproducidas por sus habitantes: desde barrios originados en tomas de tierras, hasta conjuntos cooperativos autogestionarios. Se trata de procesos de producción colectiva de barrios –y ciudad– que maduran históricamente a partir de necesidades sociales de resolución de la vida cotidiana, cuya dinámica tiende a rebasar las lógicas estatales y mercantiles instituidas para su canalización. Además de aportar soluciones habitacionales, la PSH se caracteriza por articular una trama de sujetos y actores sociales colectivos y organizados, distintos

la existencia de sus tramas socioorganizativas. En la Provincia de Córdoba, desde 1993 hasta 1997, la Mesa de Concertación de Políticas Sociales constituyó un marco multiactoral de gestión de política pública, que asignó recursos a varios cientos de proyectos ejecutados por cooperativas pertenecientes a la Unión de Organizaciones de Base por los Derechos Sociales (UODBS), un colectivo de segundo grado que abordó la ejecución de proyectos de vivienda, infraestructura, salud, alimentación y desarrollo social con población de bajos ingresos residente mayoritariamente en villas (Rodríguez y Procupez 1998).

Esta experiencia tuvo un hito significativo en septiembre de 1992, en un taller convocado por organizaciones sociales del que participaron también funcionarios públicos municipales y provinciales. El encuentro, fundado en tramas preexistentes, implicó el "bautizo" de un nuevo movimiento urbano (la UOBDS, Unión de Organizaciones de Base por los Derechos Sociales) y el desarrollo de una acción política coordinada y confluyente entre organizaciones sociales y equipos técnicos. A la vez, en el seno de ese taller, se acordó una mesa de trabajo con el Ministerio de Desarrollo Social (MDS) provincial, que sería el antecedente más inmediato para la creación de la Mesa de Concertación (Mateo 2000).

En un principio la UOBDS se integró por 50 villas aproximadamente, mientras que durante el período de auge de la Mesa llegó a aglutinar más de 100. Entre las ONG participaron SEHAS, CECOPAL, la Mutual Carlos Mugica y el Servicio de Promoción Humana (SERVIPROH). Entre las agencias estatales, el Ministerio de Desarrollo Social del Gobierno Provincial y la Municipalidad de Córdoba[6] (Buthet 1996: 1).

En Mendoza, entre 1992 y 1998, las operatorias descentralizadas en los municipios tuvieron por sujetos privilegiados a cooperativas de vivienda y mutuales. Integradas por los beneficiarios de los conjuntos habitacionales a ejecutar, éstas se organizaban como —o se asociaban con— pequeñas empresas constructoras. Así, datos del Sistema Estadístico Provincial (1993) revelan que en 1991 existían 224 cooperativas, que agrupaban a 45.000 familias en busca de una vivienda. En ese contexto, en 1992 en el Gran Mendoza, se constituyó una federación, la Asociación de Entidades de

---

a las unidades domésticas involucradas en los procesos. Estos fenómenos de autoproducción masiva, nacidos de un desfasaje o inadecuación entre el universo de opciones de mercado, las políticas públicas sectoriales —históricamente configuradas en torno a la producción empresarial convencional— y las necesidades habitacionales de la población de menores ingresos, disparan a su vez nuevas acciones por parte del Estado (Rodríguez y Di Virgilio *et al.* 2007).

[6] También estuvieron involucradas en el proceso: la Empresa Provincial de Energía Eléctrica, la Dirección Provincial de Agua y Saneamiento, la Secretaría de Desarrollo Social de la Nación y la Subsecretaría de Vivienda de la Nación. Es de destacar que diversas agencias de cooperación internacional brindaron apoyo a la UOBDS y/o a las ONG: la Fundación Interamericana (IAF), Miseror, la Central Evangélica (EZE-Alemania), la Agencia Católica de Co-Financiamiento (CEBEMO-Holanda) y la Fundación W. K. Kellog.

Vivienda y Servicios (ASEVIS), que fue un interlocutor político significativo de dicha experiencia cooperativa (Rodríguez 2000). Durante el proceso de ejecución de políticas descentralizadas, esa federación creció pronunciadamente. En 1992 se creó con cinco cooperativas, en 1995 la integraban veinte, y en 1996 cuarenta –aunque fuertemente motorizadas por el núcleo promotor estable–, que nucleaban a unas 1.115 familias (Mora 1998).

Dentro del Gran Mendoza, el Municipio de Godoy Cruz constituyó el caso de mayor escala de aplicación de la principal operatoria orientada hacia los sectores de bajos ingresos: el programa Municipios y Desarrollo Comunitario. ASEVIS estuvo integrada principalmente por dirigentes de sectores medios bajos con una fuerte impronta política y partidaria local. Impulsó y articuló demandas de redefinición de la política sectorial de vivienda, acompañando las reformas impulsadas por el gobierno provincial y por la intendencia de Godoy Cruz.

En términos generales, en este período coexistían tres situaciones dentro del entramado socioorganizativo, las cuales, a su vez, perfilaban una segmentación organizativa que tendía a reproducir la segmentación socioeconómica de la estructura social. Esa dinámica de segmentación, por su parte, fue reproducida por los criterios de diseño y financiamiento de las políticas. La Federación de Cooperativas de Vivienda de la República Argentina (FECOVIRA) expresó un segmento importante del desarrollo histórico del cooperativismo a escala provincial. Sus entidades construyeron conjuntos con recursos del Banco Hipotecario Nacional, la ejecución de las obras estuvo vinculada a sectores de mediana empresa, y sus destinatarios fueron principalmente sectores medios. ASEVIS estuvo integrada por sectores bajos y medios bajos, y en sus obras predominó la ejecución directa de cooperativas y/o la subcontratación de pequeñas empresas en rubros específicos. Y finalmente, un segmento importante de la población de bajos ingresos (residente en villas y espacios rurales) optimizó los escasos recursos recibidos a través de componentes como la ayuda mutua y esfuerzo propio (por fuera de ASEVIS) (Rodríguez 2000).

Tanto ASEVIS, en Mendoza, como la Mesa de Concertación de Políticas Sociales, en Córdoba, constituyeron experiencias innovadoras en lo referido al diseño y aplicación de las políticas de hábitat. En un contexto común de reestructuración estatal neoliberal a escala nacional, ambos gobiernos provinciales asumieron una iniciativa sectorial, que los diferenciaba de la tradición centralizada del Fondo Nacional de Vivienda (FONAVI), y exploraron la territorialización de las políticas habitacionales.

En efecto, las iniciativas provinciales se distanciaron de las definiciones nacionales que trataban de manera indiferenciada la cuestión de la localización (implícitamente provista por el precio de la tierra disponible en términos de las condiciones del mercado para la ejecución de obra nueva). Los nuevos diseños involucraron un tratamiento particularizado de la variable territorial: en Mendoza, a través de un esquema municipalizado de actuación e inversiones y, en Córdoba, priorizando el ámbito y la problemática sociourbana de las villas de emergencia[7].

En ambos casos prevaleció una fuerte impronta urbana anclada en las ciudades capitales y sus conurbaciones[8], que se especificó con propuestas de intervención construidas sobre situaciones diferenciales en relación con las condiciones de producción y las tipologías del hábitat popular urbano. En el caso cordobés, la problemática de las villas de emergencia junto con el reconocimiento de su tradición socioorganizativa implicó un énfasis en el mejoramiento del hábitat existente[9], en un contexto signado por una historia previa de políticas de erradicación que, sin embargo, no habían revertido las tendencias a la expansión de la población residente. En Mendoza, el arraigo local de la tradición cooperativa, madurado desde la década de 1960[10], puso en evidencia ciertas limitaciones de las constructoras tradicionales y fue la base para la (re)orientación de la política gubernamental hacia el cooperativismo de vivienda. De este modo, los nuevos diseños institucionales involucraron componentes de descentralización del aparato burocrático, territorialización en su diseño e instancias de participación de organizaciones sociales y equipos técnicos, al menos en alguna fase del ciclo de la política.

Nuevos diseños político-institucionales: ejecutivos provinciales decisionistas y papel de la participación social organizada

De este modo, los gobiernos provinciales desplegaron su acción entre las tensiones generadas, por un lado, por los lineamientos políticos que guiaban la reforma del Estado a nivel nacional y, por el otro, por las características y tendencias de las sociedades locales de las que emanaba su legitimidad. A pesar de los aspectos comunes, el derrotero de la descentralización parece haber estado particularizado por los rasgos de la institucionalidad, los entramados de actores y las historias locales.

---

[7] Se denominan "villas de emergencia" a los asentamientos informales constituidos por viviendas precarias (tipo rancho o casilla) y con trazado urbano irregular (pasillos y calles que no necesariamente respetan la forma de damero). Se encuentran enclavadas en la ciudad formal, habitualmente en áreas centrales.

[8] En la Provincia de Mendoza, el 60% de los recursos se destinaron al Gran Mendoza. En las modalidades de ejecución, se tendió a privilegiar a la pequeña empresa, actuando como contratistas de las cooperativas.

[9] Si bien la UOBDS articulará procesos diferenciales, población dispersa y concentrada, y planteará el problema de la intervención integral, así como un conjunto de programas sociales. Pero la villa se convierte en el *locus* dominante o que marca la impronta de este diseño.

[10] Hitos claves en la acción cooperativa local constituyen la experiencia paradigmática de Barrio San Martín, la acción desarrollada por el padre Makuka Llorens y la situación generada a partir del sismo de 1985, que sensibilizó a la población local hacia la demanda de vivienda.

En Mendoza, las características de la política habitacional de la década de 1990 parecieran haber abrevado en ciertos atributos históricos de la jurisdicción: alto nivel relativo de desarrollo económico-social; autonomía con respecto al gobierno nacional, tanto económica como política[11], y relativa estabilidad en ambos planos a pesar de las crisis y de las fluctuaciones económicas que atravesaba el país (Mezzadra, sin fecha). Mendoza enfrentó la descentralización con una situación fiscal controlada (Ansolabehere 2003). Asimismo, contaba en su estructura con pocos municipios y había acumulado experiencias previas en materia de reforma del Estado en los sectores de salud y educación. Desde 1992, incorporó la descentralización de la política habitacional en los municipios mediante el Decreto Nº 3.462, que reafirmaba los conceptos de solución habitacional, cofinanciación y ahorro previo, descentralización e incorporación de nuevos actores en la gestión del proceso habitacional.

En ese contexto, se estableció que la transferencia de fondos se realizaría de acuerdo con los niveles de pobreza y requerimientos habitacionales de su población y que las organizaciones sociales serían las destinatarias principales del proceso (Rodríguez 2000). De este modo, se instauró un criterio de focalización para la política habitacional colectivo y geográfico a partir de una lógica de gestión de carácter social (Ansolabehere 2003).

Los municipios recibieron cupos presupuestarios establecidos en función de la población y el déficit habitacional, que podían distribuir en cualquier operatoria de las diseñadas por el Instituto Provincial de Vivienda. En este marco, las principales tareas de los gobiernos locales consistían en evaluar los proyectos presentados por las organizaciones sociales, definir el orden de prioridades de ejecución y establecer el cronograma financiero. Las organizaciones sociales (cooperativas, mutuales o asociaciones vecinales), por su parte, quedaban a cargo de la planificación y ejecución de los proyectos habitacionales en todas sus etapas: elección del terreno, elaboración del proyecto y adjudicación de las viviendas, canalizando la demanda de las familias y sus aportes de recursos económicos bajo diversas modalidades de cofinanciación.

El Instituto Provincial de la Vivienda (IPV) gestionaba fondos, generaba nuevos recursos y los derivaba hacia las distintas operatorias. Asimismo auditaba, evaluaba el sistema y asesoraba a entidades intermedias. Las funciones de licitar y construir fueron transferidas a las organizaciones sociales, y el cobro de cuotas, a entidades bancarias.

Los municipios asumieron la programación local y la selección de los proyectos a ejecutar, situación que los colocó en posibilidad de seleccionar, también, a las organizaciones beneficiarias de la política descentralizada. Aun cuando existían criterios de selección objetivos, la atribución depositada en el nivel local otorgó un peso político fuerte a la construcción de una trama vincular local. La participación de las organiza-

---

[11] Los recursos de origen nacional, en la jurisdicción, representaban una proporción relativamente baja del presupuesto, situación que facilitaba también una mayor autonomía en el plano político.

ciones sociales se concentró en el control y el seguimiento de las políticas y programas descentralizados; actividades que se desplegaron fundamentalmente en instancias de tipo consultivo[12] generadas en el marco de los nuevos arreglos intersectoriales creados a nivel provincial y municipal. Asimismo, recayó sobre las mismas la ejecución de los proyectos y la canalización de la demanda. Las operatorias no previeron apoyos específicos para promover el fortalecimiento organizativo. En lo que respecta a la trama de segundo grado –la Asociación de Entidades de Vivienda y Servicios (ASEVIS)–, aunque incidió políticamente y fue un marco de contención de sus integrantes, no jugó ningún papel formalmente reconocido.

En Córdoba, los puntos de partida y el desarrollo parecen haber sido diferentes. La jurisdicción llegó a la descentralización con una situación fiscal crítica que no pudo remontar, y se expresó finalmente en la crisis política que culminó en 1995 con la renuncia del entonces gobernador Angeloz. Así inició durante el segundo quinquenio un proceso forzoso de ajuste y reforma del Estado. Las principales empresas públicas permanecieron en manos del Estado provincial hasta 1999. En ese marco, las operatorias habitacionales impulsadas por el Gobierno de Córdoba conjuntamente con municipios parecen haber sido menos normatizadas. Los criterios que guiaron la gestión y distribución de los fondos vía municipios fueron en parte más flexibles pero también más expuestos al decisionismo coyuntural de la lógica política. En este contexto se configuró el proceso de la Mesa de Concertación en ciudad de Córdoba que, aunque rebasó lo estrictamente sectorial, destinó recursos prioritarios a vivienda, mejoramiento e infraestructura barrial. En términos de los destinatarios de la política, y pese al papel protagónico de las organizaciones sociales en el dispositivo de concertación, se sostuvo una fuerte ambigüedad: el nivel provincial siguió definiendo individuos como únicos beneficiarios de sus intervenciones. A ello se sumaron tensiones entre los roles asumidos por el gobierno provincial y el local (en particular, el de la ciudad de Córdoba).

Los proyectos de la Mesa se vincularon a una estrategia de urbanización y mejoramiento barrial basada territorialmente en las villas de emergencia. Se trataba de proyectos cuyo objetivo era facilitar el acceso a la tierra urbana, la regularización de

---

[12] El Decreto provincial Nº 3462/92 creó el Consejo Provincial de la Vivienda (CPV), instancia consultiva intersectorial. Asimismo, se constituyó el Consejo Técnico, integrado por los directores de vivienda de cada municipio y funcionarios del IPV. Si bien esta instancia nunca se institucionalizó, se reunía regularmente y concentraba funciones de consultoría en la formulación y evaluación de los programas. Espejando al gobierno provincial, algunos municipios replicaron esos diseños. Por ejemplo, entre 1992 y 1996, en Godoy Cruz se organizaron: la Comisión de Planificación Urbana, Medio Ambiente y Vivienda (COPUMAVI) y el Consejo Municipal de la Vivienda Social (COMUVISO). La COPUMAVI, integrada por los representantes del Ejecutivo Municipal y del Concejo Deliberante, podía decidir la utilización de los recursos correspondientes al cupo y actuar como planificadora territorial. El COMUVISO, instituido en 1996, se encontraba integrado por organizaciones sociales y cumplía una función asesora hacia la COPUMAVI.

situaciones jurídicas y la construcción de nuevas viviendas. Asimismo, se priorizaron proyectos orientados a ampliar y completar las viviendas mínimas, la construcción de redes de agua, de luz y equipamiento comunitario, y a la compra de tierras para urbanizar. La Mesa se financiaba a través de recursos del Programa de Políticas Sociales Concertadas del Ministerio de Desarrollo Social Provincial[13]. Si bien el gobierno provincial se comprometía con la financiación del funcionamiento de la Mesa, reservaba para sí el derecho a controlar a las organizaciones beneficiarias y las características socioeconómicas de sus miembros, la evaluación técnica y económica de los proyectos antes de su financiamiento, el monitoreo de la ejecución y la evaluación conjunta de los resultados (Buthet 2005). El gobierno local de la ciudad de Córdoba se limitó a aportar personal para coordinar de forma eficaz las tramitaciones municipales que se requerían en el marco de los proyectos de hábitat. La labor de las organizaciones populares fue central en el desempeño de la Mesa.

En la división del trabajo de esta experiencia, la UOBDS fue la encargada de definir las prioridades de inversión conforme a lo debatido dentro del marco de las organizaciones que la conformaron, y las ONG, la preselección de proyectos y la formulación y negociación de propuestas legislativas. Las organizaciones barriales participaron en la elaboración de proyectos, su gestión, administración y ejecución con el apoyo técnico y social de las ONG. Las últimas cubrieron además aproximadamente el 60% de los costos de asistencia técnica, solventado con trabajo voluntario y/o con financiamiento de las agencias privadas de cooperación.

La ejecución de las políticas a nivel provincial: sus características

Los proyectos ejecutados en la Provincia de Mendoza entre 1992 y 1996 significaron el 43% de la reducción del déficit logrado a lo largo de la década. Los 165 proyectos ejecutados alcanzaron un total de 12.130 familias a través de créditos para 9.684 viviendas (que incluía la producción de suelo urbano), 1.108 ampliaciones y 1.338 lotes con servicios.

Estas intervenciones involucraron un monto de US$ 120.630.000, con asignaciones promedio de US$ 75.000 por predio adquirido, U$S 2.805 en costo de producción de lote con servicios, US$ 3.500 por crédito individual para ampliaciones y US$ 8.000 por cada unidad de vivienda. El 26% del presupuesto se asignó a infraestructura y saneamiento, y el 74% restante a la ejecución de viviendas. (Rodríguez 1998). El 60% de los recursos se asignaron al Gran Mendoza.

La tipología predominante de la operatoria fue la vivienda evolutiva. Se trataba de unidades de una planta, sin terminaciones y con una superficie que oscilaba entre los 36 y los 75 m^2. Los conjuntos alcanzaron en promedio 40 viviendas, cuya construc-

---

[13] Sólo inicialmente, en 1994 y 1995 la fijación del presupuesto anual fue objeto de negociación por parte de la UOBDS.

ción se realizó en etapas parciales (en grupos de 5 ó 10 viviendas), desarrollando un flujo de fondos dilatado en el tiempo. Las cooperativas actuaron como contratistas de pequeñas empresas, que se vieron de este modo privilegiadas en la ejecución de la operatoria.

La producción de vivienda bajo esta modalidad redujo al 50% los costos de producción respecto de sus predecesoras del FONAVI. Mientras las primeras oscilaron entre los US$ 10.000 y los US$ 20.000 por vivienda, en el caso de las más amplias y mejor terminadas (75m^2), las segundas no descendían de US$ 35.000. Respecto de la distribución de los costos, el Estado financió entre el 60 y el 80% del total, mientras que el resto de la cofinanciación estuvo a cargo de las cooperativas. Sin embargo, en el año 2000 este mecanismo se desactivó aludiendo problemas para controlar de manera "transparente" el destino de esos recursos provenientes de la vida interna de las organizaciones sociales (Rodríguez, Di Virgilio 2009).

Pero esta operatoria mostró algunas debilidades. La escala total de producción desarrollada resultó limitada. Asimismo, los sectores de menores recursos, a pesar de ser interpelados como fundamento de la descentralización, no lograron integrarse a la operatoria. La proximidad de los municipios a su población y la incorporación de las cooperativas resultaron instancias insuficientes para la anexión de aquellos sectores. Su marginalidad respecto de la operatoria estuvo vinculada fundamentalmente a las rigideces impuestas por las definiciones financieras que, pese a contar con recursos propios y autonomía política, el gobierno provincial no flexibilizó[14] (Rodríguez, Di Virgilio 2009).

En este sentido, lejos de constituir una ampliación de la oferta hacia los sectores de menores recursos (tal como se enunció en el discurso oficial), significó una readecuación efectiva de las condiciones de acceso a la política pública destinada a los sectores medios bajos. Para sostener este objetivo, se buscó la complementación del recurso público con la captación de cierta capacidad de ahorro de aquellos sectores. En la ciudad de Córdoba, la política ejecutada por la Mesa de Concertación benefició a través de distintos tipos de soluciones a aproximadamente 16.000 familias nucleadas en 74 organizaciones de base (UOBDS 1998a). Esto ocurrió en un contexto donde la población total residente en villas continuó creciendo.

En cuanto a los montos totales de inversión, se integraron US$ 17.596.341, de los cuales el 65% se ejecutaron en la primera etapa (1992-1995). Prácticamente el 80% de esos recursos fueron destinados al programa de hábitat, pero "no fueron fondos FONAVI y FOVICOR [Fondo Provincial de la Vivienda], con lo que los intereses y la irracionalidad de la política general de vivienda de la provincia no sufrió modificaciones" (Buthet 2005: 54).

---

[14] La ejecución de algunas operatorias de escala destinadas a poblaciones en situación de pobreza estructural (como la regularización de villa "Lihue") no modifica la definición general.

Sin embargo, esos resultados no se distribuyeron de manera homogénea a lo largo de todo el período. El funcionamiento de la Mesa tuvo dos etapas definidas en torno a las condiciones políticas e institucionales que posibilitaron u obstaculizaron su desempeño. La primera tuvo lugar entre 1992 y 1995, y la segunda, entre 1996 y 1998.

En la primera etapa, la Mesa experimentó un importante proceso de desarrollo en cuanto al modelo de gestión participativa. En ese marco, se ejecutaron la mayor cantidad de obras, y se lograron avances respecto del modelo de gestión propuesto. Ambos factores incidieron en la visibilidad que adquirió en la opinión pública y el fortalecimiento de la UOBDS ante el gobierno provincial de ese período.

Durante 1992 y 1995, la Mesa (integrada por 64 organizaciones que nucleaban 15.200 familias) facilitó el acceso de 1.835 familias a la propiedad de la tierra urbana, 1.878 familias al servicio de agua potable, 1.668 familias a la energía eléctrica, 1.255 familias construyeron unidades mínimas de vivienda, y 1.832 familias realizaron mejoras y ampliaciones. Se ejecutaron 20 obras de locales comunitarios e instalaciones para servicios comunales específicos para 4.300 familias. Asimismo, 1.287 familias avanzaron en proyectos de loteo y ejecución de obras de infraestructura y 1.139 resolvieron problemas jurídicos y de propiedad en sus tierras y organizaciones (Buthet 1996: 17).

La inversión en estos años fue de US$ 11.436.639. El 92% fue financiado por el gobierno provincial con recursos propios. El monto restante fue financiado por las ONG a través de proyectos de cooperación internacional no gubernamental[15]. En ambos casos –si bien en términos macro– las operatorias descentralizadas no alcanzaron a imprimir marcas significativas en la reversión del déficit habitacional. Sin embargo, incluyeron nuevos actores (cooperativas, organizaciones, pequeñas empresas) habitualmente no contemplados por las políticas de hábitat. Entre 1992 y 1997 –con énfasis en el bienio 1993-1995–, 28.130 familias se involucraron en un menú diversificado de mejoramiento habitacional y urbano.

Las tramas de organizaciones sociales fueron tensadas en sus capacidades de intermediación. Recibieron un amplio espectro de responsabilidades, junto con un sustento político, institucional, organizativo y financiero relativamente endeble. Pero la dependencia de las voluntades políticas gubernamentales fue una marca de origen que condicionó no sólo la existencia de las políticas, sino también la vida misma de tramas organizativas. Aunque ambas organizaciones estuvieran enraizadas en experiencias sociales de larga trayectoria histórica, las tramas de segundo grado ligadas con la estructuración y vida de las políticas analizadas no sobrevivieron el ocaso de las voluntades políticas de los gobernantes que las impulsaron.

---

[15] La segunda etapa de la Mesa de Concertación se caracteriza en el apartado siguiente, pues es parte de la crisis de esta política.

Aunque Mendoza desarrolló mayores niveles de institucionalización de la política[16], ambos casos se igualan en el hecho de que se sostuvieron en voluntades políticas fuertes de los ejecutivos provinciales. Las diferencias institucionales, en este sentido, no parecen haber jugado un papel significativo para morigerar los efectos de crisis o la interrupción de la voluntad política.

En el plano del diseño institucional, ambas experiencias presentaron cortes y descoordinaciones entre los niveles de decisión política y la práctica de implementación efectiva de los niveles técnico-administrativos que tampoco se lograron superar. En términos de los recursos financieros, en ambos casos, para sostener los diseños innovadores, se aplicaron centralmente recursos provinciales propios, correlato de la voluntad política dirigida a sostener estos procesos[17]. Así, en ambos casos, se verifica también que los recursos FONAVI no pudieron reorientarse hacia los sectores más empobrecidos.

Aunque la inversión total mendocina quintuplicaba la cordobesa, en ambos casos los costos promedio de ejecución de obra nueva se resolvieron en valores semejantes, en torno a los US$ 9.500 por unidad, significativamente más reducidos que la tradicional ejecución FONAVI. En el caso cordobés, la primera etapa de la Mesa, centrada en acciones de mejoramiento progresivo y producción de equipamiento barrial, implicó una inversión de $ 752 promedio por familia. Una erogación acotada para una acción de alto impacto político en términos de interpelación ciudadana por parte del gobierno provincial.

En relación con los recursos profesionales interdisciplinarios requeridos en este tipo de intervención, en Córdoba, las ONG involucradas pudieron desarrollar y perfeccionar mecanismos de coordinación y se definieron como actores autónomos. En Mendoza, se impulsó la actuación de colegios de profesionales, cátedras de universidades, grupos profesionales, con bastante dispersión.

Respecto del diseño general de las políticas, Mendoza se destacó por la sobreabundancia de coordinaciones intersectoriales y la existencia de una participación de carácter meramente consultiva por parte de las organizaciones sociales. No se previeron estrategias de fortalecimiento de las capacidades de los actores locales, en particular municipios y organizaciones sociales. Al mismo tiempo, las operatorias formalmente destinadas a sectores medios se mantuvieron en el nivel provincial, mientras se transfirió a los municipios la responsabilidad política de asumir, en un marco limitante, aquellas dirigidas a las situaciones de pobreza.

---

[16] A través de la producción de un corpus resolutivo del IPV, respaldado en la sanción de un Decreto Provincial que definió las bases del nuevo sistema provincial de vivienda, actores, roles y pautas básicas de financiamiento. Ese proceso se anticipó a la sanción de la Ley Federal de Vivienda de 1994.

[17] En Córdoba, la Mesa de Concertación, a su vez, los complementó con otros provenientes de Desarrollo Social de la Nación. En particular, el Programa 17, de apoyo a la PSH, constituyó un marco operativo relevante en la segunda etapa.

En la propuesta cordobesa, donde hubo mayores niveles de participación de las organizaciones sociales y ONG y un recorte territorial claramente orientado a los más empobrecidos, una limitante inicial de diseño fue la carencia de mecanismos consensuados para poder sistematizar y evaluar los avances del conjunto de la experiencia, en particular, con las poblaciones participantes y para poder hacer visible el proceso hacia el conjunto de la sociedad local. Tampoco se diseñaron como parte de la política mecanismos institucionales de carácter sistémico, para fortalecer al conjunto de los actores. La cohesión de la alianza entre OB y ONG, la capacidad de movilización de la UOBDS y la solvencia de sus apoyos técnicos eran fortalezas que sostenían el dispositivo participativo. Pero la primera era cotidianamente tensionada por el mecanismo de funcionamiento de la Mesa, que exigía la relegitimación permanente de sus dirigentes en sus bases territoriales y la visibilidad de logros. Los segundos, a su vez, no contaban con un respaldo institucional fuera de sus propias estrategias de apoyo sostenidas en la cooperación no gubernamental.

En términos de calidad, no se cuenta con suficientes elementos para efectuar una caracterización integrada acerca de las diferencias que puede haber introducido el involucramiento directo de los beneficiarios en las acciones desarrolladas. En ambos casos, sin embargo, las flaquezas iniciales en la previsión de diseños de seguimiento, monitoreo, evaluación y producción de información pública –es decir, de una estrategia que contemplara herramientas de aprendizaje, corrección y validación de las políticas– han contribuido a debilitarlas y aislarlas, estrechando las posibilidades de discusión y legitimación con otros actores.

En términos de las marcas territoriales que estos procesos imprimieron a las tramas urbanas metropolitanas en que se insertaron, puede señalarse que no implicaron tensiones con los patrones tradicionales de urbanización orientados por la dinámica del "mercado". En el caso mendocino, las herramientas disponibles para la provisión de suelo urbano condujeron a la expansión periférica. Los municipios no podían, tampoco, integrar dos segmentos sociales en un mismo proyecto, para que convivieran en un mismo barrio.

En el mejoramiento de villas cordobesas, los procesos de relocalización también involucraron desplazamientos intraurbanos, o hacia los bordes, así como la introducción de indicadores urbanos que redujeron el tamaño de estos lotes (siguiendo una lógica ligada al "precio").

Crisis de la descentralización

Más allá de las similitudes y diferencias, hacia fines de la década de 1990 ambos procesos vieron su final. En términos generales, ese final se vinculó, por un lado, con factores político-institucionales (cambio en los escenarios políticos provinciales y realineamientos político-partidarios) y, por el otro, con la profundización de la crisis económica y social a nivel nacional.

En Córdoba, en 1995, la crisis fiscal provincial se manifestó bajo el efecto de decisiones políticas nacionales ligadas con la crisis financiera internacional del *tequila*. El gobernador planteó un programa de ajustes que significaron la reducción del gasto social y el cierre de programas sociales. El cuadro de tensión social resultante derivó, finalmente, en su renuncia. La nueva gestión desconoció la existencia de la Mesa: "El gobierno reclama para sí, y en forma excluyente las funciones de definir presupuestos y programas" (UOBDS *et al.* 1998: 190). Ante esta situación, la UOBDS y las ONG realizaron protestas públicas para sensibilizar a la opinión pública y los medios. En el segundo semestre del año 1995, el gobierno provincial suspendió el funcionamiento de la Mesa y cerró el diálogo. En ese marco, se abrió un espacio de concertación con el gobierno municipal, mediante acuerdos para la ejecución de proyectos de infraestructura. Las organizaciones continuaron presionando con movilizaciones hasta que, a mediados de 1996, el gobierno provincial reinició actividades de la Mesa, pero desviando las demandas a distintas áreas según las temáticas sectoriales correspondientes. De este modo, se desarticuló el dispositivo integral de creación y negociación de políticas. Las nuevas acciones se desarrollaron en un clima de permanente confrontación y el gobierno provincial desplegó una estrategia de cooptación y desarticulación de la UOBDS, que sufrió una creciente descomposición interna. En 1998, asume un gobierno provincial de nuevo signo político (De la Sota-PJ), que desactiva definitivamente la Mesa.

En la Provincia de Mendoza, a partir de 1998, la política habitacional ingresa en una etapa de crisis y transición, en la que se hicieron visibles ineficiencias en los mecanismos estatales de control y malas prácticas por parte del IPV, municipios y algunas organizaciones sociales (Lentini y Palero 2006). Uso de los fondos, problemas en la calidad constructiva y escasos impactos sobre los sectores más pobres fueron ejes de un proceso de debilitamiento y deslegitimación de la política. En este escenario, sectores empresariales provinciales y grupos partidarios opositores al gobierno provincial encararon una ofensiva de desprestigio contra el sistema cooperativo. Un aspecto crítico sobre el que se cimentó esa estrategia parece haber sido la falta de criterios socialmente compartidos, visibles y claros acerca de cómo las organizaciones definían sus beneficiarios y asignaban las viviendas. A la crisis política se sumó la económica: al iniciarse la recesión en 1998, el sector constructivo y financiero retomó su incidencia sobre los organismos rectores del sistema habitacional nacional (Rodulfo 2003) y la política habitacional ejecutada por las cooperativas fue jaqueada. Hasta la crisis de 2001, sólo el microcrédito individual subsistió como una línea con algo más de envergadura, junto con operatorias convencionales acotadas.

Poscrisis: la recentralización nacional y sus efectos locales

El ocaso de la década de 1990 y sus políticas se oculta tras el telón de la profunda crisis económica, social y política que azotó a la Argentina entre 2001 y 2002. Por entonces, ya era evidente que la liberalización de los mercados y el crecimiento económico que acompañó a la década de 1990 no se expresaban en una mejor distribución de la riqueza ni en una disminución de los índices de pobreza (Clichevsky 2002). La economía declinaba profundamente. Con una marcada depreciación del peso y una política monetaria aún poco definida, Argentina experimentó una significativa inflación por primera vez desde 1991. El derrumbe del Plan de Convertibilidad, la inmovilidad de los depósitos bancarios, el *default* en la deuda externa, altas tasas de inflación, la contracción de la actividad económica y la devaluación del tipo de cambio acarreaban severas consecuencias para los sectores medios y los de menores ingresos[18].

En ese complejo escenario, sectores diversos como la Cámara Argentina de la Construcción y la Unión de Trabajadores de la Construcción, sectores gremiales y sociales coordinados con la Central de Trabajadores Argentinos (CTA), redes de ONG, entre otros, concurrieron en precisar la importancia del sector habitacional en la reactivación económica, la integración social y la gobernabilidad. Se intentó priorizar el fortalecimiento de programas sociales dirigidos a la emergencia habitacional y la finalización de viviendas en ejecución avanzada del sistema FONAVI, como medio de reactivación del empleo y trabajo en la construcción y como satisfactores sociales inmediatos en la crisis (Rodulfo 2003). Como respuesta, el Gobierno del ex presidente Kirchner generó un brusco giro recentralizador en la política habitacional. Los programas habitacionales y de infraestructura urbana y territorial[19] se concentraron en un área clave con nivel ministerial sosteniendo las inversiones como motor de las políticas de empleo y contención social impulsadas para paliar la crisis, otorgando nuevamente un rol central a la obra pública. El Ministerio de Planificación Federal adquirió importancia creciente en la definición de las políticas, participando con el de Economía en las rondas de negociaciones con empresarios tradicionales del sector[20]. La producción de vivienda se concibió, nuevamente, como un eslabón de esa cadena (Rodríguez 2007).

El giro recentralizador de la política habitacional a nivel nacional restringió el escenario de acción de los gobiernos provinciales, en general, y municipales, en particular, reduciendo su capacidad de definición y ejecución de políticas públicas propias. En la poscrisis, ni las provincias ni los municipios cuentan con recursos presupuestarios propios y específicos que les permitan cierta movilidad por fuera de los lineamientos

---

[18] En este marco, a diferencia de las recesiones anteriores, el desempleo afectó en gran medida al sector formal, con un aumento del empleo en el sector informal. Además, la destrucción de puestos de trabajo es importante (particularmente en relación con los empleos no calificados), fuertemente en la rama de la construcción (que es clave para la mano de obra no calificada).

[19] Amén de un FONAVI cada vez más inespecífico y residual, por la depreciación de las sumas transferidas.

[20] El primer discurso público de la segunda ministra de economía de Kirchner, Felisa Miceli, tuvo lugar en un evento de la empresa Techint, una de las históricas beneficiarias de los recursos públicos en el período analizado.

establecidos a nivel nacional. Muchos de los actuales programas provinciales, llamados por Basualdo (2007) "extracupo", poseen una financiación aparte de los recursos coparticipables habituales de los IPV, con la particularidad de tener una asignación específica para cada obra y un fuerte control por parte de la Nación en lo referente a la ejecución de las mismas.

En este marco, las provincias y sus municipios quedaron relegados a aspectos tales como la definición de la localización de las obras, la adjudicación de las mismas y el control de los parámetros de aplicación de los programas y de los procesos de construcción. Tras la crisis del 2001, la Subsecretaría de Desarrollo Urbano y Vivienda del Ministerio de Planificación Federal, Inversión Pública y Servicios, a través de sus Programas Federales[21], propone prototipos únicos de diseño, para la construcción de viviendas a escala nacional con parámetros estandarizados[22]. Tanto las operatorias provinciales como las municipales en las provincias de Córdoba[23] y Mendoza adoptaron esta tipología.

En la mayoría de los casos, las obras son realizadas por empresas constructoras contratadas para tal fin, constituyendo muy pocos los ejemplos que involucran cooperativas de viviendas para esta labor.

En ambas provincias, las políticas habitacionales, luego del 2001, se focalizaron mayoritariamente en la construcción de vivienda nueva. Las operatorias destinadas a mejoramiento barrial, regularización dominial y mejora de la vivienda constituyen una minoría respecto del total. Asimismo, la política habitacional está dirigida principalmente a sectores medios y medios bajos. Aunque algunas de las operatorias interpelan en sus lineamientos operativos a la participación de la comunidad objeto de la política, en la práctica, ésta, cuando existe, resulta limitada y controlada por los distintos niveles de gobierno.

En el caso de Mendoza, la mayor parte de la política habitacional se limita a facilitar herramientas crediticias. Los programas provinciales orientados a la construcción o mejoramiento de la vivienda, y/o a la regularización dominial del suelo[24], se gestionaron

---

[21] Programa Federal de Construcción de Viviendas I; Programa Federal de Construcción de Viviendas II; Programa Federal de Reactivación de las Obras FONAVI; Programa Federal de Mejoramiento de Vivienda Mejor Vivir; Programa Federal de Emergencia Habitacional Techo y Trabajo (Subprograma del Mejoramiento del Hábitat Urbano, Infraestructuras y Obras Complementarias, por Cooperativas); Programa Mejoramiento de Barrios (PROMEBA); Mejoramiento habitacional e infraestructura básica (PROMHIB).

[22] Según éstos, cada unidad debe contar con una superficie cubierta aproximada de 42m² compuesta por dos dormitorios, un baño, una cocina y un estar comedor.

[23] Los programas sociales implementados a nivel provincial tras la poscrisis son los siguientes: Programa Mi casa, Mi vida; Programa Nuevos Barrios; Programa Nuestra Tierra; Programa Raíces; Viviendas para Jubilados y Pensionados (Hogares Solidarios); Programa de Vivienda Hogar Clase Media; Plan Familia Propietaria y Programa de Inquilinos a Propietarios.

[24] Plan Estratégico Socio-Habitacional Mendoza sin Villas; Programa Ahorro Previo; Programa Inquilinos, Etapa II; Programa Acceso al Financiamiento para personas con discapacidad; Programa

desde el Instituto Provincial de la Vivienda con fondos provinciales coparticipables (a excepción del Plan Estratégico Socio-Habitacional Mendoza sin Villas, el cual se ejecutó también mediante la utilización de fondos nacionales, municipales y externos). Todos se caracterizaron por haber reducido notablemente su escala de cobertura y capacidad de respuesta frente al déficit provincial.

En la ciudad de Córdoba, las políticas habitacionales retornaron a las estrategias de relocalización de villas. Dentro de las políticas provinciales dirigidas a sectores con déficit habitacional, se destacan los programas Nuevos Barrios y Mi Casa, Mi Vida en cuanto a sus objetivos, y sobre todo, al contraste con la política de la Mesa de Concertación. Nuevos Barrios y Mi Casa, Mi Vida apuntan a la construcción de 12.000 viviendas, bajo un régimen de asistencia compensatoria, con el sistema llave en mano, reforzando por sus pautas de urbanización y localización los patrones de segregación urbana[25] e incrementando la expulsión de sectores de bajos de recursos de la ciudad central.

Algunas consideraciones finales

Cabe preguntarnos sobre las consecuencias de este derrotero en términos de la orientación que posteriormente adquirieron las políticas sectoriales. Si bien las operatorias descentralizadas no imprimieron marcas significativas en la reversión del déficit habitacional, su mayor contribución fue acercar a la mesa de trabajo actores (cooperativas, organizaciones, pequeñas empresas) habitualmente no contemplados por las políticas de hábitat. De este modo, pusieron en debate cuestiones vinculadas a los déficits cualitativos de los sectores populares y su papel en la superación de las condiciones habitacionales deficitarias (Rodríguez 2007). Y esto ocurre y se ancla en el territorio.

Un aporte igualmente importante en el plano institucional está relacionado con la experiencia (aun cuando limitada) de articulación interinstitucional, especialmente entre los actores estatales y las organizaciones sociales. Tal y como señalan Acuña y

---

Créditos Habitacionales CRE.HA (Resol. N°190/00); Subprograma Créditos Habitacionales Base CRE.HA (Resol. N°1444/00); Subprograma Créditos Habitacionales Medio CRE.HA (Resol. N°1445/00); Programa de Emergencia Socio-Habitacional (Resol. N°140/2003); Programa para Asentamientos PROHAS (Resol. N°141/2003), Construcción de viviendas y regularización dominial; Programa Microemprendimientos habitacionales con créditos individuales (Resol. N°445/96); Subprograma Microemprendimientos con empresas constructoras (Resol. N°987/97); Programa Créditos Individuales Urbanos (Resol. N°444/96); Programa Créditos Individuales para Ampliaciones Habitacionales Urbanas y Rurales (Resol. N°527/97); y Programa Municipios y Desarrollo Comunitario (Resol. N°300/97).

[25] En este sentido, Cervio (sin fecha: 1) señala: "La ciudad de Córdoba registra un importante historial de acumulación de muros intraurbanos, desde *countries* y barrios privados, hasta verdaderas fortalezas contenedoras de la pobreza urbana, así durante los últimos años, el nacimiento de ciudades-dentro-de-la-ciudad es una tendencia que se ha incrementado extensiva e intensivamente".

Repetto (2006: 14), "la dualidad del poder público (estatal y no estatal) muestra un círculo virtuoso dentro del juego democrático y se presenta como precondición de desarrollos inclusivos". A pesar de ello, se observa a las claras que para que estas experiencias de articulación puedan lograr mejores destinos es necesario fortalecer las capacidades institucionales estatales de los gobiernos subnacionales.

Aun desde sus limitaciones, las experiencias de descentralización coadyuvaron a un proceso más general de jerarquización de los niveles subnacionales –tanto de los gobiernos provinciales como de las administraciones locales–, aumentando su protagonismo y generando capacidades asociadas a los roles de ejecución y gestión. Desde el plano de las provincias receptoras de los servicios sociales se observa un heterogéneo mosaico de realidades vinculado fundamentalmente a los puntos de partida previos al desarrollo del proceso descentralizador. Sin embargo, aun en los casos favorables, esos puntos de partida locales no son una condición suficiente para asegurar el desarrollo de proyectos autónomos sostenibles a nivel subnacional y/o un buen desempeño sectorial en la gestión territorial (Repetto y Alonso 2004).

Pero quizá su rasgo más saliente fue la conceptualización de la política de hábitat como política social, interpelando las definiciones sectoriales tradicionales La crisis económica y social que se profundizó en la Argentina a partir de los últimos años de la década de 1990, y que tuvo su epicentro en los comienzos del siglo XXI, contribuyó a consolidar una presencia creciente del componente social en las políticas de hábitat vinculado, por un lado, con las poblaciones priorizadas en las operatorias, pero también, con sus formas de operación, diseños metodológicos y organizacionales que, de a poco, se abren un lugar en el campo sectorial, aun bajo el predominio de la obra nueva "llave en mano" .

Los procesos aquí analizados tendieron también a modificar la configuración de las organizaciones sociales de base territorial y las ONG. Su rol en la gestión de programas jerarquizó su lugar frente a los hogares como generadoras de intercambios de distinto tipo de recursos y de información de los programas sociales. En algunos casos, se destaca particularmente la capacidad para articular intersectorialmente recursos en tanto "las redes sociales y las organizaciones de base territorial tienen la particularidad de habilitar el acceso a una multiplicidad de recursos, característica que las diferencia de otras fuentes vinculadas al mercado o al Estado" (Di Virgilio 2004).

En los años 1990, los gobiernos provinciales fueron protagonistas privilegiados de ese proceso, como intermediarios en el conflicto central de la reestructuración de la sociedad argentina. Las políticas de hábitat fueron un instrumento de actuación de esos gobiernos en la dimensión urbana metropolitana, donde aparentemente han aportado más a estrategias de dilución de la potencial disruptividad de los sectores sociales afectados negativamente por las políticas nacionales, que a una mejora efectiva de sus condiciones cotidianas de vida. De allí el rol ubicuo y complejo de las redes y organizaciones involucradas. Durante la presente década, el giro recentralizador de la política habitacional fue fuertemente sentido a nivel provincial y municipal, restringiendo autonomía y capacidades.

En la Provincia de Mendoza, algunas políticas habitacionales que involucran PSH lograron una continuidad en el tiempo con alcances sumamente limitados. En contraste, las políticas para Córdoba perdieron todo componente de PSH luego de la desarticulación deliberada de la Mesa de Concertación. En el presente decenio, implicaron un alto costo social: erradicación de villas a barrios periféricos con un marcado nivel de segregación respecto de la ciudad central, y con escasa –o nula– participación de la población beneficiaria, débil reconocimiento de sus organizaciones sociales y fuerte endeudamiento público externo.

Sin embargo, el balance de dos décadas en ambas trayectorias provinciales sienta bases para un debate que vincula en forma directa la transformación de las políticas de hábitat con las condiciones de producción de la ciudad, el acceso al suelo urbano, la promoción de la economía social. Estos planteos reaparecen y son rearticulados por nuevas organizaciones y movimientos sociales urbanos que, poscrisis de 2001, en distintos puntos del país, reconstruyen una significativa experiencia práctica (con programas de apoyo al trabajo autogestionario iniciados en contextos de emergencia social, como el nacional Techo y Trabajo, y políticas de impulso a la autogestión del hábitat, como la Ley 341/00 de Ciudad de Buenos Aires).

Cabe mencionar dos factores claves para una política habitacional: la existencia de un fondo (un dispositivo previsible de acceso a los recursos financieros cuya proveniencia y alimentación tenga significación redistributiva en términos de la estructura tributaria nacional y en su ejecución efectiva) y una política de creación y acceso al suelo urbano. Estas son carencias notorias. El predominio irrestricto del mercado en la valorización del suelo urbano, la especulación ilimitada en las locaciones habitacionales, la vigencia de la figura penal de usurpación –penalizando la cuestión social– y los desalojos (incluso en propiedad pública) continúan vigentes. La creación de instrumentos normativos de ordenamiento territorial participativo y bancos de inmuebles con control social, la penalización de la propiedad ociosa, la profundización de las operatorias adecuadas hacia las características sociales y físicas del hábitat popular son asignaturas pendientes, y el nivel local resulta ineludible para su abordaje.

Pero sobre todo, el desarrollo de la participación social, el reconocimiento y el incentivo efectivo de las capacidades de las organizaciones sociales en la producción del hábitat, así como la readecuación y construcción de nuevas institucionalidades estatales, en los distintos niveles, puestas en función de la creación de valor público y orientadas al "giro" decisivo (el protagonismo de los habitantes y sus organizaciones), continúa siendo el desafío estratégico para la construcción de una política sectorial con un perspectiva integral.

Bibliografía

Acuña, C. y Repetto, F. (2006), "La institucionalidad de las políticas y los programas de reducción de la pobreza en America Latina", *Red para la Reducción de la Pobreza y la Protección Social*, BID. Mimeo.

Ansolabehere, K. (2003), "Argentina... Provincias, instituciones e incertidumbre: el derrotero de la descentralización de las políticas sociales", en *Revista Mexicana de Sociología*, nº 3, México, UNAM.

Arqueros S.; Gil y de Anso L.; Mendoza M. y Zapata M. C. (2008), "Córdoba y Mendoza: Dos casos para pensar la producción Social del Hábitat", en *Revista INVI*, nº 62, Instituto de la Vivienda de la Universidad de Chile, ISSN 0718-1299, Chile, Evaluación de pares. Disponible en línea: http://www.uchilefau.cl/institutos/invi/extension/publicaciones/revista/index.html

Basualdo, J. L. (2007), "Vivienda social y suelo urbano en la Argentina de hoy", en *Revista Café de la Ciudad*, año 6, nº 52. Disponible en línea: http://74.125.45.132/search?q=cache:6MelCotes5AJ:www.cafedelasciudades.com.ar/politica_52_1.htm+ley+federal+de+vivienda+%2B+caracteristicas&hl=es&ct=clnk&cd=12&gl=ar

Bourdieu, P. (1988), *Cosas Dichas*, Gedisa, Buenos Aires.

Buthet, C. (2005), *Inclusión social y hábitat popular. La participación en la gestión del hábitat*, Buenos Aires, Espacio Editorial, Colección Ciencias Sociales.

Buthet, C. y Scavuzzo, J. (1996), "La mesa de Concertación de Políticas Sociales de la Ciudad de Córdoba", Trabajo presentado en Seminario Internacional Programa Encuentros, VESPER/ IDE/ Banco Mundial/ IAF/ FICONG, Mimeo.

Camou, A.; Di Virgilio, M. M. y Estruch, D. (2009), "Participación ciudadana, gestión social y gobernabilidad: Las especificidades del nivel local en el Conurbano Bonaerense (Argentina)", en Martínez Navarro, F. y Garza Cantú, V. (Coord.), *Política pública y democracia en América Latina. Del análisis a la implementación*, México, EGAP/ CERALE/ Miguel Ángel Porrúa.

Catenazzi, A. y Di Virgilio, M. M. (2006), "Habitar la ciudad: aportes para el diseño de instrumentos y la definición de una política urbana", en Andrenacci, L. (Comp.), *Problemas de política social en la Argentina contemporánea*, Buenos Aires, Universidad Nacional de General Sarmiento / Prometeo Libros.

Catenazzi, A. y Di Virgilio, M. M. (2001), "Ingreso ciudadano y condiciones urbanas: Aportes para una estrategia de política social del gobierno nacional", SIEMPRO / Secretaría de Tercera Edad y Acción Social del Ministerio de Desarrollo Social y Medio Ambiente, Mimeo.

Cervio, Ana Lucía (sin fecha), *La ciudad como experiencia conflictiva: acciones colectivas de sectores pobres organizados en torno a la problemática habitacional*, Centro de Estudios Avanzados (CEA), Universidad Nacional de Córdoba, ciudad de Córdoba, Provincia de Córdoba, Argentina.

Chiara, M. y Di Virgilio, M. M. (2005), Gestión *social y municipios: Desde los escritorios del Banco Mundial a las calles del Gran Buenos Aires*, Buenos Aires, Universidad Nacional de General Sarmiento / Prometeo Libros.

Cuenya, B. & Rofman, A. (1992), *Proyectos Alternativos de hábitat popular. La experiencia de organizaciones no gubernamentales y municipios en Argentina*, Informes de Investigación del CEUR, Centro de Estudios Urbanos y Regionales, Buenos Aires.

Cuenya, B. (1997), "Descentralización y política de vivienda en Argentina", en Cuenya, B. y Falú, A. (Comp.), *Reestructuración del Estado y política de vivienda en Argentina*, Buenos Aires, CEA / Oficina de Publicaciones del CBC.

Di Virgilio, M. M. (2004), "Casa se busca. Explorando las relaciones entre estrategias habitacionales, redes sociales y políticas sociales", en Cuenya, B.; Fidel, C. y Herzer, H. (Coord.), *Fragmentos sociales: problemas urbanos en Argentina*, Buenos Aires, Siglo XXI Editores.

Dirección Nacional de Políticas Habitacionales, Subsecretaría de Desarrollo Urbano y Vivienda (2003), *Situación Habitacional. Año 2001*. Disponible en línea: http://www.vivienda.gov.ar/docestadisticas.html (consultado el 14 de enero de 2008).

Herzer, H.; Lanzettta M. y Rodríguez M. C. (1997), "Participación de las ONGD en las políticas sociales del Conurbano Bonaerense", en el I Congreso Internacional Pobres y Pobreza en la Sociedad Argentina. Organizado por la Universidad Nacional de Quilmes y el CEIL-CONICET, del 4 al 7 de noviembre de 1997, Quilmes.

Herzer, H.; Di Virgilio, M. M.; Redondo, A.; Lago Martínez, S.; Lanzetta, M. y Rodríguez, C. (1998), "Hábitat popular, organizaciones territoriales y gobierno local en el Área Metropolitana de Buenos Aires. Análisis comparativo de dos estudios de caso", *Informe final, proyecto UBACyT CS032, programación 1995-1997*, Buenos Aires, Área de Estudios Urbanos del Instituto de investigación Gino Germani, Facultad de Ciencias Sociales, Universidad de Buenos Aires, Mimeo.

Kohan, G. y Fourniere, M. (1999), "Estructura social y desigualdades socio-espaciales: El caso de la Región Metropolitana de Buenos Aires", Instituto del Conurbano, Universidad de General Sarmiento, Mimeo.

Lentini, M. y Palero, D. (2006a), "Política Habitacional Comparada: Mendoza y San Luis en el marco de la descentralización", *Revista INVI*, pp. 21-56.

Lentini, M. y Palero, D. (2006b), "Alternativas para el hábitat informal: el análisis político y la eficacia de las políticas sobre asentamientos informales. El caso de la Provincia de Mendoza", en el Seminario Latinoamericano *Teoría y Política sobre asentamientos informales*, 8 y 9 de noviembre, Buenos Aires.

Mateo, M. (2000), "La Mesa de Concertación de Políticas Sociales de Córdoba: una experiencia de negociación entre actores múltiples", en *América Latina Hoy*, 24. Disponible en línea: www.usal.es/~iberoame/americalatinahoy/veinticuatro.htm (consultado el 14 de febrero de 2008).

Mezzadra, F. (sin fecha), "Estudio de caso, Provincia de Mendoza", en Rivas, A. (Dir.), *Las provincias educativas: Estudio comparado sobre el Estado, el poder y la educación en las 24 provincias argentinas*, CIPPEC.

Mora, J. (1998), "ASEVIS y el desarrollo de la política de la vivienda social en la provincia de Mendoza", en Rodríguez, M. C. y Procupez, V. (Comp.), *Autogestión, rehabilitación y concertación. Experiencias en políticas de vivienda popular*, Subsecretaría de Vivienda de la Nación-MOI-BILANCE, Buenos Aires.

Pírez, Pedro (1995), "Actores sociales y gestión de la ciudad", en *Ciudades, Red Nacional de Investigación Urbana*, año 7, n° 28, octubre-diciembre de 1995, México.

Rebord, G. G. (2006), "La política oficial hacia los asentamientos irregulares en la ciudad de Córdoba en el período 1970-2006. El Programa 'Mi casa, Mi vida'", en el *Seminario Latinoamericano Teoría y Política sobre asentamientos informales*, 8 y 9 de noviembre, Universidad de General Sarmiento, Buenos Aires.

Repetto, F. y Alonso, G. (2004), *La economía política de la política social argentina: una mirada desde la desregulación y la descentralización*, Santiago de Chile, CEPAL.

Repetto, F. y Moro, F. (2004), "Capacidades institucionales y políticas sociales: reflexiones a partir del caso argentino", en Bertranou, J.; Palacio, J. M. y Serrano G. (Comp.),en *En el país del no me acuerdo. (Des)memoria institucional e historia de la política social en la Argentina*, Buenos Aires, Prometeo libros.

Rodríguez, M. C. (2000), "Descentralización de la política habitacional. Una mirada desde el nivel local, acerca de las características que asume la relación Estado-mercado", Revista *Mundo Urbano*, n° 0.

Rodríguez, M. C. y Di Virgilio, M. M. (2009), "Políticas hacia la producción social del hábitat y reconfiguración neoliberal del territorio en los '90", Córdoba y Mendoza, Argentina, EURE.

Rodríguez, M. C. y Di Virgilio, M. M. (2007), con la colaboración de Marcela Vio, Valeria Procupez, Mariana Mendoza, Fernando Ostuni y Betsy Morales, *Políticas del hábitat, desigualdad y segregación socioespacial en el Área Metropolitana de Buenos Aires*, Coedición Área de Estudios Urbanos, IIGG / Grupo Argentina de Producción Social del Hábitat, HIC AL, Buenos Aires.

Rodríguez, M. C. y Procupez, V. (1998), *Autogestión, rehabilitación edilicia, concertación. Experiencias en políticas de vivienda popular*, CYTED-BILANCE-Subsecretaría de Vivienda de la Nación-MOI.

Rodríguez, M. C. (2007), "Main trends in Argentinean Housing Policies (1976-2006)", *Trialog*, n° 94, 3, Berlín.

Rosenfeld (1995), "Descentralización y gobiernos locales en América Latina", en *¿Descentralizar en América Latina?*, PGU, Quito, pp. 9-57.

UODBS, CECOPAL, SEHAS y otros (1998a), "Aspectos relevantes de la experiencia de concertación de políticas sociales en la Ciudad de Córdoba", en Rodríguez, M.

C. y Procupez, V. (Comp.), *Seminario: Autogestión, Rehabilitación y Concertación. Experiencias en políticas de vivienda popular*, Subsecretaría de Vivienda de la Nación, MOI. BILANCE, Buenos Aires.

UODBS, CECOPAL, SEHAS y otros (1998b), "Implementación del Programa 17 en Córdoba capital: una experiencia de resolución habitacional para diez asentamientos irregulares", en Rodríguez, M. C. y Procupez, V. (Comp.), *Seminario: Autogestión, Rehabilitación y Concertación. Experiencias en políticas de vivienda popular*, Subsecretaría de Vivienda de la Nación. MOI. BILANCE, Buenos Aires.

Provincia de Buenos Aires: el Estado frente al déficit habitacional de los sectores "desafiliados" durante la década de 1990

Mariana Relli

Introducción

En la ciudad capitalista, el acceso a los servicios habitacionales por la vía legal debe realizarse a través de la compra en el mercado, puesto que éstos son concebidos como mercancías. La posesión de ingresos estables y suficientes como para alcanzar cierto nivel de ahorro que posibilite la adquisición de un inmueble o el pago de un alquiler es una de las condiciones imprescindibles para el acceso de las familias a la vivienda integrada al conjunto urbano. Otra condición –fundamental para los sectores de ingresos restringidos– es la existencia de un mercado accesible a través de ciertas facilidades (líneas de créditos blandos, regulación de alquileres, etc.).

En el deterioro de las condiciones laborales y la caída de ingresos de las clases trabajadoras que observamos en las últimas décadas, así como en el aumento desproporcionado de la pobreza y la indigencia entre los sectores de pobreza estructural y su extensión a sectores medios pauperizados, están las principales causas de las dificultades para el acceso a la ciudad porque, para estos sectores, la participación en el mercado está vedada. Al promotor inmobiliario, al productor de suelo urbano o de vivienda, no le interesan, no produce para ellos, porque no puede sacar de estos sectores la ganancia que espera obtener como producto de su actividad[1].

---

[1] Podemos mencionar, a modo de ejemplo, que desde 1977 en la Provincia de Buenos Aires, a partir de la sanción de la Ley 8.912, la producción de loteos populares pasaba a ser más costosa debido a la prohibición de hacerlo sin provisión de infraestructura, debiendo respetar medidas mínimas de los lotes. Esa fue una de las razones del corrimiento de empresas promotoras que trasladaron su actividad

La falta de recursos para proveerse de suelo, materiales de construcción adecuados y asesoramiento técnico, la conexión a las redes de servicios públicos y el posterior pago de su consumo obligan a las familias pobres a emprender estrategias de provisión de viviendas y servicios no comprendidas en los marcos regulatorios, pero, sobre todo, no satisfactorias de las necesidades humanas (tomas de tierras e inmuebles, construcción con materiales precarios, convivencia de las familias con obras cuya producción lleva largos años, enganches clandestinos a las redes de servicios, etc.).

La asistencia estatal es otra vía para la satisfacción de necesidades de los sectores populares. El poder público, ante "cuestiones socialmente problematizadas", pone en marcha mecanismos de asistencia, crea instituciones, invierte recursos públicos, en suma, genera políticas sectoriales que varían según el modelo de Estado al que responda y a la agenda estatal vigente. "La agenda estatal representa el 'espacio problemático' de una sociedad, el conjunto de cuestiones no resueltas que afectan a uno o más de sus sectores –o a la totalidad de los mismos– y que, por lo tanto, constituyen el objeto de la acción del Estado, su dominio funcional" (Osklak 1997: 73).

Entre 1972 y 1992, el Estado Nacional Argentino forjó un aparato público de atención al déficit habitacional a partir de los recursos del Fondo Nacional de la Vivienda (FONAVI). Desde la Secretaría de Estado de Urbanismo y Vivienda (SEDUV) se diseñaba la política habitacional pública y se ejecutaba a través de los Institutos Provinciales de Vivienda.

Durante la década de 1990, en Argentina observamos profundos cambios en la política habitacional que se dieron en el marco de los procesos generales de Reforma del Estado; se redefinieron los roles que debían ocupar las instituciones estatales en la solución de las necesidades de vivienda de los pobres: en 1992, se descentralizaron los recursos del FONAVI y, en 1995, se instituyó un nuevo Sistema Federal de Vivienda. Las medidas crearon, por un lado, un escenario propicio para el diseño de políticas de vivienda en cada jurisdicción provincial pero, por otro, las posibilidades de acción quedaron restringidas por la aplicación de los lineamientos que acompañaron la Reforma del Estado en su conjunto. Los términos facilitación, focalización y gestión asociada, que resumen las "recomendaciones" de los organismos internacionales de crédito en relación con la política habitacional, se extendieron en los vocabularios de los actores que, desde afuera del aparato estatal, pugnaron por las reformas y en los que, desde dentro, las aceptaron e implementaron.

Aquí presentamos resultados de una investigación[2] cuyo objetivo general fue examinar el perfil que adquirió la política habitacional en la Provincia de Buenos Aires a

de la producción de loteos populares a la de cementerios privados y barrios cerrados con destino a una demanda solvente, compuesta por sectores de mayor poder adquisitivo (Cuenya 1994).

[2] *"Producción de hábitat popular. Estado y actores comunitarios en el barrio Las Malvinas de La Plata, provincia de Buenos Aires, 1990".* Tesis de Maestría en Hábitat y Vivienda (UNMdP), Autora: Mariana Relli, Directora: Beatriz Cuenya, CEUR/CONICET.

partir de las reformas realizadas en los años 1990 y analizar, en particular, los programas de atención a los sectores desafiliados, es decir, aquellos sectores sociales que, al quedar fuera del mercado de trabajo, quedan fuera de las posibilidades de integración con otros y de gozar de los beneficios de la vida comunitaria que el mismo brinda[3].

La investigación se inició con la pregunta sobre las acciones emprendidas por el Estado para atender el déficit habitacional de los sectores desafiliados durante la década de 1990. Desde el mismo punto de partida, nos encontramos con un Estado Nacional que fue reformado durante el período de estudio, siendo la provincialización de algunas de sus funciones tradicionales –entre ellas, la política habitacional– uno de los pilares de la reforma. Entonces, nos preguntamos: ¿qué hizo el Estado Provincial para atender el déficit habitacional de los sectores desafiliados a partir de las reformas acaecidas a nivel nacional?, ¿desde qué organismos trabajó en ello?, ¿qué programas puso en marcha?, ¿a qué actores convocó y para qué?

Para intentar responder estas preguntas, en primer lugar, analizamos la institución que tradicionalmente llevó adelante la política habitacional, el Instituto de la Vivienda de la Provincia de Buenos Aires (IVBA), y estudiamos los programas que puso en marcha inmediatamente antes y en la etapa posterior a la descentralización del FONAVI. En el andar, encontramos otro organismo provincial que trabajó la problemática habitacional desde una perspectiva diferente –a partir de dos operatorias insertas en un conjunto de programas de asistencia a la pobreza–: el Consejo Provincial de la Familia y Desarrollo Humano (CPFDH).

En este trabajo se analizan las operatorias de vivienda de estos dos organismos, sus objetivos (sectores sociales a los que apuntaron), las características de los programas, los recursos con que contaron y los roles asignados a los actores comunitarios involucrados.

Metodológicamente, el análisis estuvo centrado en los objetivos explícitos de los programas –plasmados en la letra de los documentos oficiales–, entrevistas con los actores que los diseñaron o llevaron adelante, y datos secundarios disponibles que ilustran "hechos físicos"[4] de los programas (cantidad y tipo de soluciones habitacionales, localización, tiempos de ejecución, etc.).

---

[3] Se sigue la definición de Robert Castel, quien afirma que "existe una fuerte correlación entre el lugar que se ocupa en la división social del trabajo y la participación en las redes de sociabilidad y en los sistemas de protección que 'cubren' a un individuo ante los riesgos de la existencia. De allí la posibilidad de construir lo que yo llamaría metafóricamente 'zonas' de cohesión social. Entonces, la asociación 'trabajo estable/inserción social sólida' caracteriza una zona de integración. A la inversa, la ausencia de participación en alguna actividad productiva y el aislamiento relacional conjugan sus efectos negativos para producir la exclusión, o más bien, la desafiliación. La vulnerabilidad social es una zona intermedia, inestable, que conjuga la precariedad del trabajo y la fragilidad de los soportes de proximidad" (Castel 1997: 15).

[4] Departamento de Control de Gestión, IVBA.

El Instituto de la Vivienda de la Provincia de Buenos Aires

Mientras estuvo vigente la Ley FONAVI 21.581, la Secretaría de Estado de Urbanismo y Vivienda (SEDUV) fue su organismo de aplicación y se ocupó de "establecer las normas reglamentarias, decidir sobre los programas a financiar (sus operatorias y normas particulares), determinar las prioridades de inversión y sus respectivos cupos por región y fijar la normativa para el manejo de los fondos, a cargo del BHN" (Cuenya 1997: 28). La SEDUV tenía a su cargo la distribución de los recursos y los organismos provinciales eran los encargados de la ejecución de los mismos. A estos organismos, la ley les asignaba funciones específicas, a saber: "Las operaciones y programas que se lleven a cabo en cumplimiento de las disposiciones de los incisos a), c) y f) del artículo 4º de la presente [referidos respectivamente a la construcción de viviendas económicas para familias de recursos insuficientes; el redescuento de créditos hipotecarios; la provisión de componentes destinados a la construcción de las viviendas a que se refiere esta ley], se realizarán exclusivamente por o a favor de los organismos competentes del ámbito jurisdiccional de las provincias" (Ley 21.581/77, art. 5º). En este esquema, los Institutos provinciales adoptaron las funciones establecidas en el marco normativo nacional, donde quedaron bien definidas sus labores, acotadas a tareas de ejecución y administración de los programas diseñados por la SEDUV.

En la Provincia de Buenos Aires, la institución que tradicionalmente se ocupó de la política habitacional es el Instituto de la Vivienda[5], entidad autárquica que en la actualidad se encuentra dentro de la estructura del Ministerio de Infraestructura, Vivienda y Servicios Públicos[6]. Inserto en un modelo de gestión que entendía que la solución al déficit habitacional estaba en la construcción de viviendas en conjuntos habitacionales, a través de la contratación de empresas privadas y su entrega "llave en mano" a las familias beneficiarias, entre 1972 y 1992 el Instituto tuvo a su cargo la ejecución de las partidas presupuestarias que le asignaba la SEDUV y era una suerte de intermediario entre la entidad centralizada –que dictaba la política habitacional y disponía de los recursos del FONAVI– y la población bonaerense, que demandaba asistencia pública para acceder a la vivienda.

En la primera mitad de los años 1990, el Pacto Fiscal Federal y la Ley de creación del Sistema Federal de Vivienda fueron poniendo fin a este esquema y cambiando los roles asignados a los organismos provinciales. Con la posibilidad de contar con recursos de la coparticipación del FONAVI y conociendo las recomendaciones generales de tender a la reducción de los subsidios y facilitar el acceso a la vivienda mediante el crédito hipotecario, los organismos provinciales –dentro de estos márgenes– pu-

---

[5] La primera entidad provincial abocada a la cuestión habitacional fue creada en 1937 con el nombre de Instituto de la Vivienda Obrera, en 1948 fue transformado en Dirección de la Vivienda y en 1956 la Dirección fue convertida en Instituto de la Vivienda (Ley 469).

[6] Tradicionalmente denominado Ministerio de Obras y Servicios Públicos (MOSP), su nombre fue cambiado a fines de 2004.

dieron diseñar e implementar políticas y programas propios, puesto que quedaron convertidos en "responsables de la aplicación y la administración de los recursos del Fondo Nacional de la Vivienda" (SEDUV 2001), mientras que a la SEDUV le quedó la tarea de auditar el destino de los mismos.

Para entender las características que adoptaron las políticas de vivienda de la provincia luego de la descentralización de los recursos, será necesario hacer un repaso de las formas que tenían en el período inmediatamente anterior porque, de las entrevistas a diferentes funcionarios del IVBA y de la Dirección de Ordenamiento Urbano (DOU)[7], así como de la lectura de documentos de difusión, surge que la descentralización del FONAVI posibilitó la extensión de un modelo de gestión diferente que venía gestándose marginalmente desde algunos años atrás en el ámbito de la Provincia de Buenos Aires, aun dentro del marco del sistema tradicional centralizado.

Orientación general de los programas del IVBA previos a la descentralización

Hasta 1992, en el país primó el mencionado modelo de política habitacional centralizada. Este modelo ha sido interpretado como "un sistema de alianzas muy aceitadas entre las burocracias públicas (con su manejo clientelístico de partidas de viviendas y asignaciones presupuestarias) y ciertos sectores empresariales de la industria de la construcción (la 'patria contratista', en la jerga política), que manejaron la política de vivienda como un 'coto prohibido' al ingreso de otras fracciones del capital o de la sociedad" (Cuenya 1992: 40). Esta interpretación se basa en el hecho de que se trabajaba a partir de la entrega de viviendas completas y de altos costos emplazadas en grandes bloques, cuya altura y magnitud determinaban que sólo pudieran ser construidos por empresas que contaran con la tecnología necesaria para hacerlo y, si bien de esta manera se construyó una importante cantidad de viviendas, no se logró detener el crecimiento del déficit habitacional y la acción pública no alcanzó jamás a los sectores más pobres.

Este modelo diseñado en el ámbito nacional y ejecutado por los organismos provinciales pudo observarse en todas las jurisdicciones del país pero, en la Provincia de Buenos Aires, encontramos que, entre 1988 y 1991, convivió con un conjunto de operatorias de distinto corte.

Durante la gobernación provincial de Antonio Cafiero[8], los equipos técnicos que estuvieron al frente de la DOU y del IVBA comenzaron a instalar nociones novedosas en relación con las funciones del Estado, en materia de vivienda social, la necesidad de articular con otros actores (municipios y ONG) y de diversificar las soluciones de

---

[7] La Dirección de Ordenamiento Urbano y el Instituto de la Vivienda conformaban la Subsecretaría de Urbanismo y Vivienda (SSUV) de la Provincia de Buenos Aires.

[8] Diciembre de 1987 a diciembre de1991.

acuerdo con un diagnóstico que veía y consideraba los diferentes tipos de déficit que padecía la población (fundamentalmente, los habitantes del Conurbano Bonaerense). Desde ese marco conceptual, se diseñaron varias operatorias alternativas al modelo tradicional que, por un lado, atendieron las problemáticas de acceso a la tierra y la vivienda con una batería de propuestas distintas (lotes con servicios, vivienda evolutiva, apoyo a la autoconstrucción, etc.) y, por otro lado, introdujeron a los Municipios y entidades sin fines de lucro como actores copartícipes en la gestión de los programas, lo cual llevó a denominarlas "operatorias descentralizadas", como una manera de diferenciarlas de las políticas tradicionales.

Este grupo de *operatorias alternativas*[9] estuvo compuesto por los programas PRO-TIERRA, PROCASA, Autogestión Constructiva, Financiación Compartida, Solidaridad, PROTECHO–EVA (Elementos de Vivienda Ampliable), Reconstrucción de barrios y Vuelta al pago[10]. Para llevarlas adelante, el IVBA contó con parte del Fondo Provincial de la Vivienda (FOPROVI)[11] y lo utilizó para financiar dos tipos de operatorias provinciales: las diseñadas bajo el modelo tradicional (construcción de grandes conjuntos de vivienda mediante licitación a empresas privadas) y las diseñadas bajo el nuevo modelo alternativo y descentralizado (proyectos propuestos por actores locales y financiados por el Instituto). Podemos ver, entonces, que a fines de los años 1980 se superpusieron en el territorio bonaerense los programas centralizados dirigidos desde la SEDUV, las operatorias tradicionales del mismo IVBA con financiamiento del FOPROVI y las operatorias alternativas descentralizadas y solventadas, también, con recursos provinciales.

Como se muestra en el gráfico, el conjunto de operatorias alternativas representó los porcentajes menores en cuanto a viviendas construidas por el Estado en la provincia. Si bien entre 1988 y 1991 crecieron de manera sostenida, alcanzando a representar el 40% de las viviendas construidas (Ver gráfico 1). Nos interesa indagar sobre ellas, porque fueron pensadas y diseñadas para atender al sector social de menores ingresos.

---

[9] "La noción de políticas alternativas de vivienda significa la diversificación de las estrategias de acción teniendo en cuenta las diferentes necesidades que plantea una sociedad fragmentada y heterogénea, social y espacialmente" (Cuenya 1990: 76). Siguiendo esta línea conceptual, preferimos hablar de este conjunto de programas como *operatorias alternativas* al modelo tradicional centralizado, que hemos descrito anteriormente.

[10] Los programas más importantes en términos de unidades habitacionales levantadas fueron PRO-CASA, Autogestión Constructiva y Financiación Compartida; los programas PROTECHO, Vuelta al pago y Reconstrucción de barrios tuvieron un mínimo impacto en el conjunto de las acciones provinciales de vivienda (estos últimos no llegaron al centenar de unidades). Por su parte, el programa Solidaridad tuvo cierta significación y, además, observamos en los datos que en el período siguiente sus labores fueron continuadas en la operatoria Bonaerense II-Solidaridad, en cuyo marco se realizaron terminaciones de conjuntos habitacionales emprendidos en etapas anteriores.

[11] El FOPROVI estaba compuesto por el 7% del impuesto inmobiliario; esos recursos ingresaban directamente al IVBA y tenían una gran flexibilidad para su aplicación.

Pensamos que, en esos años, hubo intenciones y ciertas posibilidades de encarar de manera diferente la problemática habitacional de los pobres en el territorio de la provincia y, fundamentalmente, en el Conurbano Bonaerense, porque se reconocía explícitamente que allí estaban concentrados los más altos niveles de déficit. Adentrándonos en la lectura de los objetivos y características de los programas alternativos, observamos que, en líneas generales, hubo un intento de encarar el problema habitacional en su conjunto, pensando soluciones diversificadas que atendieran tanto el problema del acceso a la tierra urbana como a la vivienda. Su objetivo principal era llegar a los sectores de menores recursos que no estaban siendo atendidos por las operatorias tradicionales.

Grafico 1. SSUV – IVBA, Viviendas construidas por tipo de operatoria (1988 – 1991)

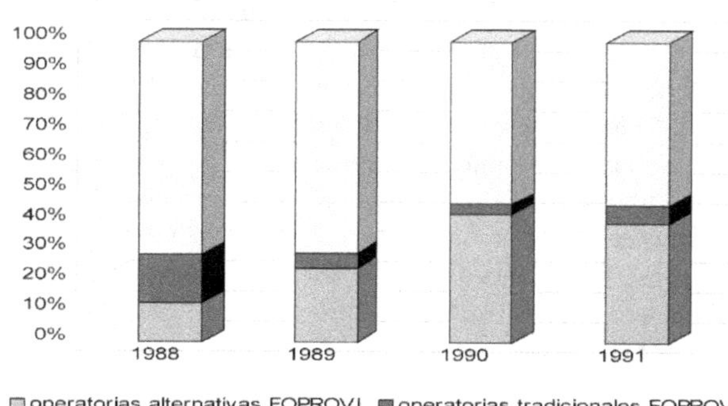

Elaboración propia en base a datos del Departamento de Control de Gestión del IVBA

Por otra parte, uno de los resultados no medibles en términos cuantitativos, pero muy importante como plataforma desde la que se partió en el período siguiente, fueron las experiencias de trabajo con municipios y entidades sin fines de lucro. Durante esta etapa –y dentro de los escasos márgenes permitidos por los recursos del FOPROVI aplicados a programas alternativos– hubo ensayos de trabajo con actores locales que luego fueron retomados y generalizados en el Plan Bonaerense de Tierra y Vivienda (PBTV).

Fue un período en el que, aunque muy marginalmente y con bajo impacto, sí hubo programas dirigidos a los sectores sociales más pobres, con propuestas de soluciones básicas y baratas, fundadas en una concepción de vivienda evolutiva que, a partir del impulso dado por el Estado, debería contar con esfuerzo y trabajo de los propios pobladores para consolidarse y/o ampliarse. Este conjunto de programas fue paulatinamente desarticulado a partir de 1992; luego del cambio de gobierno provincial, en el cual sólo se concluyeron algunos proyectos en marcha[12], a medida que se instalaban los programas del PBTV.

Orientación general de los programas del IVBA posteriores a la descentralización del FONAVI

En diciembre de 1991, la Provincia de Buenos Aires asistió a un cambio de gobierno y asumió quien hasta entonces había ocupado la Vicepresidencia de la República, Eduardo Duhalde. Su pase a la gobernación fue contemporáneo de las medidas más contundentes del Gobierno Nacional en el camino hacia la reestructuración del Estado y la consolidación del modelo neoliberal. En el marco de los procesos macroeconómicos y políticos que vivía el país, la política habitacional provincial también sufrió algunos cambios, que intentaremos analizar a continuación.

Los boletines informativos elaborados por el IVBA en la década de 1990 muestran que allí se visualizaba al Pacto Fiscal Federal como generador del momento en el cual "se produjo un paso firme hacia la consolidación de la descentralización como sistema valorativo" y se abrió la posibilidad de encarar una "gestión descentralizada, que apuntó a dinamizar los intereses de los propios grupos comunitarios a través de sus Municipios o de las entidades sin fines de lucro" (IVBA 2000: 1). La oportunidad de contar con recursos y autonomía para manejarlos fue la puerta de entrada para que el Instituto diseñe una política habitacional provincial, el Plan Bonaerense de Tierra y Vivienda (PBTV).

Tabla 1. IVBA, Programas del Plan Bonaerense de Tierra y Vivienda (1992-1999)

Programa	Subprograma	Año de creación
Bonaerense I	Abuelos - Novios - Chicos de la Calle Violencia Familiar - Inclusión	1992
Bonaerense II	Solidaridad	1992
	Solidaridad - Autoconstrucción	1992
	Solidaridad - Banco Hipotecario Nacional	1996
	Solidaridad - Trabajar	1998
Bonaerense III	Financiamiento Compartido	1992
Bonaerense IV	Emergencia Habitacional	1992

---

[12] En el caso del PROTIERRA, las operatorias quedaron suspendidas, trasladando hacia el futuro los problemas de regularización de barrios levantados por iniciativa del sector público.

Programa	Subprograma	Año de creación
Bonaerense V	Mejorar	1999
Bonaerense VI	Infraestructura	1995

Elaboración propia en base a documentos del IVBA

A partir de la descentralización se pudo afectar al PBTV la totalidad de los recursos recibidos en la provincia en concepto de coparticipación del FONAVI, a los que se anexaron los del FOPROVI y las sumas provenientes de los recuperos de los créditos. Empieza la década, y el Instituto de la Vivienda cuenta con recursos y posibilidades de decidir acerca del camino a adoptar en la atención del déficit habitacional, situación inédita desde la sanción de la primera Ley FONAVI en 1972.

Una vez diseñado el nuevo modelo de gestión de la política habitacional provincial, el PBTV quedó conformado por los programas que se mencionan en la tabla 1, los cuales se fueron incorporando en diferentes momentos de la década de 1990.

Si bien, como dijimos, los programas alternativos de la SSUV fueron desarmados, observamos que se extendieron a todas las operatorias del IVBA algunos aspectos del modelo de gestión que había comenzado a implementarse en la etapa anterior, fundamentalmente los que hacían al reparto de responsabilidades y tareas ejecutivas a gobiernos locales y entidades comunitarias. En el marco del PBTV, el Instituto abandonó por varios años el sistema de licitación de las obras a empresas y se constituyó en ente financiador de emprendimientos sugeridos por empresas, municipios o entidades sin fines de lucro (mutuales, cooperativas, ONG, sindicatos, asociaciones civiles). A estas instituciones se les asignó el rol de gestoras y ejecutoras de los programas, teniendo a su cargo obligaciones específicas, según las distintas operatorias.

El modelo de gestión del PBTV fue similar en todos los programas, y en ellos podemos ver que el trabajo del Instituto se complementó con tareas desempeñadas por otros actores, convocados a intervenir en la gestión de los mismos. Las medidas del IVBA estuvieron en línea con uno de los conceptos más difundidos en ese momento por los impulsores de los cambios en las políticas habitacionales, el de *partnership* "que significa asociación de distintos actores [...] alude a la creación de nuevos escenarios de gestión que permitan aunar la acción de los gobiernos, especialmente los locales, con las iniciativas del sector empresarial y las de la sociedad civil (ONG, organizaciones sociales y familias)" (Cuenya 2000: 1).

En la Provincia de Buenos Aires, ese concepto puede tener, además, otra lectura, relacionada con el modo en que se llevó a cabo la descentralización de la política habitacional. En primer lugar, vale remarcar que en todas las operatorias habitacionales se hizo intervenir en tareas de cogestión a actores locales: los municipios y las entidades sin fines de lucro. Podemos diferenciar esas tareas de la siguiente manera:

    ♦ *Tareas previas a la ejecución del programa de vivienda*: los actores locales debían aportar el terreno donde se fueran a realizar las obras, gestionar todos los certificados de aptitud y dominio correspondientes, elaborar el proyecto urbano y tramitar su aprobación ante el organismo municipal competente. La entidad ejecutora podía adaptar los prototipos sugeridos por el Instituto, pero siempre manejándose dentro de los montos aprobados por unidad (salvo que demostrara que podría conseguir recursos complementarios de otro lado), de las definiciones de terminaciones mínimas de las viviendas y de las reglamentaciones relativas a usos del suelo e infraestructura urbana.

Los municipios y entidades eran los encargados de elaborar los listados de aspirantes y reunir toda la documentación probatoria, teniendo en cuenta los criterios de selección de beneficiarios fijados por el IVBA para cada programa. En líneas generales, había tres requisitos mínimos para constituirse en beneficiario de un programa: ser mayor de edad y tener familia a cargo, no ser titular de crédito oficial ni propietario de vivienda, tener empleo e ingresos comprobables y suficientes para abonar las cuotas. A esos requisitos mínimos, los municipios podían agregar otros, según el tipo de operatoria y las intenciones de los gobiernos locales de desarrollar ciertas zonas del partido o de atender problemáticas de determinados sectores sociales.

Tareas de ejecución de los programas: los actores locales debían adaptar prototipos y/o montos por vivienda al terreno, administrar los recursos, realizar las compras de materiales, la contratación de empresas constructoras y de personal calificado, armar las rendiciones de cuentas, organizar el cobro de las cuotas y garantizar la devolución de los créditos al Instituto.

La existencia de una variedad de programas del IVBA nos lleva a pensar que, para aquellos sectores sociales que quedaban marginados del mercado y padecían situaciones habitacionales críticas, fue una opción recurrir a la asistencia estatal. Pero para acceder a los programas del PBTV las familias debían sortear algunos obstáculos. El primero, la posibilidad de demostrar empleo estable e ingresos suficientes para abonar las cuotas subsiguientes a la entrega de la vivienda[13]. Los programas del Plan Bonaerense de Tierra y Vivienda –de acuerdo con los planteos de la Ley Nacional que creó el Sistema Federal de Vivienda– hicieron fuerte hincapié en el recupero de los créditos y, en la Provincia de Buenos Aires, se recurrió a la intermediación como modo de identificar a un deudor principal: la entidad sin fines de lucro y/o el municipio.

En el primer caso –los proyectos gestionados por entidades civiles–, el filtro al acceso estaba dado por el perfil de la entidad. La mayoría eran mutuales o sindicatos que tuvieron la función de agrupar la demanda existente en el marco de sus asociados, es decir, seleccionar del conjunto de miembros de dichas entidades a quienes podrían constituirse como beneficiarios de las operatorias. Demás está aclarar que para ser parte de una mutual o sindicato de trabajadores hay que ser un trabajador formal, lo

---

[13] Las cuotas rondaban entre $100 y $150 .

cual nos habla de beneficiarios de los programas ubicados en sectores sociales medios o medios bajos con empleo estable[14].

En el otro caso –el acceso a través del municipio[15]–, cabe destacar que éstos estaban comprometiendo como garantía de los créditos a los recursos coparticipables que la administración provincial les enviaba, motivo por el cual se veían obligados a seleccionar a los beneficiarios teniendo especialmente en cuenta su capacidad de pago.

La mayoría de los programas del PBTV fueron destinados a grupos de familias con cierta capacidad de pago, reunidas por los equipos municipales o, en menor medida, en entidades sin fines de lucro. Estos grupos debían contar con un terreno y presentar un proyecto para ser financiado por el IVBA. Para ellos fueron destinadas las operatorias más extendidas del período y las que más recursos recibieron.

Otro de los grandes obstáculos para acceder a un programa del PBTV fue la tenencia de un terreno donde desarrollar el proyecto. En los casos en los cuales la entidad intermedia fue una mutual o sindicato con acceso al crédito y/o recursos extra para la compra anticipada de un lote –cuyo precio luego se adosaría a las cuotas a pagar por los beneficiarios–, este obstáculo pudo ser sorteado. Pero la posibilidad de contar con un terreno donde levantar las viviendas fue un importante factor de exclusión de los sectores sociales más bajos, sin acceso al crédito (individual o a través de entidades intermedias) y sin posibilidades de ahorro. En los casos en que fue posible desarrollar programas para estos grupos, hubo previamente donaciones de terreno de organismos públicos a las entidades comunitarias o procesos de regularización dominial de ocupaciones de tierras privadas, pero éstos fueron casos puntuales, no generalidades. Vimos ya que el programa que en la etapa anterior se propuso trabajar el problema del acceso al suelo urbano (PROTIERRA) quedó suspendido durante todo el gobierno de Duhalde y el de su sucesor, Carlos Ruckauf.

Por otra parte, los programas del PBTV estuvieron mayoritariamente centrados en la provisión de unidades nuevas, no se propusieron acciones que trabajaran sobre la problemática del acceso a la tierra urbana ni del mejoramiento progresivo de viviendas para los sectores cuya situación de pobreza y desempleo los mantenía excluidos, también, de las políticas habitacionales públicas. Hubo muy pocos programas de apoyo a la autoconstrucción y escasa oferta de soluciones alternativas (mejoramientos, terminaciones o completamientos de viviendas).

Del conjunto de programas se destaca sólo el Solidaridad como oferente de otras soluciones: terminaciones, completamientos y ampliaciones. El primer impulso al leer los datos fue pensar que se trató de una gama de soluciones más económicas para la

---

[14] Durante el período que estamos analizando (1990-1999), las tasas de desocupación ascendieron de 6,3 a 13,8% en el total de los aglomerados urbanos del país; de 6,7 a 16,1% en el Conurbano Bonaerense y de 3,7 a 14% en el Gran La Plata (EPH - INDEC).

[15] En la gran mayoría de los partidos bonaerenses, el actor local a cargo de la ejecución de los programas fue el municipio.

asistencia de los sectores de menos recursos, pero indagando con mayor profundidad en la base de datos, observamos que se trató de acciones sobre los conjuntos de viviendas construidos en el marco del mismo programa, no de soluciones alternativas para familias que habitaran viviendas deficitarias que necesitaran ser terminadas, ampliadas o mejoradas.

Las operatorias para los sectores desafiliados

Al observar que todos los programas del PBTV requirieron el compromiso de pago de los créditos bajo garantía hipotecaria, y que ello constituyó un obstáculo para el acceso de los sectores más pobres, concluimos que, en líneas generales, no hubo un predominio de operatorias destinadas a los sectores desafiliados. Fuimos a indagar, entonces, el tipo de soluciones habitacionales ofrecidas en los programas y sus montos, y nos encontramos con tres operatorias que pudieron haber llegado a los más pobres, porque ofrecían soluciones más baratas, a pagar en cuotas considerablemente más bajas y en plazos más extensos. Ellos fueron los programas *Solidaridad-Autoconstrucción, Solidaridad-Trabajar y Mejorar*[16]. En los tres casos se trató de programas de autoconstrucción y sus soluciones fueron más baratas porque el monto asignado para cada vivienda representaba cerca del 50% de los establecidos en los demás programas, lo cual era posible porque en los mismos no estaba contemplado el costo de la mano de obra, la cual debía ser aportada por los beneficiarios.

Subprograma Solidaridad-Autoconstrucción

El *subprograma Solidaridad-Autoconstrucción* consistía en dar asistencia financiera para la compra de materiales para ser utilizados en la construcción de unidades de 52 m^2 por el sistema de autoconstrucción y ayuda mutua. Su objetivo era atender a los grupos familiares o consensuales reunidos en entidades civiles que carecían de vivienda propia y poseían aptitud física suficiente para participar en grupos de autoconstrucción de viviendas. Los actores involucrados en este programa fueron el IVBA, los municipios y entidades sin fines de lucro, familias beneficiarias y equipos técnicos contratados *ad hoc*.

El Instituto giraba los recursos al municipio o a la entidad comunitaria, quienes eran los responsables de su administración. Dichos actores locales, además, debían aportar el terreno en el que se iba a construir y ceder la titularidad del dominio al Instituto, con cargo a la ejecución del programa. De esta manera, el terreno mismo se constituía en garantía de la operación.

En los proyectos convenidos con entidades civiles, se destinaba el 5% de los recursos asignados a la contratación de un equipo técnico (arquitecto, maestro mayor

---

[16] Resoluciones ministeriales 919/92, 1.784/92, 355/98 y 3.629/99.

de obras y trabajador social) que debía acompañar el proceso. La entidad elegía los profesionales a contratar, firmaba con ellos un convenio y financiaba dicha contratación con dinero asignado a tal fin. Cuando la entidad ejecutora del proyecto era el municipio, el equipo técnico debía ser provisto por él (personal de la planta municipal o contratados *ad hoc*). Junto a los técnicos, los autoconstructores debían organizar el proceso de trabajo en la obra y garantizar el cumplimiento de los plazos estipulados en los proyectos para recibir las partidas presupuestarias, que eran giradas contra verificación de avance de las obras. También recibían asesoramiento para la administración y rendición de los recursos, la realización de compras de materiales y los trámites administrativos requeridos.

Subprogramas Solidaridad-Trabajar y Mejorar

Los subprogramas *Solidaridad-Trabajar* y *Mejorar* quisieron articular acciones de entidades de niveles nacional, provincial y municipal para alcanzar dos objetivos básicos: atender sectores en riesgo, marginalidad o emergencia y brindar capacitación a trabajadores desocupados. Los actores involucrados en estos programas fueron: el Ministerio de Trabajo y Seguridad Social de la Nación (MTySS), el Instituto Provincial del Empleo (IPE), municipios y trabajadores desocupados que cobraban subsidios al desempleo (Plan de Empleo Transitorio *Trabajar*[17]). A nivel local, sólo se trabajó con municipios (no estaba contemplada la participación de entidades sin fines de lucro), y las obras se realizaron con el trabajo subvencionado por los planes de empleo transitorio que comenzaban a extenderse en todo el país debido al aumento sostenido de la desocupación y las presiones sociales.

En el *programa Solidaridad-Trabajar,* cada uno de los actores tenía funciones específicas: el MTySS debía financiar la mano de obra a través del Programa Trabajar. El IVBA formulaba los proyectos, asesoraba técnicamente a los municipios y aportaba los materiales (mediante transferencia de recursos a los gobiernos locales). El IPE debía financiar instructores y supervisar los proyectos respecto del cumplimiento de metas y actividades previstas. Los gobiernos municipales debían proveer herramientas, equipos y dirección técnica, dotar de infraestructura interna y garantizar el relleno, desmonte y nivelación de los terrenos, así como las conexiones a las redes de servicios y toda otra tarea necesaria para la habilitación final de las viviendas. El Municipio,

---

[17] El Plan Trabajar fue una iniciativa del Gobierno Nacional que tuvo el fin de contener los primeros estallidos sociales producto de las altas tasas de desocupación. El MTySS asignaba un monto mensual al jefe de hogar desocupado –que no alcanzaba a cubrir el valor del 50% de la Canasta Básica Alimentaria– en calidad de "subsidio al desempleo" y a cambio del cumplimiento de cuatro horas diarias de trabajo en el sitio asignado por el municipio o la entidad gestora de los planes.

además, era quien confeccionaba los listados de adjudicatarios y no necesariamente debía incluir en ellos a los constructores de las viviendas[18].

El *programa Mejorar* no difería demasiado del Solidaridad-Trabajar, puesto que intervenían los mismos actores. Las diferencias radicaron en el tipo de satisfactor elegido (módulos constructivos completos que aportaban soluciones habitacionales sumatorias a la vivienda del beneficiario) y en los adjudicatarios de las viviendas que, en este caso estaba más claro, eran los mismos beneficiarios del programa Trabajar, de cuyas familias debían aportar dos miembros al trabajo en las viviendas. Estas personas afectaban las horas de trabajo exigidas por el programa de empleo transitorio a la construcción y mejoramiento de sus propias viviendas. Su tarea consistía en adecuar el terreno en el que vivían para que fuera plantado allí el módulo habitacional.

Hecha esta descripción de los programas que consideramos que fueron los únicos del PBTV que pudieron haber alcanzado al sector social que nos preocupa, nos preguntamos por su impacto socioterritorial. Fuimos a observar, entonces, los recursos con que contaron, qué porcentaje representaron éstos en relación con el total de los programas del PBTV y la cantidad de viviendas construidas por ellos, y luego los comparamos con los niveles de déficit habitacional agudo que el Censo Nacional de Población y Vivienda había medido en el año 1991 (información con la que se contaba cuando se diseñaron los programas).

Los programas que financiaron la autoconstrucción de viviendas construyeron el 13% de las unidades levantadas por los programas del PBTV con el 3% de los recursos. Esto evidencia que la atención a los sectores más bajos no estaba entre los objetivos principales de las operatorias del Instituto.

Los números nos hablan del bajo impacto de las operatorias habitacionales a nivel provincial en los años 1990: el Censo del año 1991 detectó en la provincia 1.907.904 unidades habitacionales deficitarias[19] y –a través de todos los programas del PBTV– entre 1992 y 1999 se construyeron 11.967 viviendas, entre las cuales, sólo 1.496 unidades fueron levantadas en el marco de las operatorias más accesibles para los pobres[20].

Iremos ahora a analizar las acciones de otro organismo que, durante el período estudiado, también se ocupó de este problema.

---

[18] Será tarea de otras investigaciones evaluar quiénes finalmente resultaron adjudicatarios de las viviendas del programa *Solidaridad Trabajar* para ver si fueron programas destinados a los trabajadores desocupados y subvencionados con planes de empleo transitorio o si, por el contrario, dichos trabajadores fueron utilizados como mano de obra subvencionada para la construcción de viviendas de bajo costo para otros destinatarios. Para este análisis, observamos sólo los objetivos declarados en la letra de los programas y los montos y plazos de pago de las cuotas ($10 mensuales durante 25 años), que son señales de que estas viviendas fueron destinadas al sector social que nos interesa.

[19] Casas tipo B y viviendas precarias urbanas y rurales (INDEC).

[20] Fuente: Departamento de Control de gestión IVBA.

El Consejo Provincial de la Familia y Desarrollo Humano

Ante la emergencia de la crisis social –que tanto el Gobierno Nacional como el Provincial entendieron que se concentraba en el AMBA– durante la gobernación de Eduardo Duhalde (1991-1999) en la Provincia de Buenos Aires, se dispuso un andamiaje político-jurídico para hacer frente a las consecuencias del desguace del Estado y las políticas económicas que estaban dejando enormes saldos de desempleo, pobreza y exclusión social. Es así como en el seno del Estado Provincial se crearon y recrearon instituciones para enfrentar ("atender") los emergentes de la crisis. Una de ellas fue el Fondo de Reparación Histórica del Conurbano Bonaerense (FRHCB), vigente entre 1991 y 1999[21].

El Consejo Provincial de la Mujer[22] fue una de las instituciones que más recursos del FRHCB canalizó. Desde que se hizo cargo del Consejo, su presidenta contó con el poder otorgado por el gobernador para disponer de los recursos de los programas de todos los ministerios de la provincia. El Consejo funcionó como ente articulador entre los pobres y las distintas operatorias de atención a las problemáticas sociales: vivienda, empleo, salud, trabajo, discapacidad, alimentación, etc. A partir de 1995, el CPFDH armó y ejecutó programas propios de atención a estos problemas; entre ellos, se destacó el Plan Nutricional "Vida" por su altísimo impacto a nivel provincial y, fundamentalmente, en el Conurbano Bonaerense[23].

La presidenta de este organismo se rodeó de "consejeras" y de una gran cantidad de técnicos (fundamentalmente trabajadores sociales) que llevaban adelante los programas, otorgando al Consejo una estructura cuasiministerial. Abundantes y sostenidos recursos, poder político apoyado en el respaldo del gobernador a la gestión de su esposa y un contexto general de aumento de la demanda de atención a problemáticas emergentes de la implementación de un modelo socioeconómico excluyente fueron pilares en el armado de esta estructura asistencial y política. "La modalidad de gestión de Chiche se caracterizó por un intento de reedición de la filantropía conjuntamente con el desarrollo de una renovada 'tecnocracia' o gerenciamiento social. Se intentó reemplazar al 'aparato político' conformado por los tradicionales militantes, por un nuevo 'aparato tecnocrático' formado por profesionales de la acción social con un

---

[21] El FRHCB fue un *Fondo de Inversión Social* que estaba conformado por el 10% del impuesto a las ganancias recaudado a nivel nacional, cuyos recursos eran girados a la Provincia de Buenos Aires y le garantizaban el arribo de un promedio de $600 millones anuales, administrados directamente por el gobernador y utilizados para el financiamiento de obras públicas y programas sociales (Danani 1997).

[22] Creado en 1987 (Ley 11.097/87), tuvo al frente a la esposa del gobernador Duhalde entre 1992 y 1995, fecha en la cual fue transformado en Consejo Provincial de la Familia y Desarrollo Humano (Ley 11.737/95), siempre bajo la presidencia de Hilda González de Duhalde, hasta el fin del mandato de su esposo, en diciembre de 1999.

[23] El Plan Vida distribuía alimentos diariamente y funcionaba apoyado en una red de más de 35.000 trabajadoras vecinales (conocidas como "Manzaneras").

trabajo muy fuerte hacia la despolitización de la acción y del conflicto social" (López 2000: 73)[24].

En esta lógica se insertaron los Programas de Emergencia Habitacional (PEH) y de Autoconstrucción y Ayuda Mutua (PAAM) que comentaremos más adelante. El primero respondía ante la demanda individual y urgente (casos de viviendas incendiadas, por ejemplo), mientras que el PAAM tenía como "excusa" a la vivienda para facilitar la entrada del Consejo en los barrios, a través de las organizaciones comunitarias. Ambos nos interesan porque estuvieron dirigidos a los sectores más desprotegidos que no obtuvieron respuestas en los programas del IVBA, pero nos detendremos fundamentalmente en el PAAM, porque fue una línea de trabajo que pretendió impactar a nivel barrial con acciones de construcción y mejoramiento de viviendas y de dotación de infraestructura y equipamiento comunitario. Por su parte, el PEH consistía en la entrega de una casilla prefabricada o materiales de construcción ante casos puntuales que llegaban al Consejo, de la misma manera que llegaban pedidos de nebulizadores, leche maternizada, medicamentos, colchones, alimentos, etc.

Los Programas sociohabitacionales del CPFDH

Programa de Autoconstrucción y Ayuda Mutua

El Programa de Autoconstrucción y Ayuda Mutua del CPFDH nació como tal en el año 1995, a partir de la sistematización en una operatoria provincial de un conjunto de experiencias que algunos equipos técnicos del Consejo de la Mujer estaban desarrollando de manera independiente en distintos partidos de la Provincia de Buenos Aires (Florencio Varela, San Vicente y La Plata, entre ellos).

El objetivo general del PAAM fue "promover proyectos de autoconstrucción y ayuda mutua impulsando a las organizaciones comunitarias hacia el mejoramiento de la calidad de vida". En la propuesta –que consistía en líneas de financiamiento de acciones de mejoramiento de viviendas, construcción de unidades nuevas y provisión de equipamiento comunitario, a partir de la conformación de grupos de autoconstrucción que trabajaron bajo el sistema de ayuda mutua– se insistía en la necesidad de "priorizar el apuntalamiento de la organización comunitaria, no sólo en referencia al abordaje del déficit habitacional en sí mismo, sino también en la búsqueda de alternativas de resolución de necesidades no cubiertas" (PAAM 1996: 5). En este sentido, la *"población meta"* fue definida como aquel sector social que se encontraba en situación de "riesgo social", entendiendo por tal a la población que presentaba condiciones de NBI (necesidades básicas insatisfechas) o cuyos ingresos estuvieran por debajo de la línea de pobreza. Además de la situación de carencia, los grupos atendidos por el programa debían "satisfacer algunos aspectos de dichas necesidades

---

[24] Por otro lado, bajo este manto gerencial, la articulación de una estructura de poder territorial propia: las manzaneras.

a partir del capital social", esto es –siempre según las palabras del equipo técnico–, "aquella red de familiares y amigos que facilitan bienes y servicios para otorgar soluciones puntuales a determinadas necesidades, también puntuales" (PAAM 1996: 10). En síntesis, el PAAM se abocaría a atender población en riesgo social que estuviera contenida en algún tipo de red de satisfacción de necesidades (asociación legal o de hecho) y no atendería población u hogares "sueltos", no integrados en una organización comunitaria. Los actores intervinientes en este programa fueron el CPFDH, las entidades intermedias (mayoritariamente asociaciones civiles) y las familias de beneficiarios autoconstructores.

El PAAM intervino a nivel de barrios completos. Una vez indicado el barrio en el que se iba a trabajar –decisión netamente política tomada por las consejeras y la presidenta del Consejo–, los técnicos y la entidad intermedia seleccionaban a los futuros beneficiarios. Éstos, además de padecer la necesidad, debían manifestar su voluntad de trabajar en autoconstrucción por ayuda mutua y su disponibilidad de horas de trabajo para ser abocadas al proyecto. Con el grupo de familias seleccionadas se elaboraba un reglamento interno de trabajo que debía ser suscripto por todos los que quisieran permanecer en el programa.

Los equipos técnicos del CPFDH estaban conformados por un arquitecto, un maestro mayor de obras y un trabajador social. Tenían a su cargo las tareas de capacitación y organización de las cuadrillas de autoconstructores, el seguimiento del trabajo en el barrio, los cómputos de materiales, la compra y entrega de los mismos a las familias y el apoyo a la organización comunitaria en tareas administrativas; además, a través del Plan País (programa de empleo transitorio) se financiaba el sueldo de un capacitador de obra por grupo de trabajo.

Los materiales se iban entregando quincenalmente en cada lote, en función del avance de obra y del pago de la cuota mensual[25] que debían realizar las familias, en concepto de devolución del crédito otorgado. También existía la posibilidad de devolver el valor de los materiales realizando trabajo comunitario en otros grupos de autoconstructores del barrio o en la construcción del equipamiento social. El recupero de los créditos no estaba expresado como un objetivo central, como sí lo estaba en los programas de vivienda del IVBA. Los recursos recibidos como recupero no se devolvían al PAAM, sino que tenían como destino la formación de un fondo que pudiera ser reinvertido en el mismo barrio, administrado por la entidad comunitaria que trabajase como ejecutora del programa.

Programa de Emergencia Habitacional

El Programa de Emergencia Habitacional estaba destinado a la atención a una demanda hiperindividualizada: para poder "calificar" y acceder a una vivienda pre-

---

[25] La cuota rondaba los $25 mensuales.

fabricada de madera, las familias debían padecer una sumatoria de problemáticas, además –claro está– de la carencia habitacional: tratarse de una familia numerosa, poseer miembros discapacitados, desnutridos o con enfermedades graves, estar el jefe o jefa desocupado, etc. También hubo casos de derivaciones de pedidos por parte de los juzgados de menores (fundamentalmente en casos de niños transplantados o enfermos). A mayor gravedad demostrable, más posibilidades de conseguir una vivienda mediante la acción de este programa.

Realizado el pedido correspondiente ante el CPFDH y habiendo calificado para ser atendido por el mismo, al hogar se le entregaba una unidad prefabricada de madera que debía ser plantada en el lote provisto por la misma familia. He aquí un punto importante: el PEH no requería que la familia tuviera la tenencia regular del lote, por eso este programa significó la única vía de acceso a una vivienda para muchas familias ocupantes de terrenos.

Finalizada la gestión de Eduardo Duhalde, el gobernador siguiente, Carlos Ruckauf, cambió la estructura asistencial de la provincia y convirtió al CPFDH en Ministerio de Desarrollo Humano y Trabajo[26]. Ya no contaba con los recursos del Fondo para el Conurbano y la crisis económica y social se hacía sentir a través de múltiples emergentes.

Entre el conjunto de reformas realizadas, decidió no destinar recursos a los programas sociales de atención al hábitat popular como el PAAM, y éste "sobrevivió" (es decir, sus técnicos permanecieron) en el seno del Ministerio de Desarrollo Humano y Trabajo dentro del programa de Emergencia Habitacional, el cual continuó trabajando de la manera que describimos, pero agudizando todavía más los requisitos para acceder a la entrega de una casilla prefabricada, debido a la escasez de recursos.

Algunas reflexiones en torno a la acción del Estado Provincial frente al déficit de vivienda de los sectores desafiliados

En Argentina, el modelo de acción estatal frente al déficit de vivienda se vio fuertemente modificado durante la década de 1990. Aquel bloque de intereses correspondidos entre empresas privadas y burocracias públicas que describieran Yujnovsky, Cuenya y otros, fue transformado a principios de la década al ritmo de los cambios impuestos por quienes estaban decididos a instalar definitivamente en Argentina un modelo de Estado mínimo y libre mercado.

La descentralización de los recursos del FONAVI y su envío a las administraciones provinciales fue uno de los cambios más importantes del período. La proclamada auditoría que haría la Nación de los niveles de recupero de los créditos conseguidos por los organismos provinciales, en consonancia con la intención de minimizar los subsidios y derivar la mayor parte de los recursos a préstamos con garantía hipotecaria,

---

[26] Actualmente está dividido en Ministerio de Desarrollo Humano y Ministerio de Trabajo.

fueron otros cambios notables. La aparición de programas sociales focalizados en el ámbito nacional, cogestionados por entidades civiles y, mayoritariamente, financiados por préstamos de organismos internacionales de crédito –es decir, por recursos que irían a engrosar la deuda externa– fue otra de las novedades.

La descentralización de los recursos del FONAVI y la creación del Sistema Federal de Vivienda aportaron el marco necesario para que en la Provincia de Buenos Aires fuera posible el diseño del Plan Bonaerense de Tierra y Vivienda. En esta jurisdicción se optó por el abandono del sistema tradicional de acción pública –llamado a licitación y contratación de empresas para la construcción de conjuntos habitacionales– y se propuso al Instituto de la Vivienda como ente financiador de proyectos elaborados por los municipios y/o entidades civiles. En el marco de PBTV, los actores locales fueron los encargados de desarrollar los proyectos en el territorio, mientras eran asesorados y evaluados por el IVBA.

Desde la reforma del sistema de vivienda hubo una mayor presión desde el nivel estatal nacional a las provincias para instalar mecanismos de recupero más eficientes que los que habían prevalecido durante las dos décadas anteriores. En Buenos Aires –provincia que adhirió por ley al Sistema Federal de Vivienda y con esta adhesión se sumó explícitamente al espíritu de la reforma–, el mecanismo propuesto fue el de comprometer los recursos de la coparticipación provincial a los municipios como garantía de los créditos otorgados por el Instituto a las administraciones municipales.

Los gobiernos locales fueron los encargados de realizar la selección de beneficiarios y, salvo algunos requisitos mínimos referidos a ciertas características del grupo familiar delineadas por el IVBA, tuvieron bastante libertad para definir el perfil de los mismos. Estaba en sus manos, entonces, la decisión de arriesgar o no los recursos de la coparticipación incorporando como beneficiarios a los hogares que luego no pudieran realizar los pagos correspondientes. Esta presión sobre la evaluación del recupero jugó a favor de la elevación de los requisitos de ingresos para acceder a los préstamos públicos para vivienda, y en contra de los sectores que no pudieron demostrar empleo e ingresos suficientes para afrontar el futuro pago de las cuotas. La intención de promover la facilitación del acceso al crédito hipotecario público dejó afuera a los sectores de más bajos recursos y/o con empleos inestables.

La focalización de la acción pública de vivienda en la Provincia de Buenos Aires pudo verse en los programas sociohabitacionales del Consejo Provincial de la Familia y Desarrollo Humano. Desde este organismo se condujo la política social asistencial durante toda la década con el objetivo de fortalecer el aparato neoclientelar de la fracción del Partido Justicialista conducida por el gobernador Duhalde. Con recursos a su disposición para hacerlo y con un fuertísimo aumento del desempleo, la pobreza y la indigencia en el área de mayor concentración de población del país, se implementaron diversos programas sociales focalizados cuyos objetivos se centraban en la atención particularizada de ciertos padecimientos de las familias pobres, sin atacar las causas de los mismos, y presentándose como *donaciones* del gobierno ante la necesidad de "la gente" antes que como satisfactores universales de derechos humanos.

Este reemplazo de las nociones de *universalidad de los derechos* (anteriormente garantizados por la gestión pública de los servicios básicos y la protección de los trabajadores y sus familias a través de la legislación laboral) por las nociones de a*tención a las consecuencias no deseadas del modelo*, en el marco de una supuesta *lucha contra la pobreza* en la que todos los sectores sociales están involucrados y deben comprometerse, en el ámbito de la Provincia de Buenos Aires pudo verse reflejado en la construcción y afianzamiento de un "*andamiaje técnico-político*" constituido por el conjunto de programas sociales del Consejo (López 2000).

Así y todo, observamos que la atención de la problemática habitacional desde el CPFDH fue a todas luces insuficiente, puesto que el volumen de operatorias del Programa de Autoconstrucción y Ayuda Mutua no tuvo impacto alguno en la reducción del déficit general de la provincia, y el Programa de Emergencia Habitacional, que entregaba casillas prefabricadas de madera a familias con padecimientos graves, si bien podía ser una mejora transitoria, en ningún caso iba a resolver situaciones deficitarias.

Los pocos programas para los sectores sociales desafiliados que existieron tanto en el CPFDH como en el IVBA se apoyaron, sin excepción, en el trabajo de los beneficiarios en la autoconstrucción de sus viviendas, en dos variantes: la promoción de la autoconstrucción de una unidad de buena calidad constructiva que constituyera la vivienda definitiva para el grupo familiar, o la apelación a la autoconstrucción para el mejoramiento y ampliación de módulos habitacionales básicos concebidos para la atención de emergencias. En ambos casos, la autoconstrucción no fue una opción, sino la única forma de conseguir cierto apoyo estatal (traducido en financiamiento para la compra de materiales y asesoramiento) para los procesos de producción de hábitat que, de todas maneras, recaerían sobre las espaldas de los sectores excluidos del mercado.

En los relatos de los autoconstructores que formaron parte de las operatorias del IVBA y del Consejo encontramos que no fueron pocos los sacrificios para tener una vivienda. Coincidimos al respecto con quienes encuentran en la autoconstrucción una forma de autoexplotación de la fuerza de trabajo (Pradilla 1982; Duhau 1998), reforzada aún más en el marco de procesos promovidos por el Estado en los que, aparte, se utilizan formas de construcción atrasadas, sin la provisión de tecnologías que alivianen las tareas.

Además del cansancio y la resignación al trabajo no remunerado para satisfacer necesidades vitales, en la implementación de los programas que requieren asociación y trabajo para la autoconstrucción suelen encontrarse problemas derivados de las formas impuestas desde el Estado a la organización comunitaria.

Creemos que los requisitos de organización comunitaria y participación poseen objetivos más o menos explícitos y esconden otros, menos visibles tanto para los técnicos de los programas, que desempeñan su trabajo con honestidad y se sienten promotores de cambios, como para los beneficiarios y la sociedad en su conjunto.

Por un lado, se extiende a toda la sociedad, pero fundamentalmente a los sectores excluidos, la responsabilidad de atender los emergentes de la pobreza. *Estamos todos en el mismo barco y perseguimos el mismo objetivo: "Luchar contra la pobreza".* De esta manera, se oculta el conflicto, se desdibujan las causas de la pobreza y se la presenta como algo inevitable, y no como la contracara de la extrema concentración de recursos por parte de pocos sectores, ni como la consecuencia de atribuir al mercado un rol distributivo que no podrá cumplir sin consecuencias.

Por otra parte, el llamado a la participación de la sociedad civil en la gestión de programas no fue más que uno de los mecanismos para hacer posible el ajuste del Estado, trasladando a los técnicos de las ONG y a los mismos beneficiarios labores cumplidas anteriormente por personal estatal. El entusiasmo con que algunas entidades tomaron a su cargo estas tareas fue totalmente funcional a este objetivo. Se convidó a los pobres –sin presentarles opciones alternativas– a ser los gestores y ejecutores de su propia asistencia, cargando sobre sus espaldas tareas para las que no siempre cuentan con la instrucción, el tiempo y la voluntad necesarios.

Esta convocatoria dista mucho de ser un canal de participación real, puesto que se invita a realizar tareas predeterminadas, que no conllevan a un involucramiento real porque no van acompañadas de la apertura de espacios de decisión y, de esta manera, se sostienen desiguales relaciones de poder.

El mantenimiento de situaciones de exclusión es uno de los elementos indispensables para que los actores político-burocráticos tengan garantizada su reproducción dentro de los espacios de poder que ocupan (Castells 1983; Pírez 1995). Derivar recursos públicos para "paliar", en lugar de resolver los problemas, mantiene la dependencia de los actores comunitarios –cuyas estrategias responden a una lógica de supervivencia y, entre las cuales, las relaciones clientelares son más que frecuentes– con respecto a los actores políticos. Estamos frente a la manipulación de las necesidades en pos de la reproducción de actores políticos locales y extralocales.

Este trabajo pretendió contribuir al análisis de las políticas públicas de los años 1990, sus características y objetivos. Con el estudio en profundidad de la implementación de un puñado de programas de vivienda en el barrio Las Malvinas, nos propusimos observar los resultados de los mismos en el territorio y las consecuencias de las medidas adoptadas. De esta forma, quisimos colaborar con quienes tienen en sus manos la posibilidad de (re)pensar los programas públicos.

Referencias bibliográficas

Castel, R. (1997), Las metamorfosis de la cuestión social. Una crónica del salariado, Buenos Aires, Paidós.

Castells, M. (1983), *La ciudad y las masas*, Madrid, Alianza Editorial.

Cuenya, B. (1992), "Políticas habitacionales en la crisis: el caso de Argentina", en *Vivienda* vol.3, n° 3, México, Nueva Época.

Cuenya, B. y Falú, A., compiladoras (1997), Reestructuración del Estado y política de vivienda en Argentina, Buenos Aires, CEA – CBC.

Cuenya, B. (2000), "Cambios, logros y conflictos en la política de vivienda en Argentina hacia fines del siglo XX", Publicado en *Urbared*. Disponible en línea: www.urbared.com

Duhau, E. (1998), *Hábitat popular y política urbana*, México, UAM.

López, E. (2000), *La construcción de la vivienda como proceso de construcción de la ciudadanía. Una posibilidad histórica*, Tesis de Maestría en Servicio Social. Pontificia Universidad de San Pablo-Universidad Nacional de La Plata, Mimeo.

Oszlak, O. (1997), "Estado y Sociedad: ¿nuevas reglas de juego?", en *Reforma y Democracia* n° 9, Caracas, CLAD.

Pírez, P. (1995), "Actores sociales y gestión de la ciudad", en *Ciudades* n° 28, México, RNIU.

Pradilla, E. (1982), "Autoconstrucción, explotación de la fuerza de trabajo y políticas de estado en América Latina", en E. Pradilla (comp.), *Ensayos sobre el problema de la vivienda en América Latina*, México, UAM-X.

Documentos de organismos oficiales

Instituto de la Vivienda de Buenos Aires (sin fecha), Plan Bonaerense de Tierra y Vivienda. La Plata. MOSP.

Instituto de la Vivienda de Buenos Aires (2000), Plan Bonaerense de Viviendas. La Plata. MOSP.

Instituto de la Vivienda de Buenos Aires, Dirección de Política Habitacional (sin fecha): Programas. La Plata. MOSP.

Consejo Provincial de la Familia y Desarrollo Humano (1996), Programa de Autoconstrucción y Ayuda Mutua.

Consejo Provincial de la Familia y Desarrollo Humano (1999), Programa de Autoconstrucción y Ayuda Mutua.

Política habitacional y producción de la Ciudad Metropolitana

Análisis de las contribuciones del Programa Federal de Construcción de Vivienda al desarrollo urbano de los partidos de la Región Metropolitana de Buenos Aires

Marcela Vio

Introducción

A partir del año 2004, tiene lugar en la Región Metropolitana de Buenos Aires[1] (RMBA) un conjunto de programas públicos que señalan el comienzo de un nuevo período de la política habitacional. En este marco, el Programa Federal de Construcción de Vivienda[2] (PFCV) constituye a la intervención pública de producción de espacio urbano con vivienda social de mayor visibilidad en la periferia metropolitana.

---

[1] Este trabajo adopta la definición de Región Metropolitana que brinda la Subsecretaría de Urbanismo y Vivienda (MIVSP-GPBA), que comprende a: Ciudad Autónoma de Buenos Aires, Almirante Brown, Avellaneda, Berazategui, Berisso, Brandsen, Campana, Cañuelas, Ensenada, Escobar, Esteban Echeverría, Exaltación de la Cruz, Ezeiza, Florencio Varela, General Las Heras, General Rodríguez, General San Martín, Hurlingham, Ituzaingó, José C. Paz, La Matanza, La Plata, Lanús, Lomas de Zamora, Luján, Malvinas Argentinas, Marcos Paz, Merlo, Moreno, Morón, Pilar, Presidente Perón, Quilmes, San Fernando, San Isidro, San Miguel, San Vicente, Tigre, San Fernando, Vicente López, Zárate. De todas maneras, en el marco de este trabajo nos referiremos a la RMBA sin considerar a la Ciudad de Buenos Aires para el análisis de la política habitacional.

[2] El Programa Federal de Construcción de Vivienda se implementa a partir del año 2003, bajo el gobierno de Néstor Kirchner, y tiene alcance nacional. Fue diseñado desde la Subsecretaría de Urbanismo y Vivienda del Ministerio de Planificación Nacional, en correspondencia con la gestión del ministro de Planificación Julio De Vido. Está orientado a resolver las necesidades habitacionales de los hogares con déficit habitacional. Según la SSUV, prevé la construcción de 120.000 viviendas, y un aporte

Esta política tiene lugar en un territorio reorganizado durante los años 1990, principalmente a partir de la lógica privada que, orientada por la obtención de rentas urbanas diferenciales, condujo para la RMBA un proceso de desarrollo urbano que priorizó la construcción de urbanizaciones cerradas para los sectores medios y altos, y de grandes equipamientos para el consumo privado, configurando al mismo tiempo un conjunto de nuevos productos inmobiliarios (Cuenya 2004; Fritzsche y Vio 2001; Prevot Schapira 2000; Torres 2001). La ampliación y privatización de la red de autopistas urbanas que conectan a la Ciudad de Buenos Aires con los partidos de la Región proveyó la matriz para este desarrollo (Blanco 1996). En términos geográficos, estas operaciones implicaron el consumo de suelo en localizaciones de la periferia, que hasta comienzos de la década de 1990 fueron, principalmente, los lugares de residencia de los sectores populares (Clichevsky 2000).

El interés renovado del capital inmobiliario reforzó el control privado y la especulación sobre el suelo (Pugliese 2004). Bajo estas condiciones, los barrios de vivienda social planificados por el PFCV debieron asumir, mayoritariamente, localizaciones fronterizas, desarrollando suelo en los bordes de la urbanización, en zonas con condiciones urbanas deficitarias, con importantes dificultades de accesibilidad a los espacios metropolitanos en los que se dirimen los procesos de producción y consumo.

En este capítulo analizamos, en general, el modo en que la política habitacional contribuye a la producción de la ciudad metropolitana y, en particular, nos centramos en el estudio de las características que imprime al desarrollo urbano de los partidos de la región, identificando sus implicancias territoriales y sociales. El estudio del Barrio "Santa Rosa", en el partido de Florencio Varela, cuya ejecución en el marco del PFCV finalizó en el año 2007, nutrió los resultados de esta investigación.

Entre las preguntas que intenta responder este trabajo se señalan las siguientes: a) ¿Cuáles son las relaciones que entabla el proceso de producción de la ciudad metropolitana, la política urbana y la política habitacional en la Región Metropolitana?; b) ¿Qué contribuciones realiza el PFCV al desarrollo urbano metropolitano?; c) ¿Qué lectura puede hacerse del modo en que incide en el proceso de distribución / localización de la población en la metrópolis?; d) ¿Cuáles son sus implicancias territoriales y sociales más importantes?

Notas conceptuales y consideraciones generales para la comprensión del problema

En este capítulo recuperamos el concepto de *valor de uso complejo* en los términos que lo plantea Topalov, en tanto valor de uso específico de la ciudad que deviene de

---

de Nación en torno a los $ 3.900 millones. Su implementación alcanza a todas las provincias de la Argentina y a la Ciudad de Buenos Aires, si bien en el marco de este trabajo aludimos exclusivamente a los partidos de la Región Metropolitana de Buenos Aires.

la articulación espacial de los valores de uso simple que se configuran en el proceso de producción del espacio urbano, y cuya formación depende, fundamentalmente, de la actuación del Estado (mediante regulaciones e inversiones directas), que de este modo garantiza las condiciones generales para la reproducción del capital. Nos referimos concretamente a las infraestructuras que se fijan al suelo, y al espacio construido que bajo diferentes formatos edilicios, conjuntamente, da soporte material a los procesos de producción, circulación y consumo que tienen lugar en la economía urbana (Topalov 1974).

El capítulo plantea el análisis de la contribución que hace la política habitacional al valor de uso complejo de la urbanización, considerando dos cuestiones centrales: su capacidad para producir ciudad (en tanto actúa directamente en el proceso de desarrollo urbano, es decir, en el desarrollo material de la ciudad), y su aptitud para incidir en la configuración de un patrón de distribución de la población en el territorio[3], determinando en gran medida el acceso a dicho valor. Operativamente, es posible plantear que el valor de uso de la ciudad se complejiza cuando concurren distintos valores de uso simple (infraestructuras, equipamientos, transportes, viviendas, mano de obra) a un mismo sitio; en otras palabras, cuanta mayor concentración y/o disponibilidad de bienes y servicios para el consumo y la producción, más se acrecienta el valor de uso. Del mismo modo, cuanta más diversidad de sectores sociales más se complejiza, porque crecen las oportunidades de intercambio de bienes y servicios, y sobre todo porque se multiplican las oportunidades de empleo. De esta manera, se está en presencia de una economía urbana más compleja.

En el sentido contrario, la menor consolidación del espacio urbano por niveles inadecuados de infraestructura básica opera directamente, reduciendo este valor de uso que se traduce en una simplificación de las posibilidades productivas y reproductivas. La segregación de grupos de bajos ingresos implica también la reducción de oportunidades para ellos de acceder a puestos de trabajo, y de captar una porción del ingreso que se genera en la economía urbana.

A su vez, la producción de ciudad se define a partir de tres lógicas, que tienen la particularidad de confluir en un mismo espacio geográfico. La *lógica privada*, dirigida a la obtención de rentas urbanas, la *lógica popular*, con base en la necesidad (operada a partir de los sectores de menores ingresos que autoproducen su hábitat), y la *lógica pública*, que a través de políticas y actuaciones contribuye también al despliegue de las anteriores (Herzer 1994). El desarrollo de la ciudad metropolitana (del territorio urbano que asociamos al aglomerado de la Región Metropolitana de Buenos Aires) exaltó las diferencias entre dichas lógicas a partir de la década de 1990, con un claro predominio de la privada, que acentuó las disputas por el espacio urbano, al tiempo que reforzó la exclusión de los sectores populares de la ciudad y renovó los procesos de fragmentación territorial y segregación socioespacial en curso (Prevot Schapira).

---

[3] Recuperamos la noción planteada por Ozlak (1991).

En el marco de la creciente exclusión al suelo y la vivienda que padecen estos hogares, se asiste al deterioro de sus condiciones habitacionales, que se agudiza de forma dramática paralelamente al crecimiento de la desocupación y conforme el cariz que toman las políticas públicas, bajo un Estado que promueve procesos de mercantilización para la satisfacción del conjunto de las necesidades sociales (Catenazzi y Di Virgilio 2001). Si bien Clichevsky (2000a) señala que la implementación de la Ley 8.912[4] en 1977 condujo al cese de los loteos populares que sostuvieron el proceso de urbanización metropolitano que encararon estos sectores, coincide también en que los años 1990 agudizaron sus condiciones de exclusión. En la misma línea, otras fuentes refuerzan la hipótesis de creciente exclusión, y confirman que desde hace muchos años no existe un mercado de lotes que abastezca de suelo con urbanización básica a la población de escasos ingresos (Pugliese 2004).

En este contexto, se deteriora el posicionamiento –intraurbano metropolitano– de estos hogares, y de forma concomitante sus posibilidades de acceder a los "centros de oportunidad" coincidentes con las áreas centrales metropolitanas, conceptualizados como tales a partir de la convergencia física de las posibilidades de empleo, y de la producción de los bienes y servicios necesarios para la producción y reproducción de estos hogares en la ciudad. Sus distanciamientos físicos de estos centros inciden directamente reduciendo sus ingresos reales, en tanto deben internalizar, privadamente, los mayores costos, principalmente en tiempo y transporte (Vio 2007).

Desde una perspectiva histórica, el progreso de la urbanización de la RMBA ha planteado una configuración urbana extendida, de bajas densidades poblacionales y con escasa consolidación del espacio urbano (todavía existe un porcentaje significativo de hogares con déficit habitacional, y otros que aún no tienen cobertura de servicios urbanos básicos). Más del 30% de las viviendas del Gran Buenos Aires[5] se encuentran en espacios no consolidados, es decir que sus entornos carecen de por lo menos un servicio de infraestructura básica (Torres 1993).

En cuanto al valor de cambio, el precio del suelo se establece a partir de la capacidad de generar rentas que tiene, en la medida en que el valor de producción no guarda tanta relación con el primero. Dichas rentas se vinculan, por un lado, con la localización del suelo en el contexto urbano, que en el caso de la RMBA, por la estructuración de su crecimiento sobre ejes ferroviarios convergentes en el área central de la Ciudad de Buenos Aires, ha tendido a definir un gradiente de precios que disminuye del centro a la periferia (si bien posteriormente otros procesos de diferenciación del territorio metropolitano han configurado otras rentas diferenciales, que dieron lugar a procesos de valorización del suelo urbano con grandes contrastes según el área que se trate). Actualmente, el área norte sostiene una diferencia de precios por m^2 de suelo ofertado

---

[4] Ley de Ordenamiento territorial para la Provincia de Buenos Aires, que entre otras obligaciones estableció la provisión de infraestructura. como condición para la comercialización de tierra urbana.

[5] Incluye 24 partidos de los detallados en la nota 1.

en el mercado que alcanza valores de hasta US$ 500 más que el área sur (USIG 2007; Vio 2007). Por otro lado, las rentas diferenciales se vinculan también con el tipo de usos que pueda hacerse sobre ese suelo, los que se efectivizarán en el espacio construido que sobre él se apoye, si bien operativamente resulta inviable la determinación de la participación de cada tipo de renta urbana en la definición del precio final.

Por las características del mercado de suelo metropolitano, controlado por la oferta privada y por la lógica rentística, la tierra se ha constituido como un bien escaso, y los sectores populares urbanos han sido históricamente afectados por esta condición. Esto ha determinado su posicionamiento en las zonas periféricas y poco consolidadas, conforme la distribución de los precios del suelo metropolitano, así como del valor de uso complejo de la ciudad metropolitana.

Clichevsky (2000a) sostiene que la incorporación de tierra a las ciudades –lo que a veces implica la incorporación de tierra rural al ejido urbano– resulta principalmente de la dinámica de los submercados que establece la demanda solvente, de las expectativas de localización de las diferentes actividades urbanas, de las normativas de zonificación así como de la accesibilidad relativa, tipo de medio natural, superficie de lotes, etcétera, (los que por otra parte están determinados históricamente conforme la dinámica de los procesos socioespaciales). En este sentido, el Programa Federal de Construcción de Vivienda resuelve esta incorporación afectando tierras en la periferia, con escasos niveles de consolidación de sus entornos para la construcción de vivienda social, reforzando la dinámica de los mercados solventes instituidos en la metrópolis, tal como señala Clichevsky.

La lógica privada en la producción de la ciudad metropolitana (1990-2001)

En la década comprendida entre 1990 y 2001, la producción de la Ciudad Metropolitana confinó a la lógica pública en un claro avance de la lógica privada[6], lo que condujo a un desarrollo urbano orientado hacia la obtención de rentas inmobiliarias diferenciales, y no tanto hacia criterios de inversión destinados a resolver o aliviar –en su defecto– ciertas condiciones urbanas deficitarias[7] que coincidentemente se agudizaron en el mismo período (Blanco 1996; Cicolella 1999; Prevot Schapira 2000).

---

[6] Clichevsky (2000a) analiza la nueva dinámica inmobiliaria de los años 1990 y señala que la estabilidad monetaria que rigió a partir de 1991, el hecho de que la Argentina brindara posibilidades de rentabilidad mayores que otros países, y las escasas regulaciones estatales relativas a la subdivisión de las tierras constituyeron un conjunto de factores que impulsaron el incremento del capital en el sector inmobiliario.

[7] Durante esta década crecieron los asentamientos humanos en áreas ambientalmente no aptas, se multiplicaron los basurales clandestinos a cielo abierto y, en general, se produjo un empeoramiento del hábitat popular (Clichevsky 2000).

En materia de desarrollo urbano esto se tradujo, para los partidos de la Región, en el escaso desarrollo de las infraestructuras básicas[8], en el deterioro de los equipamientos públicos, en la privatización de los servicios públicos urbanos, y en los programas habitacionales que fomentaron la regularización dominial de los asentamientos populares y del subsidio del crédito hipotecario para los sectores de ingresos medios.

Desde una perspectiva geográfica, tuvo lugar un desarrollo urbano desparejo que generó algunos enclaves de nueva centralidad, e incorporó a la mancha urbana otras áreas consolidadas, dando lugar a una *metropolización* difusa (De Mattos 1997; Fritzsche y Vio 2005). Todo esto condujo a una profundización de las situaciones de segregación territorial ya existentes, lo que implicó el empeoramiento de las condiciones de accesibilidad a las áreas de centralidad para los habitantes de los asentamientos populares, que han sido los más afectados por los cambios introducidos en la organización del territorio metropolitano.

Un aspecto crítico del proceso guardó relación con la producción de nuevas *deseconomías* de urbanización, sustentadas en la continua expansión de la mancha urbana metropolitana, con niveles de densidad poblacional muy bajos y baja inversión en el desarrollo de infraestructuras. Ambos fenómenos estuvieron propiciados por la oferta de lotes en urbanizaciones cerradas para el consumo residencial de los sectores de medios y altos ingresos (Torres 2001; Szanjberg 2005).

En cuanto a la distribución de la población, se condujo la ocupación de la periferia por los sectores medios altos y altos, y a su vez se reforzó la exclusión de los sectores populares al suelo y a la vivienda. Los primeros fueron subsidiados y accedieron a través del mercado a loteos que en el marco de proyectos inmobiliarios nuevos sostuvieron –como en el caso de los loteos populares vigentes hasta la implementación de la Ley 8.912– muy bajos montos de inversión en infraestructura (Torres 2001).

La política urbana[9] se dirimió en grandes operaciones: la privatización y ampliación de la red que no contempló financiamiento para suelo urbano de autopistas

---

[8] Brunstein (2006) señala que la cobertura de la red de agua se expandió durante esta década, si bien la distribución geográfica de dicha cobertura no guarda relación con la distribución del déficit. En este sentido menciona que los partidos que registraron poco crecimiento de la cobertura del servicio son Ezeiza, Ituzaingó, José C. Paz y Malvinas Argentinas, cuyos hogares servidos no llegan al 10% (en Malvinas Argentinas los porcentajes son cercanos a la inexistencia del servicio). Un siguiente grupo, con porcentajes un poco mayores pero también más bajos que lo esperable está conformado por Escobar, San Miguel y Pilar, con valores en torno al 20%. Un tercer grupo incluye a Esteban Echeverría y Hurlingham, con valores en torno al 30%, pero rodeados de partidos con porcentajes mayores de cobertura. Respecto a la cobertura de la red de cloaca señala que los hogares servidos a fines de los años 1990 alcanzaron al 45% del total, lo que marca un incremento pobre respecto de la proporción existente en 1991, cuando sólo el 31% de los hogares estaba servido por alcantarillado cloacal.

[9] Las bases de los principios orientadores de esa política que gobernó los destinos metropolitanos, principalmente entre fines de los años 1980 y fines de los años 1990, deben rastrearse en el documento del Banco Mundial (1991), orientado a definir y estandarizar las acciones para impulsar las áreas urbanas de los países en "desarrollo". Las recomendaciones que establece para la gestión del desarrollo

metropolitanas; la privatización de los servicios públicos; y operaciones menores en la escala local-municipal que tensionaron las capacidades de los gobiernos locales para la gestión del territorio. Estas operaciones se configuraron a partir de las crecientes restricciones presupuestarias y de la carencia de equipos técnicos municipales para incidir en la formulación de lineamientos de política urbana local[10] (Coraggio 1997; Fritzsche y Vio 1999).

La atomización de la política urbana en esta escala orientó acciones parciales, y prescindió de soluciones para los problemas estructurales de la metrópolis: escasez de conectividad intrametropolitana, insuficiencia de servicios públicos de transporte, déficit habitacional, escasa cobertura de servicios urbanos básicos, etc. Paralelamente, las respuestas desde el nivel central se fueron debilitando. En este período se desmanteló el Área de Planeamiento y Ordenamiento territorial[11], y consecuentemente los capitales productivo e inmobiliario amplificaron su control en el ordenamiento del territorio y en la producción del espacio urbano.

Cabe destacar, sin embargo, que la obra pública estuvo presente en los partidos del Conurbano, a partir de las decisiones del gobierno duhaldista[12], si bien se limitó a la producción de equipamiento y pavimentos en territorios claves para el proceso de acumulación política.

Bis a bis, la producción de ciudad que condujeron los agentes del mercado inmobiliario –otra ciudad, la ciudad autourbanizada por los sectores populares impedidos de acceder al suelo y a la vivienda a través del mercado– continuó su desarrollo en este período. Estos hogares, por medio del esfuerzo individual o de grupos organizados, extendieron la ciudad en las áreas con las peores condiciones urbanas y ambientales,

---

de las infraestructuras para los servicios urbanos básicos y del desarrollo habitacional, en particular, promueven, como en el resto de los sectores / áreas, un rol *facilitador* del Estado, para permitir el libre y eficiente funcionamiento de los mercados, y promover el ingreso del capital privado en esta arena.

[10] Coraggio y César (1999) discuten el avance sobre la red urbana metropolitana de las cadenas de hipermercados de capital nacional e internacional, en tanto ejemplo de cómo se dirimió la política urbana en el nivel local, y dan cuenta de la debilidad institucional de las gestiones locales para responder a los avances del capital comercial internacional. Las consecuencias que esto trajo aparejado en la reorganización de los territorios metropolitanos se verificaron, por ejemplo, en el desarrollo de nuevas áreas de centralidad, a partir de la instalación de estos grandes equipamientos, que en algunos casos promovieron la obsolescencia de los viejos centros, a la vez que actuaron produciendo situaciones de fragmentación territorial propiciadas por la interrupción de la trama urbana, como consecuencia de las grandes superficies que requirieron para su ejecución .

[11] Hasta fines de los años 1980 formaba parte de la Subsecretaría de Urbanismo y Vivienda en la órbita del Ministerio de Obras Públicas.

[12] El Fondo de Reparación Histórica del Conurbano financió la política social del gobierno de Duhalde a partir de 1991, su creación implicó la asignación del 10% de los ingresos por el impuesto a las ganancias a la Provincia de Buenos Aires, alcanzando los US$ 600 millones anuales. Parte de este dinero se orientó a la obra pública, si bien su destino particular estuvo asociado a criterios de acumulación política y menos a criterios de mejoramiento de las condiciones generales urbanas.

y ocuparon las tierras no aptas para la urbanización, principalmente, en las zonas afectadas a las cuencas metropolitanas (Rodríguez *et al.* 2006).

En tanto, la política habitacional de este período significó para la RMBA la desaparición de la construcción de vivienda social. Garay (2007) señala que durante la gobernación de Eduardo Duhalde hay una manifestación explícita en contra de la construcción de viviendas en el GBA, para evitar que las familias se instalen allí. Rodulfo (2003) sostiene que la acción pública se enmarcó en el principio de la subsidiaridad ejercido a partir de acciones normativas, dirigidas a la privatización de las iniciativas, la desregulación de industria de la construcción, la reactivación del crédito hipotecario de largo plazo, y el carácter compensatorio de los nuevos programas de intervención que obraron articulados con las políticas sociales de alivio a la pobreza. Señala también que la política habitacional sufrió un proceso de fragmentación con base en la descentralización de la administración de los recursos nacionales de vivienda, hacia las jurisdicciones provinciales que pasaron a administrar el Fondo Nacional de Vivienda.

Por otra parte, el desarrollo del sistema crediticio operó, para la política habitacional, un desplazamiento hacia arriba, pudiendo convertirse en sujetos de créditos los hogares de sectores medios, que no cayeron en la pobreza como consecuencia de la política de ajuste estructural[13] (Cuenya 1997).

Completa el panorama de esta década la introducción de los procesos de regularización dominial, como legalización de la propiedad de hecho que ejercían los hogares ocupantes de villas y asentamientos populares (Clichevsky). Lo planteado por Sugranyes (2006) para el caso chileno es extensivo a nuestro caso: la política habitacional sostuvo una doble operación de regularización dominial y "subsidio a la oferta" (para dotar de vivienda propia a los sectores medios y altos), y promovió a su vez la competencia por los "lugares" entre sectores populares y sectores medios y altos que desembarcaron en la periferia.

A modo de conclusión, coincidimos con Garay (2007) en que durante los años 1980, y sobre todo en los años 1990, paralelamente al vaciamiento del Área de Planeamiento y Desarrollo Territorial[14], se produce un desplazamiento desde el planeamiento urbano a la regularización dominial, configurando una crítica al planeamiento como política global, desde una perspectiva que entendía a los planes como máquinas de impedir lo que el mercado planificaba.

---

[13] Consistente en la reducción de las estructuras del Estado, en la privatización de bienes y servicios públicos y en la drástica reducción del gasto público que condujo un proceso de pauperización que afectó a casi el 50% de la población del país, destruyendo a una parte significativa de los sectores medios durante la década de 1990.

[14] Bajo la Subsecretaría de Urbanismo y Vivienda del Ministerio de Obras y Servicios Públicos de la Provincia de Buenos Aires.

Como señalamos en un trabajo anterior, fueron los agentes (*desarrolladores*) del mercado inmobiliario los que marcaron el ritmo de la urbanización en la RMBA durante los años 1990, los que a su vez definieron la forma de ocupación del suelo, su intensidad de ocupación y la configuración de nuevos bordes metropolitanos (Fritzsche y Vio). Mientras que perfilaron –con la oferta de nuevos productos inmobiliarios que ocuparon "los lugares" que hasta ese momento gozaban de soberanía popular– un nuevo patrón de localización / distribución de la población metropolitana sustentado en el desplazamiento de las clases medias y altas a la periferia (Torres 2001).

En esta línea, para Pírez (2004) fueron las operaciones privadas las que se apropiaron de la planificación urbana, no ya como intento de orientación pública y búsqueda de objetivos generales, sino como tentativa de producir condiciones territoriales para satisfacer necesidades particulares. Al respecto, sostenemos la hipótesis de que, paralelamente a la privatización de los bienes y servicios públicos, se asistió a la privatización –sin mediaciones contractuales explícitas– de la planificación regional metropolitana, que traspasó las fronteras de las urbanizaciones cerradas, maximizando los beneficios de la inversión privada sobre los bienes públicos privatizados. En particular, de la red de caminos metropolitanos que resultó en la multiplicación de oportunidades de negocio para el desarrollo de nuevos productos inmobiliarios. Es en este sentido que resulta posible identificar una lógica regional privada, que comprendió los beneficios de concentrar inversiones sobre algunos ejes territoriales, para apropiarse luego de los incrementos de las rentas diferenciales de tierras que hasta ese entonces, en tanto zonas residenciales de los sectores populares, gozaban de escaso valor. Por caso, se citan los múltiples desarrollos bajo la forma de urbanizaciones cerradas que se desplegaron en el área norte[15], valiéndose de las nuevas condiciones de conectividad con la ciudad central sustentadas por la ampliación de la Autopista Panamericana.

Puede concluirse que la política urbana y habitacional sostuvo importantes solidaridades con los principios que orientaron la reconfiguración del territorio metropolitano en el proceso de desarrollo urbano que tuvo lugar desde comienzos de la década de 1990. De este modo, el desarrollo de grandes superficies de suelo urbano y equipamientos para el consumo privado encabezaron las iniciativas privadas de desarrollo inmobiliario en la Región, con el tácito respaldo de la política urbana del período referido.

Año 2004: hacia la renovación de la lógica pública en la producción de la Ciudad Metropolitana.

A partir de este momento (año 2004), la política habitacional regresa al primer plano de las políticas públicas nacionales. En este marco, el Programa Federal de Construcción de Vivienda recupera la lógica pública para la producción de la Ciudad

---

[15] Cicolella (1997) señala que en el corredor que va desde el área central de la ciudad de Buenos Aires hasta Pilar y Zárate-Campana se concentran tres cuartas partes de los nuevos emprendimientos inmobiliarios y casi la totalidad de los nuevos centros empresariales y la hotelería internacional.

Metropolitana, y contribuye directamente al desarrollo urbano y la construcción de vivienda social. Las condiciones de la organización del territorio metropolitano que se reconfiguraron en la década de 1990, más la escasez de tierras públicas, son las dos condiciones que moldearon su geografía de implementación en los partidos de la RMBA.

Tanto en la primera[16] como en la segunda corona[17], sucede una relación diferente entre política urbana y habitacional. La producción de vivienda nueva que financia la segunda, se torna en el vector público más contundente para la intervención territorial en los partidos metropolitanos, y actúa reconfigurando las posibilidades locales del desarrollo urbano y reorientando las agendas locales en esta materia.

En particular, en los partidos del primer cordón tuvo lugar el Subprograma de Urbanización de Villas que, como en el caso de Avellaneda[18], logró articularse para la urbanización de la Villa Tranquila con el de Construcción de Vivienda, y producir desde el punto de vista urbanístico y territorial una respuesta más integral que contempla el desarrollo de nuevo espacio público, de infraestructuras básicas, y de vivienda nueva para los hogares que han sido relocalizados al interior del barrio (Balbi 2007). De este modo, los municipios que, como Avellaneda, habían formulado con anterioridad sus lineamientos de política urbana, encontraron en el marco del PFCV su oportunidad para ejecutar algunas de las obras planificadas, en función de los fondos que distribuyó el Gobierno Nacional para la política habitacional.

En los partidos del segundo cordón[19], la política habitacional es prácticamente la única fuente de financiamiento de la política pública urbana, y la implementación del PFCV es la acción más significativa en materia de producción de ciudad, reorientando el desarrollo urbano local en la escala territorial de los partidos receptores, y el metropolitano en la escala regional. Respecto de sus efectos en la escala local, no podemos esbozar hipótesis de carácter general, siendo necesario el análisis particularizado de cada caso, conforme los diferentes matices que imprimen los gobiernos locales a la gestión urbana, si bien en la mayoría de los casos ha implicado incrementos de la superficie urbana del partido y el corrimiento de su borde urbano.

En cuanto a sus efectos en la escala regional, sostiene articulaciones con el proceso de producción de la ciudad metropolitana, fundamentalmente movilizando la oferta de suelo privado para la construcción de vivienda social; agregando y renovando el

---

[16] Avellaneda, Ituzaingó, La Matanza, Lanús, Lomas de Zamora, Quilmes, San Isidro, San Martín, Tres de Febrero, Vicente López.

[17] Almirante Brown, Berazategui, Esteban Echeverría, Ezeiza, Florencio Varela, General San Martín, Hurlingham, Ituzaingó, José C. Paz, La Matanza, Malvinas Argentinas, Merlo, Moreno, Morón, San Fernando, San Miguel, Tigre.

[18] El partido de Avellaneda se ubica en la primera corona y contaba con un Plan Estratégico territorial desarrollado durante el año 2005.

[19] Tal como se observa en los partidos de Esteban Echeverría, Florencio Varela, José C. Paz, La Matanza, Gral. Rodríguez.

parque habitacional con niveles significativos de concentración física, con lo que ha orientando una nueva diferenciación en el uso de suelo metropolitano con implicancias en la modificación de su geografía y del paisaje. Por otra parte, refuerza el patrón de distribución de los sectores de menores ingresos acentuando su proceso de periferización residencial. En tanto, los barrios cerrados que sesgaron el tipo de desarrollo urbano metropolitano durante los años 1990 sufren un proceso de mayor periferización al interior de la tercera corona[20], e incorporan otras geografías extendiéndose sobre el eje sur[21] de la Ruta 2[22].

El proceso de implementación del PFCV[23] en los partidos de la RMBA reconoce dos vertientes: la impulsada por el Instituto de la Vivienda de la Provincia de Buenos Aires (IVBA), bajo la modalidad "Tierra y proyecto Urbano" (TPU), y la llevada adelante[24] directamente por los gobiernos locales en articulación con el Gobierno Nacional, denominada "Subprograma Federal de Construcción de Vivienda con Municipios".

Los grandes números indican que un poco más de 24.000[25] viviendas se encuentran finalizadas o en proceso de ejecución hasta agosto de 2008, y su distribución territorial en los partidos del GBA señala al segundo cordón como el gran receptor del PFCV[26], en particular a los partidos de La Matanza, Esteban Echeverría, Moreno y Florencio Varela, distribución que *a priori* guarda alguna correlación con la de los hogares con déficit habitacional, la que también alcanza sus máximos en estos partidos.

---

[20] Incluye a los partidos de Berisso, Brandsen, Campana, Cañuelas, Ensenada, Escobar, Exaltación de la Cruz, General Las Heras, General Rodríguez, La Plata, Luján, Marcos Paz, Presidente Perón, Pilar, San Vicente, Zárate.

[21] Se ubican a una distancia del centro de la Ciudad de Buenos Aires que, medida en tiempo, oscila en la hora y media.

[22] Conecta a la Ciudad de Buenos Aires con la ciudad de Mar del Plata.

[23] El Programa Federal de Construcción de Vivienda incluye cuatro subprogramas: a) Subprograma Federal de Construcción de Viviendas con Municipios; b) Subprograma Federal de Urbanización de Villas y Asentamientos Precarios; c) Subprograma Federal para el Mejoramiento urbanos, Obras de Infraestructura y Obras Complementarias, y d) Subprograma Federal de Terminación de Viviendas.

[24] A esta modalidad se la distingue como Programa Federal de Construcción de Viviendas con Municipios.

[25] Sin incluir las finalizadas o ejecutadas por el Subprograma de Urbanización de Villas.

[26] La distribución del resto de los Subprogramas que integran la Operatoria del Federal muestra una distribución geográfica con diferencias marcadas entre el primer y el segundo cordón de la Región. El Subprograma Urbanización de Villas y Asentamientos se localiza mayoritariamente en el primer cordón conforme la presencia de grandes villas en Avellaneda, Lomas de Zamora, Vicente López y Tres de Febrero. En el segundo cordón cobran mayor intensidad los partidos de Quilmes, San Isidro y Morón.

Cuadro 1. Viviendas en ejecución y finalizadas por el PFCV en el Gran Buenos Aires y resto de los partidos de la Región Metropolitana de Buenos Aires

Programa	Porcentaje de ejecución de las viviendas			Total General
	Entre 50 y 75%	Entre 75 y 100%	Finalizadas	
TPU	3.344	9.624	2.762	18.143
Municipios	1.562	1.363	1.630	6.531
Subtotal				24.674
Villas y AP	1.236	2.840	1.672	10.479
Total general	6.142	13.827	6.064	35.153

Fuente: Instituto de la Vivienda de la Provincia de Buenos Aires, agosto de 2008

Como señalamos al comienzo, las condiciones del mercado de suelo metropolitano con base en la escasez de tierra pública y en el control privado de gran parte de la oferta condicionaron el tipo de suelo y su localización para su implementación. La modalidad TPU[27] a la que hicimos referencia, partió de esta consideración e incorporó como obligación para la presentación de las ofertas[28] que realizaran las empresas del sector el desarrollo del proyecto urbano del barrio, así como una oferta de tierra para la ejecución de dicho proyecto. De este modo, pretendió incidir en la movilización de suelo privado ocioso y salvar la escasez de tierra y suelo urbano público. La hipótesis de partida del TPU se sostuvo, también, en la expectativa de promover la asociación de propietarios de tierra (de la región) con empresas de la construcción; si bien, paradójicamente, en algunos casos la propiedad del suelo ofertado coincidió con la del capital de la empresa constructora. Tal es el caso de las ofertas adjudicadas en los partidos de Florencio Varela y Moreno, en el año 2005.

---

[27] En relación con la modalidad TPU, el entonces administrador del IVBA declaraba que: "En primer lugar, hay pocas tierras aptas para ser urbanizadas, y en segundo lugar, existe mucha tierra urbana de baja dotación, de baja calidad, que presenta muchas dificultades con la urbanización. Diseñamos una operatoria que llamamos TPU, consistente en que los privados, aparte de la construcción de la vivienda, aportaran tierras urbanizables". En la misma línea, el entonces subsecretario de Urbanismo y Vivienda de la Provincia de Buenos Aires, comentó que con la implementación del TPU, "no se accedió a la compra directa de tierra urbana por parte del Estado, sino que se promovió la asociación de los propietarios de la tierra con las empresas constructoras". Esta metodología cobró fuerza en la segunda corona del Gran Buenos Aires, en la que paradójicamente, en algunos casos (Florencio Varela, y Moreno) el suelo ocioso formaba parte del capital de las mismas empresas constructoras, las que posteriormente resultaron adjudicatarias de las licitaciones para la ejecución de los barrios del Federal (por ejemplo, Barrio Santa Rosa en Florencio Varela, y Barrio "Nine" en Moreno).

[28] Presentadas en las licitaciones públicas que convocó el Programa para la construcción de las viviendas.

Los resultados de la instrumentación del TPU no mejoraron significativamente el menú de posibles localizaciones para los Barrios del Federal. La tierra[29] ofertada en la segunda corona se inscribe en lugares "periféricos" y "distantes", no sólo con respecto al centro metropolitano (la Ciudad de Buenos Aires), sino incluso con respecto a las áreas centrales o locales de los partidos, en las cuales se concentran los equipamientos sociales y el transporte. Estas fracciones de suelo sostienen, en general, una condición de borde urbano, y se trata, en casi todos los casos, de suelo no consolidado sin disponibilidad de infraestructura básica.

La oferta adjudicada en el caso de Florencio Varela para la construcción del Barrio Santa Rosa alcanzó un monto total de $ 39.600.000, de los cuales $ 5.412.000 corresponden al valor de la tierra sin infraestructura, con un costo final de $ 45.000 por unidad de vivienda. El Barrio Cascallares de Moreno fue licitado en el 2005 por un monto que alcanzó los $ 26.460.000, de los cuales $ 2.936.000 correspondieron a las 30 h de tierra ofrecidas para el proyecto, con un costo final por vivienda que alcanzó los $ 44.951.310. En ambos casos, la construcción de las infraestructuras fue financiada por el PFCV. *Grosso modo,* se estima que el costo de la tierra por vivienda es de $ 5.000, ubicándose en torno al 10% del valor total de la misma. Estos precios fueron relativamente altos considerando que la tierra ofertada no contaba con provisión de infraestructura básica.

Por último, señalamos que en la escala metropolitana una nueva fase de consolidación del suelo urbano se efectiviza a partir de las inversiones importantes en materia de agua[30] y saneamientos en el año 2007, en los partidos del segundo cordón con incumbencia de la empresa ABSA[31]. Se destaca que las obras ejecutadas más las proyectadas alcanzan un estimado de 150.000 nuevas conexiones a la red de agua y cloaca, si bien los partidos de Malvinas Argentinas y José C. Paz –ambos correspondientes al segundo cordón–, que sostienen el mayor déficit de la Región, permanecen sin mejoras en este sentido. Cabe señalar que en el año 2003 el Estado recupera la provisión del servicio de agua por red, con el cese de la concesión a las empresas Aguas Argentinas y Azurix, bajo las cuales estuvieron sujetas tanto la extensión de la red de agua metropolitana como la prestación del servicio desde comienzos de la década de 1990.

---

[29] Las tierras ofrecidas para la operatoria TPU se encontraban dominialmente saneadas, debían ser dotadas de indicadores urbanísticos y de infraestructura de servicios (si no la tuviesen), que podían dotarse con financiamiento del Programa Federal.

[30] En relación con la red de agua, desde el 2007 se han ejecutado obras que han implicado la incorporación a la red de más de 10.000 conexiones en los partidos de San Vicente, Berazategui, y Presidente Perón. Actualmente se encuentran en ejecución obras de agua y saneamiento en los partidos de Luján, Florencio Varela, Berisso, San Miguel, Moreno, Presidente Perón, Merlo, La Plata y Berazategui, las que suman casi 81.000 nuevas conexiones.

[31] ABSA (Aguas Bonaerenses Sociedad Anónima) presta servicios en los partidos de Campana, Escobar, Malvinas Argentinas, José C. Paz, San Miguel, Moreno, Merlo, Gral. Rodríguez, Florencio Varela, San Vicente, Ensenada, Berisso y La Plata.

A modo de conclusión, señalamos que las contribuciones efectivas del PFCV al desarrollo urbano metropolitano se verifican principalmente en operaciones de extensión de la mancha urbana metropolitana, siendo que prácticamente, en todas sus intervenciones, supone la extensión del área urbanizada de las jurisdicciones en las que se implementa. Su incidencia en la estructuración del crecimiento de la metrópolis es cualitativamente significativa por lo expuesto antes, pero desde una perspectiva cuantitativa pierde significación si se contrasta la magnitud de la mancha urbana metropolitana y su parque habitacional existente con las superficies de desarrollo territorial que involucra la ejecución de este Programa, estimada en torno a las 1.600 h[32]. También reduce su importancia cuantitativa en comparación con los barrios cerrados, que en sólo diez años (entre 1990 y 2000) expandieron en un 10% la superficie urbana de la RMBA, involucrando el desarrollo urbano de 30.000 h, lo que representa una vez y media la superficie total de la Ciudad de Buenos Aires, con un total de 5.000.000 de m^2 construidos (Cicolella 1999).

La lógica pública imbuida en el PFCV no produce mejoras respecto de la localización intrametropolitana de los hogares, siendo que los barrios del Federal se despliegan sobre tierras con condiciones materiales urbanas y latitudes muy similares a las que ocuparon los hogares de menores ingresos sin mediación de la política. La georeferenciación de los barrios muestra importantes coincidencias con las áreas con entornos residenciales de los sectores de población con las condiciones socioeconómicas más desfavorables. En este sentido, tiende a reproducir el patrón de distribución / localización de la población que se configuró durante los años 1990, y que ha inducido a la progresiva exclusión de los sectores populares de los territorios con mejores condiciones de accesibilidad y mayor consolidación del espacio urbano (presencia de infraestructuras, pavimentos y equipamiento social, entre otros factores) (Clichevsky 2001), si bien se observan mejoras de carácter ambiental, en tanto los barrios aludidos se desarrollan en áreas y en tierras cuya aptitud ambiental e hidráulica, respectivamente, resultan adecuadas para el uso residencial.

Bajo estas consideraciones, sostenemos que el escaso nivel de consolidación del espacio urbano que contextualiza a los barrios del Federal reduce aún más el escaso valor de uso complejo que genera la inversión pública a través de este Programa. Esta circunstancia tiene implicancias directas en la vida de los hogares que habitan estos barrios, pues están expuestos a internalizar nuevos costos vinculados a las precarias condiciones del entorno urbano (falta de equipamiento social, escasez de transporte público, escasas condiciones de accesibilidad a las áreas centrales metropolitanas).

En tanto, la política urbana tampoco recupera esta cuestión. No hay indicios de acciones concretas que tiendan a mejorar la situación locacional –intrametropolitana– de los sectores populares; en otras palabras, que se orienten a mejorar las condiciones

---

[32] Dato suministrado por el Administrador del Instituto de la Vivienda de la Provincia de Buenos Aires en diciembre de 2008.

de accesibilidad de esta población a los "centros de oportunidad", definidos a partir de la concentración física de la producción de bienes y servicios y de oportunidades de obtención de ingresos, los que coinciden con las áreas de centralidad cuya definición incluye también estos criterios.

Sigue dominando una perspectiva sectorial (en alusión a los distintos sectores que hacen a las infraestructuras urbanas y a los equipamientos, como ser, transporte, vialidad, agua y cloaca, energía, puertos y vivienda, equipamientos públicos) para la gestión del territorio urbano y, en particular, para la producción y consolidación del espacio urbano metropolitano. Los barrios del Federal dan cuenta de esta *sectorialidad*, en especial en la fase de producción del espacio urbano, recuperando nuevamente la experiencia del barrio Santa Rosa (Florencio Varela) y del Cascallares (Moreno). Ambos fueron inaugurados sin dotación de escuelas ni centros de salud, y situados en entornos cuyo *stock* vigente de infraestructura escolar y sanitaria no pudo absorber el incremento de semejante demanda. Como consecuencia de la lógica pública que guía el desarrollo material de la urbanización[33], asistimos a la constitución de nuevos fragmentos urbanos incompletos, que tal como refleja la experiencia de los barrios citados se encuentran sujetos a tensiones que ponen en tela de juicio sus atributos de urbanidad. Estas tensiones devienen, como señalamos antes, de las precarias condiciones materiales del espacio público, de las dificultades que presentan para acceder a los centros de consumo locales y metropolitanos, de la poca oferta de transporte público, y de la falta de adecuación de ciertas infraestructuras básicas.

Finalmente, destacamos que en materia de planificación urbana se avanzó en la definición de un conjunto de lineamientos estratégicos para orientar el desarrollo metropolitano, coincidente con la recreación de la Subsecretaría de Urbanismo y Vivienda, en la órbita del Ministerio de Infraestructura, Vivienda y Servicios Públicos de la Provincia de Buenos Aires, en el año 2004. Esta formulación cuenta entre

---

[33] Respecto del resto de las intervenciones públicas que contribuyen al proceso de producción de ciudad metropolitana se destacan, por la magnitud de la inversión, las obras financiadas por crédito externo en el marco de la operatoria APL 1 (Adaptable Programe Loan), promovida por el Banco Mundial. Esta operatoria contempla tres componentes: a) vialidad, que incluye proyectos de repavimentación de rutas provinciales y de caminos de acceso a localidades; b) saneamiento, que incluye agua, cloaca y limpieza de arroyos; y c) drenaje urbano. Los criterios de elegibilidad de estos proyectos responden a los requerimientos impuestos por el Banco Mundial, por lo que los márgenes que encuentra el Estado provincial para la planificación urbana son muy estrechos. La operatoria APL 1 con fondos del Banco Mundial ha financiado un porcentaje significativo de las obras de infraestructura básicas realizadas en la Región desde el año 2003 al 2008. Tiene un criterio de focalización, debiendo las áreas de proyecto cumplir con un Índice de Privación Material del Hogar (IPMH) igual o superior al 40%, tomando como base los datos del Censo Nacional de Población y Vivienda del año 2001. El componente de agua y saneamiento tiene un alto grado de ejecución, principalmente en los partidos de Florencio Varela, Luján, Berazategui, San Vicente y Berisso.

sus antecedentes un estudio diagnóstico[34] sobre las condiciones urbanas del GBA publicado en el año 2005.

El Programa Federal de Construcción de Vivienda en Florencio Varela

A partir del análisis del barrio Santa Rosa, en el partido de Florencio Varela, precisamos algunas cuestiones que interrogan los resultados y alcances del Programa Federal de Construcción de Vivienda, respecto del modo en que contribuye a la producción de la ciudad metropolitana atendiendo a las particularidades de su contribución al proceso de desarrollo urbano en el partido. Asimismo, analizamos cómo los modos de vida cotidiana de los hogares relocalizados dialogan con las características del hábitat urbano que configura el Programa.

El partido de Florencio Varela se ubica en el segundo cordón del Gran Buenos Aires. Según el registro municipal que atiende la demanda insatisfecha de vivienda, 17.000 hogares presentan déficit habitacional. El PFCV supone la construcción de aproximadamente 7.000 viviendas, si bien el total de viviendas ejecutadas hasta agosto de 2008 es inferior al 40% del total previsto.

En términos generales, el nivel de consolidación del espacio urbano del partido es bajo, con un 50% de su tejido residencial en entornos no consolidados, es decir, en áreas que carecen de por lo menos un servicio de infraestructura básica. El 60% de los hogares del partido accede al servicio de agua por red pública, el 29% a la red cloacal, y el 71% consume gas de la red. Estos valores son inferiores a los que se observan para el aglomerado Gran Buenos Aires (CNPV[35] 2001).

Las características del espacio urbano en Santa Rosa:

El barrio condujo la relocalización de casi 1.432 hogares en el borde sudoeste del partido, cercano al límite que lo separa del partido de Almirante Brown. Las condiciones territoriales de su entorno guardan las características propias del borde periurbano, destacado por un uso mixto del suelo, que alterna actividades de producción frutihortícola con usos residenciales de baja densidad. La implantación del barrio Santa Rosa consolida el área urbana del partido en una extensión aproximada de 70 h (7 km²), incrementando en un 10% su valor actual estimado en 68 Km² (según el sitio Web oficial de la Municipalidad de Florencio Varela).

El barrio cuenta con las redes de infraestructura básica que financia el Programa: agua, electricidad y cloacas. Las redes de agua y cloaca son autónomas del Barrio. La de agua obtiene el recurso a partir de doce perforaciones con bomba que luego distribuye a cada vivienda. La red cloacal dispone de una planta de tratamiento que luego vierte los líquidos tratados en el Arroyo Las Piedras, cuyo curso corre próxi-

---

[34] CONAMBA 2005.

[35] Censo Nacional de Población y Vivienda 2001.

mo al Barrio. Ambas redes fueron construidas por el Instituto de la Vivienda de la Provincia de Buenos Aires (IVBA) para ser operadas posteriormente por ABSA[36], si bien al momento de la investigación se constataron dificultades para el traspaso de la operación y mantenimiento de la red por parte de la empresa. Ambientalmente, este tipo de soluciones no revisten incidencias.

El barrio no tiene cobertura de gas por red, por lo que los hogares deben afrontar el gasto de su consumo en garrafa, que actualmente alcanza valores cercanos a los $ 27. Las familias consultadas manifestaron utilizar un mínimo de dos garrafas mensuales.

Las condiciones de accesibilidad al barrio se ven deterioradas por la escasez de pavimento; actualmente sólo una arteria principal presenta pavimento asfáltico en conexión con otra arteria pavimentada del entorno. El resto de las calles se encuentran mejoradas parcialmente. Las veredas son estrechas y presentan alumbrado público.

El trazado del barrio se compone a partir de la imbricación de 52 manzanas rectangulares, de las cuales 47 están ocupadas por las 1.432 viviendas que varían entre 44 y 55 m² cada una. Las cinco restantes están sujetas a reserva para la futura construcción de equipamiento público, entre los que se cuentan: dos espacios verdes, jardín de infantes, escuela primaria, escuela secundaria y una iglesia.

El tejido del barrio es abierto. Los lotes son menores a lo que establece la Ley de Ordenamiento Territorial para la Provincia de Buenos Aires Nº 8.912/77. La mayoría de los lotes tienen 9 m de frente por 22 m de fondo, mientras que la Ley dispone como lote mínimo fracciones de 12 m de frente por 25 de fondo. La implantación de las viviendas[37] en el terreno se produce de a pares, con medianeras compartidas y espacios libres a los costados que propician la conexión frente / fondo. El barrio está construido con dos únicos prototipos de vivienda, ambas con dos dormitorios, sala de estar / comedor, cocina y un local de servicio sanitario. Estos prototipos varían en 10 m², alcanzando uno de ellos 44 y el otro 55 m² cubiertos[38].

En el corazón del barrio se identifica una reserva de tierra vacante de gran superficie para un futuro emprendimiento comercial, cuya propiedad corresponde a la empresa

---

[36] Aguas Bonaerenses S.A. presta el servicio en partidos del segundo cordón del Gran Buenos Aires y en el interior de la Provincia.

[37] La construcción es tradicional, una única losa para las dos viviendas, la mampostería es de ladrillos cerámicos huecos, revocados de ambas caras, con techo de chapa unificando las dos viviendas; la carpintería es de chapa doblada; originando una superficie cubierta de 55 m² en el caso del PF1, y de 44 m² en el caso del prototipo SSPF1.No se contempló la creación de prototipos específicos para esquinas.

[38] Se estima que la inversión total para el desarrollo de la primera parte (440 viviendas) del barrio Santa Rosa fue del orden de los $ 39.600.000, de los cuales $ 5.412.000 corresponden al valor de la tierra, con un costo final de $ 45.000 por unidad de vivienda de 44 m² cubiertos. Posteriormente, de las entrevistas realizadas a vecinos del barrio, surge que se realizaron operaciones de compra / venta de las viviendas efectuadas por algunos hogares destinatarios del Programa, por montos que oscilaron entre los US$ 10.000 y US$ 40.000.

Martínez y de la Fuente, propietaria de la fracción en la que se construyó el barrio y adjudicataria de la obra. Cabe mencionar que esta tierra ha experimentado las mejoras que devienen de la proximidad de las infraestructuras para los servicios básicos que se desarrollaron con el financiamiento público para abastecer al barrio, lo que conduce a un incremento de su valor de cambio para su futura transacción en el mercado de suelo metropolitano.

Las condiciones de accesibilidad desde el barrio al centro de Florencio Varela son poco favorables. Actualmente, pasan dos líneas de colectivos que demoran aproximadamente unos cuarenta minutos hasta la Estación Florencio Varela del Ferrocarril General Roca. La conexión con la Ciudad de Buenos Aires está mediada por este ferrocarril, y se estima un tiempo de viaje aproximado de dos horas, considerando el traslado desde el barrio hasta la estación de Varela y el tiempo de tren desde Varela hasta la estación Constitución en la Ciudad de Buenos Aires. La Ruta Provincial N° 53 es la vía de comunicación metropolitana más importante en las cercanías del barrio.

Las condiciones de integración con su entorno inmediato son escasas, como señalamos antes. Su condición de borde urbano propicia una articulación muy débil del barrio con la planta urbana del partido. Su entorno inmediato reviste condiciones materiales muy precarias, y densidades de población muy bajas en consonancia con su condición de territorio periurbano.

En términos generales, la urbanidad del barrio está tensionada por la precariedad material de su entorno, y por las dificultades de accesibilidad a los sitios de localización de los principales equipamientos dentro del partido de Florencio Varela. Si bien la reserva de tierra está dada para alojarlos, la falta de contemporaneidad entre la ejecución del barrio y la construcción de escuelas, centros de salud, y espacios verdes públicos reducen la calidad de vida de los hogares destinatarios. Sobre esta cuestión profundizaremos más adelante.

El barrio y la vida cotidiana de los hogares

En este apartado analizamos el modo en que las condiciones materiales urbanas y la nueva localización afectan a la vida cotidiana de los hogares del barrio Santa Rosa, advirtiendo la introducción de cambios en sus modos de producción y reproducción.

El planteo de las hipótesis que guiaron las primeras aproximaciones a las dos cuestiones señaladas advertían sobre la posibilidad de que la relocalización de los hogares hubiera afectado negativamente sus condiciones de vida, en particular por el distanciamiento físico de su red de intercambios de bienes y servicios, mediante las que se resuelven una parte significativa de las necesidades cotidianas. Por ejemplo, cuidado de niños, arreglos de la casas, préstamos de dinero, alimentos, etc.

En relación con la nueva localización, se estimó también como posibilidad que los hogares no hubiesen experimentado una mejora de su ubicación relativa dentro de la metrópolis, lo que en principio supone la invariabilidad de sus posibilidades de acceso a la estructura de oportunidades existente en las áreas de centralidad metropolitana. De este modo, sostuvimos la hipótesis de que la política habitacional no modificó las condiciones de acceso de estos hogares al valor de uso complejo de la ciudad, en tanto las condiciones de accesibilidad desde el Santa Rosa a las áreas centrales son similares a las que habían experimentado sin mediación de la política.

Partimos del supuesto de que la población destinataria de la política en la RMBA tiene algunas características comunes que hacen directamente a su inserción productiva en el marco de la economía popular[39]. Se infirió, también, que un porcentaje significativo de hogares contarían con miembros cuya principal fuente de ingreso se asociara al desarrollo de actividades por cuenta propia. Un porcentaje menor podría presentar miembros asalariados, si bien bajo formas precarizadas, con salarios muy bajos.

Los resultados de una encuesta administrada por el IVBA en julio de 2007, a 133 hogares de un total aproximado de 440, correspondientes a la primera etapa de entrega de las 1.432 viviendas, confirman algunas de las hipótesis de trabajo que organizaron este análisis. Un año más tarde, algunas entrevistas en profundidad a estos mismos hogares nos permitieron enriquecer los resultados de esta encuesta.

En términos generales, se advierte que el mayor impacto en la vida cotidiana de las familias guarda relación con el carácter incompleto de la ciudad que habitan: falta de equipamiento, escasez de transporte público y precariedad del espacio público urbano. Así como con las dificultades que les ocasiona su nueva localización –intrametropolitana–, fundamentalmente por el distanciamiento físico de su red de intercambios –de ayuda– para resolver sus necesidades cotidianas.

Los hogares encuestados llegaron al barrio a comienzos de 2007 provenientes de otras áreas del partido, y son habitados por los primeros pobladores. Aproximadamente, un poco menos del 30% está compuesto por cinco miembros, un poco menos del 20% por seis miembros, el 18% por 4 miembros y el 17% por siete. No se registraron hogares *uniparentales*.

La gran mayoría declaró tener al menos un miembro con empleo (82,7%), e ingresos insuficientes que en muchos casos no alcanzan para cubrir las necesidades básicas. El 71% de las familias declaró percibir ingresos por planes sociales ("Plan Jefes y Jefas", "Plan Familia" en su mayoría, "Plan Barrios Bonaerenses", "Plan Ayuda a Familias Numerosas", "Plan Vida", y becas de estudio), y el 80% no poseer cobertura médica. Los datos arrojados por la encuesta no aportan estimaciones del porcentaje de hogares bajo línea de pobreza.

La vida en el nuevo barrio implicó para casi el 60% de los hogares afrontar nuevos gastos asociados a la disponibilidad de los servicios básicos, en particular

---

[39] La esfera de la economía popular tiene atributos distintivos. Se despliega, en general, en redes de reciprocidad que sostienen la satisfacción de las necesidades cotidianas en el intercambio de bienes y servicios –a veces sin mediación de dinero–, y tienen en general un anclaje territorial importante. (Coraggio 1998).

por la energía eléctrica. El transporte, el mejoramiento y equipamiento de la nueva vivienda, también fueron señalados como gastos "nuevos". Al momento de la encuesta los hogares manifestaron no haber recibido las *chequeras* para efectuar los pagos correspondientes a la vivienda, las que en el futuro deberán abonarse al IVBA. Se destaca que, en octubre de 2008, el IVBA aún no ha comenzado con el cobro de las cuotas.

Cambios en la vida cotidiana de los hogares

En consonancia con nuestras hipótesis, más de la mitad de los hogares encuestados manifestó experimentar cambios que afectaron negativamente al desenvolvimiento de sus vidas. Destacaron, entre las alteraciones más significativas, las asociadas a la continuidad de la escolaridad de sus hijos, al incremento de las distancias a sus trabajos, y a la mayor distancia de sus parientes y antiguos vecinos.

Así, un poco más del 36% de los hogares destacó como principal dificultad la asistencia de sus miembros menores al colegio. En más de 16 hogares, sus miembros en edad escolar debieron permanecer en las escuelas cercanas a su domicilio anterior, lo que implicó la asunción de mayores costos en tiempo y dinero, asociados a la distancia y consecuentemente a la incorporación del transporte para efectuar los traslados. Más del 12% debió cambiar a sus hijos de establecimiento. En el 5% de los casos, sus miembros menores debieron abandonar la escuela por no encontrar vacantes en las cercanías al barrio, y en el 2,25% de los casos, los padres viven separados de sus hijos, ya que los abuelos que residen en su anterior domicilio son los encargados de mandar a los niños a la escuela. De la encuesta se desprende que el 80% de los niños en edad escolar que asiste a la escuela lo hace en establecimientos que se encuentran fuera del área de influencia del barrio Santa Rosa, mientras que sólo el 13% de ellos ha accedido a establecimientos educativos cercanos al barrio. En la misma línea, cerca del 2% de los hogares manifestó que uno de sus miembros debió dejar su trabajo para cuidar a los niños.

La valoración del nuevo barrio por los hogares presenta grandes contrastes. Casi el 30% de los hogares reconoce que el Santa Rosa es muy similar a su antiguo barrio (ubicados en otras áreas del partido), el 32% considera que es mejor, y el 21% reconoce como mejor al barrio anterior. Las ponderaciones positivas del barrio anterior se vinculan precisamente a las condiciones de urbanidad, tales como la existencia de asfalto, la presencia de comercios y la disponibilidad de transporte público; también se refirieron a condiciones de mayor seguridad y tranquilidad que las que experimentan actualmente. Asimismo, se valoró la cercanía a los afectos de vecinos y familiares. Los que opinaron que el antiguo barrio era peor se refirieron a la escasez de servicios y a la inseguridad. Los que manifestaron que el barrio presenta las mismas características que el de origen aludieron a las escasas líneas de transporte urbano, a las distancias a las paradas de colectivo y a la inseguridad. Otra dificultad destacada por los encuestados aludió a los traslados que deben realizar hasta los sitios donde se emplazan sus trabajos, la que en principio tiene origen en la escasa disponibilidad de transporte público en las cercanías del barrio.

Posteriormente, en el marco de las entrevistas realizadas en julio de 2008, varios testimonios de pobladores dieron cuenta de los cambios que sufrieron debido a la relocalización, refiriendo principalmente a la separación de sus familias y "vecinos" (en alusión a sus anteriores vecinos). El distanciamiento físico de los miembros que integran la red de ayuda para la satisfacción de las necesidades cotidianas es uno de los factores que destacan los entrevistados como aspecto negativo de la mudanza, si bien a partir de las entrevistas se advierte en muchos casos el sostenimiento de esos intercambios de ayuda con familiares y antiguos vecinos, luego de transcurrido un año de la mudanza.

A manera de ejemplo, el caso de Rumilda da cuenta de lo señalado. La entrevistada habita en el barrio desde el 14 de agosto de 2007. Su principal fuente de ingreso proviene de las ventas de alimentos y artículos de limpieza de un comercio que improvisó al frente de la vivienda —tomando una parte del comedor—, que al momento de la entrevista (julio de 2008) llevaba 4 meses en funcionamiento. Señaló que la ayuda económica (de $ 300) para instalar su negocio la recibió de la Iglesia del barrio San Eduardo, donde tenía su antigua morada. Manifestó regresar a San Eduardo con una frecuencia semanal, y explicó que debió abandonar la vivienda que ocupaba allí por ser víctima de una estafa en la compra del lote. Comentó, también, que sus hermanas permanecen en San Eduardo, y que la ayudan para enfrentar los problemas que devienen de la enfermedad de su hija de 15 años y de la de su esposo. Asimismo, destacó que anteriormente su principal ingreso lo obtenía realizando trabajos de costura, que le proveía su hermana propietaria de un taller de confección en Monte Grande (Provincia de Buenos Aires), pero que a raíz de su mudanza no pudo continuar con esa actividad, por lo que decidió instalar su comercio.

El testimonio de Silvia, vecina de la manzana 13, da cuenta del modo en que la mudanza al barrio ha afectado la obtención de ingresos del hogar. De su relato se desprende que tres meses antes de la entrevista (realizada en julio de 2008) había renunciado a su puesto de trabajo de mucama de un hotel cinco estrellas de la Ciudad de Buenos Aires, en el que se había desempeñado durante los últimos tres años, y por el que percibía un ingreso mensual de $ 2.000, además de la cobertura médica para su familia, que incluye a su esposo y cinco hijos en edad escolar. Al momento de la entrevista, su esposo era el único miembro del hogar que percibía un ingreso (en negro), y estaba empleado para trabajos de plomería por un contratista de obra. El nivel de ingreso de la familia se redujo al 50% cuando Silvia dejó su empleo, y todos los miembros del hogar perdieron su médica. Según la entrevistada, motivó la decisión de abandonar su puesto de trabajo la posibilidad de permanecer al cuidado de sus hijos en la casa, dado que a raíz de la mudanza los chicos habían perdido la guarda que ejercían sus abuelos, cuando compartían el techo con ellos antes de instalarse en Santa Rosa.

Respecto de la sociabilidad en el nuevo barrio, la mayoría de los hogares reconoció que los vecinos tienen actitud positiva frente "a las emergencias". Un porcentaje menor (25%) reconoció actitudes negativas en sus vecinos, al tiempo que señalaron no tener relación con ellos y no conocer prácticamente a nadie. En el momento de la encuesta no se advirtió la participación en organizaciones en el interior del barrio. Actualmente las instancias de intercambio entre los vecinos son principalmente en el marco de las reuniones con técnicos del Gobierno Municipal para tratar cuestiones referidas al mantenimiento de las viviendas y el espacio público, según informó el supervisor de la obra, miembro del equipo técnico de la Dirección de Obras Públicas de la Municipalidad.

Las nuevas condiciones habitacionales

Pese a las dificultades asociadas a la nueva localización, la valoración de la nueva morada es positiva en la mayoría de los casos y guarda relación, principalmente, con las condiciones materiales de la vivienda y la calidad del espacio interior. Si bien muchos pobladores manifestaron la necesidad de realizar ampliaciones y modificaciones, su apreciación de las nuevas condiciones habitacionales mejora respecto de las condiciones anteriores.

El porcentaje de hogares encuestados que valoró positivamente la nueva vivienda alcanza el 73%. Destacó la "ausencia de humedad" como un rasgo positivo en comparación con la morada anterior, y señaló el acceso a los servicios como otra mejora habitacional. En contraste con la percepción del barrio, en este caso el 65% de los hogares percibe como peor a su vivienda anterior, destacando su extrema precariedad material, la falta de servicios, la inundabilidad de la zona, y el hecho de compartirla con más personas.

El 89% de los hogares no introdujo cambios ni ha realizado mejoras en las viviendas, mientras que el 11% restante admite que sí lo ha hecho (colocación de rejas, o construcción de medianeras). El 75% del universo trabajado reconoce que tiene necesidad de ampliar las viviendas, mientras que el 20% afirma que no lo necesita. Las necesidades más urgentes se reducen a: la disposición de un dormitorio más, la ampliación del estar / comedor y/o la disposición de un garaje, una galería, quincho o local para actividades económicas. Cabe destacar que la gestión local advirtió a los vecinos sobre la imposibilidad de introducir modificaciones por el período de un año, conforme la vigencia del período de garantía de las viviendas, que obliga al contratista a cargo de la ejecución de las mismas a efectuar reparaciones y mejoras ante las dificultades que puedan presentarse.

El testimonio de Carmen, que vive con su hijo de 6 años, da cuenta de la valoración positiva de la vivienda. Para Carmen, la experiencia de la mudanza al barrio es muy satisfactoria. Ella habitaba una casilla que compartía con su madre y 6 hermanos, y la mudanza a su casa nueva, sólo con su hijo, le permitió, por ejemplo, un modo nuevo de relación con él. Consultada acerca del ingreso de su hogar y de qué modo lo obtiene, comentó que tiene un plan por el que percibe un ingreso aproximado de $ 150. Señaló que recibe además la ayuda de su madre y sus hermanos cada vez que la visitan, en tanto ella no regresa con frecuencia a su antiguo barrio. Comentó, también, que se dedica a vender cacerolas de acero, y que ha tenido buenas ventas, si bien desde que se mudó a la casa vende menos porque prefiere quedarse y no salir. Estar en la casa se convirtió en una actividad en sí misma, la casa no es un lugar de paso, es el lugar donde quedarse, "quedarse en la casa" es "organizar el hogar", "cuidar lo propio", según sus propias palabras. Si bien la elección de quedarse en la casa tiene implicancia directa sobre la posibilidad de obtener un ingreso, quedarse, conforme su testimonio, es más valorado frente a la necesidad de tener que viajar para vender las cacerolas. Comentó que no pudo vender cacerolas en el barrio, pero que le vendió a la suegra de una de sus vecinas que vive en otro sitio. Una limitación para desplazarse y realizar sus ventas guarda relación con el horario del colegio de su hijo y el tiempo que demoran sus desplazamientos (el niño va a una escuela pública cercana al barrio).

Con respecto a otros usos en las viviendas, la encuesta administrada por el IVPBA advierte que sólo el 7% del universo trabajado realiza una actividad comercial en la vivienda, como ser la venta de pan, artículos de limpieza, alimentos envasados, frutas, verduras y pollos. En una visita al campo posterior, realizada en agosto de 2008, la cantidad de comercios al frente de las viviendas se incrementó significativamente, si bien, como señalamos en el marco conceptual, la homogeneidad del perfil de los hogares, vinculada principalmente a los magros ingresos, y su segregación espacial que los distancia de otros grupos de mayores ingresos reducen significativamente sus posibilidades de obtener ingresos en el territorio barrial, disminuyendo al mismo tiempo las posibilidades de desarrollo de una economía popular, con base en la producción doméstica y/o familiar.

Conclusiones

En este trabajo problematizamos la contribución que hace el Programa Federal de Vivienda a la producción de la Ciudad Metropolitana. Consideramos que los resultados de esta investigación aportan directamente a la construcción de un marco conceptual que nos permite complejizar el estudio de los procesos territoriales urbanos, tras advertir la necesidad y proponer el análisis de las relaciones entre las características del proceso de desarrollo urbano metropolitano, la política urbana y la política habitacional.

En el mismo sentido, el estudio de estas relaciones nos permitió la construcción de una perspectiva más integradora para el análisis de la política habitacional, que salvando los enfoques más sectoriales, incluyó como objeto principal del análisis su dimensión urbanística. Así planteado el problema, el concepto de *valor de uso complejo de la urbanización*, al que nos referimos en el desarrollo del marco conceptual, nos permitió articular el análisis de la política habitacional en general y en particular del Programa Federal con el proceso de producción de la Ciudad Metropolitana, identificando el modo en que dicho Programa ha contribuido a la formación de ese valor en el proceso de desarrollo urbano de la RMBA.

Los aportes que ha realizado el Programa al desarrollo metropolitano se han considerado en dos escalas geográficas: la regional y la local, referida al ámbito territorial del barrio Santa Rosa, en el partido de Florencio Varela. A nivel regional, observamos que el Programa se ha localizado en lugares "periféricos" respecto de las áreas metropolitanas centrales para la producción y el consumo. A nivel local, las condiciones urbanas materiales del barrio Santa Rosa se encuentran tensionadas por la precariedad de su entorno inmediato, que sumado a sus escasas condiciones de accesibilidad a los sitios de localización de los principales equipamientos, dentro del partido de Florencio Varela, generan importantes dificultades para la vida cotidiana de los hogares.

En este sentido, la contribución que hace el Programa al valor de uso complejo de la urbanización se ve reducida por la falta de coordinación sectorial para el desarrollo conjunto de los barrios con los equipamientos públicos: centros de salud, escuelas, etc. También por la falta de disponibilidad de transporte público, que traslada al ámbito privado del hogar el desarrollo de estrategias para concretar los desplazamientos más básicos necesarios para garantizar su reproducción cotidiana.

A la luz de nuestro trabajo concluimos que lo que podemos definir como *retorno de la acción pública al proceso de producción de ciudad metropolitana*, en particular por su aporte concreto en el marco del Programa Federal de Construcción de Vivienda en los partidos de la RMBA, presenta algunos déficits que responden precisamente a las condiciones urbanas que materializa, las que reducen el alcance de los beneficios que experimentan los hogares por las mejoras del espacio habitacional al que acceden en el interior de sus viviendas.

Paradójicamente, mientras el Programa Federal de Construcción de Vivienda atiende a la reducción del déficit habitacional, se asiste en paralelo a la generación de un nuevo déficit, que en el marco de este trabajo definimos como *déficit locacional o de localización*, en referencia a las condiciones desfavorables de inserción residencial metropolitana que experimentan los hogares respecto de la distribución espacial de las oportunidades de empleo y obtención de ingresos, de los equipamientos y servicios públicos necesarios (valores de uso) para su reproducción y producción en la ciudad.

En adelante pretendemos continuar esta discusión incorporando otras cuestiones que hacen a los alcances de la planificación urbana, para coordinar el desarrollo urbano metropolitano y promover el diseño de una política habitacional que actúe en función de la creación de valor público, modificando la huella que dejaron las lógicas privadas, que acentuaron y reconfiguraron una organización del territorio metropolitano con fuertes desigualdades sociales y territoriales.

Bibliografía

Banco Mundial (1990), *Política urbana y desarrollo económico. Un programa para el decenio de 1990*, Washington DC, Banco Mundial.

Balbi, J. (2007), "Informe sobre desarrollo humano en la Provincia de Buenos Aires 2007", en *La obra pública como desarrollo sustentable*, Buenos Aires, Fundación Banco de la Provincia de Buenos Aires-EUDEBA.

Blanco, J. (1996), "Área Metropolitana de Buenos Aires: transformaciones territoriales en el marco de la globalización", en *EURE*, vol. 22, nº 67, Santiago de Chile, Pontificia Universidad Católica de Chile.

Blanco, J. (1999), "Transporte y espacio urbano en Buenos Aires: Reestructuración de la red de Autopistas Metropolitanas y cambios en la organización espacial", Ponencia presentada en el 1º Encuentro Internacional Humboldt, Buenos Aires, noviembre de 1999.

Catenazzi, A. (1999), "Dinámicas de las transformaciones en la Región Metropolitana de Buenos Aires", en *El desafío Metropolitano-Jornadas sobre Gestión del Territorio*, Buenos Aires.

Catenazzi A. y Di Virgilio M. (2006), "Aportes para el diseño de instrumentos y la definición de una política urbana", en Andreanacci (org.), *Problemas de la política social y la política social en problemas*. Los Polvorines, Universidad Nacional de General Sarmiento.

Cicolella, P. (1999), "Globalización y dualización en la Región Metropolitana de Buenos Aires: grandes inversiones y reestructuración socio territorial en los años noventa", en revista *EURE*, vol. 25, nº. 76, Santiago de Chile, Pontificia Universidad Católica de Chile.

Clichevsky, N. (2000), "Informalidad y segregación urbana en América Latina. Una aproximación", *Serie Medio Ambiente y Desarrollo*, nº 28, CEPAL-ECLAC, División de Medio Ambiente y Asentamientos Humanos.

Clichevsky, N. (2000a), "Tierra Vacante en Buenos Aires entre los loteos populares y las áreas exclusivas", en Clichevsky (comp.), *Tierra Vacante en ciudades latinoamericanas*, Cambridge Mass, Lincoln Center.

Cuenya, B. y Falú, A. (1984). *Reestructuración del Estado y Política de Vivienda en la Argentina*, Buenos Aires, CEA, UBA.

Cuenya, B. (2004), "Grandes proyectos y teorías sobre la nueva política urbana en la era de la globalización. Reflexiones a partir de la experiencia de la Ciudad de Buenos

Aires", en Fidel, C. y H. Herzer (coords.), *Fragmentos sociales. Problemas urbanos de la Argentina*, Buenos Aires, Siglo XXI.

Coraggio, J. (1998), *Economía urbana. La perspectiva popular*, Quito, ABYA-YALA, ILDIS, FLACSO.

De Mattos, C. (1997), "Dinámica Económica globalizada y transformación metropolitana: hacia un planeta de archipiélagos urbanos", en 6º Encuentro de Geógrafos de América Latina, Buenos Aires.

Fritzsche, F. y Vio, M. (2005), "La huella del desarrollo urbano en la Región Metropolitana de Buenos Aires. Consideraciones acerca de las transformaciones recientes del espacio industrial", en *Scripta Nova, Revista Electrónica de Geografía y Ciencias Sociales*, vol. 9, nº 194, Barcelona, Departamento de Geografía Humana, Facultad de Geografía e Historia. Disponible en línea: www.ub.es/geocrit/sn/sn-194-113.htm

Garay, A. (2007), "El resultado de los 90 en términos de desarrollo del hábitat popular fue catastrófico", en *Informe Digital Metropolitano Nº 34*, enero de 2007, Buenos Aires, Fundación Metropolitana.

Herzer, H. *et al.* (1994), *Gestión urbana en ciudades de tamaño medio de América Latina*, Nairobi, Hábitat-ONU.

Jaimes, C.; Pulgar, C. y Vio, M. (2008), "Metrópolis, Periferia y Vivienda Social: reflexiones compartidas para Buenos Aires y Santiago de Chile. Hacia el tratamiento Integral de las modalidades formativas para la inserción de problemáticas habitacionales de áreas urbanas latinoamericanas", ponencia presentada en el XIV Encuentro De La Red Ulacav (Red Universitaria Latinoamericana De Cátedras De Vivienda)

Jaramillo, S. (1982), "El precio del suelo urbano y la naturaleza de sus componentes". Ponencia presentada en XIV Congreso Interamericano de Planificación de la Sociedad Interamericana de Planificación. Morelia, octubre de 1982.

Ozlak, O. (1991), *Merecer la Ciudad*, Buenos Aires: Humanitas-CEDES.

Pírez, P. (2004), "La Configuración Metropolitana de Buenos Aires: expansión, privatización y fragmentación", en *Realidad Económica* nº 208, noviembre-diciembre, Buenos Aires, IADE.

Pírez, P. (2006), "La privatización de la expansión metropolitana de Buenos Aires", en *Economía, Sociedad y Territorio*, vol. 6, nº 22, México DF, El Colegio Mexiquense.

Prevot Schapira, M. (2000), "Segmentación, Fragmentación, Secesión. Hacia una nueva geografía social en la aglomeración de Buenos Aires", en *Economía, Sociedad y Territorio*, vol. 2, nº 7, México DF, El Colegio Mexiquense.

Pugliese, L. (2004). *Programa de Gestión del Suelo Urbano*, UGIF- Ministerio de Economía de la Provincia de Buenos Aires, Provincia de Buenos Aires.

Rodríguez, C.; Di Virgilio, M.; Preocupez, V.; Vio, M.; Ostuni, F.; Mendoza, M. y Morales, B. (2007), *Políticas del hábitat, desigualdad y segregación sociespacial en el AMBA,* ed. Área Estudios Urbanos del IIGG-FSOC-UBA y Grupo Argentina de

Producción Social del Hábitat-HIC-AL. ISBN 978-987-05-2577-6. Con referato (Publicaciones-IIGG).

Rodulfo, M. (2003), *La situación habitacional y las políticas públicas*, Mimeo.

Szajnberg, D. (2005), *La suburbanización: partidarios y detractores del crecimiento por derrame*, Buenos Aires, Ediciones FADU-UBA.

Sungrayes, A. y Rodríguez, A. (2006), *Los con techo. Un desafío para la política de vivienda social*, Santiago de Chile, Ediciones Sur.

Topalov, Ch. (1979), *La urbanización capitalista*, México, Edicol.

Torres, H. (1993), *El mapa social de Buenos Aires (1990-1940)*, Buenos Aires, Dirección de Investigaciones y Secretaría de Investigación y Posgrado, FADU-UBA,

Torres, H. (2001), "Cambios socio territoriales en Buenos Aires durante la década de 1990", en Revista *EURE*, 2001, vol. 27, n°. 80, Santiago de Chile, Pontificia Universidad Católica de Chile.

Vio, M (2007), "La ciudad de la economía popular: reflexiones sobre hábitat y economía urbana en la Región Metropolitana de Buenos Aires", ponencia presentada en el IV Encuentro Regional de Investigación y II Seminario Red Mercociudades: gestión urbana, Buenos Aires, 13, 14 y 15 de septiembre de 2007, Facultad de Arquitectura, Diseño y Urbanismo, UBA.

El acceso al hábitat y la política estatal de vivienda en la Ciudad de Buenos Aires

El caso del Programa Federal de Construcción de Viviendas

Fernando Ostuni

Introducción

Este artículo desarrolla algunas reflexiones acerca de la implementación del Programa Federal de Construcción de Viviendas (PFCV) en la ciudad de Buenos Aires. El PFCV es una intervención impulsada por el gobierno del presidente Kirchner en el año 2004 y continúa hasta la actualidad. El programa está dentro de la órbita de la Subsecretaría de Urbanismo y Vivienda de la Nación, dependiente del Ministerio de Planificación Federal, Inversión Pública y Servicios. Se trata de la política pública de vivienda de mayor escala desarrollada (no sólo en la ciudad de Buenos Aires sino también en el AMBA) en, por lo menos, las últimas dos décadas. Por otro lado, nos proponemos presentar un avance sobre un proceso de investigación en curso y reflexionar en torno a las orientaciones de la política habitacional.

Es importante destacar algunas de las preguntas que orientan nuestra observación y nuestras reflexiones: ¿Qué se entiende por "vivienda"?, principalmente cuando se aborda la cuestión desde una política pública. ¿Se refiere a ésta sólo como unidad física, funcional para la reproducción de las familias tomadas individualmente, o se incorpora en ese concepto al medio y a las necesidades involucradas para el desarrollo de esa reproducción (o sea, el concepto de "hábitat")? ¿Qué tipo de articulaciones entre Estado y sociedad se construyen en relación con la provisión de viviendas? Más específicamente, ¿cómo se vinculan el Estado, el mercado y los actores sociales en la formulación y ejecución de la política habitacional? ¿Qué capacidades tiene el Estado argentino para intervenir en la problemática del hábitat, teniendo en cuenta las transformaciones y los cambios en su rol ocurridos durante las últimas décadas?

En primer lugar, se presentan sintéticamente algunas referencias de carácter conceptual, haciendo hincapié en los abordajes acerca del rol del Estado en la cuestión habitacional. Luego, se aborda un aspecto de la reconstrucción histórica de la política habitacional, vinculado al desarrollo del Fondo Nacional de la Vivienda (FONAVI). En tercer lugar, se concentra la atención en el análisis del PFCV (a través de información secundaria y de entrevistas realizadas a informantes clave). Para ello, se describen sus características generales y se desarrollan algunos aspectos vinculados a su proceso de implementación en la ciudad de Buenos Aires (CABA).

Finalmente, se presentan algunas reflexiones que, lejos de plantearse como interpretaciones concluyentes, tienen el propósito de profundizar el análisis abriendo nuevos interrogantes[1].

Aportes teóricos para el análisis de la problemática

Aproximaciones a la relación entre el Estado y el mercado de viviendas

El Estado representa una dimensión ineludible en el momento de analizar las cuestiones urbanas en general, y la problemática de la vivienda en particular. Para Topalov (1979), el papel del Estado en relación con la planificación urbana no se explica concibiéndolo como un sujeto racional que persigue la satisfacción del interés general a través de una estrategia (que abarca un conjunto de acciones racionales en relación con esa meta). Más bien, se trata de un conjunto de aparatos que realizan, por un proceso "sin sujeto", el interés general de la clase dominante. De este modo, la política urbana, que no puede reducirse a una actividad de planificación, se convierte en un momento de un proceso social de carácter general, que es atravesado por las

---

[1] El trabajo tiene como objetivo desarrollar un estudio que recupere elementos de carácter descriptivo, pero pretende avanzar en un análisis de carácter explicativo. El recorte temporal se establece a partir de la formulación del programa (año 2004) hasta la actualidad, dado que todavía continúa en proceso de implementación. No obstante, será necesario atender a ciertos elementos previos vinculados al desarrollo histórico de la política habitacional. El recorte espacial delimita a la Ciudad Autónoma de Buenos Aires como la referencia territorial bajo análisis. La estrategia metodológica hace necesario aplicar una triangulación de abordajes cualitativos y cuantitativos. Se han utilizado fuentes primarias y datos construidos en el marco del propio trabajo. La información cualitativa se elaboró en el marco del proceso de investigación, y aquellos datos de carácter cuantitativo corresponden a información secundaria pertinente. En cuanto a la información cualitativa, el trabajo recupera el análisis de una primera ronda de entrevistas a informantes clave. Se trata de personas que tienen o han tenido participación en la implementación de programas de vivienda. En todos los casos, tienen un amplio conocimiento del desarrollo del PFCV en general, y en la ciudad de Buenos Aires en particular. Para preservar el anonimato de los entrevistados, se han enumerado los fragmentos de los discursos, de manera que el lector pueda identificar a los distintos interlocutores.

luchas de los movimientos sociales urbanos (que son parte de la luchas de clase). En ese contexto, se desarrollan las potencialidades de la ciudad entendida como valor de uso complejo; como espacio por excelencia de la socialización capitalista de las fuerzas productivas (Topalov 1979; Castells 1970).

Una característica específica del sector inmobiliario, según Topalov, y particularmente interesante para este trabajo, es que uno de los insumos que utiliza para su producción no es reproducible y puede ser monopolizado: el suelo urbano. La tierra es un "bien finito", que se agota y no puede fabricarse a voluntad. El suelo utilizado para actividades urbanas en particular necesita de ciertas adaptaciones, como obras de mejora para poder construir, tendido de redes de infraestructura, etc. Una vez que el suelo urbano se agota, o en aquellos casos en que el desarrollo urbano lleva a la necesidad de "incorporar" tierra, el suelo rural en las áreas "de borde" cambia de usos. Esto suele estar acompañado de prácticas especulativas, ligadas a la fuerte variación que existe entre el precio de la tierra rural a favor de la urbana (Jaramillo 1990). El resultado es la fijación de las sobreganancias localizadas en forma de rentas del suelo urbano, presentes en el precio final de las viviendas.

Otra característica que es importante destacar del sector de la construcción es la baja tasa de rotación del capital que se invierte en ésta, entre el período de iniciación y finalización/comercialización del producto. El propio desarrollo del salario en la población tiende a contribuir a esta prolongación de la circulación de la vivienda como mercancía. De allí se desprende la necesidad de un capital que financie ese período de circulación (Topalov 1979).

Finalmente, hay que tener en cuenta que dadas estas características, incluso durante el período de la industrialización sustitutiva de importaciones y del "Estado de Bienestar" latinoamericano, la literatura menciona la importancia de la autoconstrucción como forma no mercantilizada de producción de la ciudad. Para Topalov (1979), la persistencia de este sistema era una muestra cabal de "la incapacidad del capitalismo para otorgar viviendas a las capas de la población que tienen salarios más bajos o a las que tienen empleos precarios y que no están incluidas de manera permanente en la esfera de la producción capitalista" (pp. 142-143).

El debate "planificación centralizada" vs. "autoconstrucción" en la vivienda

El arquitecto inglés John Turner planteaba en los años 1970, como cuestión central, la disyuntiva entre los "sistemas administrados centralmente y aquellos autogobernados en el nivel local" para el suministro de vivienda a los sectores pobres (Turner 1977: 31). Su tesis principal era que los segundos proporcionaban los medios más aptos (y equilibrados en cuanto al consumo de recursos e impacto ambiental) para la provisión de servicios habitacionales satisfactorios.

Turner hacía una dura crítica a lo que denominaba "espejismo desarrollista", ya que consideraba que perseguía un modelo que no guardaba relación con las diversas realidades locales. Trasladados a la política habitacional, estos cuestionamientos se concentraban en las consecuencias de la planificación en el marco de estructuras piramidales y tecnologías centralizadoras. Así, construía una díada entre *heteronomía* (entendida como el sometimiento al mandato de un "otro exterior", sea éste un sujeto o una normativa) y *autonomía*: en esta oposición, el primer punto identifica la provisión serial de los servicios personales, al tiempo que el segundo refiere a la acción de los grupos y las asociaciones locales (Turner 1977).

Desde esta perspectiva, los proyectos de vivienda a gran escala son caracterizados como "costosos" e "improductivos" en términos de los recursos que requieren para ser llevados a cabo. También se los presenta como antagónicos a la variedad, la pequeña escala y la participación de la población. Los complejos habitacionales constituían "grandes solares cuajados de bloques uniformes en los que se segregaba a las personas" (Turner 1977: 37). En un fuerte rechazo a la política de vivienda de la época, el cuestionamiento se concentraba en las concepciones que entendían a la "vivienda como un artículo de consumo, como una mercancía, y la mejor manera para distribuir esa mercancía es a través de estructuras piramidales de crecimiento continuo y tecnologías centralizadoras". Estas estructuras se mostraban impermeables a los aportes locales y a las experiencias más específicas, que involucraban la perspectiva de los beneficiarios autoconstructores. La falta de contemplación no respondía a una simple cuestión de desinterés, sino que considerar desde estructuras jerárquicas las decisiones y experiencias de "la base" era un contrasentido y resultaba "antieconómica". Así, en palabras del autor, "los desajustes entre el suministro de alojamientos y la demanda de los mismos serán directamente proporcionales al grado de heteronomía del sistema" (Turner 1977: 59). A mayor dependencia de servicios jerárquicos, mayores desajustes e inhibición de recursos de los usuarios, y menor y más pobre el suministro de alojamientos resultantes[2].

Esta mirada quedaba sintetizada en una serie de "principios para la vivienda": el *principio de autogobierno en la vivienda* ("lo que importa es lo que ésta *hace* por el usuario y no lo que *es*"); el *principio de las tecnologías apropiadas para la vivienda* ("su economía es más una cuestión de ingenio personal y local que de productividad industrial controlada centralmente"); el *principio del planeamiento de la vivienda*

---

[2] Además de criticar la estética, excesiva uniformidad y tamaño de las viviendas producidas en condiciones de *heteronomía*, Turner señalaba que su normalización y gran tamaño minaban la posibilidad de contemplar la diversidad de situaciones en que se encontraban los usuarios y adecuarse a éstas. En oposición al "alojamiento tradicional [...] la vivienda actual, relativamente poco duradera, producida a escala gigante y centralmente administrada acelera el agotamiento de los recursos escasos" (Turner 1977: 64-65). De este modo, la vivienda producida por el Estado era más susceptible de llegar al colapso administrativo-financiero y físico que la del sector privado comercial. La propuesta alternativa apuntaba a un tipo de planificación que hiciera hincapié en procesos legislativos, limitados a actuaciones imprescindibles para establecer y mantener una distribución equitativa de los recursos entre la población.

por medio de límites ("el usuario posee la autoridad última sobre su vivienda, pues la inversión en alojamiento y su posterior cuidado dependen de recursos que sólo él es capaz de aplicar económicamente"). Solamente se podría mantener el acceso equitativo a los recursos y evitar su explotación cuando se establezcan límites garantizados centralmente a la actuación privada. En definitiva, cuando el planeamiento ejecutivo y centralizado (propositivo) cediera lugar a favor de otro legislativo (proscriptivo) (Turner 1977: 115).

Las críticas a los planteos de Turner no se hicieron esperar. Algunos autores señalan que las clases populares resuelven sus problemas habitacionales a través de "formas de subsistencia" que les merecen una valoración bastante diferente de la del arquitecto inglés:

> Lo que denominamos "formas de subsistencia" [no corresponde] al patrón de "vivienda socialmente necesaria". Desde el punto de vista de su valor de uso, estas viviendas se caracterizan por: el hacinamiento y la promiscuidad, la insalubridad, la ausencia de servicios básicos (agua, luz, drenajes, servicios sanitarios) y de equipamientos urbanos (vialidad, escuelas, equipos de salud, etc.), la debilidad estructural y la inestabilidad; por lo tanto ellas no sirven para la adecuada reproducción de la fuerza de trabajo (Nuñez, Pradilla, Schteingart sin fecha: 25).

De este modo, la autoconstrucción representa una prolongación de la jornada de trabajo del obrero más allá de lo normal, que no es remunerada. Es un "efecto de la aguda situación de explotación y pauperismo de las masas, desgastador de la fuerza de trabajo, mecanismo eficaz de apoyo a la acumulación de capital" (p. 28). Los Estados latinoamericanos y las agencias internacionales serían conscientes de esta situación, hecho que explicaría sus impulsos a este tipo de modalidad constructiva.

Como "la parte mayoritaria de la población urbana de América Latina, compuesta por desempleados, subempleados y obreros pauperizados, se encuentra en la imposibilidad de acceder en el mercado capitalista de venta o alquiler a una *vivienda adecuada*" (Pradilla sin fecha: 285), ya sea producida por el sector privado o por el Estado, la autoconstrucción sería entonces "junto con el alquiler de cuartos de inquilinato [...] *una única alternativa posible* de solución a la necesidad de vivienda para el enorme *ejército industrial de reserva* y para la gran masa de *obreros pauperizados*, agudamente explotados, cuya existencia es una de las características estructurales del capitalismo dependiente latinoamericano" (Pradilla sin fecha: 270).

Para Pradilla, el mejoramiento de la vivienda encarado por los sectores populares no es el resultado ni la causa de una supuesta movilidad social, sino la laboriosa acumulación de horas de trabajo y pequeñas inversiones del fondo de subsistencia realizada durante largos años de paciente labor. Una vez terminada la autoconstrucción de la vivienda, se pondría de manifiesto que la situación en la escala social no se explica sino por la ubicación en la estructura de empleo. Además de contribuir al desarrollo de una "ideología pequeño burguesa" y de incurrir en mistificaciones demagógicas y populistas sobre la estética y el ingenio constructivo de los pobres. La autoconstrucción constituiría "una alternativa reaccionaria".

Algunos investigadores reconocen el desarrollo diverso según los países de un sector inmobiliario capitalista avanzado, en cuya consolidación el Estado ha tenido una considerable influencia, sobre todo a través de la financiación de la demanda y el apoyo a empresas constructoras. Ellos mismos señalan que, en general, las políticas públicas habitacionales, antes que resolver el problema del acceso a la vivienda, han servido para incentivar el desarrollo capitalista del sector de la construcción, favoreciendo a intereses inmobiliarios (Nuñez, Pradilla y Schteingart sin fecha; Ward sin fecha)[3].

¿De qué se habla cuando se dice "vivienda"?

Para comenzar a problematizar el concepto de "vivienda" es interesante recuperar, una vez más, el abordaje de Turner (1977). La "vivienda" no debería limitarse a ser interpretada como una unidad habitacional aislada. En cambio, propone comprenderla como un "proceso", como una situación que implica una serie de relaciones que se establecen entre "los actores, sus actividades y sus logros" (Turner 1977: 79). Resulta muy productivo poder comenzar a pensar la cuestión de la vivienda como una problemática que combina los aspectos físicos o infraestructurales y los sociales y culturales.

Emilio Pradilla (sin fecha) habla de las condiciones que debiera tener una vivienda para poder ser considerada *adecuada*, combinando elementos ligados a los aspectos estructurales con cuestiones sociales y coyunturales. Estas últimas se manifiestan en el reconocimiento de ciertos parámetros por parte del conjunto de la sociedad, que alcanzan cierto "rango institucional". Este rango institucional puede, por un lado, aparecer en las prácticas, en este caso constructivas, promovidas por instituciones de la sociedad civil (organizaciones de base, no gubernamentales, fundaciones vinculadas a los problemas de hábitat). Pero, por otro lado, es el Estado, a través de la construcción de un corpus normativo y de la implementación de políticas, quien tiene la *capacidad real* de hacer efectivo ese "patrón" y de otorgarle estatus legal.

No obstante, la *vivienda adecuada* debe reunir otro requisito, que es el del reconocimiento de la "legitimidad" del patrón –agreguémosle *oficial*– por parte de los

---

[3] Para Turner, la discusión planteada en estos términos remite a las diferencias históricas entre unas izquierda y derecha convencionales. Estos argumentos son razonables si se parte del supuesto de que la vivienda puede y debe ser administrada en forma centralizada. Rechaza ese planteo, argumentando que la discusión predominante en la conformación de la agenda se ha vuelto entre quienes suponen, explícita o implícitamente, que la economía material depende de sistemas de provisión y producción a gran escala, y entre aquellos que consideran que estos mecanismos son improductivos. Para los últimos, entre los cuales el autor se encuentra, el debate convencional entre propiedad y control de los medios de producción en manos "corporativas públicas o privadas" es secundario; su relevancia disminuye en tanto los roles del Estado, de las empresas capitalistas y de los sindicatos se entrecruzan y amalgaman (Turner sin fecha: 99).

sectores que no han alcanzado el acceso pleno a ese bien. Este último punto supone que para poder hablar de una vivienda adecuada es necesario indagar acerca de la posibilidad de la existencia de un consenso entre los distintos actores involucrados, más o menos directamente a la problemática, en una sociedad específica. Palabras como *consenso* y *sociedad* remiten, entonces, a que se trata de características históricas y, por lo tanto, sujetas a cambios en relación con los distintos contextos en que se problematice la cuestión.

En este sentido, es interesante el abordaje propuesto por Yujnovsky (1984) del concepto de *vivienda*. Para este autor, la vivienda involucra una configuración de una serie de servicios que llama "habitacionales". Estos servicios habitacionales deben satisfacer necesidades primordiales como el albergue, refugio, protección ambiental, espacio, vida de relación, seguridad, privacidad, identidad, accesibilidad física, entre otras. Como estas necesidades varían con cada sociedad y grupo social, "las condiciones de vivienda y la política habitacional sólo pueden analizarse teniendo en cuenta las diversas estructuras y relaciones de la sociedad y el Estado [Por lo tanto] el concepto de vivienda debe referirse a los servicios habitacionales proporcionados en un cierto período de tiempo en una *configuración espacial urbana, en un medio ambiente de una sociedad determinada*" (Yujnovsky 1984: 18-20).

La definición que propone Yujnovsky tiene dos virtudes principales. En primer lugar, su abordaje vincula el concepto de *vivienda* al desarrollo urbano como problema más general. Esto habilita a trabajar el problema de la vivienda desde una perspectiva integral, permitiendo hablar de la vivienda y de su entorno, "*hábitat o medio ambiente*". Segundo, explica la importancia de integrar el estudio de la política habitacional a un marco más general, interpretándola como parte del desarrollo de articulaciones complejas y conflictivas entre actores (entre los cuales se encuentra el Estado).

Haciendo una lectura cruzada de estos abordajes, se pueden encontrar denominadores comunes a los tres, así como también elementos complementarios y puntos de partida para incorporar nuevas cuestiones. Fundamentalmente, los autores entienden la cuestión del acceso a la vivienda como "algo más" que obtener una unidad habitacional. Se trata también del acceso a una serie de servicios que permitan satisfacer un conjunto de necesidades mayores, como las redes de infraestructura, un medio ambiente sano, los servicios de salud y educación, y actividades recreativas; de servicios cuyo acceso está ligado a la distribución desigual del "producto social" entre las distintas clases y sectores sociales. Como vimos más arriba, la realización del acceso a los servicios tiene un componente ineludible, que es el *espacio*. Las complejas articulaciones históricas entre Estado y Sociedad, analizadas desde la política de vivienda, hacen necesario tener en cuenta la dimensión territorial de la relación. La cuestión de la segregación socioespacial es un componente importante a tener en cuenta en el momento de reflexionar acerca del mejoramiento del hábitat.

Antecedentes y contexto de lanzamiento del PFCV

La política de vivienda en los años 1990 en el AMBA. Algunas reflexiones sobre el FONAVI

Las acciones estatales vinculadas a la provisión de vivienda fueron creciendo junto con la consolidación de las instituciones del Estado de Bienestar. Así, la cuestión de la vivienda fue adquiriendo una importancia creciente en la agenda pública, primero con la Comisión Nacional de la Vivienda en 1955, luego con la creación del Fondo Federal de la Vivienda en el año 1959, hasta llegar en 1965 a la creación de la Secretaría de Estado de Vivienda (Cravino, Fernández Wagner y Varela 2002; Yujnovsky 1984).

Con estos antecedentes se creó el Fondo Nacional de la Vivienda (FONAVI) en el año 1972, aunque su instrumentación efectiva llegó cinco años más tarde, en 1977. El FONAVI se definió, desde su concepción, con un esquema altamente centralizado de gestión.

Hasta 1992, cuando se federalizó el sistema, el FONAVI había construido un promedio de 32.000 viviendas al año. En aquella década, el FONAVI perdió toda referencia como financiador de vivienda social en el AMBA. Se convirtió en una fuente de financiación para los que efectivamente podían pagar, asalariados de clase media baja o de clase media. El programa no llegaba a los sectores que veían dificultada su capacidad de pago y necesitaban del subsidio, lo que constituía uno de sus objetivos[4]. El impacto de la descentralización sobre las políticas nacionales, sumado a la desfinanciación del FONAVI en el contexto de la aguda crisis de 2001, llevó a una parálisis total de los planes de vivienda en el año 2002. Recién a mediados de 2003 se volvió a realizar una inversión significativa en la construcción y mejoramiento de viviendas (COHRE 2005).

Otra cuestión que se ha señalado respecto del FONAVI se refiere a las tipologías constructivas. Los conjuntos habitacionales que supo financiar planteaban tipologías muy similares (con pocas variaciones en torno a los espacios privados, departamentos en torres y/o tiras de dos y tres pisos y espacios de uso colectivo). Asimismo, las especificaciones técnicas de calidad muchas veces se bajaron de manera crítica y, en general, "se eligieron localizaciones periféricas con escasa demanda a nivel urbano" (Di Virgilio y Rodríguez, *et al.* sin fecha: 56). De este modo, las operatorias públicas tradicionales de producción de viviendas "llave en mano" del FONAVI continuaron dominando la producción habitacional, pero al articular el Fondo mediante las operatorias de cofinanciamiento de mejoras previstas en la Ley Federal de Vivienda, se acentuó su utilización hacia sectores sociales de mayores ingresos en relación con los más pobres.

---

[4] Por otra parte, el crecimiento de la población no se acompañó con el acceso a la vivienda. La irrupción de nuevos pobres y la precarización del nivel de vida de los sectores medios fueron factores determinantes en el aumento de la demanda de accesibilidad a una vivienda digna.

Hasta comienzos de la década de 1990, el FONAVI venía achicándose como consecuencia de la reducción de los asalariados y del ingreso. A partir de 1992 se reemplazó esa fuente de financiamiento por un porcentaje sobre el impuesto al combustible y se transfirieron los recursos directamente a las provincias, limitándose las funciones de la Secretaría de Vivienda de la Nación (Fidel 2004; Di Virgilio y Rodríguez *et al.* 2007).

El Programa Federal de Construcción de Viviendas
Presentación del programa

El Programa Federal de Construcción de Viviendas (PFCV) es una política habitacional diseñada y financiada por el Ministerio de Infraestructura y Planificación Federal de la Nación, a través de la Subsecretaría de Desarrollo Urbano y Vivienda (SSDUV). Fue lanzado en el mes de julio del año 2004 y, un año más tarde, se anuncia su continuación en una versión plurianual. Para la primera etapa, la Nación se compromete ante las provincias y la Ciudad Autónoma de Buenos Aires (CABA) a otorgar un financiamiento no reintegrable para la construcción en todo el país de 120.000 unidades de vivienda[5]. Se trata de un financiamiento por vivienda con infraestructura y su superficie cubierta mínima. El monto total a financiar asciende a \$3.875 millones[6].

Si bien las intervenciones con financiamiento nacional abarcan un conjunto de programas y de modalidades de intervención, en este capítulo se hará especial hincapié sobre aquellos aspectos vinculados estrictamente a la construcción de vivienda nueva y en la ciudad de Buenos Aires[7].

Es importante remarcar la presencia de la "eficiencia" como criterio de evaluación del gasto en las jurisdicciones. Se trata de un componente que se extiende con fuerza como criterio rector de la implementación de políticas durante los años 1990 y, por lo tanto y en este punto, distingue en cierta medida al PFCV de los programas de vivienda tradicionales.

Una de las primeras cuestiones que es importante atender en el momento de observar el proceso de implementación del PFCV en la ciudad de Buenos Aires es dimensionar en forma cabal la magnitud de la intervención. La primera etapa del pro-

---

[5] La información sobre las características del PFCV fue extraída del Convenio Marco firmado entre la Nación y las provincias. Curiosamente, de los distintos programas actualmente implementados a través de la SSDUV, éste es el único cuyos objetivos, fundamentos y descripción no están detallados en el sitio web de la subsecretaría.

[6] En los anuncios oficiales, el "Plan Plurianual" estaba proyectado para entrar en ejecución en la CABA en el año 2008. Uno de los aspectos que, en un comienzo, parecían distinguirlo del PFCV 1 es el desarrollo de mecanismos de actualización de los montos asignados para las obras. No obstante, como se verá más adelante, algunos informantes clave matizan el funcionamiento de estos mecanismos.

[7] Para una caracterización más amplia de los lineamientos generales del PFCV, véase Ostuni (2007).

grama, del modo en que fue formulada en el año 2004, asignaba a la CABA un total de 5.000 unidades de vivienda, de una superficie mínima de 44m², con un costo de $40.000 por cada una. De este modo, el monto a financiar alcanzaba $200.000.000, representando el 5,2% del total de los recursos del programa.

La continuación del PFCV en su versión "Plurianual" aprobada en el año 2005 agrega nuevos elementos. A las 5.000 viviendas de la primera etapa se suman otras 6.000 unidades. No obstante, es importante mencionar que los parámetros, tanto en relación con la superficie mínima como con el presupuesto asignado, varían. Así, las unidades de vivienda del PFCV Plurianual en la CABA deberán tener una superficie mínima de 55m², con un costo por unidad de $66.600, que arroja un monto total de inversión de $399.600.000. De todos modos, es importante destacar que se trata del 2% del total de los recursos del programa (3,2% menos que lo asignado para la ciudad en la primera etapa)[8].

De todas maneras, una mirada sobre las cifras originales puede resultar ilustrativa para un análisis inicial. En primer lugar, puede advertirse sobre la magnitud total entre las dos etapas un total de 11.000 viviendas y $599.600.000. Es importante enfatizar esta cuestión en tanto plantea un dilema respecto de dónde se construyen esas viviendas. Debido a que el PFCV no incorpora a priori financiamiento para suelo, se trata de un monto que, para poder ser ejecutado, requiere de la disposición de tierras o, en su defecto, del desarrollo de algún tipo de estrategia para poder obtener dicho recurso. En el caso de la ciudad de Buenos Aires, donde efectivamente el suelo es caro, queda la posibilidad de que la política habitacional encuentre un cuello de botella importante, debido a la relación que se construye entre tres elementos: su *magnitud*, la *rigidez en su implementación* (por ejemplo, en relación con el tipo de actores productivos que supone –empresas constructoras–, con las tipologías y tecnologías constructivas, etc.) y la *estructura urbana sobre la que interviene* (el mercado de suelo).

Segundo, el Plurianual presenta cambios en los montos asignados al costo de producción por unidad de vivienda. Estos son sensiblemente mayores ($26.000 más) que los anunciados en la primera etapa del PFCV. Se trata de una modificación que, en principio, reconocería los aumentos en los precios de los distintos componentes (desde los materiales de construcción hasta la mano de obra) involucrados en el proceso de producción de viviendas. El desajuste entre el monto original y los precios de mercado representaba un problema para la implementación del programa. En cuanto las licitaciones resultaban aprobadas y adjudicadas, el monto asignado no cubría los gastos. La versión "Plurianual", además de incrementar los montos, prevé mecanismos de actualización. No obstante, debe mencionarse que la modificación también podría

---

[8] Es importante aclarar que estos precios no se han mantenido constantes, sino que han sufrido modificaciones a partir de procesos de actualización y ajuste. No obstante, como se verá más adelante, los mecanismos de actualización de precios son sumamente complejos. Muchas veces llevan tiempos considerables, que redundan en demoras y, a veces, interrupción de las obras.

dar cuenta de un incremento, producto de la negociación con los actores económicos previstos para la ejecución del programa: las empresas constructoras.

En las entrevistas a informantes clave aparecen referencias muy fuertes respecto del período previo al lanzamiento del PFCV. Los entrevistados coinciden en señalar de qué modo la salida de la crisis de 2001, en el marco del agotamiento del modelo basado en la convertibilidad, llevó a que, junto con la salida del tipo de cambio fijo y la devaluación de la moneda, se produjese una reorientación en algunos aspectos de las políticas sociales. El impulso a los espacios de diálogo intersectoriales para discutir y concertar iniciativas paliativas respecto de la crisis dio origen a distintas respuestas de política pública. El Plan Jefes y Jefas de Hogar Desocupados es un ejemplo de la situación mencionada.

Con la llegada a la presidencia de Néstor Kirchner, el esquema sufre ciertas transformaciones. Por un lado, el superávit fiscal brindaba al sector público la posibilidad de desarrollar algunas líneas de intervención propias, sin tener que recurrir al financiamiento externo. Esto último se hizo particularmente visible en el caso de la política habitacional. A diferencia del gobierno de Duhalde (que mantenía una baja curva de inversión en vivienda y presentaba programas sociales protegidos en el marco de los acuerdos de las mesas de diálogo y con apoyo financiero externo), las nuevas autoridades impulsan programas de vivienda financiados con recursos públicos. Retoman la idea de la transferencia intersectorial de recursos para desarrollar líneas de acción que tengan el propósito, en primer lugar, de generar empleo.

La recuperación de los niveles de empleo permaneció como un tema prioritario en la agenda pública durante la presidencia de Néstor Kirchner. La política de vivienda aparece como un ámbito desde el cual pueden desarrollarse estrategias para dinamizar la industria de la construcción y generar puestos de trabajo.

> El sector *vivienda* es un particular sistema del sector *construcción*. No es lo mismo que hacer una obra pública, un camino, un puente, una infraestructura (hay volúmenes de inversión, plazos, tiempos). El sector vivienda trabaja con una demanda amplia, que parece inagotable, que se renueva todos los años, que está dispersa en el territorio nacional, que con pocos factores de producción puedo instalar al mismo tiempo y en distintos sitios, y que absorbe mano de obra de distinto nivel de calificación (desde el peón a una organización empresaria, calificación técnica, industrialización, fabricación, tecnificación, tengo una gama de alternativas sostenida en el tiempo, etc.). Entonces, el sector vivienda ha sido usado, y no sólo por este gobierno sino genéricamente en nuestras crisis recurrentes, como "parche". [Entrevista 2]

Las particularidades del sector *vivienda* lo convierten en un dispositivo de política pública productivo en un contexto donde las políticas macroeconómicas generales buscan dinamizar la actividad e incentivar el crecimiento. Su puesta en marcha apela a la capacidad instalada de los institutos provinciales de vivienda para realizar los llamados a licitación, así como también de las empresas constructoras para presentarse y ejecutar las obras. La impronta de "parche" del sector se vincula, además, con otro elemento que lo distingue de otro tipo de obras impulsadas desde el sector público. La construcción de viviendas implica tiempos de ejecución más cortos que, por ejemplo, obras de infraestructura. Por lo tanto, la política habitacional tiene la capacidad de retraerse en el tiempo con facilidad y adaptarse a diferentes coyunturas económicas y, por qué no, políticas.

A diferencia del FONAVI, el PFCV es un programa de gobierno. Esto quiere decir que no se trata de un fondo creado por ley, donde se establece cuáles son los mecanismos de financiamiento, el origen de los fondos, y que, frente a un cambio en el color político del gobierno, para ser modificado requiere de la conformación de un consenso más amplio en el legislativo. El PFCV es una política específica, en un contexto particular, que se construye en función de objetivos que, a priori, no se restringen a una respuesta diseñada a la medida del déficit habitacional.

A su vez, los fondos que le dan origen no surgen de un punto específico del presupuesto o de financiamiento externo. Se trata de recursos públicos, producto del superávit fiscal. Ante la caída en la magnitud del FONAVI en términos presupuestarios, su potencialidad como herramienta de reactivación de la industria de la construcción y de generación de empleo es poco significativa. Frente a ello, la posibilidad de generar un nuevo programa, con un presupuesto equivalente al del FONAVI en sus mejores tiempos, pero además impulsado en el marco de una estrategia de salida de la crisis, es mucho más atractivo.

El contexto de crisis pareciera explicar otro de los elementos que distinguen al PFCV en relación con el FONAVI de los últimos años de la convertibilidad. La asignación de fondos del superávit fiscal se hace posible en el marco de las facultades especiales otorgadas al Poder Ejecutivo para poder distribuir y reasignar partidas del presupuesto nacional. Este elemento, combinado con la definición de objetivos y asignación de metas en política de vivienda fijados por el Gobierno Nacional, pero con impacto en las jurisdicciones y ámbitos locales, implica un giro recentralizador de la definición de las metas de producción de vivienda por el sector público. A diferencia del FONAVI, que luego de la reforma del año 1992 se descentraliza y pasa a ser ejecutado por las provincias, y sus fondos definidos dentro de las negociaciones de la coparticipación, el PFCV establece metas para el conjunto de las jurisdicciones, así como un sistema de premios a quienes las cumplen[9].

El PFCV en la ciudad de Buenos Aires:

Lo dicho hasta aquí se vincula exclusivamente con la lectura de la letra escrita del programa, particularmente de sus dos convenios. Ahora, es interesante indagar respecto de la relación entre las cifras anunciadas en los convenios y los niveles de

---

[9] Con todo, es importante destacar que a pesar de que tanto en la definición de los objetivos como en el origen de los fondos es el Gobierno Nacional quien define e impulsa el programa, la asignación de las cuotas a cada jurisdicción no sigue las pautas de la distribución de los fondos coparticipables sino que se establece a partir del déficit habitacional de cada provincia. Esto es de particular importancia para la ciudad de Buenos Aires, cuya cuota de coparticipación es baja, tanto en términos relativos como absolutos. De haberse utilizado ésta como parámetro para la distribución de los fondos, la Ciudad hubiese absorbido una porción exigua de los recursos ya desde el mismo convenio.

ejecución efectiva que alcanza el programa en la ciudad de Buenos Aires. Así, para el mes de junio de 2007 el Instituto de la Vivienda de la Ciudad presentaba un total de $233.606.474,62 vinculados a obras del Federal 1. La cifra representa un poco más de la mitad del monto asignado para la Capital Federal. Además, de las 31 obras anunciadas, sólo trece presentaban algún grado de avance de obra. La imagen contrasta llamativamente con las cifras consignadas en el apartado anterior.

Lo mismo vale en relación con la cantidad de viviendas proyectadas por el IVC y las mencionadas en los convenios. El organismo porteño anuncia un total de 2.487 unidades. Este número es significativamente más bajo que las 11.000 viviendas que debieran construirse entre las dos etapas. Estos elementos abren serios interrogantes respecto de la viabilidad de la política en la CABA e invitan a pensar sobre los elementos que intervienen en las dificultades para la implementación.

La información construida a partir de las entrevistas aporta elementos clave para el análisis. Cuando se concentra la mirada sobre los aspectos específicos de la implementación del PFCV en la Ciudad Autónoma de Buenos Aires aparece un conjunto de ingredientes sumamente interesantes para observar el proceso de implementación de una política nacional a escala local. En primer lugar, los requerimientos institucionales y normativos de la ciudad de Buenos Aires para el desarrollo de obras de construcción de viviendas. Segundo, la dinámica del organismo ejecutor de la política habitacional en territorio porteño: el Instituto de la Vivienda de la Ciudad (IVC). Tercero, elementos estructurales para el desarrollo de toda política habitacional: por un lado, los mercados de suelo; por el otro, los actores productivos capaces de ejecutar las obras licitadas.

En relación con el primero de los ejes mencionados, la ciudad de Buenos Aires se destaca, en comparación con otras jurisdicciones, por tener un cuerpo normativo con un grado considerable de detalles y altos requisitos para la construcción de viviendas. Los marcos establecidos por el Código de Planeamiento Urbano y por el Código de Edificación fijan los criterios y estándares para la construcción de viviendas. Además, los mecanismos de control, los estudios de impacto ambiental, el desarrollo de audiencias públicas y la intervención del Poder Judicial son mencionados como elementos intervinientes en un entramado administrativo complejo. Según varios entrevistados, estas diferentes instancias presentan en muchos casos desajustes en relación con las características de la vivienda construida por el sector público. En otros casos, aparecen directamente como trabas en el proceso de ejecución.

> Capital Federal es uno de los distritos más antiguos e institucionalizados donde no te dejan hacer una vivienda sin infraestructura y determinadas condiciones normativas, no tenés excepcionalidades. Es una de las pocas jurisdicciones con un cuerpo normativo desarrollado tan a fondo sobre el sector vivienda. En otras provincias es más flexible, "arreglamos y si no sacamos una ordenanza de excepción". En Capital la gestión no te lo acepta (capaz que a los privados sí, pero no a la propia gestión). Entonces tiene tiempos de trámites, áreas jurídicas. [Entrevista 2]

A eso se nos agregaron nuevas normas, toda la complejidad del impacto ambiental cuando la obra supera media manzana que es una cosa espantosa [...] si las obras requieren cosas de infraestructura sobre todo apertura de vías publicas, aunque no molesten porque la calle vos la abrís en tu manzana igual es de relevante impacto entonces todavía encima va a audiencia publica. Y a eso se le agregó la Ley 962 de la ciudad que tiene que ver con todos los temas de discapacidad [...] Yo creo que está bien pero que la vivienda social y la destinada a las clases menos pudientes tienen que tener consideraciones especiales. [Entrevista 5]

Aquí aparece un elemento interesante. Si, por un lado, los requisitos y estándares de calidad se mencionan como instancias que hacen más complejo el proceso de implementación del PFCV en la ciudad, por el otro es ese mismo cuerpo normativo el que estaría garantizando que las obras presenten niveles de calidad comparativamente mayores a los de otras jurisdicciones (en particular referencia a los distritos bonaerenses).

En cuanto a los elementos de carácter más bien estructural, la ausencia de suelo y la situación de las empresas constructoras en el momento en que se lanza el programa aparecen, en el discurso de algunos entrevistados, como dos barreras que se hacen fuertes para el desarrollo del programa en la ciudad. La reactivación de la industria de la construcción, proceso en el que confluyen las iniciativas del sector público y del sector privado, encuentra cuellos de botella en el encarecimiento de los insumos básicos: cemento, ladrillos y acero. Ante la demanda creciente, los productores de estos insumos básicos incrementan sus precios. Esta cuestión es especialmente difícil de sortear para el Estado, cuya adaptación presupuestaria y actualización de montos presenta tiempos diferentes de los que el mercado demanda.

En Capital, era bastante difícil poner a funcionar el cupo existente porque, primero no tenías tierra. Segundo, no tenías empresas constructoras que hayan salido de la crisis de 2001 sin quebrar o más o menos en condiciones de licitar. Y tercero, aunque en el momento la mano de obra era abundante, para encarar esa magnitud había problemas con la mano de obra, los materiales de la construcción, los ladrillos. Casi todo el sistema productivo no estaba en condiciones para producir en esa escala [...] si hay mucha demanda de ladrillos (los empresarios) no construyen otro horno de ladrillos, aumentan el precio. Y cuando aumentan el precio empiezan a retacear la oferta en los corralones entonces aparece ahí una presión entre precio y desabastecimiento. [Entrevista 3]

En algunas entrevistas, el tema del suelo se vincula específicamente a las dificultades de articular una política habitacional general para uno de los ámbitos donde el déficit habitacional se hace más tangible: las villas. Las dificultades que plantean estas urbanizaciones informales son, en primer lugar, la falta de espacio libre para poder liberar terrenos, construir viviendas nuevas y realizar el esponjamiento (reorganización del territorio donde se ubica el barrio siguiendo el amanzanado). Segundo, los tiempos que implica una tarea de estas características serían largos desde la perspectiva de las empresas constructoras. Además, implican una fuerte y sólida capacidad de gestión de parte del organismo público interviniente (en este caso, el IVC).

> ¿Qué pasó en Capital? Tenía por un lado las villas. Ellos en general aparentemente orientaron la política de vivienda hacia las villas. En las villas siempre el problema es que tenés poquito lugar, entonces son operatorias que vas haciendo de a poquito y llevan mucho tiempo. Primera cosa que encararon es un programa de construcción de viviendas en las villas. [...] La sensación que tengo es que en Capital no pasó nada. Se siguió haciendo viviendas como se hacía siempre, en la Villa 20 donde había un agujerito hicieron… En términos organizativos creo que la gente no sacó nada. [Entrevista 3]

Para otro de los entrevistados, el principal obstáculo para la ejecución del PFCV en la ciudad de Buenos Aires se vincula con el crecimiento de la brecha entre los montos con los cuales el programa se lanza y los costos reales que luego hay que enfrentar en el momento concreto de la ejecución. Este escollo se ve, además, alimentado por dificultades en el giro de fondos del nivel nacional al local. Esta situación lleva en varias oportunidades a que la ejecución de las obras se vea interrumpida.

> —El defasaje entre la realidad y lo que la Secretaría de Vivienda de la Nación y el INDEC, ese marco falso digamos, frente a la realidad. Cada vez se desfasa más lo que pone la Secretaría de Vivienda y lo que tenemos que ir aumentando de presupuesto en problemas de la ciudad. [...] Esta etapa en ese sentido tiene esa complejidad de tener los problemas tanto de los giros de fondo, de las redeterminaciones, cada 6 meses entonces se hace un defasaje para la empresa entre ese momento... con defasajes así nomás con esta inflación están en el orden del 15% ¿y ese 15% quién lo paga?
> —Y cuando eso ocurre, ¿la obra se para o el gobierno de la ciudad...?
> —Cuando no se puede pagar porque los fondos no llegan como pasó mucho en el 2007, a mitad de año habían llegado la mitad de los fondos de todos lados (Nación y Ciudad), se empezaron a parar las obras. [Entrevista 4]

Cuestión del suelo urbano en el diseño del programa (Nivel Macro) y en la ciudad de Buenos Aires

Las opiniones en torno a la cuestión del suelo en relación con la política habitacional en general, y con el PFCV en particular, expresan diferencias de enfoque que es interesante rescatar. Por un lado, un entrevistado enfatiza cómo la ausencia de financiamiento para suelo del programa constituye una característica negativa. Se trata de una falencia que no se reduce a un programa en particular, sino que atraviesa la política habitacional a nivel global. Expresa, de este modo, la ausencia de una mirada que problematice el acceso al suelo urbano. La ausencia de un abordaje que contemple la complejidad de los mercados de suelo se articula con el escaso desarrollo de políticas de tierra integradas a los programas de construcción de vivienda nueva.

> Es bastante absurdo por qué la política de vivienda no paga la tierra. Porque la tierra es uno de los costos de un edificio, que se prorratea en el costo final. La Nación le podría

pedir a las provincias que pongan la tierra. Pero esa tierra no necesariamente tiene que ser una tierra disponible sino una tierra que hay que comprar. [Entrevista 3]

Otro informante destaca que, en realidad, la ausencia de recursos para la compra de suelo no es una falencia del programa. Partiendo de la base de que el PFCV genera un impacto importante sobre el sector de la construcción (como se veía más arriba, en el sector proveedor de insumos, en la participación de las empresas, en la contratación de mano de obra), los cuellos de botella generados durante su implementación producen asimetrías en la captación de beneficios económicos. Los mercados del suelo no estarían exentos de esta dificultad y, de contar con financiamiento para la compra de terrenos, la captación diferencial de los recursos sería todavía mayor.

Si tuviese financiamiento sobre el suelo la apropiación de los beneficios sería todavía más asimétrica. Ésta ha sido una de las características por la cual nunca se ha instrumentado el tema de compra de tierras en el nivel nacional. No están las condiciones mínimas básicas para aplicar políticas urbanas más generales porque la apropiación de los beneficios es capturada. [Entrevista 2]

La captura diferencial de recursos estaría ligada, por un lado, a los actores económicos con capacidad de presión y negociación sobre el sector público para obtener beneficios extra. Por el otro, con miembros de diferentes áreas del sector público que también desarrollan, de manera más o menos mediada, estrategias para obtener recursos articulándose con (y actuando ellos mismos como) actores económicos.

En este punto es interesante indagar respecto de qué pasa con el suelo urbano en la ciudad de Buenos Aires. Hasta ahora, algunos de los informantes clave se refirieron al tema como una de las limitaciones existentes para la ejecución del PFCV. No obstante, un entrevistado vinculado a la implementación del programa en la ciudad presenta una mirada diferente. Desde su perspectiva, el suelo no representó una traba para la ejecución del programa.

—Decías que todo lo que se está construyendo en la ciudad es sobre terrenos fiscales.
—Sí, digamos del Gobierno de la Ciudad, lo que pasa que ya se nos están acabando […] pero para el IVC ya están empezando a comprar tierras.
—Ahora me quedó dando vuelta una cosa, el Federal 1 le asigna a la ciudad alrededor de 6.000 viviendas, ¿puede ser?
—No, inicialmente eran 1.000, después se hicieron 1.500 y después más o menos… con adicionales llegamos a un valor parecido al que vos decís. Llegamos a eso. Nosotros proyectamos más de 5.000 porque el que cumplía tenía premio…
—Proyectamos casi 15.000 viviendas en un año, de las cuales lograron adjudicarse 3.000.
—Los jueces pararon el resto…esto es todo otro capitulo.
—O sea, y las trabas tienen que ver con estas cuestiones que ibas mencionando antes…
—La traba, en ese momento [años 2005 y 2006], el código y las trabas financieras, no me acuerdo.
—¿El suelo no era entonces una limitación para construirlas?

> —Hasta ese momento teníamos suficiente suelo y después nos fueron quitando y después se entremezcló la corporación del sur y problemas... te diría jurídico-políticos del propio Gobierno de la Ciudad.

De todos modos, la posibilidad de que existiesen tierras fiscales suficientes para la implementación del cupo de las viviendas no invalida la reflexión respecto de los criterios de selección de los terrenos. Esto vale tanto para las dimensiones de los mismos como para su localización.

> Subyace un formato absolutamente erróneo que es pensar que vos tenés que tener un terreno grande para poder hacer muchas casas. Ese es el formato que les sirve a las empresas constructoras. Podrían haber comprado lotes de 8,66 mechados en la ciudad y hacer conjuntos de diez, veinte viviendas, en propiedad horizontal. Esa es una buena operatoria para gente que vive en conventillos, inquilinatos… La CMV, fiel a su historia, tuvo una notable falta de imaginación para ver lo que podía ser el problema de la vivienda popular. Nunca se comprometieron con el problema de los conventillos, inquilinatos y casas tomadas. Y de ninguna manera encararon una política, por ejemplo, de remodelación de edificios antiguos.

El debate sobre las modalidades para obtener (y, podría agregarse, para utilizar) el suelo existente conlleva otros elementos para tener en consideración. En primer lugar, en qué actores se piensa en el proceso de implementación de la política. Aquí no hay novedades si se tiene en cuenta una cuestión básica, que es lisa y llanamente uno de los principales objetivos del programa: dinamizar el sector de la construcción. Entonces, simplemente se trata de agregar que, independientemente de las dificultades de articulación entre los niveles nacional y local, el sector público (incluyendo en esta categoría exclusivamente a las dimensiones implicadas en el recorte territorial de este trabajo, el Gobierno Nacional y el de la Ciudad) presenta y desarrolla una práctica coherente en cuanto a la articulación con los actores económicos desde la formulación hasta la implementación del programa.

El otro elemento que es importante notar a propósito de la relación entre la construcción de viviendas y la política de suelo que la acompañe tiene que ver con la localización. La reflexión introduce un elemento que será retomado más adelante: la cuestión de la segregación socioespacial en la ciudad. La referencia a una posibilidad de construir viviendas en terrenos más chicos, implicando a otro tipo de actores productivos y entrelazando las intervenciones en el tejido urbano existente plantea la pregunta respecto a dónde se ubican las nuevas intervenciones.

En este sentido, Buenos Aires presenta ciertas características que complejizan el escenario. Como advierte uno de los entrevistados, se trata de una megalópolis, con un mercado inmobiliario sumamente complejo. La política habitacional aparece como una dimensión más dentro de las múltiples formas de producción, reproducción y apropiación del espacio urbano. Aquí los niveles local, nacional y global se articulan de un modo complejo, configurando una dinámica urbana atravesada por múltiples tensiones, algunas nítidas y visibles, otras menos claras y subyacentes.

> Buenos Aires es una ciudad global y su mercado trasciende el límite nacional. Los mercados de suelo son locales. Estás en el centro de una ciudad compleja, de una región urbana compleja y además de una región global. Con un sector privado muy fuerte y un sector público que tiene otros fines principales que no son los de vivienda. La vivienda es casi una acción subsidiaria. [...] La tierra no es elástica, es inelástica. Estás compitiendo con la dinámica de otros sectores. La oferta de suelo es limitada y la demanda es múltiple. Estamos mucho más baratos que en Barcelona. Sin embargo, son inversores y estudios de Barcelona los que vienen acá. Y de Barcelona, México, los que operan en Capital. Entonces tenés el valor del suelo al valor de esos ingresos o de esos ahorros de esos países. [Entrevista 2]

> Una política de tierras fiscales que en términos del IVC es bastante errática. Porque en la medida que la gente sabe que el IVC tiene tierras empieza a presionar para que se la den. Ha pasado en varios lugares. Hay un despilfarro de patrimonio público importante. Todo el mundo va atrás de los inmuebles y usa los recursos que tiene. Los grupos sociales, los concejales, y hay un manejo del inmueble público. Hay mucha tierra nacional. [Entrevista 1]

Relación entre los distintos niveles del Estado involucrados: Estado Nacional y Gobierno de la Ciudad

La relación entre los diferentes niveles del Estado, básicamente entre el Nacional y el local, tiene diferentes lecturas. Una primera mirada podría vincular los bajos niveles de ejecución del programa con dificultades de orden político en aquella relación. Algunos de los entrevistados destacan, con razón, la importante crisis política atravesada por la ciudad de Buenos Aires en el período 2004-2008 (destitución del Jefe de Gobierno Ibarra, asunción de Telerman, distanciamiento político entre ellos, llegada a la jefatura de Gobierno de Macri).

Aun así, otros matizan esas posibles tensiones. Para ello, señalan de qué manera el PFCV ha sido procesado a nivel de las jurisdicciones, presentando variantes importantes en cada provincia. En esa relación, sin ignorar posibles tensiones y afinidades políticas con el nivel nacional como variables intervinientes, se enfatizan otros elementos. En primer término, el alcance de las definiciones construidas en el ámbito nacional cuando pasan por el tamiz de las implementaciones locales. La intermediación de las provincias hace que en la ejecución se observen diferencias de una jurisdicción a la otra.

> Tenés un recurso nacional, surge de la Secretaría de Obras Públicas, la Subsecretaría de Vivienda. Esos tipos diseñan una cosa, pero su aplicación no la piensan porque hay una intermediación que son las provincias [...] Las provincias, por otro lado, como el FONAVI

> era un recurso federal, vienen de casi diez años de diseñar las políticas de vivienda. Ves
> entonces que las consignas que salen del gobierno central después cambian mucho en las
> provincias. Por ejemplo, en Córdoba el recobro es central. En cambio, en Buenos Aires
> con el recobro todo el mundo hace la vista gorda. [Entrevista 3]

En este sentido, la realidad del PFCV en territorio porteño parecería explicarse, en gran medida, por la visión con la que el Estado local encara la situación. En última instancia, podrían agregarse elementos estructurales (ausencia de suelo), pero nuevamente se trata del modo en que esa dificultad es procesada por el ámbito estatal. Nuevamente, la dimensión política de la relación entre los niveles de gobierno no es percibida en algunos casos como parte del problema.

> También genera ruidos incluso cuando la articulación política o los niveles de afinidad
> política entre la Ciudad y la Nación son mayores. Qué sé yo, el Federal no camina en la
> Ciudad, pero cuando se impulsa quién estaba a cargo era Ibarra. [Entrevista 1]

En segundo lugar, algunos entrevistados vinculados al proceso de implementación de la política de vivienda en la ciudad de Buenos Aires desarrollan una mirada que puede complementar la perspectiva hasta aquí trazada. En algún sentido, el propio proceso de autonomización de la Ciudad, con el desarrollo de un conjunto de instituciones e instancias administrativas y de control, es percibido como una traba para ejecutar las obras. El desarrollo institucional pareciera estar disociado de la realidad y de las necesidades de amplios sectores de la población con problemas habitacionales.

> Creía que el Gobierno Autónomo de la Ciudad iba a ser beneficioso, yo no noto que haya
> cambiado mucho, entorpeció más los tramites [...] Antes éramos Nación, teníamos que
> pedirle permiso al ministro del Interior o a quien corresponda para hacer alguna cosa. La
> estructura que originó la propia constitución muy moderna, con todas estas audiencias
> públicas y todos estos mambos y que todo el mundo tiene derecho a pedir informes, a ver
> qué estamos haciendo, qué hicimos, porque, hay gente que no entiende y el Ombudsman
> y eso...no está mal pero, viste...

Los sistemas de audiencias públicas e instancias de participación ciudadana, junto con la conflictividad que supone para el entrevistado la sensación de un control creciente sobre los procesos de gestión, se presentan como un elemento que dificulta el proceso de ejecución del PFCV. No obstante, cabe pensar qué sectores cuentan con recursos para participar de aquellas instancias.

En varias entrevistas, la relación entre distintos ámbitos del GCBA (y, podría agregarse, entre los diferentes poderes del ámbito de la ciudad de Buenos Aires) aparece como el principal nudo problemático para el desarrollo del PFCV. Es en el ámbito del sector público local (ya sea por su normativa estricta y trabas administrativas, o por los sistemas de control y ámbitos de participación) donde se perciben las mayores dificultades y trabas para la implementación.

Intervención del sector privado en el proceso de implementación del programa, especialmente en la CABA

En cuanto a la participación del sector privado en la definición de la política, los informantes clave son un tanto más erráticos. Hasta ahora todos coinciden en que las empresas no tuvieron participación en el diseño del PFCV. No obstante, a medida que reconstruyen el proceso de implementación del programa, las opiniones iniciales van presentando matices. Por un lado, los objetivos de la política suponen la participación fuerte de las empresas constructoras, dinámica que replicaría las experiencias de la "administración de origen".

> La iniciativa es pública, con un objetivo claro y, además, es una iniciativa que repite una conducta que ha dado resultado en la administración origen que es Santa Cruz. Es bastante probable que de la mano de ese maridaje entre sector público y sector empresario haya venido alguna de estas ideas también. Creo que el secretario de obras públicas de hecho es una persona que viene de ese sector. [Entrevista 2]

Por el otro, la situación de las empresas constructoras en el momento en que se lanza el programa no habría sido propicia para pensar en una participación activa en su diseño. La gran mayoría o no se había recuperado de la crisis económica, o había virado hacia otro tipo de iniciativas y negocios. En este sentido, parecería erróneo suponer que el programa, aun cuando puede decirse que interpela al sector de la construcción y lo privilegia en relación con otros actores vinculados a la temática de la vivienda, responde a la presión empresaria. A tal punto que, incluso cuando el programa se lanza, la primera sensación del sector es de desconfianza.

> Las empresas en realidad estaban muy vinculadas a esta altura (las cámaras, Cavera) a los emprendimientos y más desvinculadas de esto. Estaban más vinculadas a otras formas de producir con riesgo, a hacer un emprendimiento, venderlo. A otro tipo de emprendimiento inmobiliario. Pero claro, estaban paralizadas por la crisis. [Entrevista 2]
> —En el momento en el que se diseña y se lanza el programa, ¿cómo juega el sector privado?
> —Con desconfianza. O sea, el anuncio les interesa. Pero en general vos ves que no apuestan. Primero, las que estaban a flote eran pocas. Segundo, les interesaba otro tipo de obra pública. Las obras viales, de energía, gasoducto. Muchos kilómetros de lo mismo. En las obras de vivienda tenés mucho quilombo. Ni que hablar cuando son en lugares donde la gente está viviendo. [Entrevista 3]

Hay que contemplar que los antecedentes inmediatos anteriores al lanzamiento del programa no invitaban, desde la perspectiva de los actores privados, a responder activamente y con confianza ante una convocatoria de semejante envergadura. Si la magnitud de recursos que el PFCV involucraba era atractiva para pensar en términos de negocios, también daba cuenta del riesgo en que se incurría frente a cambios coyunturales, demoras en la cadena de pagos, cambios en la orientación de la política, crisis, etc.

El escenario también tenía otros elementos atractivos para las empresas. No es la vivienda el único rubro en el que la obra pública se reactiva, por lo que en algunos ámbitos los privados pueden estudiar a qué tipo de obra les resulta más interesante presentarse a licitación. Luego, aquellas con experiencia en desarrollar iniciativas del Estado conocen ciertos mecanismos para minimizar sus riesgos. Aquellos capaces de desarrollar estrategias para poder, en el mediano y largo plazo, garantizarse los cobros, pueden ponderar hasta qué punto sea algún nivel del Estado el que corra con el grueso de los riesgos mencionados.

> [El PFCV] las dinamiza pero dentro de aquella óptica donde el Estado corre todos los riesgos. La empresa corre riesgos pero se contrata dos buenos abogados, dos buenos contadores, y bueno, a la larga va a cobrar. [Entrevista 2]

No obstante, ante un cambio brusco en el rumbo de la política o en la velocidad con la que circula el flujo financiero del programa, las empresas pueden quedar en una situación de vulnerabilidad relativa. Sobre todo aquellas de menor tamaño y con un respaldo financiero más débil para poder hacer frente a las demoras e interrupciones en los pagos. Esta situación se ha hecho particularmente clara durante el año 2008.

A nivel local la relación entre el sector privado y el sector público en el marco de la implementación del PFCV tampoco es tan sencilla de desentrañar. En ese sentido, los discursos de los entrevistados describen la participación de las empresas de los procesos licitatorios como "normal". Se trataría de un proceso administrativo corriente, en el que ambos sectores están habituados y que luego, en la etapa de la ejecución, supone una vinculación más o menos cotidiana, más o menos conflictiva, pero que no ofrece mayores sorpresas.

Paralelamente, aparecen referencias a ciertos cambios en la composición de las empresas que participan en función de los tiempos políticos del GCBA. Algunas empresas (cuyos nombres no se especifican en las entrevistas) se presentan a las licitaciones en momentos en que un grupo político en particular participa de la conducción del gobierno local. Cuando el contexto cambia, aparecen otras. No hay explicaciones claras para esta cuestión, pero no deja de ser un tema que se explicita.

Sobre el rol de la población beneficiaria de las obras construidas desde el programa

Los entrevistados coinciden respecto de la ausencia de una idea clara de beneficiario en la letra del programa. En la referencia a la reducción del déficit habitacional, antes que una idea clara de destinatario se hace referencia a un sector de la población con problemas de vivienda, expresado en los índices de déficit habitacional. Claramente, no hay allí caracterización de actores colectivos que trabajen la problemática habitacional (cooperativas de vivienda, organizaciones sociales, movimientos territoriales, organizaciones villeras).

Sobre esta base, los informantes realizan diferentes reflexiones. Hay quienes destacan que la cuestión de la figura del beneficiario debiera haberse revisado en alguna instancia de balance del Federal 1, antes de lanzar el Plurianual. La necesidad de la revisión tendría diversos motivos, desde la importancia de avanzar en formas de planificación integrales, racionalizar el criterio de inversión y evaluar el impacto de las obras concluidas. En cuanto a la idea de beneficiario y su rol, la necesidad de considerar nuevamente los criterios se fundamentaría a partir del modo en que el programa impacta en las expectativas de la población con problemas de vivienda. Las situaciones de conflicto e intento de ocupación de viviendas a estrenar (o con un grado de avance considerable) se vincularían, entre otras cuestiones, con el crecimiento de la demanda en los contextos específicos y con la incapacidad de reconocer un rol activo en esas poblaciones.

> Al plantear tan fuertemente la imagen objetivo de esta vivienda se abrieron una cantidad de expectativas de demanda en todos los sectores sociales. Entonces el tema de la demanda creció a lo largo y a lo ancho del país. [...] Surge el tema de las villas. Pero también dentro de la misma óptica del Federal. En la presentación López planteó "voy a hacer viviendas nuevas", va a hacer la relocalización de la gente. [Entrevista 2]

Esta perspectiva aporta un elemento sumamente interesante. La ausencia de una mirada integral respecto del destinatario final de las unidades de vivienda lleva a la desatención respecto de un elemento básico del habitar: la localización de la población en el territorio. Esto último genera una variedad de problemas. La ausencia de la perspectiva de los destinatarios puede concluir en una dificultad para desarrollar raíces, para apropiarse del bien transferido (o sea, de la vivienda) y, con ello, a su venta informal y abandono.

Recuperando la idea de la "relocalización de la gente" en el territorio, es interesante pensar cómo la ausencia de una problematización de la idea de destinatario y la falta de una mirada integral sobre la cuestión del suelo y su relación con la vivienda confluyen en el momento de pensar qué tipo de ciudad se produce desde la política habitacional.

> Si relocalizo gente sin que intervenga en la decisión estamos haciendo algo que nosotros criticamos. Estamos relocalizando gente adentro de la ciudad, porque esta vivienda nueva va a hogares que están viviendo en algún lado, con sus padres o donde fuere. Estamos relocalizando y lo hacemos en el lugar donde podemos y al que le toca. Esa falta de apropiación social de la decisión trae después una falta de apropiación del bien, del producto. [Entrevista 2]

En este punto es sumamente interesante observar cómo se distribuyen territorialmente las obras del PFCV. O sea, ver en qué barrios se construye vivienda con financiamiento del programa. Lo primero que debe mencionarse es que, de lo que puede notarse a partir de la información sobre las obras específicas, *casi la totalidad de los proyectos se localizan en barrios de la zona sur de la ciudad.*

Cuadro 1: Distribución presupuestaria de las obras del Programa Federal de Construcción de Viviendas, por barrio de la Ciudad Autónoma de Buenos Aires. Expresión en absolutos y porcentajes. Año 2007

Barrio	Monto	Monto (en %)	Cantidad de proyectos	Cantidad de Viviendas
Lugano	$ 78.625.981	33,66	10	765
Soldati	$ 16.517.897	7,07	3	182
Parque Patricios	$ 6.814.178.09	2,92	1	57
Parque Avellaneda	$ 76.880.091,80	32,91	4	940
Pompeya	$ 14.549.206,17	6,23	2	181
La Boca	$ 519.864,82	0,22	1	8
Flores	$ 34.365.786,52	14,71	6	321
Chacarita	$ 1.505.152,97	0,64	2	15
Almagro	$ 2.177.590,09	0,93	1	18
Otros (NHT Zavaleta)	$ 1.650.725,78	0,71	1	0
Total	$ 233,606,474	100	31	2.487

Fuente: Instituto de la Vivienda de la Ciudad de Buenos Aires-Subsecretaría de Desarrollo Urbano y Vivienda de la Nación

La distribución que presenta el cuadro 1 es reveladora. Con excepción de los barrios de Almagro y Chacarita, el resto de las áreas en las que hay algún tipo de planificación de construcción de viviendas se ubican en la zona sur de la ciudad. Además, las obras asignadas en aquéllos apenas alcanzan el 1,5% del monto total presentado por el IVC.

También es relevante observar cómo se distribuyen los proyectos entre los distintos barrios. El que recibe un porcentaje mayor es el barrio de Lugano, seguido de cerca por Parque Avellaneda; sumados, ambos superan el 70% del monto total de los contratos. Luego sigue el barrio de Flores con poco menos del 15%. Cabe destacar que las obras se ubican en la zona sur del mismo, principalmente en el sector que se conoce como "Bajo Flores". En esos tres barrios se concentra el grueso de la intervención pública.

Cuando se pregunta sobre la localización de las obras a los informantes clave, las percepciones sobre la cuestión presentan diferencias dignas de destacar. Para algunos, más vinculados al proceso de implementación, la localización de las intervenciones en barrios del sur de la ciudad se vincula con un enfoque global de las gestiones tendiente al desarrollo del área. No obstante, debe destacarse que no pareciera haber un lineamiento tan explícito para explicar por qué las obras van a estos barrios y no a otros.

Otros entrevistados, en cambio, vinculan la cuestión de la localización en los barrios del sur con la ausencia de una política de captación de suelo. El hecho de que no exista una mirada estratégica sobre la cuestión de la tierra llevaría a que se reproduzca en los patrones tradicionales de segregación socioespacial de la ciudad de Buenos Aires. Desde esta perspectiva, el desafío consiste en pensar otros mecanismos de captación de suelo antes que recurrir a la tierra fiscal existente.

Mapa 1: Distribución de proyectos y cantidad de viviendas del PFCV en la Ciudad de Buenos Aires

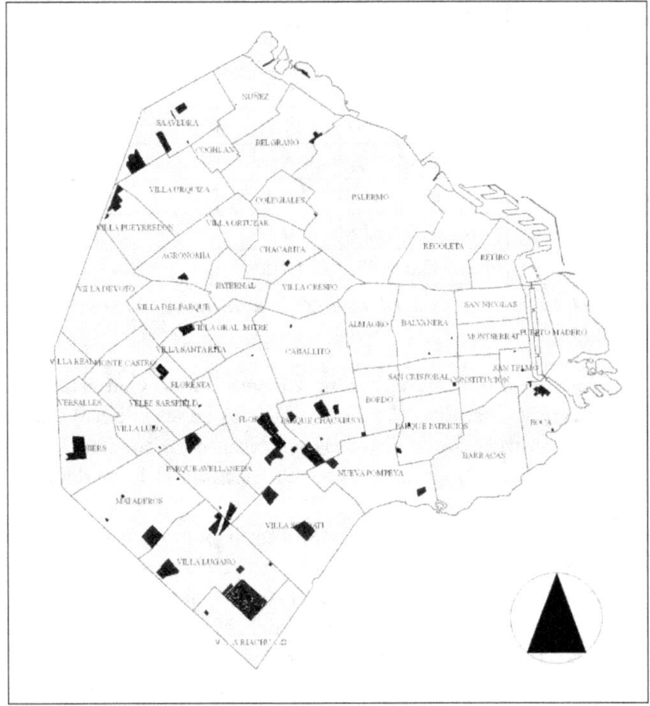

—Hay dos cosas ahí. Una, cuál es la incidencia tolerable para que sea vivienda social. La incidencia de un lote de diez por treinta no es tan grande si te vas a Mataderos, a cualquier lugar de zona sur, a La Boca, a algunas zonas de Villa Crespo. En los barrios normales

> conseguir un terrenito de diez por treinta, donde podés construir cuatro pisos… En cuatro pisos resolvés ocho departamentos tranquilo. Suponete que tuviese setenta metros, serán cuatrocientos mil dólares de costo. ¿No podés gastar cuarenta, cuarenta y cinco mil dólares en el terreno? Es el quince por ciento, es todavía una incidencia barata… Si te vas a otros barrios la incidencia llega a ser trescientos…
> —¿Pero vos decís que esos terrenos de cuarenta mil dólares se consiguen hoy?
> —Sí, hay que buscarlos. Tenés que comprar una casita, demolerla, hacer otra de planta baja y cuatro pisos y metés ocho unidades o más. Hay que asumir que la tierra tiene un costo y ver cómo prorratearlo en lo que te van a devolver y lo que no. [Entrevista 3]

Sin embargo, habría que matizar la afirmación de la existencia de terrenos a precios accesibles. En este sentido, las dificultades que encuentran muchas cooperativas de vivienda de la ciudad para poder conseguir suelo sobre el cual construir resulta ilustrativo de que los precios del mercado están sumamente altos.

En este punto es importante pensar en cómo los elementos no contemplados en el momento de diseño se trasladan en las distintas etapas del proceso de implementación y, así, llegan a tener efectos específicos sobre la configuración de la estructura urbana de la ciudad. Aquí se visualiza en la persistencia del sector público construyendo viviendas en barrios donde el sector privado se ha mostrado reacio a desarrollar iniciativas. Áreas como Lugano o Villa Soldati, donde además las urbanizaciones populares tienen un peso específico considerable en el paisaje urbano (y también en términos demográficos), ven reforzada la presencia de la vivienda social.

Reflexiones finales

El PFCV marca un giro de ciento ochenta grados en lo que respecta estrictamente a la implementación de políticas de construcción de unidades habitacionales, no sólo en la ciudad de Buenos Aires sino también en el AMBA. Si durante los años 1990, al déficit habitacional se le agregaba la ausencia de una política de construcción de nuevas casas para los sectores populares, la construcción de 38.000 viviendas marca un cambio de rumbo de suma importancia. Vale pensar si, en algún punto, no es la misma decisión del sector público de impulsar una intervención de tamañas dimensiones uno de los motivos principales que incorpora, nuevamente, la cuestión del acceso a la vivienda y del mejoramiento del hábitat en el centro de la agenda.

Pero también vale pensar en qué medida el "giro recentralizador" que expresa es viable para el proceso de implementación del programa. Por un lado, es el Gobierno Nacional el que impulsa este nuevo programa. Es también quien aporta los fondos, fija los objetivos, establece en el convenio marco cuáles son los alcances y las aplicaciones de las partidas y con qué criterios debe ser evaluado (eficacia y eficiencia).

Por otro lado, las posibilidades de implementación del programa implican que esos criterios sean reapropiados en el ámbito local. Concretamente, las variantes que incorporan la cuestión del terreno o la aplicación de los fondos del programa para financiar operatorias locales pueden ser interpretadas como un "síntoma" de la dificultad que encuentran las políticas planificadas en forma centralizada para adaptarse a las realidades locales.

El PFCV presenta una desventaja en relación con el FONAVI. Mientras este último es un fondo nacional creado por ley, el rango institucional del PFCV, mirándolo desde la lógica de una política de Estado, es mucho más endeble, ya que se trata de un programa creado por el actual gobierno. Por lo tanto, su continuidad queda librada a los avatares de la coyuntura política. O, incluso, económica, pues la existencia de fondos para sostener el PFCV descansa en la estrategia de niveles altos de superávit fiscal.

En cuanto a los actores privilegiados por la orientación de la política, el PFCV está dirigido para que los proyectos sean llevados a cabo fundamentalmente por parte de las empresas constructoras privadas. Independientemente de los matices y los grises que se desarrollan al calor de la relación entre el sector público y el sector privado, el tradicional vínculo construido entre ambos podría verse fortalecido. Seguramente en este punto reside el principal elemento que explica la ausencia de una problematización acabada del rol del beneficiario en el proceso de implementación del programa: porque los objetivos priorizados son dinamizar la industria de la construcción y generar puestos de trabajo.

Quizá se pueda pensar, recuperando los planteos de John Turner, que la planificación *heterónoma* se contraponga necesariamente con la posibilidad de incorporar las experiencias locales en la elaboración de la política. Pero tal vez sea necesario contemplar las especificidades del escenario en que esta política habitacional se implementa; concretamente, es importante indagar sobre cómo puede afectar la coyuntura política actual la relación entre los distintos niveles del Estado (relación nación-provincia-municipios), y entre estos y los distintos tipos de actores de la sociedad civil (ONG, organizaciones comunitarias de base, movimientos de desocupados, etc.).

Estas observaciones adquieren una connotación más llamativa cuando se tienen en cuenta otras cuestiones ligadas al proceso de implementación del PFCV, en particular en la ciudad de Buenos Aires. La presencia de marcos normativos estrictos es presentada en general por los informantes como uno de los elementos que traba para la ejecución. Además, las intervenciones del poder judicial, las instancias de control y participación ciudadana son identificadas como elementos que complejizan su dinámica. En otros casos, se pone el acento sobre el escaso desarrollo de una perspectiva propia por parte del IVC, para adoptar una perspectiva propia y adaptar el contenido de la política a las circunstancias, posibilidades y necesidades del medio local.

A esto último, habría que agregar elementos coyunturales. Como se ha dicho más arriba, en tanto política de gobierno financiada con el superávit fiscal, el PFCV es particularmente vulnerable a los cambios en el contexto económico y político. El conflicto respecto de cómo financiar ese superávit (particularmente visible durante 2008) paralelamente a un reflujo en la asignación de los fondos nacionales hacia las jurisdicciones, constituye un elemento estructural que es importante atender, sobre todo cuando se hace referencia, como en el caso de la ciudad de Buenos Aires, a las dificultades en la actualización de los montos.

Volviendo a la letra del programa, si bien habla en su formulación de la construcción de "unidades habitacionales", debe decirse que el PFCV no estaría reproduciendo la lógica de la construcción de grandes conjuntos en altura (lo que se conoce como "viviendas plurifamiliares") sino que construye unidades habitacionales en lote propio (viviendas "unifamiliares"), que pueden pensarse "progresivas", ampliarse e incorporar otros usos. En el caso de la ciudad de Buenos Aires, esto último se conjuga con la ausencia de suelo en cantidad como para construir viviendas en lote propio. Las tipologías predominantes son las tiras de Planta Baja y tres pisos y los complejos de torres.

La lógica de construcción es la de "unidades de vivienda". Como se veía más arriba, esto podría implicar una falta de atención de la vivienda "como proceso" o, dicho de otro modo, de la articulación entre la vivienda y su entorno: el hábitat. La posibilidad de abordar la problemática de modo focalizado, no integral en términos de acceso al conjunto de servicios urbanos (educación, salud, transporte).

Otro de los ejes que es importante atender, sobre todo cuando se pone la atención en el proceso de implementación e impacto del programa en la ciudad de Buenos Aires, se refiere a la ausencia de financiamiento para suelo urbano. Es ineludible pensar las dificultades de implementar una política de estas características sin tener una estrategia clara de cómo intervenir en el mercado inmobiliario, en general, y en el de suelo urbano, en particular. En el caso específico aquí estudiado, esto conlleva una consecuencia muy visible: la continuidad de la práctica tradicional de construcción de vivienda social en las áreas donde el sector privado ha mostrado poco interés. Los barrios del sur, en especial Lugano y Parque Avellaneda, son claros receptores de viviendas nuevas.

La necesidad de intervenir sobre los mercados del suelo con un criterio equitativo y progresivo, que promueva la inclusión y no reproduzca los patrones vigentes de segregación socioespacial, requiere de, cuanto menos, la construcción de una perspectiva que contemple qué tipo de ciudad se está construyendo. Pues la lógica del mercado inmobiliario urbano sí actúa sobre el conjunto de la ciudad, trascendiendo los límites políticos y administrativos. Por estos motivos, es importante que esa mirada metropolitana no quede restringida a los límites estrictos de las jurisdicciones que la integran.

En el contexto actual, donde el PFCV todavía está en proceso de implementación, puede arriesgarse que hay algunos actores que ya aparecen como beneficiados. En primer lugar, el sector que produce insumos para la construcción (cemento, hierro, arena y demás materias primas y productos de escasa elaboración).

Es importante hacer una última observación. La participación de los sectores beneficiarios y de las organizaciones de la sociedad civil está ausente por completo en la elaboración del PFCV.

Será difícil desarrollar una política habitacional sostenible y que promueva el acceso efectivo de la población con problemas de vivienda sin incorporar a los sujetos concretos como agentes relevantes en el proceso. El acceso a la vivienda, y al conjunto de servicios urbanos que ésta implica, necesita de la participación activa de los actores comunitarios, de las experiencias y prácticas de los propios pobladores. Sólo así podrá romperse con la riesgosa lógica de generar un recurso para un tercero considerado "pasivo" (por acción u omisión) por un saber pretendidamente técnico. Los viejos conjuntos construidos en dictadura son el máximo exponente de miradas que, atenuadas, no dejan de estar presentes en ciertos espacios de decisión.

Bibliografía

Castells, M. (1970), *La cuestión urbana*, México, Ed. Siglo XXI.

COHRE (2005), *El derecho a la vivienda en Argentina. Informe misión de investigación, 2004*, sin datos de edición.

Cravino, M. C.; Fernández Wagner, R y Varela, O (2002), "Notas sobre la política habitacional en el área metropolitana de Buenos Aires en los '90", Universidad Nacional de General Sarmiento, Instituto del Conurbano, Mimeo.

Convenio Marco del Plan Federal de Construcción de Viviendas (2004), disponible en línea: www.vivienda.gov.ar

Fidel, C. (2004), "Orientación y particularidades de la política económica, social y habitacional en la Argentina. La década del 90", en Cuenya, Beatriz, Carlos Fidel e Hilda Herzer (comps.), *Fragmentos Sociales. Problemas Urbanos en la Argentina*, Buenos Aires, Ed. Siglo XXI de la Argentina.

Foro de Organizaciones de Tierra, Infraestructura y Vivienda de la Provinciacia de Buenos Aires (2005), *Talleres Zonales. Norte, sur y oeste*, sin datos de edición.

Jaramillo, S. (1990), *Hacia una teoría de la renta del suelo urbano*, Bogotá, Ed. Universidad de Los Andes.

Nuñez, O., Pradilla E. y Steinghart M. (sin fecha), "Notas acerca del problema de la vivienda en América Latina", en Pradilla Cobos, Emilio (comp.), *Ensayos sobre el problema de la vivienda en América Latina*, Xochimilco, Ed. Universidad Autónoma Metropolitana Unidad Xochimilco.

Ostuni, F. (2007), *Del FONAVI al "Federal": Transformaciones socio-urbanas y respuestas estatales. Algunas reflexiones sobre la política habitacional*, Centro de Documentación de Políticas Sociales, Serie Documentos, n° 38.

Oszlak, O. (1991), *Merecer la ciudad. Los pobres y el derecho al espacio urbano*, Buenos Aires, Ed. HVMANITAS-CEDES.

Pradilla, E. (sin fecha), "Autoconstrucción, Explotación de la Fuerza de Trabajo y Políticas del Estado en América Latina", en Pradilla Cobos, Emilio (comp.), *Ensayos sobre el problema de la vivienda en América Latina*, Xochimilco, Ed. Universidad Autónoma Metropolitana Unidad Xochimilco.

Rodríguez, M. C., Di Virgilio, M., Vío, M., Ostuni, F. (y otros), (2007), *Políticas del hábitat, segregación socioespacial y desigualdad en el Área Metropolitana de Buenos Aires*, Buenos Aires, Ed. AEU-IIGG/Grupo Argentina-PSH (MOI-FVC-SEDECA).

Svampa, M. (2001), *Los que ganaron. La vida en los countries y barrios cerrados*, Buenos Aires, Ed. Biblos.

Svampa, M. (2005), *La brecha urbana*, Buenos Aires, Ed. Capital Intelectual.

Topalov, C .(1979), *La urbanización capitalista. Algunos elementos para su análisis*, México, Ed. Edicol.

Turner, J. (1977), *Vivienda: Todo el poder a los usuarios*, Madrid, Ed. H.Blume.

Turner, J. (sin fecha), "Issues in Self-Help and Self-Managed Housing", en Ward, Peter (ed.), *Self-Help Housing. A critique*, sin datos de edición.

Ward, P. (sin fecha) "Introduction and Purpose", en Ward, Peter (ed.), *Self-Help Housing. A critique*, sin datos de edición.

Yujnovsky, O. (1984), *Claves políticas del problema habitacional argentino, 1955-1981*, Buenos Aires, Grupo Editor Latinoamericano.

La implementación del Plan Federal de Emergencia Habitacional en la Provincia de Buenos Aires

Lectura crítica de un programa complejo

María Gabriela Marichelar

Introducción

En el marco de una profunda crisis social, económica, política e institucional en la Argentina de fin de siglo pasado, se planteó la necesidad de generar empleo y resolver las cuestiones más acuciantes del hábitat popular. Así, en 2003, se originó el Programa de Emergencia Habitacional "Techo y Trabajo" (en adelante PFEH), que planteaba la construcción de viviendas a través de las Cooperativas de Trabajo, con los objetivos de reducir el desempleo y el déficit habitacional.

En algunos casos, la preexistencia de organizaciones sociales favoreció la conformación de las cooperativas e impulsó el programa; en otros, fueron los gobiernos locales quienes lo motorizaron y constituyeron las cooperativas. En su desarrollo se verificaron dispares apropiaciones, que dieron lugar a distintas implementaciones. A la luz de los cinco años transcurridos desde su inicio, se aborda una lectura crítica de su aplicación en la Provincia de Buenos Aires considerando distintas escalas de ejecución, condiciones de sostenibilidad del programa y del trabajo cooperativo, y la configuración espacial que imprimió en la ciudad.

Para ello, se analiza el ciclo de vida del programa, caracterizando momentos diferenciados, tomando como eje el entramado de actores intervinientes y poniendo en juego la variable trabajo-producción en cada etapa y la transformación de roles de algunos actores.

Como primer momento se considera el año 2003 –gestación y formulación del programa–, momento en que se pone en relieve la necesidad de articular la generación de empleo con la construcción de viviendas[1]. Como segundo momento, el período 2004-2005 corresponde a la mayor producción, donde se consolida la relación Nación-Municipios. Por último, el bienio 2006-2007 se caracteriza por el "enfriamiento" del programa, a través de indicios como la escasa firma de convenios, la paralización de obras, y en consecuencia, la paralización del trabajo. Por último, se ensayan algunas conclusiones en torno a las lógicas de los actores que sostuvieron el programa y la configuración espacial resultante a través de la materialización de este tipo de proyectos.

El inicio

La lucha por el acceso al suelo urbano en el Área Metropolitana de Buenos Aires en la década de 1980 contribuyó a generar y fortalecer organizaciones sociales que Merklen caracteriza como punto de partida y principal atributo de ciertos grupos. En otras palabras, son "la base social de los Asentamientos como la resultante del movimiento, o de la movilidad, de un proceso de cambio del conjunto de estructura social. Un proceso de cambio veloz, regido por la fuerte concentración y centralización del capital" (Merklen 1991: 169). La lógica de la necesidad guiaba a estos grupos. Este movimiento está caracterizado por un proceso de extensión y modificación de la pobreza. La idea de progreso y consecución de condiciones de vida digna están presentes en las organizaciones que participaron de los Asentamientos de la década de 1980.

Estos grupos organizados, militantes sociales y políticos, a mediados de la década de 1990 hicieron foco de sus reclamos en el campo del empleo e ingreso ciudadano, e instalaron en la agenda pública la cuestión del desempleo y la exclusión social. Conocidos como "fogoneros" o "piqueteros", se hicieron visibles a partir de la acción colectiva y directa mediante los cortes de ruta. Maristela Svampa (2005) señala:

> La acción piquetera nació allí donde se desarticularon los marcos sociales y laborales de manera brusca y vertiginosa, allí donde la experiencia de la descolectivización adquirió un carácter masivo, afectando a los trabajadores calificados que contaban con carreras laborales estables, e incluían familias y hasta generaciones completas socializadas en el marco de la estabilidad y el bienestar social, allí donde el desarraigo tanto como la desocupación reunieron en un solo haz un conglomerado heterogéneo de categorías sociales.

Con anterioridad a las elecciones legislativas de 1997, se masificaron los conflictos sociales y los cortes de ruta se sucedieron a lo largo de todo el país[2]. A fines de 2001, con el quiebre de la institucionalidad democrática del Gobierno Nacional, se produjo

---

[1] El programa concibe la construcción de viviendas como producto final.

[2] Esta modalidad de expresión del reclamo social tuvo su origen en localidades del sur y del noroeste argentino.

un escenario social, económico e institucional de alta complejidad. A manera ilustrativa de la gravedad de la situación, podemos decir que en seis meses se sucedieron cinco presidentes.

Aunque la principal demanda era por trabajo, el Estado Nacional propuso la implementación de un subsidio, a través del Plan Jefes y Jefas de Hogar Desocupados (PJyJdHD)[3]. Para acceder al beneficio de la mensualidad era necesario establecer una contraprestación, que siguiendo el mandato de los organismos internacionales de crédito establece una fuerte dependencia entre los desocupados y sus organizaciones y el Estado. "En un contexto de creciente precariedad y dada la ausencia de recursos financieros, gran parte de las organizaciones territoriales terminaron por perder su autonomía relativa –ya débil–, subsumidas o neutralizadas por las estructuras clientelares del Partido Justicialista" (Svampa: 2008). Como señala la misma autora, este programa, con una matriz de corte asistencialista, propuso el mismo tipo de relación "de participación ciudadana" con el Estado que el planteado por la política social de corte neoliberal para los pobres.

Para reducir los "efectos no deseados" de la política neoliberal, Svampa (2005) señala que en las sociedades periféricas se han aplicado programas sociales focalizados y descentralizados hacia las instancias locales que, apoyados en la organización comunitaria, tienden a promover el desarrollo de una ciudadanía restringida, de muy baja intensidad, bajo la mirada vigilante del Estado y el control constante de las agencias multilaterales de crédito.

La Cámara Argentina de la Construcción y la Unión de Trabajadores de la Construcción, sectores gremiales y sociales coordinados con la Confederación Trabajadores Argentinos-CTA, redes de ONG, entre otros, coincidieron en precisar la importancia de la contribución del sector habitacional a la solidaridad, a la creación de trabajo y reactivación económica[4]. En el mismo sentido actuó la Mesa del Diálogo Argentino, integrada por el sector gubernamental, sectores representativos de la sociedad y la Iglesia Católica, con participación del Programa de Naciones Unidas para el Desarrollo. A través del trabajo en las distintas mesas se priorizó el fortalecimiento de programas sociales dirigidos a la emergencia habitacional y la finalización de viviendas en ejecución avanzada del sistema FONAVI, como medio de reactivación del empleo y trabajo en la construcción, y como satisfactores sociales inmediatos en la crisis.

---

[3] Subsidio establecido por el Gobierno Nacional, con intenciones de universalizar el alcance del mismo. Los beneficiarios debían ser mayores de 18 años y tener hijos a cargo. A cambio recibían $150 por mes, al inicio del programa sin contraprestación, posteriormente, con contraprestación de trabajo comunitario. Este universo pasó de 700.000 beneficiarios en 1997 a 2.000.000 de desocupados que cobraban subsidio, en 2002. A principios de 2007, este plan contaba con 1.028.770 beneficiarios. Barbeito *et al.* (2008). Doc. 59: *Lineamientos para el debate de una estrategia de política económica y social para la Argentina*. Citado en Svampa (2008).

[4] *Clarín*, 4 de julio de 2004. Sección "El País", p. 20.

En mayo de 2003, asumió un nuevo Gobierno Nacional, presidido por Néstor Kirchner, quien presentó a la obra pública como eje de la reconversión de un país de desocupados en un país de trabajadores. Se plantearon entonces diversos programas de construcción de vivienda, dando inicio al Plan Federal de Construcción de Vivienda.

El programa[5]

Emergencia Habitacional es un programa que subsidia 100% materiales y mano de obra, pero no contempla financiamiento para resolver el componente de suelo urbano[6]. Propone la forma cooperativa para la organización de la mano de obra, reconociendo, en algunos casos, a la organización social como sujeto colectivo, en varios casos con preexistencia y presencia militante en el territorio, y como destinataria de las viviendas a construirse.

Es un programa financiado con recursos genuinos del Estado Nacional, y aunque comenzó a pensarse con anterioridad a los Programas Federales de la Construcción, el desarrollo de ambos se dio de forma simultánea, con un fuerte sello centralista y con acceso muy diferencial a las prioridades de gestión.

El Plan Federal de Emergencia Habitacional (PFEH), más conocido como "Techo y Trabajo", comenzó a implementarse a mediados de septiembre de 2003[7], participando en las gestiones los ministerios de Planificación Federal, de Desarrollo Social y de Trabajo y Seguridad Social de la Nación.

Este programa perseguía dos objetivos: incidir en el déficit crítico de vivienda y en el desempleo. Para ello, indujo la formación de cooperativas de trabajo como ejecutoras de las viviendas. Estas cooperativas se conformaron de acuerdo a una reglamentación específica creada *ad hoc* que establece pautas homogéneas, entre ellas, su escala (resolución 2.038/03 del Instituto Nacional de Asociativismo y Economía Social INAES). El Ministerio de Planificación inicia el circuito financiero para la construcción de las viviendas. El Ministerio de Desarrollo Social Nacional, a través de INAES, apuntala la constitución de las cooperativas, el Ministerio de Trabajo de la Nación participa a

---

[5] Como insumo para la lectura crítica de este programa cuento con la sistematización de mi experiencia personal desde dos ángulos. En 2004 fui convocada por una organización social para realizar la dirección de obra para el programa Emergencia Habitacional. A partir de 2005, como técnico de la recientemente creada Subsecretaría de Urbanismo y Vivienda de la Provincia de Buenos Aires. Aún continúo vinculada a ese organismo.

[6] Este punto no es de menor importancia, ya que da una explicación sobre la localización de este programa en el tejido de las ciudades. A veces inserto en el tejido urbano, otras, en situación de borde o en la periferia.

[7] El convenio marco fue firmado el 18 de setiembre de 2003, por las provincias de Buenos Aires, Corrientes, Chaco, Entre Ríos, Jujuy, Misiones, San Juan, Tierra del Fuego y Tucumán, varios municipios del GBA, entre ellos los de La Matanza, Ituzaingó, Tres de Febrero, Quilmes, Malvinas Argentinas, José C. Paz y Moreno.

través del registro y pago del Programa Jefes y Jefas Desocupados, \$150 mensuales para los beneficiarios del Plan involucrados en las cooperativas[8].

El programa se originó a partir de la firma de un Convenio Marco de Adhesión entre el Ministerio de Planificación y los estados provinciales. Los estados municipales y los provinciales se vinculan a través de un convenio específico, firmado en conjunto con la Subsecretaría de Vivienda y Desarrollo Urbano, en particular, para cada proyecto.

Un entramado de actores de difícil articulación

Como puede observarse, participan actores de distintas procedencias y características, con diferente grado de responsabilidad, pertenecientes al Estado, a las organizaciones sociales, e individuos que forman parte de colectivos organizados externamente, *ad hoc*, sin participación y, por ende, sin códigos de pertenencia.

Por un lado, se reconocen los actores institucionales, administrativos y gubernamentales enrolados en el Estado en sus distintos niveles: nacional, provincial y municipal. Y por otro lado, las organizaciones comunitarias. Esta diversidad genera una compleja red de intereses, que se posicionaron de distinta manera en los diferentes momentos del programa. Veamos la cadena de intervenciones para el caso de Provincia de Buenos Aires:

El Estado Nacional

El Ministerio de Planificación Federal, Inversión Pública y Servicios, a través de la Subsecretaría de Desarrollo Urbano y Vivienda (SSDUyV), suscribe el convenio específico, audita y monitorea el seguimiento de la operatoria y realiza las transferencias de los fondos a los Institutos Provinciales de Vivienda. Es también quien genera el instructivo para operacionalizar el programa [9].

El Ministerio de Desarrollo Social, a través del INAES, inscribe a las cooperativas de trabajo, asiste y asesora a cooperativas y municipios, lleva adelante el Registro Nacional de Efectores de Desarrollo Local y Economía Social. El Ministerio de Trabajo, Empleo y Seguridad Social tiene a cargo la reinserción de las personas en la economía formal, recibe la información de las altas y bajas de los Jefes y Jefas de Hogar Desocupados que participan del programa. El Ministerio de Economía, finalmente, reglamenta y formaliza las actividades de las cooperativas.

---

[8] Posteriormente, los beneficiaros del Plan JyJdHD fueron transferidos al Plan Familia y pasaron a cobrar \$200 mensuales. Mientras que en septiembre de 2001, el costo de la canasta básica por adulto era de \$150, a julio de 2007 duplicó llegando a \$300. Fuente: INDEC, ingreso a página web, consultada en noviembre de 2008.

[9] Instructivo PFEH, SSDUyV (2005).

El Estado Provincial

El Instituto de Vivienda de la Provincia de Buenos Aires (IVBA) conformó una Unidad Ejecutora para el seguimiento del programa. Entre sus funciones es responsable del seguimiento del circuito financiero que la SSDUyV gira en forma anticipada. Ejerce el control de gestión sobre los aspectos técnicos y económicos, brinda el "apto técnico" que involucra vivienda y tierra, respaldada por la documentación técnica de cada proyecto urbano y el prototipo de vivienda propuesto. Realiza las certificaciones mensuales de avance físico y financiero de cada proyecto. Tiene a su cargo la adjudicación de las viviendas, a partir del listado de beneficiarios propuesto por el municipio, con prioridad de acceso para los miembros de las cooperativas. También tiene en sus competencias implementar el recupero de las cuotas (mensuales y a 50 años, sin interés). Y finalmente, llegar a la escritura de las viviendas a favor de las familias adjudicatarias.

El Estado Municipal

Es responsable de crear una unidad ejecutora local, que integre a las áreas técnicas, sociales y contables. Debe disponer, proponer o buscar tierra apta para la implementación del programa, elaborar el proyecto urbano y de las viviendas en cada caso, conseguir las factibilidades técnicas y de infraestructura, y realizar la subdivisión de la tierra, si fuese necesario. También se encarga de realizar la contratación de obra, realizar la fiscalización y control de la obra, física y económica, elevar el certificado de avance de obra al IVBA para movilizar el circuito financiero y gestionar el cobro. Por último, elaborar el listado de preadjudicatarios.

Las cooperativas

El instructivo del PFEH 1 establecía que las cooperativas debían estar constituidas por 16 personas, y como máximo un 75% de sus miembros alcanzado por el subsidio JyJdHD. Posteriormente, el nuevo instructivo del PFEH 2, fijó como máximo un 50% de desocupados para que formen parte de las cooperativas[10]. Por única vez, las cooperativas reciben un subsidio de $ 5.250 brindado por el INAES para la adquisición de equipos, herramientas, ropas de trabajo y libros contables.

Cada cooperativa accede a la construcción de cuatro viviendas de 43 m^2, compuesta por dos dormitorios, baño y cocina comedor, en un plazo de cinco meses. El costo por unidad de vivienda más la conexión a infraestructura básica[11] fue inicialmente de $20.000, se elevó a $22.000, posteriormente aumentó a $25.000. Con el PFEH 2, el costo se estableció en $35.000, posteriormente en $43.600, y en septiembre de

---

[10] El instructivo PFEH 1 está vigente desde 18 de septiembre de 2003 al 1 de enero de 2006, fecha en que entra en vigencia el PFEH 2.

[11] La infraestructura básica incluye red de agua potable, conexión a cloaca o pozo absorbente, vereda, pilar de luz, gabinete de gas y cordón cuneta.

2008, el costo por unidad de vivienda es de $ 53.900. O sea, establece en $1.253 el valor del m², con infraestructura básica[12]. La localización de las viviendas depende de cada proyecto condicionado por la disponibilidad de suelo urbano, en directa relación con las políticas urbanas de cada municipio, o el suelo disponible en manos de las organizaciones sociales.

Podemos reconocer dos orígenes para las cooperativas: las formadas desde las organizaciones sociales, o las organizadas por el Estado Municipal. Dentro de la gestión municipal, algunas cooperativas funcionaron como verdaderas "cooperativas municipales" totalmente dependientes de la administración local, en relación con la planificación, gestión y trabajo. Mientras en otras oportunidades, el gobierno local fomentó un camino autónomo.

Las organizaciones sociales

Las organizaciones sociales que formaron cooperativas debieron apostar por capacitarse para gestionar, abordando la formación técnica, legal y de administración financiera, reconvirtiendo su trabajo territorial cotidiano. Corresponden a esta partida la Federación de Tierra y Vivienda (FTV), la Corriente Clasista y Combativa (CCC), las cooperativas formadas por el Plan Arraigo en La Matanza (Almafuerte y Las Antenas), entre otras. En algunos casos, y con posterioridad a los primeros pasos, ciertas cooperativas constituyeron una organización superior y conformaron federaciones de cooperativas (FECOOTRAUN, por ejemplo).

Las organizaciones sociales y "piqueteras" (de trabajadores desocupados) fueron las motorizadoras de esta instancia y a quienes el programa tuvo en su eje central en el inicio[13]. Sin duda, la puesta en escena de este programa contribuyó a neutralizar parte de la lucha o de los altos niveles de conflictividad social que se registraban entonces[14]. Con la asunción del presidente Kirchner, se consolidaron dos grupos: "los piqueteros oficialistas" y "los duros". Como señala Svampa (2005: 235-292), el movimiento piquetero nunca fue uno ni homogéneo. Los piqueteros oficialistas fueron los principales destinatarios de este programa.

---

[12] La infraestructura básica financiada alcanza a red de agua potable, conexión a cloaca, o pozo absorbente, vereda, pilar de luz, gabinete de gas y cordón cuneta.

[13] Las cuestiones distintivas de los "piqueteros" como movimiento social son: una nueva identidad, un nuevo formato de protesta, una nueva modalidad organizativa, y un nuevo tipo de demanda: los planes sociales (Svampa 2005).

[14] Los planes (subsidios) y la asistencia alimentaria fueron el núcleo de la política de contención del Gobierno y se convirtieron con el correr de los años en el centro de la negociación con las organizaciones para poner fin a los cortes de ruta.

Primer momento de análisis, año 2003

La implementación del programa resultó compleja y también complicada: debieron darse y/o forzarse relaciones interinstitucionales entre las administraciones locales, provinciales, nacionales y las organizaciones territoriales.

Según datos del INAES, la mayoría de las cooperativas se formaron en 2003-2004[15], en concordancia con el inicio del programa. La mayoría de ellas tuvieron un inicio errático, y se fueron reacomodando con el transcurso de las obras. También se verificó una gran rotación de integrantes, sucediéndose las altas y bajas.

En el período 2003-2008 se firmaron convenios para la construcción de 5.873 viviendas. En el 2003, se firmaron convenios para la construcción de 1.806 viviendas, o sea, un 30% del total. Gran parte de las cooperativas que participaron inicialmente del programa tenían sus orígenes en las organizaciones sociales y territoriales, o en municipios con fuerte compromiso con el programa.

Cuadro1: Síntesis de construcción de viviendas, año 2003

Partido	Total viv. Ccnvenidas 2003-2007	Cantidad de viviendas 2003
Florencio Varela	713	200
La Matanza	548	316
Moreno	800	400
Quilmes	440	224
Tres de Febrero	52	52
José C. Paz	1.704	248
Total AMBA	**4.257**	**1.440 viv**
Interior		
Gral. Pueyrredón	40	24
Olavarría	408	80
San Nicolás	310	262
Total interior	**758**	**366**
Total interior + gba	**Total período 2003-2008 5.015**	**1.806 Viviendas**

Fuente: elaboración propia en base a datos Auditoria Obra IVBA 2008.

En el año 2003 fueron diez los municipios que se vincularon al programa, siete de ellos pertenecientes al área metropolitana, y los tres restantes del interior de la

---

[15] Elaboración propia en base a datos INAES. Año 2006.

provincia. Los municipios que hicieron punta en la ejecución del programa dieron cuenta de la demanda social y tomaron la iniciativa organizando cooperativas.

El desarrollo desde los gobiernos locales

El programa dio el puntapié inicial en *Florencio Varela*, un partido del segundo cordón Área Metropolitana de Buenos Aires, caracterizado por la preponderancia de la pobreza y la presencia de planes sociales en la población, en un marco de continuidad política del intendente. El gobierno local, en fuerte acuerdo político con el Gobierno Nacional, formó las primeras cooperativas. De las 50 inicialmente formadas, 47 trabajaron efectivamente en el programa. La gestión de las cooperativas fue operada directamente por el municipio, aunque dando lugar a un camino de autonomía. La dirección de obra fue contratada y pagada por el municipio. Con posterioridad, 16 cooperativas conformaron una organización de segundo grado, FECOOTRAUN. Esta federación realiza trabajos a terceros, y fue subcontratada por la empresa PYPSA para la ejecución de viviendas en el marco del Plan Federal de Construcción de Viviendas. Lejos de conformarse con el espacio que se les proponía, buscaron alternativas para construir un "círculo virtuoso".

El suelo utilizado para la construcción de viviendas es de dominio estatal, a excepción del emprendimiento de Nueva Argentina, que se construyó en el lote ocupado por viviendas irrecuperables para su reemplazo total. Las familias accedieron a la posesión inmediata por parte de la municipalidad; aunque aún no han sido adjudicadas por el IVBA, como tampoco se ha realizado la gestión de cobro.

En Tres de Febrero, las cooperativas administraron sus recursos, y no hubo acompañamiento desde el municipio. Inicialmente firmaron convenio para la construcción de 104 viviendas. 52 viviendas fueron construidas por las cooperativas, que luego se desarticularon, y finalmente las restantes 52 viviendas fueron licitadas para construir por empresa, en el marco del Subprograma de Urbanización de Villas y Asentamientos Precarios. Las viviendas se construyeron en asentamientos preexistentes, con buena accesibilidad y con infraestructura completa.

En Moreno, la implementación del programa tiene una impronta particular. Enmarcado en el trabajo que lleva adelante el Instituto de Desarrollo Urbano y Ambiental (IDUAR), la construcción de viviendas del Plan de Emergencia Habitacional fue realizada en lotes vacantes pertenecientes al Banco Municipal de Tierra, o en tierra que la ONG Madre Tierra disponía de su trabajo previo en "Lotes con Servicios". Las viviendas completan tejido urbano, y su accesibilidad es relativamente aceptable en las distintas localizaciones.

Las 50 cooperativas fueron organizadas por el Instituto Municipal de Empleo, que capacitó a las cooperativas y asumió a su costo la dirección de obra. La continuidad del trabajo fue sostenida a través de la sucesión de firmas de nuevos convenios para la construcción de viviendas.

Quilmes contaba con el trabajo previo de las cooperativas de viviendas, con un importante camino recorrido desde la década de 1980, y otras cooperativas fueron conformadas *ad hoc* para el programa.

Las cooperativas de La Matanza reconocen su origen en la formación de cooperativas para el programa Arraigo, y éstas se constituyeron en cooperativas madre de nuevas cooperativas.

La siguiente tabla identifica el origen de las cooperativas y permite desagregar por partido las promovidas por el gobierno local o por las organizaciones, y también posibilita identificar la localización del programa en la Provincia de Buenos Aires. Se constituyeron 227 cooperativas, 125 en manos de los municipios, y 102 originadas por las organizaciones sociales.

Cuadro 2: Constitución de cooperativas en el año 2003

Municipio	Cantidad de Coop 2003	Cantidad de trabaja-dores	Organización Social				Munici-pales
			FTV	Bº de Pie	CCC	Otros	
AMBA							
Florencio Varela	47/ 13 CIC	752					47
Tres de Febrero	33/ 5 CIC	528				8 CV La Primavera 14 CV El libertador 2CV El Paredón	3 mun. 6 S/D
Moreno	50/ 8 CIC	800				Madre Tierra	50
La Matanza	47/ 6 CIC	752	25		10	1 CV Almafuerte 6 CV Palito 3 CV Las Antenas 2/sin dato	
Subtotal AMBA	177	2.832	25	-----	10	36 71	106
Interior							
General Pueyrredón	5	80	5				
Olavarría	26/3 CIC	416	26				Mun
San Nicolás	19	304					19
Sub total interior	**50**	**800**	**31**	-----	----	----- **31**	**19**
Total amba + int	227	3.632	56	---	10	36 102	125

Fuente: INAES 2006, elaboración propia.

Nota: Quilmes y José C Paz se encontraban en etapa preparatoria del programa, constitución de cooperativas.

En la Provincia de Buenos Aires se registran 535 cooperativas habilitadas para trabajar en el Programa de Emergencia Habitacional; el 78% de las cooperativas (420) están radicadas en el Área Metropolitana, para construir 4.357 viviendas de las 5.873 viviendas convenidas en el marco del programa.

La impronta de las organizaciones sociales

En La Matanza, el programa fue ejecutado por completo desde las organizaciones sociales. La fuerte organización social preexistente, que reconoce su origen en la lucha por la tierra y más tarde por un ingreso ciudadano, se apropió de este programa. Así la FTV, la CCC y las cooperativas que se formaron para implementar el Plan Arraigo en Villa Palito y Las Antenas fueron quienes lo llevaron adelante.

La FTV disponía de tierra regularizada de procesos preexistentes, facilitó suelo para que otra organización, la CCC, también construyera viviendas, y lo hicieron en suelo libre disponible dentro del barrio que habitan. La toma de decisiones se realiza en el marco de funcionamientos de tipo asambleario. En Villa Palito y Las Antenas se registró una verdadera combinación de programas. Algunas viviendas fueron financiadas por PFEH, y esas mismas cooperativas ampliaron luego las viviendas con financiamiento del Programa Mejor Vivir.

Las cooperativas Almafuerte y Las Antenas se constituyeron en cooperativas madre que generaron otras cooperativas destinadas específicamente a trabajar en el programa, trasmitiendo experiencia y asesoramiento, y conformándose en una unidad ejecutora. Los adjudicatarios de estas viviendas son los habitantes del barrio. La sucesión de convenios firmados sostuvo el trabajo a lo largo del período 2003-2007.

En Quilmes, las cooperativas de construcción de viviendas ya habían consolidado un camino de trabajo previo al inicio de este programa. Azul, Itatí, Iapi y San Ignacio participaron del programa. La FTV también fue de la partida. La mayoría de las viviendas están situadas en cercanía a arroyos y en tierra bajo cota de inundación. Hay seis localizaciones distintas, y las viviendas se materializaron en lotes ya ocupados.

Período 2004-2005: mayores ejecuciones

El período 2004-2005 es el que registra la mayor cantidad de ejecuciones o firmas de convenios para la construcción de viviendas. Observando la siguiente tabla, podemos identificar que el ingreso al programa del municipio de José C. Paz establece un desequilibrio, y tiene un peso contundente en el desarrollo. En este período, participan 18 municipios, lo que implica un incremento de 80% respecto del año 2003.

Cuadro 3: Síntesis de construcción de viviendas, período 2004-2005

PARTIDO	Total viv. convenidas 2003-2007	Cantidad de viviendas 2004-2005
Florencio Varela	713	200 - 2004 200 - 2005
La Matanza	548	80 - 2004 56 - 2005
San Fernando	16	16 - 2004
Moreno	800	200 - 2005
Quilmes	440	184 - 2004
Esteban Echeverría	68	68 - 2005
José C. Paz	1.704	252 - 2004 1.204 - 2005
Total AMBA	**4.385**	**732 - 2004** **1.728 - 2005** **2.460 - 2004- 2005**

Partido	Total viv. convenidas 2003-2007	Cantidad de viviendas 2004-2005
Junín	40	40 - 2005
Rauch	80	40 - 2004 40 - 2005
Gral. Pueyrredón	40	24 - 2003 16 - 2004
Olavarría	408	80 - 2003 128 - 2004 208 - 2005
Puan	40	40 - 2005
Marcos Paz	9	4 - 2004
San Nicolás	310	12 - 2004 12 - 2005
Tandil	16	16 - 2004
Zárate	48	48 - 2005
Chascomús	40	40 - 2005
Daireaux	8	8 - 2005
Ensenada	248	144 - 2004
Total Interior	1.464	360 - 2004 436 - 2005 796 – 2004/2005

Partido	Total viv. convenidas 2003-2007	Cantidad de viviendas 2004-2005
INT + AMBA TOTAL	5.849	2.460+796 AMBA+INT 3.256 viviendas 2004-2005

Fuente: elaboración propia en base a datos Auditoria Obra IVBA 2008.

José C. Paz es un caso paradigmático de este programa. Firmó convenio para la construcción de casi 3.000 viviendas en el período 2003-2005. El municipio compró tierra específicamente para materializar esta operatoria, y localizó los barrios en situación de borde urbano. Se trata de una tierra periférica con dificultades para acceder a la infraestructura de servicios y equipamiento urbano. Las cooperativas son verdaderas "empresas municipales", que registraron gran rotación de operarios. Las compras, la gestión, la planificación y dirección de la obra fueron realizadas de manera centralizada desde la municipalidad, dando poco lugar a la participación en la toma de decisiones. Veamos qué ocurrió en cuanto a la constitución de las cooperativas:

Cuadro 4: Constitución de cooperativas, período 2004-2005

Municipio	Cantidad de Coop.	Cantidad de trabajad.	Año de formación	Organización Social				Municipales
				FTV	Bº de Pie	CCC	Otros	
AMBA								
Quilmes	50/6 CIC	800	2004	12			12 CVCC Bº Azul 16 San Ignacio 6 ITATI 4/ IAPI	
José C. Paz	189	2992	2004					189
Marcos Paz	1	16	2004	1				
E. Echeverría	3	48	2004 1 2005 2		3			
San Fernando	2	32	2004					2
INTERIOR								
Ensenada	37	592	2004	7	7	5	6 MTD Eva Perón 2 Marcha Grande	10
Zárate	6	96	2005					6
Ituzaingó	2	32	2005					2

| Municipio | Cantidad de Coop. | Cantidad de trabajad. | Año de formación | Organización Social | | | | Municipales |
				FTV	Bº de Pie	CCC	Otros	
San Nicolás	15		15 en 2004	3			12 MTD Eva Perón	
Rauch	5/ 5 cic	80	2005					5

Fuente: INAES 2006, elaboración propia

Podemos señalar que sobre el total de cooperativas conformadas en el período en análisis, 243 lo hicieron en el AMBA, o sea un 79%, mientras que el restante 21% se localiza en el interior de la provincia. Sobre el total de las localizadas en el AMBA, 189 cooperativas fueron originadas por el gobierno local (José C. Paz), lo que equivale a un 77%, mientras que el restante 23% responde a las organizaciones sociales.

La situación es muy distinta en el interior de la provincia. Sobre las 65 cooperativas radicadas allí, 42 de ellas, o sea 65%, fueron generadas por las organizaciones sociales, mientras que el restante 35% fueron armadas por los gobiernos locales.

Es decir que en total, sobre las 308 cooperativas que se organizaron en este período en la Provincia de Buenos Aires, el 68% de las cooperativas fueron generadas por los gobiernos locales, y el restante 32% corresponden a las organizaciones sociales. Estos datos son contundentes frente a la paridad que observábamos en el primer período, y nos dan pistas hacia dónde se dirigió el financiamiento.

Ultimo período, 2006-2007, el desinfle

En este período, participaron en el programa 17 municipios. Aunque se registran firmas de nuevos convenios y se identifican ingresos de varios municipios del interior de la provincia, los datos de Auditoría de Obra del IVBA permiten visualizar que las obras se encuentran paradas e inconclusas por desfinanciamiento.

No se registran formaciones de nuevas cooperativas para trabajar en el programa en el período 2006-2007. De los 19 municipios que intervinieron en el programa, cinco han sostenido la participación en forma constante, ellos son: Florencio Varela, La Matanza, Moreno, Quilmes y San Nicolás. Florencio Varela, Moreno y San Nicolás formaron cooperativas municipales, y dieron lugar a las organizaciones sociales, mientras que en La Matanza y Quilmes las cooperativas son gestionadas por las organizaciones sociales exclusivamente.

Podemos visualizar que es notable la mayor incidencia del programa en el Área Metropolitana de Buenos Aires. En el interior de la provincia, el programa tiene un desarrollo más parejo, a otra escala, pero sostenido. Los convenios firmados en 2007 no han recibido el adelanto financiero para dar inicio a la construcción. O sea que el programa se paró.

Cuadro 5: Síntesis de construcción de viviendas, período 2006-2007

Partido	Total viv. convenidas	Cantidad de viviendas 2006-2007
Florencio Varela	713	113 - 2006
La Matanza	548	40 - 2006 28 - 2007
La Plata	44	44 - 2006
Moreno	800	200 - 2006
Quilmes	440	32 - 2007
Total AMBA	**2.545**	**397 - 2006** **60 - 2007** **457 viv 2006/2007**
Interior		
Luján	47	47 - 2007
Olavarría	408	32 - 2006
Miramar	24	24 - 2007
Marcos Paz	9	5 - 2006
San Nicolás	310	12 - 2006 12 - 2007
Baradero	12	28 - 2006
Cañuelas	30	30 - 2006
Carlos Casares	24	24 - 2006
Cnel. Dorrego	8	8 - 2006
Chacabuco	24	24 - 2006
Ensenada	248	108 - 2006
Total Interior	**1.144**	**271 - 2006** **83 - 2007** **354 - 2006 / 2007**
Total	3.689	668 - 2006 143 - 2007 811 - 2006 / 2007

Fuente: elaboración propia en base a datos Auditoria Obra IVBA 2008.

Para 2008, la SSDUyV[16] informaba que en todo el país hay 10.544 viviendas terminadas; 5.329 en construcción y 1.294 viviendas por iniciar. La Provincia de Buenos Aires, en ese mismo período, registra 3.569 viviendas terminadas, 1.619 en ejecución y 661 sin inicio (o por iniciar). Por lo tanto, sobre el total del país, el 33%

---

[16] Resumen total de estado de avance de mayo de 2003 a junio de 2008. Disponible en línea: www. vivienda.gov.ar (consultado el 8 de setiembre 2008).

de las viviendas terminadas corresponden a la provincia, mientras que respecto del volumen de construcción se encuentra un 30% del total del cupo nacional, y esperando el desembolso de dinero para iniciar, un 51% del total nacional.

Cuadro 6: Síntesis de los tres períodos

Período	Viviendas		Cooperativas			Amba			I nterior		
		%	%	Org soc	Mun	Vivien-das	Cooperativas		Vivien-das	Cooperativas	
							Org soc	Mun		Org soc	Mun
2003	1806	30,75	227= 43%	102	125	1.440	71	106	366	31	19
2004-2005	3256	55,45	308= 57%	96	212	2.460	54	189	796	42	23
2006-2007	811	13,80	0	--	--	457	--	--	354	--	--
Parciales				198	337	4.357	125	295	1.516	73	42
				37%	63%	74,2%	23,5%	55,1%	25,8%	13,6%	7,8%
Total	5873	100%		535		4.357	420		1.516	115	

Fuente: elaboración propia en base a datos Auditoria Obra IVBA 2008, y datos INAES 2006

El cuadro 6 sintetiza y desagrega el desarrollo del programa, en relación con la construcción de viviendas y la formación de cooperativas. En cuanto al primer parámetro, y tal como afirmáramos anteriormente, en el año 2003, el momento del inicio, se construyeron el 30% de las viviendas en el período analizado. En el próximo período, el cenit del programa (años 2004-2005), se materializaron el 56% del total de las viviendas. En el último período, y marcando un desinfle en la producción de viviendas, se verifica un descenso al 14% del total de las viviendas.

Este mismo ciclo acompaña la formación de las cooperativas. Podemos observar que en el inicio del programa se formó el 43% del total de las cooperativas, mientras que en el momento de mayor producción, en el período 2004-2005, se formó el restante 57% del total. En ambos momentos, las cooperativas fueron predominantemente formadas por los gobiernos locales. En el último período no se registró la formación de nuevas cooperativas.

La territorialización del programa en la Provincia de Buenos Aires mayoritariamente se circunscribe al Área Metropolitana, donde se registran el 78% de las cooperativas, y donde surge también que, en conjunto, el 70% fueron formadas por los gobiernos locales. Es decir que el papel preponderante que tuvieron las organizaciones sociales en un primer momento fue desdibujándose, y un municipio –José C. Paz– explica en gran medida el giro. En el interior de la provincia, por el contrario, las relaciones se revierten: un 65% fueron generadas por las organizaciones sociales.

Algunos municipios cautelosos a la hora de implementar el programa avanzaron en la firma de nuevos convenios, a la par que iban finalizando las viviendas, y encadenaron las etapas de ejecución, contribuyendo al sostenimiento del empleo (Moreno, Florencio Varela). Esta planificación se contrapone con las decisiones del municipio de José C. Paz, donde formaron numerosas cooperativas y firmaron convenios por miles de viviendas, pero no se sostuvo el trabajo de los cooperativistas ni se finalizaron las viviendas. Finalmente, no hubo ni "techo" ni "trabajo".

Gran cantidad de obras no registraron problemas en el proceso de construcción, pero el análisis del registro de Auditoría de Obra del IVBA da cuenta de problemas en el avance de obra y terminación de las viviendas. El retraso en los pagos de los certificados provocó largos tiempos de obra muerta, implicando mayores costos, y en algunos casos, tomas de las viviendas.

Algunas cooperativas registraron un desarrollo errático y debieron ser asistidas por el Estado Nacional para la finalización de las viviendas, recibiendo financiamiento adicional, combinado con otros programas para la extensión de infraestructura básica y la construcción de obras de saneamiento hídrico.

A modo de conclusión

El programa se inició en 2003, y al tiempo que fue operativizándose, aparecieron los puntos críticos que dificultaban el avance o las cuestiones que debían ajustarse para un mejor desarrollo. Se identificaron varios aspectos problemáticos, siendo la falta de sincronicidad en el circuito financiero el más notable. El pago es cruzado por la burocracia estatal, y retrasa el avance de la obra. La intención del nuevo convenio del PFEH 2[17] fue establecer pautas más claras para el desembolso de dinero de la Nación a las provincias y de las provincias a los municipios, para que finalmente llegue a las cooperativas en no más de 48hs de la emisión del certificado. La actualización presupuestaria tampoco fue acorde a las variaciones de precios de los materiales de la construcción y del costo de vida. El aumento en el monto de financiamiento estuvo siempre en relación con las presiones de las cooperativas, sin un criterio claro de actualización.

El programa estableció lineamientos rígidos en todo el país sobre el tamaño de las cooperativas, la escala de los proyectos y los prototipos en relación con los contextos en donde se insertan. La dificultad de articulación de los tres niveles estatales de gestión contribuyó a su compleja implementación, sumando tiempos prolongados en procedimientos burocráticos de certificaciones de avance de obra.

---

[17] El ajuste de los lineamientos del programa tiene como eje perfeccionar el circuito financiero, la modalidad de certificación y la liquidación; intenta ajustar las acciones de cada uno de los actores, y establece una nueva cotización en el precio de la unidad de vivienda.

Con la expectativa de nuevos convenios que pudieran dar continuidad al programa, las cooperativas paraban su producción, y en consecuencia, los trabajadores dejaban de percibir ingresos. La necesidad de articular con otros programas, como Mejor vivir, o Programa Agua + Trabajo, Cloacas + Trabajo, y la construcción de Centros Integrales Comunitarios (CIC), se tornó necesaria. Al principio se hicieron concesiones particulares, pero finalmente se flexibilizó el criterio, y esta articulación se dio de manera más ágil[18].

La capacitación de las cooperativas en el oficio no estaba prevista ni resuelta, así como tampoco se previó el financiamiento para el componente de acompañamiento en el proceso social para el desarrollo del programa. Este problema fue manifestado en los encuentros zonales FOTIVBA (Foro de Organizaciones de Tierra, Infraestructura y Vivienda de la Provincia de Buenos Aires), siendo relevante la necesidad de apuntalar el proceso autogestivo y propender al sostenimiento del trabajo cooperativo.

Un 70% de cooperativas formadas por municipios dan cuenta de que, a través del ciclo de vida del programa, el mismo se fue consolidando como mecanismo de transferencia de recursos económicos a determinados municipios del área metropolitana, y en particular, al de José C. Paz. De este modo, respondió a una política de carácter centralizado, con aplicación focalizada, cuya concreción tendió a limitar el papel y el peso de las organizaciones sociales. En algunas oportunidades, los cooperativistas subsidiaron la construcción, absorbiendo desajustes en los costos de los materiales, retrasos en la actualización del costo de las viviendas y retrasos en los pagos.

Inicialmente, las organizaciones sociales buscaron garantizar condiciones mínimas para la reproducción de la vida, en respuesta al devastamiento que provocaron las políticas neoliberales en nuestro país. El programa y las cooperativas de trabajo aparecían como herramienta para ello. Con el tiempo, y la recuperación macroeconómica, que tuvo como motor relevante a la construcción, los trabajadores más calificados abandonaron estas organizaciones, diezmando algunas cooperativas. Este proceso, de tiempos aletargados y por momentos erráticos, desalentó a las organizaciones. El formato rígido de las cooperativas también generó una tendencia a la fragmentación, reforzada con el desarrollo de la tendencia a ignorar a las organizaciones preexistentes como ejecutoras.

El Plan Federal de Emergencia Habitacional, que tuvo su génesis en tiempos de crisis, y que planteaba incidir en los altos índices de desempleo y en el déficit habitacional, tuvo una dispar repercusión, pero vale decir, coincidiendo con Carla Rodríguez (2007), que pese a lo analizado, para esos actores de la Producción social del hábitat, fue un avance nada desdeñable. Las organizaciones sociales tuvieron una experiencia de ejercicio sociopolítico y gestión que involucra distintas dimensiones, incluyendo las más evidentes en su práctica como agentes activos en el desarrollo de las solucio-

---

[18] Ésta fue una de las principales demandas manifestadas en encuentros zonales que se organizaban entre el Estado Provincial y distintas Organizaciones sociales y ONG.

nes habitacionales, y porque transitaron un nuevo ciclo de experiencias colectivas de abordaje del problema habitacional de los hogares con ingresos más bajos.

Es necesario reconocer que, para muchas personas, el programa implicó un vínculo con el oficio, para otros la inserción en un medio productivo que nunca habían realizado. Inclusive, para muchos profesionales, fue una respuesta a la búsqueda de trabajo.

La diversidad de resoluciones que se dieron en cuanto a la implantación de las viviendas puso al descubierto la problemática central sobre la disponibilidad de suelo para el desarrollo urbano. Algunos proyectos se materializaron en zonas desventajosas para la vida de sus habitantes, por localización o por ambientes no propicios. Otras viviendas se localizaron en áreas residenciales, y aunque la construcción de viviendas aisladas dificultaba la planificación de obra, las viviendas quedaron insertas en barrios consolidados. Esta experiencia resalta la situación ventajosa de municipios que contaban con bancos de tierra, así como también de las organizaciones sociales que habían conquistado áreas para habitar[19]. La escasez de suelo vacante en condiciones urbanas fue el principal problema que detectaron las organizaciones sociales para la implementación del programa[20]. El acceso al suelo es el desafío pendiente en la definición de la política nacional.

Otro aspecto significativo es que el financiamiento se produjo a partir de un superávit proveniente del Estado Nacional, dependiendo de un comportamiento coyuntural y desvinculado de un diseño general de política habitacional.

---

[19] La mayoría del suelo que disponían las organizaciones sociales para la construcción de viviendas se ubicaba dentro del barrio, eran suelos vacantes dentro de la tierra que había sido tomada oportunamente. Merklen (1991) considera a "las tomas como ejercicio de ciudadanía, la construcción de ciudad como una dialéctica entre el derecho y la acción. Si consideráramos a los asentamientos como un conjunto de familias que tomaba tierras para hacer sus viviendas, estaríamos simplificando un hecho cuyas implicancias políticas y sociales poseen una amplitud mayor".

[20] FOTIVBA (Foro de Organizaciones de Tierra, Infraestructura y Vivienda de Bueno Aires). Talleres zonales. Marzo 2005. Para comprender este punto, es necesario construir una mirada sobre el proceso de urbanización del AMBA, poniendo la lupa en el sector popular. En ese sentido, podríamos inferir que a inicios de la década de 1980 se registraron fuertes cambios en los patrones de urbanización. Las lógicas que primaron en la extensión de la urbanización configuraron un espacio de conflicto y disputa por el espacio urbano. Se enfrentaron las demandas de tierra de los sectores de altos ingresos y los sectores populares. Aparecieron los asentamientos populares como nueva forma de acceso al suelo urbano por parte del sector popular, y paralelamente se llevó a cabo el proceso de suburbanización de los sectores de altos ingresos en los *country clubs* y el deterioro de las áreas centrales. Con la vuelta de la democracia, y atravesados por necesidades primarias, emergen nuevos actores en la constitución de movimientos sociales organizados territorializados y pasan de la acción política a la lucha por el espacio urbano, con la demanda centrada en la tierra. Para los sectores populares, el acceso al suelo urbano es posible mediante tomas masivas de tierras, con el apoyo de la Iglesia Católica y la mirada cómplice del Estado. Este proceso principalmente tiene impacto en la zona sur del Gran Buenos Aires: Quilmes, La Matanza y Lomas de Zamora.

Finalmente, coincidimos con enfoques que señalan que en estas políticas habitacionales predomina una conexión restringida de la participación y una noción instrumental acotada de las organizaciones sociales (Rodriguez, M. C. *et al.* 2007: 131), que no se conciben como sujetos protagonistas de procesos productivos del hábitat, los cuales, a su vez, tienen un carácter integral y multidimensional.

Bibliografía

Clichevsky, N. (1997). "Regularización dominial: ¿solución para el hábitat 'popular' en un contexto de desarrollo sustentable?", en Cuenya, Beatriz y Falú, Ana (comps.), *Reestructuración del Estado y política de vivienda en Argentina*, Colección CEA-CBC.

CTA/IDEF, "Shock distributivo, autonomía nacional y democratización. Aportes para superar la crisis de la sociedad argentina", en *Página 12*, noviembre de 2002.

Fernández Wagner, R. (Con la colaboración de funcionarios y técnicos del IDUAR, Municipio de Moreno: Alejandro Micieli, Aldo De Paula, Eduardo Suriani, Bernardo Galeazzi y Liliana Martucci), "De las políticas sectoriales a la gestión local del hábitat. El caso del Municipio de Moreno en la Región Metropolitana de Buenos Aires".

Rodríguez, M. C. *et al.* (2007), *Políticas del hábitat, desigualdad y segregación socioespacial en el área Metropolitana de Buenos Aires*, Buenos Aires, AEU-IIGG/ FSOC-UBA. Área de Estudios Urbanos Instituto de Investigaciones Gino Germani, Facultad de Ciencias Sociales, UBA, Grupo Argentino de Producción Social del Hábitat hic-al FVC-MOI-SEDECA.

Merklen, D. (1991), *Asentamientos en La Matanza. La terquedad de lo nuestro*, Catálogo Editora.

Rodulfo, M.(2005), "Foro de Políticas Habitacionales-La Situación habitacional y las políticas públicas-Urbared 2005". Disponible en línea: www.urbared.com

Secretaría de Obras Públicas República Argentina (2003), *La Política Federal de Vivienda en Argentina.* Secretaría de Desarrollo Urbano y Vivienda, José Francisco López.

Subsecretaría de Urbanismo y Vivienda. *Programa de Emergencia Habitacional. Instituto de la Vivienda Provincia de Buenos Aires. Papeles de trabajo* (2004-2008).

Svampa, M. (2005), *La sociedad excluyente. La Argentina bajo el signo del neoliberalismo*, Buenos Aires, Aguilar, Altea, Alfaguara, Taurus.

Svampa, M. (2008), *Cambio de época*, Buenos Aires, CLACSO.

Yujnovsky, O. (1984), *Claves políticas del Problema habitacional argentino (1955-1981)*, Buenos Aires, G.E.L.

Fuentes

Diario *Clarín*, 4 de Julio de 2004. "El País", p. 20.

Diario *Clarín,* 12 de octubre de 2004. "Arquitectura", p. 22
Diario *Clarín,* 25 de enero de 2005. "Arquitectura", p. 22
Diario *Clarín,* 15 de febrero de 2005. "Arquitectura, p. 20

Documentos

Planilla certificación avance de obra IVBA, agosto 2008.

Programas de viviendas en Córdoba
El caso Villa La Maternidad[1]

Marianne von Lücken

Introducción

Este trabajo analiza un caso del proceso de erradicación de villas que viene llevando adelante el Gobierno Provincial en la ciudad de Córdoba desde el año 2001. Se trata de villa La Maternidad, donde se implementa una relocalización desde la zona céntrica de la ciudad de Córdoba hacia la periferia urbana, en el marco del programa habitacional "Mi Casa, Mi Vida" financiado, en su mayor parte, por el Banco Interamericano de Desarrollo (BID)[2].

En primer lugar, se realiza una breve descripción de la dinámica urbana de la ciudad de Córdoba, teniendo en cuenta:

> [que] la ciudad capitalista resulta de la integración contradictoria y compleja de la lógica de la ganancia –donde la ciudad es objeto y soporte de negocios; la lógica de la necesidad –impulsada por aquellos grupos y sectores sociales que no logran procurar sus condiciones de reproducción social en el ámbito de la dinámica mercantil; y la lógica de lo público, donde el Estado actúa, a través de regulaciones y políticas proveyendo de varias maneras el sustento para el despliegue de otras lógicas (Herzer *et al.* 1994: 120).

Luego se aborda la configuración histórica de la villa y se analizan las características de la intervención pública de relocalización.

---

[1] Versión con base en un trabajo realizado en el marco de horas de investigación dentro de UBACYT SO32 "Producción social del hábitat en principales áreas metropolitanas en la Argentina" y proyecto de Beca Estímulo, programación 2008, dentro del mismo proyecto.

[2] El nombre original del programa de viviendas es "Proyecto de Emergencia para la Rehabilitación de los Grupos Vulnerables afectados por las inundaciones de la ciudad de Córdoba. Préstamo 1.287- OC-AR".

Se parte de la idea de que los procesos antes señalados se dan en el marco de una configuración urbana tendiente a acentuar la segregación, y en la que domina la lógica del capital privado que, facilitada por el accionar del Estado, moldea la ciudad, transformando la capacidad adquisitiva en un elemento primordial para el acceso a la ciudad y sus diversas externalidades.

En este sentido, una parte de la población, la que cuenta con menos recursos, ve limitado su derecho al uso del espacio urbano, entendido como el derecho al goce de oportunidades económicas y sociales que se relacionan directamente con la localización de la vivienda o actividad económica, entre ellas el acceso a la educación, recreación, trabajo, salud, transporte y servicios públicos (Oszlak 1991).

Breve contextualización: algunas características de la ciudad de Córdoba

En este apartado se pretende describir diferentes procesos que operan en la ciudad de Córdoba, con el fin de dar cuenta de la lógica de estructuración urbana imperante en la que se inserta el caso de la villa La Maternidad.

A los fines de este trabajo, podemos señalar que en la ciudad de Córdoba asistimos, por un lado, al despliegue de un proceso de renovación urbana, que tiene como protagonistas tanto a actores públicos (a nivel municipal y provincial), actores privados (inmobiliarios, grupos constructores, inversionistas, desarrolladores urbanos) y también la alianza entre estos. Por otro lado, se lleva a cabo una política habitacional de gran escala, con un notorio impacto en la configuración urbana.

En líneas generales, se entiende por renovación urbana "una transformación del espacio urbano que supone la modificación de las áreas centrales de la ciudad a partir del crecimiento de las actividades terciarias, rehabilitación de áreas degradadas y desplazamiento de sectores de menores ingresos[3] que las habitan, como consecuencia de un proceso de inversión y de valorización del suelo a partir de ese nuevo uso territorial" (Herzer 2008: 15)[4]. Entre los procesos coincidentes dentro de la renovación urbana, encontramos la pérdida de población durante un período previo a la renovación, reordenamiento económico del precio del suelo urbano y la propiedad, reemplazo de un grupo de residentes por otro por mayor estatus social, transformación del ambiente construido con una estética distinta y aparición de nuevos servicios, entre otras (Herzer 2008, 19). En este proceso, podemos señalar que hay un aprovechamiento de áreas degradadas de la ciudad, que se adquieren por un bajo valor, y luego rehabilitadas se obtiene un beneficio por la diferencia de precio, incidiendo también en zonas aleda-

---

[3] Es importante señalar que el desplazamiento de la población puede deberse a diversos motivos, por ejemplo, aumento del costo de vida o desalojos forzosos, indirecta o directamente.

[4] Herzer, H. et. al. (2008) "Introducción" en *Con el Corazón mirando al sur,...* Para una definición de *renovación urbana* más acabada ver "Acerca de la gentrificación", en ese mismo libro.

ñas. Asimismo, hay relaciones y articulaciones entre los agentes públicos y privados involucrados en esta dinámica.

Podemos señalar que en el entorno inmediato donde se asienta villa La Maternidad hay un proceso de renovación urbana que se reconoce en el aprovechamiento de tierras en desuso, lugares degradados, a partir de una refuncionalización, como por ejemplo, un centro comercial enfrente de la villa y un complejo de departamentos cercano dirigido a sectores de mayor poder adquisitivo que los antiguos habitantes, generando nuevos usos para el lugar y un desplazamiento forzoso de población a raíz de la erradicación de villa La Maternidad, elementos que serán desarrollados en el transcurso de este trabajo.

Más allá de esta localización, en ciudad de Córdoba es posible advertir la presencia de grandes inversiones inmobiliarias y refuncionalización en diferentes barrios tradicionales de la ciudad[5], que producen cambios tanto en la fisonomía como en los usuarios. También prolifera la construcción de suburbanizaciones para clase media y alta, y del otro extremo de la escala socioeconómica, construcción de grandes conjuntos habitacionales sobre tierras baratas, destinados a los grupos vulnerables de la población, provocando en ambos casos un crecimiento de la ciudad por expansión de la mancha urbana, que repercute en la sustentabilidad económica de la ciudad en tanto aumentan los costos por extender infraestructura a zonas cada vez más alejadas.

En esta búsqueda de nuevas zonas para edificar, debido a que el suelo urbano es un bien escaso que escapa a la voluntad de producción individual del capitalista, el Estado juega un papel importante a partir de la modificación de normativa urbana. Por ejemplo, permitiendo la construcción en altura en zonas en donde antes no estaba permitido, y también acondicionando las tierras "vacantes" para el cambio de usos, tal como sucede en la periferia de la ciudad, creando condiciones propicias para la acumulación del sector privado.

Podemos señalar diversos proyectos vinculados al proceso de renovación urbana desde el nivel provincial, municipal y agentes privados, y actualmente también a partir de la alianza de estos actores[6], puesto que se encuentra en discusión un proyecto de refuncionalización que tiene por objeto realizar varias obras "para que la ciudad recupere su orgullo", efectuando "un plan de recuperación y puesta en valor del centro de la ciudad en el marco del Plan Director Existente"[7]. Entre las obras que se enuncian, se encuen-

---

[5] Son los llamados "Barrios pueblos", que se ubican en las áreas intermedias de la ciudad, próximas al centro, que forman parte de la primera expansión histórica de fines del siglo XIX. Los mismos son Güemes, San Vicente (donde se ubica villa La Maternidad), General Paz, Alta Córdoba y San Martín. En Retaroli (sin fecha de edición).

[6] Alianza que podríamos pensar en términos de "nueva política urbana del gobierno local, cuyos ingredientes son dos: por un lado, un fuerte apoyo estatal al capital privado para la revitalización de la ciudad, en donde ésta aparece como negocio, y, por otro, un régimen político urbano, en el que los intereses públicos y privados se amalgaman para definir decisiones de gobierno" (Cuenya 2004: 70).

[7] Publicidad oficial televisada en los canales de aire, ciudad de Córdoba, febrero de 2009.

tra, sobre el área del Ferrocarril Mitre, la realización de un centro cívico, un centro de convenciones y congresos y la ampliación de la terminal de ómnibus, todas obras sobre terrenos colindantes a villa La Maternidad, lo que produce desconcierto sobre el destino de la misma. A su vez, este proyecto suscita gran polémica en la ciudad, ya que tal Plan Director no existe. Sólo existen las bases, y además por la alianza de entidades públicas con privadas, debido a que el proyecto sería llevado a cabo por una empresa privada pero para su financiamiento se venderían inmuebles provinciales.

Volviendo a las obras que ya vienen realizando cada uno de los actores nombrados, podemos señalar que el Gobierno Provincial creó por decreto una Corporación Inmobiliaria (CORINCOR) encargada de administrar los bienes que le transfiera el Poder Ejecutivo de la Provincia[8]. En su último año de gestión, el gobernador José Manuel de la Sota se dedicó a vender tierras de alto valor y a llevar a cabo proyectos, como un museo en el Palacio Martín Ferreyra y un centro comercial en la actualmente renovada ex cárcel de mujeres Buen Pastor. Entre las tierras vendidas se encuentra el predio El Pocito, lugar en el que anteriormente se ubicaba Villa el Pocito[9], entre otros.

Por su parte, el Gobierno Municipal también cuenta con proyectos de renovación urbana, como el Portal del Abasto, que propone la recuperación y promoción de las zonas aledañas al río Suquía[10] desde el puente Santa Fe hasta la Estación Mitre. En esas zonas se planifica la construcción de la sede del Concejo Deliberante en los terrenos del ex mercado de Abasto, la venta de tierras, generación de normativas del uso del suelo para atraer inversores, y recuperación del histórico barrio Kronffus, ubicado enfrente de villa La Maternidad. En la actualidad se está construyendo el Concejo Deliberante y dos torres que pretenden ser las más altas de la ciudad. Estas últimas, desde la iniciativa privada.

Entre las inversiones inmobiliarias del sector privado a destacar, por su relevancia en el contexto de este trabajo, debido a la cercanía a villa La Maternidad, se encuentra el nuevo centro comercial del grupo Dinosaurio, ubicado enfrente de la villa, y un complejo de torres de departamentos para estudiantes[11]. En general, es posible sostener que existe un interés por parte del sector inmobiliario en extender el radio de construcción hacia zonas nuevas, sin perder las ventajas de conectividad a diferentes puntos de la ciudad, a servicios de infraestructura, cercanía a las casas de estudios y

---

[8] Disponible en línea: http://www.cba.gov.ar/canal.jsp?idCanal=43498.

[9] Es interesante señalar que la villa El Pocito, ubicada en Vélez Sarsfield al 1100, fue erradicada en la gestión de Ramón Mestre en 1996, a partir del traslado de 210 familias de este asentamiento hacia villa El Libertador, Residencial América y José Ignacio Díaz. Hasta la última gestión de de la Sota, los terrenos permanecieron vacíos. Esto muestra una trayectoria de políticas de intervención pública para la erradicación de villas anterior al plan "Mi Casa, Mi Vida".

[10] Villa La Maternidad colinda con el Río Suquía.

[11] Se ubica cercano a la Ruta 9 y Nudo Vial Mitre, a un minuto de la terminal de ómnibus, Parque Sarmiento y Centros de Salud, a cinco minutos de la Ciudad Universitaria. Disponible en línea: http://www.grupodinosaurio.com/milenicaru/

terminal de ómnibus. Tradicionalmente, la zona de grandes inversiones, sobre todo en edificios en altura, teniendo en cuenta las últimas características señaladas, era el barrio Nueva Córdoba. Actualmente vemos cómo la construcción se ha derramado a zonas aledañas, a los barrios tradicionales de la ciudad.

Otro proceso que también ha dejado marcas en la morfología de la ciudad y su organización social es la política habitacional. Si bien hay programas a nivel nacional y unos pocos a nivel municipal, es posible sostener que la mayor incidencia viene de la mano de la política habitacional provincial, bajo el plan "Mi Casa, Mi Vida", que se basa en la construcción de unidades nuevas en su mayoría ubicadas en la periferia de la ciudad, lo que implicó importantes traslados de población desde el área central y pericentral de la ciudad. En un estudio del Servicio Habitacional y Social (SEHAS) sobre la evolución de las villas en la ciudad de Córdoba entre los años 2001 y 2007, se sostiene que bajo esta operatoria del Gobierno Provincial fueron erradicadas 35 villas sobre un total de 158 existentes en el año 2001, lo que significa un importante traslado de población[12].

Villa La Maternidad: historia y características

Teniendo en cuenta la lógica de la necesidad, los grupos sociales resuelven el problema de la vivienda de diferentes formas. Por ejemplo, a través de la autoproducción de la misma, que puede realizarse de forma individual o colectiva, organizada o no. De esta manera, "la lógica de la necesidad se integra con la lógica estatal y del mercado como un mecanismo más del proceso de conformación urbana, que configura a la ciudad contemporánea" (Rebord 2006: 5), implementando diferentes estrategias para procurarse un lugar en la ciudad. Di Virgilio y Rodríguez agregan que "los procesos masivos de autoproducción de la vivienda y de ciudad por parte de sectores populares asumen diversas modalidades y dan cuenta de una problemática subyacente de carácter integral: sus condiciones de inserción social, económica, política, cultural y territorial, sus niveles de organización social y política, el papel jugado por el Estado y la traducción de esa interacción en políticas públicas, y en este caso, de hábitat" (Rodríguez, Di Virgilio 2007: 17). En este sentido, podemos afirmar que villa La Maternidad es el resultado de un proceso de autoconstrucción de larga data llevado a cabo en forma individual y paulatina por los propios moradores, para dar respuesta a la necesidad de la vivienda, constituyendo "formas pobres de hacer ciudad"[13].

---

[12] En este estudio, SEHAS entiende por *villa* a los asentamientos que carecen de trazado urbano que los enlace con el resto de la ciudad de acuerdo con normativas urbanas; carencia de red de provisión de energía eléctrica individual por unidad y adscripta a normativas de la empresa prestataria; carencia de red y conexión domiciliaria de agua potable según las normas prestatarias del servicio. Ver Baima, M., Buthet, C. y Calvo, D. (2007).

[13] "Se trata de modalidades donde el componente de la utilización de los propios recursos juega un rol primordial en las soluciones alcanzadas, y que se enraízan en la imposibilidad de resolver satis-

Villa La Maternidad[14] se encuentra ubicada en Córdoba Capital, en el barrio San Vicente, dentro de los límites físicos de las calles Av. Costanera, Entre Ríos, Concordia y Agustín Garzón. Está atravesada por los pasajes Garro y Letizia, enfrente del histórico barrio Kronfuss[15], a diez cuadras del centro de la ciudad y cinco de la terminal de ómnibus. En sus inmediaciones se encuentran el Hospital de Niños, Rawson, San Roque y Maternidad Provincial, Gimnasio Pucará y el Nudo Vial Mitre, que conecta la zona con varios puntos de la ciudad. Cuenta con una parte "alta", que se ubica sobre la calle Agustín Garzón, y una parte "baja", emplazada sobre la Av. Costanera.

Ubicación de Villa La Maternidad-ciudad de Córdoba

ZONA EN CRECIMIENTO
Villa La Maternidad
Maternidad Provincial
Nudo Vial Mitre
Club Juniors
RÍO SUQUÍA
Av. Costanera
Agustín Garzón
Bajada Pucará
Dinosaurio Mall

Fuente: La Voz del Interior. Disponible en línea: http://www2.lavoz.com.ar/Nota. asp?nota_id=205582&high=villa%20la%20maternidad

---

factoriamente la demanda habitacional, a través de los mecanismos del mercado o de las políticas estatales" (Rodríguez, M. Carla 2005: 43).

[14] Antiguamente se conocía bajo el nombre de "Alto Riojano" debido a la población proveniente de esa provincia. Luego adopta el nombre de "La Maternidad", ya que se ubica cerca de la Maternidad Provincial. También se la nombra como "La Costanera", por colindar con la misma. Fuente: entrevistas realizadas a vecinos de la villa en febrero de 2009.

[15] El mismo fue finalizado en 1926, constaba de 99 viviendas de diseño neocolonial que constituyen el primer barrio obrero de Córdoba. Están en San Vicente, entre Agustín Garzón, Uruguay, Corrientes y Molinos Letizia. El municipio proyectó una restauración y un circuito turístico, pero nunca se llevó a cabo. La mayor parte de las casas perdió sus características originales.

Tiene aproximadamente 70 años de antigüedad. Su historia guarda relación con las actividades económicas que se desarrollaban a principios del siglo XX en la zona en que se emplaza, como el Molino Letizia, hornos de cal, Molino Centenario, cervecería, entre otras, que requerían mano de obra, en algunos casos proveniente de otras provincias y se asentaban en los alrededores, privilegiando tanto las fuentes de trabajo como la cercanía a la estación de tren. Es importante señalar que en ese momento se trataba de tierras periféricas al centro de la ciudad, que poco a poco van siendo anexadas.

Al aumentar la demanda de mano de obra fue llegando más gente y creciendo la población de la villa, razón por la cual el gobierno iba a construir un nuevo barrio obrero, que no se llevó a cabo. Por este motivo, para satisfacer la necesidad de vivienda, comenzó un proceso de autoconstrucción por parte de los propios habitantes, que levantaban sus casas de forma individual a medida que iban llegando.

La zona de villa La Maternidad también está dentro del marco de lo que fue el "Proyecto Crisol", que surge de la Ley N° 1.040 del Poder Ejecutivo Provincial en el año 1886, para realizar las obras de ensanche de la ciudad de Córdoba y la realización de obras públicas[16].

En cuanto al asentamiento en sí mismo, siguiendo el relevamiento realizado por la Dirección de Medio Ambiente de la Provincia de Córdoba, se sostiene que las viviendas son de buena calidad, en su mayoría construidas con materiales tradicionales, mampostería de ladrillo común o bloques de hormigón, revoques gruesos y finos y techos de chapa o losas[17]. También es cierto que varias viviendas se encontraban deterioradas por falta de mantenimiento, debido a las restricciones de dinero de sus habitantes.

En el relevamiento citado, se señala que el asentamiento estaba constituido por 400 familias[18], con una antigüedad en el lugar de más de 70 años por parte de sus habitantes iniciales, altamente consolidados por dicha antigüedad y lazos de sangre. Esto permite sostener que, debido a la antigüedad del asentamiento, se crea una identidad, redes sociales y estrategias de subsistencia para la reproducción de la vida. Además, villa La Maternidad cuenta con las ventajas de su ubicación, que permite a sus habitantes el acceso a diversas externalidades urbanas como salud, educación, esparcimiento, posibilidad de fuentes de empleo, que hace a la relación de la villa con su entorno urbano. En este último punto, cobra gran importancia la cercanía al centro de la ciudad

---

[16] Para este propósito el gobierno dispuso de las tierras comprendidas entre los terrenos de los Altos del Sud, la Cañada y la línea del Ferrocarril Malagueño y los terrenos bajo el río de la estación del Ferrocarril Argentino. En el marco de este proyecto se realizaron obras como el Jardín Zoológico y el Parque Sarmiento, el Museo Caraffa, el barrio Nueva Córdoba, antes llamado "Ciudad Nueva".

[17] Relevamiento 2003.

[18] Existen discrepancias en lo que respecta a la cantidad de familias que residían en villa La Maternidad antes de la intervención pública. Se postula 300 en el diario *Día a Día* del 30 de abril de 2007 y en "Evolución de Villas de Emergencia", SEHAS 2007; 400 en el Relevamiento 2003 de la Agencia Córdoba Ambiente; 360 en el diario *La Voz del Interior* del día 06 de junio de 2004.

y a otros barrios, debido a que gran parte de los pobladores se desempeñaban en la construcción, servicio en casas, venta ambulante y recolección de basura con carros para el reciclado y comercialización en los barrios aledaños, permitiendo un ahorro del costo de traslado y tiempo. En este sentido, podemos pensar en la vivienda como "un bien que para poder ser consumido debe estar enlazado espacialmente con otros valores de uso complementarios: sitios de aprovisionamiento, lugares de reproducción colectiva de la fuerza de trabajo, lugares de empleo" (Jaramillo 1964: 167).

Este proceso de autoconstrucción y larga data de las personas que habitan en el asentamiento también hace a la indignación de los vecinos ante la tentativa de desalojo. En un testimonio, un vecino argumenta: "No nos vamos porque esto es nuestro, de los que vivimos acá. Estas eran tierras ociosas que estaban abandonadas, barrancas que nosotros urbanizamos. Se puso la luz porque la gente que vive acá la puso y para hacerlo necesitamos inversión, tiempo y un montón de otras cosas que no nos dio el gobierno, la pusimos los moradores de acá" (Vivencia Popular 2006).

En la actualidad, los terrenos sobre los que se asienta villa La Maternidad, debido a la expansión urbana, han sido revalorizados por ubicación privilegiada respecto al centro de la ciudad y conectividad con otros puntos, y por el proceso de renovación urbana que se está llevando a cabo en sus cercanías, como los proyectos señalados en el primer apartado.

Intervención del Gobierno Provincial: programa de viviendas "Mi Casa, Mi Vida"

El Estado, a través de regulaciones políticas, interviene en el espacio urbano produciendo modificaciones en el mismo, teniendo en cuenta que "las políticas habitacionales no se reducen a la expresión normativa de una presunta voluntad del Estado, sino que además se manifiestan en un conjunto de tomas de posiciones que reflejan una cierta filosofía política y una concepción sobre el modo en el que deben resolverse determinadas cuestiones" (Ozslack 1991: 32).

El programa "Mi Casa, Mi Vida" surge a partir de las inundaciones de marzo de 2000, que afectaron a varias zonas de la ciudad, entre ellas a los asentamientos ubicados en las márgenes del río Suquía. En el año 2001 se sanciona el Decreto nº 2.565, declarando el estado de emergencia habitacional, sentando las bases para el programa "Nuevos Barrios" (hoy llamado "Mi Casa, Mi Vida"[19]), que tiene como objeto restituir la infraestructura habitacional de los grupos vulnerables afectados por las inundaciones y catástrofes naturales. Este propósito implicó el traslado de la población, en su mayoría ubicada en áreas centrales o pericentrales, a nuevos conjuntos habitacionales

---

[19] A su vez se enmarca en el "Programa para el apoyo a la Modernización del Estado en la Provincia de Córdoba", también financiado a partir de un préstamo del BID.

denominados barrios o "ciudades-barrios"[20], ubicados en la periferia urbana dentro del municipio, pero en su mayoría fuera del anillo de circunvalación.

En el plan habitacional intervienen la Dirección Provincial de Vivienda, el Ministerio de la Solidaridad[21] y la Dirección de Ambiente de la Provincia de Córdoba, llevando a cabo diferentes componentes de acción. Inicialmente se preveía la construcción de 12.000 viviendas con una inversión de U$S 300.000.000. Actualmente, en base a diferentes fuentes[22], podemos afirmar que hay 53 nuevos conjuntos habitacionales, entre barrios y ciudades-barrios, que suman un total de 11.104 viviendas.

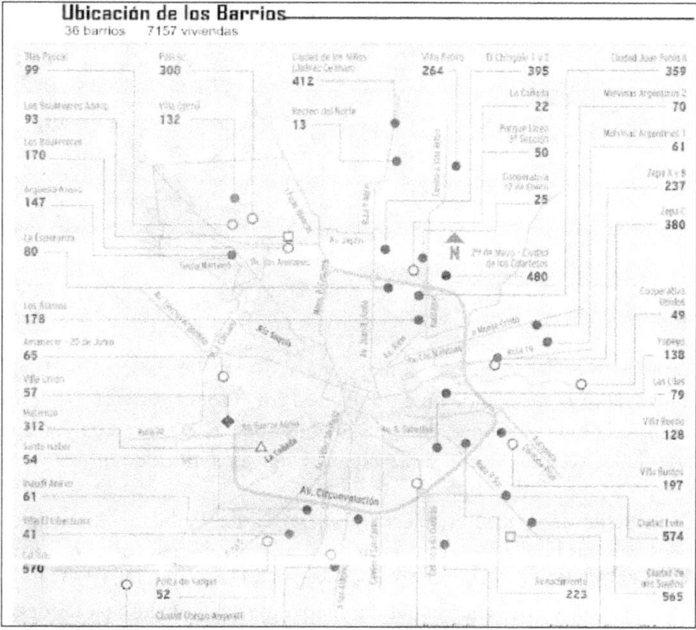

Fuente: Diario La Voz del Interior 2003.

Una de estas nuevas ciudades-barrios se llama "Ciudad de Mis Sueños", inaugurada en el año 2004, ubicada a la altura del km 695 de la Ruta 9 Sur, en Av. Circunvalación

---

[20] "Ciudades-barrios" se denomina a aquellos conjuntos habitacionales que cuentan con más de 250 viviendas y poseen equipamiento comunitario tales como dispensario, escuela, posta policial.

[21] Puede decirse que la denominación "Ministerio de la Solidaridad", invoca a la solidaridad como estrategia frente a la reivindicación de derechos sociales. (Rebord: 17).

[22] Gobierno de la Provincia de Córdoba. Disponible en línea: www.cba.gov.ar/vercanal, consultado en marzo de 2009; *La Voz del Interior* año 2003; Baima, M., Buthet, C.; Calvo, D. (2007)

hacia el Sudeste, cerca del barrio Ituzaingó Anexo y a 14 km del centro de la ciudad. A esta ciudad-barrio se pretendía trasladar, entre otras, a las familias residentes en villa La Maternidad[23]. Consta de 565 viviendas, lo que la convierte en una de las más numerosas dentro del programa.

Ubicación de Ciudad de Mis Sueños

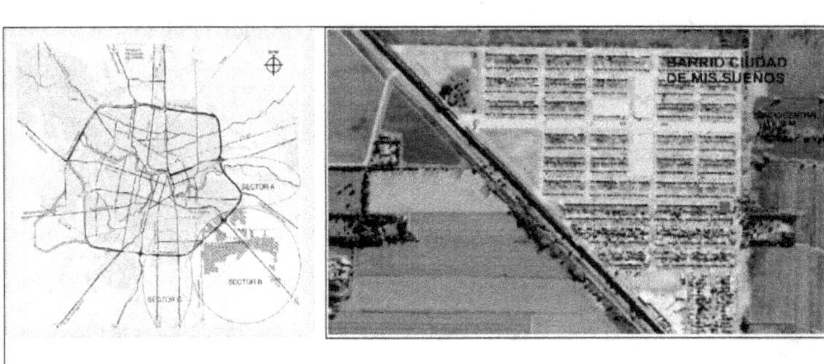

Fuente: Carrasco, L., Romero Orue, A. (2008).

El proyecto prevé en principio, al menos para los terrenos desalojados de villa La Maternidad, la construcción de un parque lineal para uso recreativo, y "se considera que, luego de la intervención se garantizará el uso de este espacio como área verde, por parte de los vecinos, siendo la llave para evitar usos indebidos" (Relevamiento 2003).

En el acuerdo original se establecía la injerencia del Gobierno Municipal, que aportaría las tierras necesarias y ejecutaría la infraestructura a su costo, mientras que la construcción de viviendas quedaba a cargo del Gobierno Provincial. Al llevarse a cabo el programa, la participación del municipio fue débil, incluso en los desalojos, si bien tuvo un papel importante en lo que respecta a la normativa para edificar, ya que en algunos casos se debieron modificar los usos del suelo para poder construir viviendas en zonas de uso rural e industrial.

Aunque son de diferentes escalas, las ciudades-barrios comparten la característica de ser barrios cercados alejados del centro de la ciudad. Las viviendas son pequeñas y de tipología única (2 dormitorios, baño y cocina), constan de 42 m² construidos en terrenos de 300 m² llave en mano, y todos los servicios de infraestructura: tarifa social de agua, de electricidad e impuestos municipales. Cuentan con escuelas primarias,

---

[23] A la ciudad-barrio "Ciudad de Mis Sueños" fue trasladada población de diferentes villas, como Mandrake, Los 40 Guasos, Vagones de la Estación Mitre, Guiñazú, además de parte de villa La Maternidad.

dispensarios, postas policiales y locales comerciales. El servicio de cloacas se resuelve de manera independiente en cada barrio, y es uno de los puntos de falla debido a la falta de mantenimiento y mal uso.

Es importante señalar que el tamaño de las viviendas no guarda relación con las características de sus ocupantes, en el sentido de que no se tuvieron en cuenta las necesidades de acuerdo con el tamaño de la familia, y en algunos casos se sigue registrando hacinación. En el informe citado anteriormente, se señala que "las dimensiones de las viviendas no se adaptan totalmente a los parámetros legalmente solicitados en el código de construcción de la ciudad de Córdoba, serán aprobados por excepción" (p. 84).

Un dato importante a tener en cuenta es que "Ciudad de Mis Sueños" está cerca de Barrio Ituzaingó Anexo, en el cual se detectaron aproximadamente 70 casos de cáncer a raíz de las fumigaciones con agroquímicos, y se encontraron restos de productos tóxicos en los tanques de las viviendas. En un estudio específico (Martínez de Rusconi y Romo de Linares), se señala que "Ciudad de Mis Sueños" se ubica en una zona donde la falta de control de los usos rurales del entorno genera incompatibilidad con el uso residencial, de lo que resultan problemas urbanos ambientales. Esto constituye uno de los principales argumentos a los que apelan los vecinos que, como veremos más adelante, se resisten a ser desalojados de villa La Maternidad y ser trasladados a las nuevas casas que el gobierno dispuso para ellos.

Factores relevantes a la hora de analizar esta operatoria habitacional son su verticalismo y asistencialismo, debido a que la medida no es consensuada por los actores involucrados en las relocalizaciones, sino implementada por el Gobierno Provincial "desde arriba", sin brindar alternativa a quienes se opongan a mudarse a una nueva casa, como veremos más abajo. Por estos motivos, su aplicación ha sido en muchos casos conflictiva, debido a las relocalizaciones forzosas y su irrupción violenta en la vida cotidiana de las personas trasladadas.

Es de carácter socioespacial expulsor, debido a que, en su mayoría, los nuevos destinos se ubican en la periferia urbana, en áreas cercadas y con dificultades para trasladarse hacia otros puntos de la ciudad dado el aumento de las distancias y costos de transporte. Este último punto contribuye también a la segregación socioespacial, puesto que, a la lejanía con el resto de la ciudad, se suma la concentración en grandes complejos habitacionales a personas con características socioeconómicas homogéneas por lo bajo, poniendo obstáculos a la integración con otros grupos sociales (Hidalgo Dattwiller 2007: 58)[24].

---

[24] "Las soluciones de vivienda social se han acumulado progresivamente en contados lugares de la ciudad, juntando con ello a población de similar status socioeconómico y áreas puntuales, muchas veces conectadas funcionalmente a la ciudad pero aisladas socialmente y desprovistas de los equipamientos e infraestructuras mínimas que otorgan los rasgos urbanos a un territorio. Se constituye una verdadera situación de 'aislamiento', que niega a los habitantes de estos conjuntos a acceder a unos de los principios fundamentales de la vida urbana y de los derechos ciudadanos, cual es la posibilidad

Las ciudades-barrios, en algunos casos, están formadas por distintas villas, lo que implica ruptura de los lazos comunitarios y problemas de convivencia, debido a un quiebre de los códigos comunes y la falta de una historia en común. Esto dificulta la integración entre los diferentes grupos y crea rivalidades. Por otro lado, el plan brinda una misma solución habitacional a grupos heterogéneos con necesidades diferentes: las casas son todas iguales, con superficies mínimas habitables y de dudosa calidad constructiva, ubicadas en tierras baratas, en algunos casos poco adecuadas para el uso residencial.

Volviendo a la nula participación de la población en este proceso, pareciera haber una concepción por parte del Gobierno Provincial de "dar y quitar", tomando a los grupos relocalizados como meros beneficiarios pasivos, sin reconocerles ningún tipo de capacidad para participar. Quizás el fragmento a continuación enunciado por de la Sota ayude a redondear esta idea:

> La contracara del derecho a la vivienda es la obligación de cuidarla. No son todos derechos en la vida. Acá hay que cuidar cada vivienda, cada escuela, cada comisaría, el dispensario y el centro comercial. Nosotros hacemos patria haciendo ciudades, fundando pequeñas ciudades dentro de esta gran ciudad de Córdoba. Quiero decirles a las familias que el Ministerio de la Solidaridad les va a hacer llegar un cuadernillo con los derechos y obligaciones de los habitantes de "Ciudad de Mis Sueños", para que cada uno de ellos sepa qué es lo que debe hacer para que esto siga siendo una hermosa ciudad y no se transforme en cualquier cosa. También vamos a premiar el esfuerzo de todos ustedes. Todos los meses vamos a venir a inspeccionar "Ciudad de Mis Sueños", si aquí no hay pintadas en las paredes, si no hay un foco sucio, si nadie arranca un árbol, si los juegos infantiles están bien cuidados, todos los meses el Gobierno va a sortear dos bicicletas y dos electrodomésticos para todas las familias de esta ciudad. Pero así como vamos a premiar, no me va a temblar la mano para firmar la orden de desalojo de aquel que dañe viviendas, que perturbe la vida de este barrio, que venga a sembrar violencia o discordia, esos mejor que no vengan (Disponible en línea: www.cnvivienda.org.ar).

Otro punto importante también presente en los discursos oficiales es la relación que se da entre ser ciudadano y poseer una vivienda, como si poseer una casa convierte a un individuo en ciudadano.

Un elemento que contribuye a sostener lo anteriormente señalado es que el nombre de la ciudad-barrio no fue elegido por los vecinos que allí habitarían, así como tampoco el nombre de cada plaza, comedor y demás instalaciones. Esto habla también de una falta de participación, y es importante porque hace a la apropiación del lugar. Vale decir que a ningún futuro habitante se le consultó si quería mudarse, en el sentido de que no se planteaba otra alternativa desde el gobierno.

También es posible sostener, a partir de esta operatoria habitacional, que el gobierno posee cierta concepción de cómo debe resolverse el problema de la vivienda,

---

de interacción y las oportunidades que brinda estar en contacto con personas con orígenes sociales diferentes y con actividades económicas también distintas" (Hidalgo Dattwyler 2007: 58).

a partir de la ubicación de la mayoría de los conjuntos habitacionales en la ciudad, lo que implica cierta idea de "sacar a los pobres hacia la periferia" o "ciudad limpia de pobres". Esto refleja, a su vez, el lugar que ocupa la población vulnerable en el conjunto urbano.

Implementación del plan "Mi Casa, Mi Vida": traslado de la villa La Maternidad y situación actual

A partir de octubre del año 2003, comienza a generarse un clima de tensión entre los habitantes de la villa La Maternidad y el Gobierno de la Provincia de Córdoba, debido a que para concretar el traslado de la villa a "Ciudad de Mis Sueños", comienza a realizarse un relevamiento por parte de trabajadores sociales para dar cuenta de la situación habitacional de los habitantes de la villa, preparando el desalojo:

> Empezaron a caer grupos enviados por el Estado, trabajadores sociales que hacían una especie de encuestas ambientales o algo por el estilo, donde en realidad estaban ocultando un proceso que debería culminar en la firma de su consentimiento para trasladarse (...) tenía la modalidad de relevamiento, seguramente si vos lo ves debe figurar como relevamiento pero al final concluía con un proceso de lanzamiento de gente que había firmado una aceptación de su traslado a este nuevo barrio". (Entrevista personal, mayo de 2008)

En este punto también jugaron un papel importante los punteros políticos dentro de la villa, que inicialmente habían conformado una especie de cooperativa con el pretexto de lograr una mejor ubicación en la ciudad, pidiendo colaboración monetaria a los vecinos para costear gastos de papeleo, logrando la adhesión al traslado de varios de ellos[25].

La mayor parte de los residentes *acuerdan* el traslado, y unos pocos se oponen, reaccionando activamente. Entre los motivos a los que adhieren quienes se niegan al desalojo, se encuentran problemas de salud, debido a que, como se señaló anteriormente, "Ciudad de Mis Sueños" está ubicada en zonas en las que se reconocen niveles de contaminación por el uso de agroquímicos[26] y deterioro de las condiciones laborales, puesto que la distancia al nuevo barrio dificulta la realización de las antiguas tareas de los habitantes trasladados, así como también conseguir nuevos trabajos; con implicancias en el aumento de los costos de traslado y ruptura de estrategias de subsistencia que hacen a la reproducción de la vida cotidiana.

Para concretar el traslado, se procedió también con presión, intimidación, puesto que los trabajadores sociales se valieron de amenazas de desalojo para lograr la

---

[25] Este punto surge del relato de varios vecinos de villa La Maternidad, tanto residentes actuales como de habitantes de Ciudad de Mis Sueños. Entrevistas realizadas en febrero 2009.

[26] En un encuentro realizado con algunos vecinos en julio de 2007 y noviembre de 2008, el problema de la contaminación del agua era bastante recurrente.

aceptación del traslado y clientelismo político, debido a que se ofrecían $300 para aceptar.

La mayoría de las familias que habitaban en el lugar fueron trasladadas durante los días 14, 15, 16 y 17 de junio de 2004. Un vecino que se resistió al traslado relata: "El 15 de junio, muy temprano, oscuro aún, empezaron a aparecer fuerzas de choque, numerosísimas unidades armadas, y los que iban con la ayuda del personal de soldados y con gran prisa cargan sus pertenencias a los camiones de las brigadas militares. Subían ellos, pero no los dejaban partir hasta que llegaban las topadoras y destrozaban completamente los que fueron sus hogares hasta un momento antes. Fueron durante cuatro días una vergonzosa demostración del 'terrorismo de Estado'" (Eslava 2005). El método de la topadora también derribó por "equivocación" partes de viviendas de familias que no habían accedido a mudarse. Salvando las diferencias de contexto histórico, el procedimiento nos remite a la forma empleada para la erradicación de villas durante la última dictadura militar (Ozslack 1991).

Durante esos días, la rutina diaria se vio alterada por las dificultades para salir y entrar de la villa, por los controles permanentes y por el temor de que la casa, al estar vacía, fuera derribada. El desalojo rápidamente cobra carácter público, lo que implica que se involucren nuevos actores a esta causa. Las familias que resisten son acompañadas por profesionales, organismos de derechos humanos y otras agrupaciones[27]. Se realizan diversas actividades, tales como cortes de calles, marchas y festivales de solidaridad, petitorios formales a las autoridades provinciales y nacionales, también se actúa legalmente presentando recursos de amparo. Ante la negativa al desalojo, el Estado realiza acciones legales acusándolos de usurpación[28].

En este entrecruzamiento de acciones legales entre los vecinos que se resisten a marchar de villa La Maternidad y el Estado, se producen distintas propuestas con el Gobierno Provincial que a la fecha no logran consenso[29]. Los principales reclamos de los vecinos consisten en que el Gobierno Provincial les otorgue dos manzanas en la zona de la villa, les construya las viviendas y les reconozca el derecho de posesión. También exigen resarcimiento económico por los daños materiales, económicos y laborales.

---

[27] El entramado de actores externos a la villa que hicieron posible la resistencia y aún siguen colaborando está conformado por CUBa Mbs (Coordinadora de Unidad Barrial); Agrupación Otro Cantar; MTR (Movimiento Teresa Rodríguez); La Comuna, Indymedia (Centro de Medios Independientes); CEPRDH (Centro de Profesionales por los Derechos Humanos); SERPAJ (Servicio de Paz y Justicia de Córdoba); profesionales y estudiantes independientes, entre otros.

[28] En virtud de la Ley Nº 1.254 (Rescisión del Proyecto Crisol) el Estado reclama las tierras sobre las que se ubica villa La Maternidad.

[29] Luego del traslado, ante la negativa a dejar villa La Maternidad, se ofreció a las familias restantes marcharse a otras ciudades-barrios. Luego se ofrecieron casas en lugares aledaños a la villa de determinado valor. La última propuesta fue un convenio firmado en enero 2009, en el que se propone mejorar las viviendas de los habitantes de villa La Maternidad y brindar los servicios necesarios, entre otros.

A su vez, existen conflictos al interior de la comunidad porque las demandas son diferentes. Hay 32 familias que lograron amparo legal y tienen en proceso juicios de usucapión, a las que se suman otras nuevas y aquellas que regresan de Ciudad de Mis Sueños. Estos dos últimos grupos se encuentran en situaciones más vulnerables. El Estado Provincial busca negociar en forma individual con cada familia, desarticulando una demanda conjunta que a su vez también tiene dificultades para surgir, por las cuestiones antes expuestas.

En respuesta unánime, los vecinos que resistieron al desalojo desde un principio, sostienen que acceder a mudarse a Ciudad de Mis Sueños sería la muerte social[30], y definen al gobierno de de la Sota como "una gran inmobiliaria con poder, te quitan un terreno que vale U\$S10.000 y te lo cambian por otro que vale 5 centavos. Están haciendo lo mismo que con los indios, les daban un espejito y les quitaban la tierra" (*Desafíos Urbanos* 2005). Este testimonio da cuenta de cómo perciben la primacía de la lógica de la ganancia privada en la planificación urbana, y cuáles son los verdaderos actores que se benefician con las relocalizaciones de la población.

En este contexto de conflictos y lucha por el derecho al uso del espacio urbano, se enmarca una larga resistencia de algunas familias que no quisieron desalojar sus viviendas para trasladarse a los nuevos barrios periféricos, y otras que poco a poco decidieron regresar y reconstruir con lo que había quedado, luego del paso de las topadoras, nuevamente sus casas. El traslado empeoró sus condiciones de vida, además de las expectativas frustradas: "Dispensarios las 24 horas, ambulancias para emergencias, colectivos frecuentes, seguridad. En suma, que íbamos a ser ciudadanos […] cuando reaccionás te das cuenta que no tenés un carajo de darles a comer a tus hijos y que tenés horario para enfermarte. Te hacen perder la ilusión. No te quedan ganas de creer. Nos prometieron una vida mejor, la posibilidad de una vida mejor" (Disponible en línea: www.sosperiodista.com.ar. Consultado el 19 de noviembre de 2007).

Podemos concluir que si bien en algunos casos se resuelve el problema de la vivienda, por otro lado surgen nuevos inconvenientes, como la falta de trabajo y la ruptura de lazos comunitarios e identitarios. No se respetó la autonomía de los vecinos, ya que no tuvieron participación en el proyecto del traslado, y según los relatos, tampoco mucha opción de elegir si quedarse o marcharse, de elegir el lugar donde vivir.

Consideraciones finales

En este trabajo se intentó describir el proceso de relocalización de villa La Maternidad. Esto permitió dar cuenta de algunas características de la política habitacional "Mi Casa, Mi Vida", que viene implementando el Gobierno Provincial desde el año 2001 en la ciudad de Córdoba, entendiendo que el caso tomado es paradigmático debido a los conflictos que acarreó su implementación, que aún no llegan a una solución.

---

[30] Revista *Desafíos Urbanos*, n° 49, 14 de mayo de 2007. CECOPAL. Córdoba, p. 36.

Se partió de la consideración de la ciudad como un producto histórico y social, en el cual interactúan actores impulsados por lógicas diferentes como la del mercado, la de la necesidad y la de lo público. Siguiendo esta línea, es posible dar cuenta de una parte de los procesos de reestructuración urbana que implica el aumento de las inversiones inmobiliarias y los procesos de renovación urbana en barrios tradicionales de la ciudad. Esto se relaciona con la búsqueda de nuevas zonas para expandir la edificación, dentro del casco céntrico y zonas aledañas.

Al mismo tiempo, se produce una gran relocalización de población a partir del programa de viviendas "Mi Casa, Mi Vida", que tiene como objeto brindar vivienda a población vulnerable, y por el que se construyen nuevos barrios y ciudades-barrios en la periferia urbana, sobre suelo barato y financiando las viviendas con un crédito del BID que produce un endeudamiento a largo plazo. En este doble proceso, se inserta el caso estudiado, villa La Maternidad, en un contexto de renovación urbana y aumento de emprendimientos privados impulsados por la lógica del mercado, que encuentran su punto de contacto en el hecho de que este tipo de lógica se ve beneficiado por el traslado de "los pobres" hacia la periferia.

Se expusieron también los orígenes de la villa, que surge en un momento histórico determinado por el impulso de satisfacer la necesidad de vivienda por manos de los propios usuarios, haciendo hincapié en la localización privilegiada de la misma, con acceso a múltiples externalidades urbanas, que ahora buscan ser aprovechadas a partir de la explotación inmobiliaria de la zona por capitales privados.

Estamos en condiciones de sostener que, si bien en muchos casos se resuelve el problema de la vivienda, se crean otros, debido a que la vivienda no es el único elemento afectado, sino que conlleva externalidades, y esto no es tenido en cuenta por el plan "Mi Casa, Mi Vida" (a pesar de que plantea componentes de acompañamiento social pre y postraslado, como la generación de puestos de trabajo, que quedaron a medio camino). Es necesario pensar la vivienda como un bien de uso que, para ser consumido, debe estar enlazado a otros complementarios, y si bien se encuentran ciertos servicios en las nuevas ciudades-barrios, éstos son deficientes. La exclusión social y simbólica no se reduce a partir de la construcción de viviendas. Además, es desacertado brindar una solución homogénea para comunidades distintas, que afrontan diferentes problemas de acuerdo con sus asentamientos de origen.

En el caso analizado, hay familias que se resistieron en un primer momento a ser trasladadas, y otras que poco a poco van retornando y vuelven a repoblar la villa, reclamando por otra solución habitacional favorable, porque ven afectadas sus fuentes laborales y redes sociales. Sumados a estos elementos, aparecen los problemas de salud registrados por la contaminación aledaña a la ciudad-barrio en el que se pretendía radicarlos. Además, saben que los terrenos en los que habitan valen más que las casas de "Ciudad de Mis Sueños", o "Ciudad de mis pesadillas", como también la llaman.

Teniendo en cuenta las fuentes de trabajo de los habitantes de villa La Maternidad, la mayoría de la población de "Ciudad de Mis Sueños" subsiste a partir de los planes de ayuda social que brinda el gobierno. Esto constituye un elemento más que despoja a sus habitantes de autonomía y capacidad de decisión, creando dependencia directa del Estado. En las ciudades-barrios es muy difícil la inserción laboral, asimismo, algunos habitantes señalan que vivir en "barrios villeros" dificulta la posibilidad de conseguir trabajo y son discriminados, por lo cual también viven esta realidad como una estigmatización territorial.

Por su parte, hay que sumar la cercanía a la zona céntrica de la villa y gran cantidad de escuelas y hospitales, como el Hospital Maternal Provincial, Hospital de Niños, San Roque, Rawson y Maternidad Provincial. Esto significaba, dentro de las posibilidades, elegir el establecimiento al cual asistir y un ahorro en los costos de salud y educación, a diferencia de los nuevos barrios en que por el aislamiento se ven obligados a utilizar las instalaciones impuestas. También puede hablarse de una pérdida de símbolos y códigos, sentido de pertenencia, teniendo en cuenta el caso especial de este barrio, que lleva más de 70 años en el mismo lugar con varias generaciones. Por lo tanto, es evidente que la vivienda no es el bien más directamente afectado a raíz de la intervención pública.

Del análisis también surge que no es posible pensar las actuales políticas habitacionales sin advertir otros procesos que se dan en la ciudad, como lo es la renovación urbana, que tiene gran incidencia en los cambios que hoy se observan en ciudad de Córdoba. Al respecto, se considera que la renovación urbana, tal como está planteada, es un proceso excluyente, ya que no todos los actores urbanos se benefician. El trasladado hacia la periferia de ciertos sectores sociales deja libre el paso para la refuncionalización de áreas céntricas y pericentrales de la ciudad, que son aprovechadas por el capital inmobiliario privado, a su vez favorecido por el accionar del Estado.

Es posible afirmar que a partir de este plan se da un acceso diferencial al derecho al espacio urbano, y se reproducen las condiciones de pobreza y un encogimiento de las redes sociales, reforzando poder adquisitivo como elemento único que estructura la configuración urbana. En este sentido, quienes tienen escasos recursos ven limitado en gran parte su derecho al uso del espacio urbano, al goce de oportunidades que brinda la localización de la vivienda, y al poder elegir dónde radicarse. Es necesario pensar políticas habitacionales que no sólo aporten un techo, la unidad física, sino que conciban a la vivienda en relación con el resto de la ciudad, promoviendo la integración. Es imprescindible, entonces, considerar a la ciudad como un "ámbito de realización de todos los derechos humanos y libertades fundamentales, asegurando la dignidad y el bienestar colectivo de todas las personas, en condiciones de igualdad, equidad y justicia", tal como lo establece la Carta Mundial por el Derecho a la Ciudad.

Bibliografía

Brunstein, F. J. y Clichevsky N. L. (2006), "Evaluación ambiental y procedimientos ambientales a considerar en el reglamento operativo. Programa de desarrollo social de la Provincia de Córdoba" (AR- L1027), 22 de mayo de 2006.

Cuenya, Beatriz (2004), "Grandes proyectos y teorías sobre la nueva política urbana en la era de la globalización. Reflexiones a partir de de la experiencia de Buenos Aires", en Cuenya B., Fidel C. Herzer, H. *et al.*, *Fragmentos Sociales, problemas urbanos de la Argentina*, Buenos Aires, Siglo XXI.

Herzer, H. (2008), *Con el corazón mirando al Sur: transformaciones en el Sur de la Ciudad de Buenos Aires, Buenos Aires,* Espacio Editorial.

Herzer, H. y otro (1994), *Gestión urbana en ciudades de tamaño medio en América Latina*, Nairobi, Hábitat- ONU, Nairobi.

Hidalgo Dattwyler, R. (2007), "¿Se acabó el suelo en la gran ciudad? Las nuevas periferias metropolitanas de la vivienda social en Santiago de Chile", en *Revista Eure,* vol. 33, N° 98, pp. 57- 75, Santiago de Chile. Mayo 2007

Jaramillo, S. (1994), *Hacia una teoría de la renta del espacio urbano,* Bogotá, Ed. Uniandes- Instituto de Geografía Agustín Codazzi.

Martínez de Rusconi, M. y Romo de Linares, C. (2007), "La calidad del hábitat residencial en los nuevos barrios del Programa 'Mi casa, mi vida', localizados en territorios ambientalmente degradados: lineamientos para su mejoramiento desde un enfoque ambiental de planificación urbano sectorial integral. Sector sudeste de la Ciudad de Córdoba". Disponible en línea: http://www.invi.uchile.cl/derechociudad/ponencias/Jornada/Panel%202/8.%20Martinez,%20Romo.pdf

Ozslack, O. (1991), *Merecer la Ciudad. Los Pobres y el Derecho al Espacio Urbano*, Buenos Aires, Humanitas, col. CEDES.

Rebord, G. G. (2006), "La política oficial hacia los asentamientos irregulares en la ciudad de Córdoba en el período 1970-2006. El Programa 'Mi Casa, Mi Vida'". Ponencia presentada en el Seminario Latinoamericano "Teoría y Política sobre asentamientos informales", 8 y 9 de noviembre, Buenos Aires, Universidad de General Sarmiento.

Retaroli; Eguiren; Álvarez; Cohen; Rubioli (sin fecha), *Los Barrios Pueblos de la Ciudad de Córdoba. La ciudad objeto didáctico,* Ediciones Educor.

Rodríguez, M.C.; Di Virgilio, M. M. *et al.* (2007), *Producción Social del Hábitat y políticas en el Área Metropolitana de Buenos Aires.* AAEU- IIGG/ FSOC, Grupo Argentina de Producción Social del Hábitat hic- al FVC- MOI- SEDECA.

Rodriguez, M.C. (2005), *Como en la Estrategia del Caracol…Ocupaciones de edificios y políticas locales del hábitat en la ciudad de Buenos Aires,* Buenos Aires, El Cielo por Asalto.

Fuentes consultadas

Baima, M.; Buthet, C.; Calvo, D. (2007), *Evolución de las Villas de Emergencia en Córdoba 2001-2007*, localización y estimaciones de población. Conicet- SEHAS.

Carrasco, L.; Romero Orue, A. (2008), *Villa La Maternidad, Aproximación a los mecanismos de subsistencia en el proceso de lucha de la propiedad territorial.* Problemática de la Vivienda Popular II. Facultad de Arquitectura, Diseño y Urbanismo. Universidad Nacional de Córdoba, Mimeo, Córdoba, Argentina.

Heraldo Eslava, *Primer año de lucha* (sin datos de edición).

Relevamiento 2003 Organismo a cargo, Dirección de Medio Ambiente de la Provincia de Córdoba. Préstamo 1.287- OC-AR. ASENTAMIENTO "LA MATERNIDAD" /designación 38 A. Proyecto de Emergencia para la Rehabilitación de los Grupos Vulnerables Afectados por las Inundaciones en la Ciudad de Córdoba. Subcomponente de recuperación ambiental de las zonas de riesgo inundables desalojadas para ampliar las áreas verdes de recreación en la ciudad de Córdoba.

Propuesta para los vecinos de ex Villa La Maternidad. Secretaría de información pública y programas especiales.

Estudio de Título, "Villa La Maternidad". Secretaría General de la Gobernación y de Información Pública. Dirección General de Asuntos Jurídicos (en virtud de la Ley Nº 1.254, rescisión del Proyecto Crisol. El gobierno reclama estas tierras).

Día a Día, 30 de abril de 2007.

La Voz del Interior, 30 de junio de 2004.

La Voz del Interior, 30 de abril de 2007

La Voz del Interior, 20 de octubre de 2007.

Le Monde Diplomatique (edición cono sur). Febrero de 2006. pp. 14-15.

Revista *Desafíos Urbanos* (mayo/junio 2005), "La Ciudad Pérdida", nº 49, CECOPAL, Córdoba.

Revista *Desafíos Urbanos* (diciembre de 2005/enero de 2006), "Los Dueños de la Ciudad. La acción de las grandes corporaciones inmobiliarias y la ruptura del sistema urbano de Córdoba". nº 51, CECOPAL, Córdoba.

Revista *Vivienda Popular* (octubre de 2006), "Un día, una realidad, una creciente exclusión urbana", nº 59, SEDECA, Buenos Aires.

Páginas web visitadas

www.sosperiodista.com.ar

www.cba.gov.com.ar

www.cnvivienda.org.ar

www.grupodinosaurio.com/milenicaru

www2.lavoz.com.ar/Nota.asp?nota_id=205582&high=villa%20la%20maternidad

Publicidad oficial televisada en los canales de aire, Ciudad de Córdoba, febrero 2009

disponible en línea: http://www.youtube.com/watch?v=hr9JXioeEGs

Acceso a servicios básicos y focalización de las intervenciones[1]

Andrea Echevarría

Presentación

Los programas de infraestructura y equipamiento comunitario han tenido un lugar residual dentro de las políticas habitacionales en nuestro país. Aun cuando en los últimos años se han generado un conjunto de programas habitacionales, el tendido de redes de infraestructura y el equipamiento de servicios no han seguido el mismo desarrollo. La acción del Estado en esta materia llega muy por detrás de la producción de ciudad por parte de las familias. La privatización de la mayor parte de estos servicios ha agudizado esta dificultad. En este contexto, la aplicación de programas de infraestructura focalizados presenta una serie de complejidades y contradicciones, que abarcan desde cuestiones de índole técnico constructivas hasta otras de tipo ideológico.

En este capítulo, se analiza cómo la intervención de un programa focalizado en un barrio del segundo cordón del Gran Buenos Aires desató, entre otras consecuencias, reclamos y oposiciones de los vecinos de los barrios cercanos, reavivando viejos conflictos territoriales.

En este sentido, resulta imprescindible reflexionar acerca de cómo el Estado puede aliviar o reproducir una representación negativa de un territorio. El análisis del impacto de las intervenciones habitacionales sobre la construcción de estigmas territoriales, la conflictividad entre habitantes de un área, etc., queda habitualmente excluido al momento de la programación de las mismas, desvirtuando los pretendidos objetivos de "integración" que pudieran portar quienes las diseñan y planifican.

---

[1] El presente trabajo tiene como antecedente principal la tesis *Estigmatización territorial y asentamientos en el Gran Buenos Aires. Vinculaciones entre representaciones sociales, segregación espacial y formas de inserción urbana de los sectores populares,* presentada ante la Universidad Nacional de Mar del Plata para la aprobación de la Maestría en Hábitat y Vivienda, cohorte 2002-2004.

Ayer y hoy: políticas viviendistas

Las políticas habitacionales en nuestro país (como en los demás países latinoamericanos) estuvieron centradas en las últimas décadas en la construcción de viviendas nuevas como estrategia central y casi exclusiva. Así, por ejemplo, Yujnovsky (1981) destaca la fuerte influencia del sector empresario de la construcción en la definición de las mismas.

Luego de una virtual paralización de las acciones habitacionales del Estado durante la crisis del 2001 y los años previos, el Gobierno Nacional de Néstor Kirchner (2003-2007) ha reactivado el sector con la creación de programas nacionales: Programa Federal de Construcción de Viviendas, Programa de Emergencia Habitacional ("Techo y Trabajo"), Programa Federal de Mejoramiento de Viviendas ("Mejor Vivir"), Programa de Asentamientos y Villas, entre otros. Esta reactivación tiene, quizá, mayor impacto en el conurbano bonaerense, donde la acción habitacional directa por parte del Estado había sido mínima, ya desde los años 1990.

Pero los programas siguen centrados, básicamente, en la construcción de vivienda nueva. La infraestructura y el mejoramiento siguen siendo acciones residuales y de alcance limitado. Como es sabido, esto no guarda relación con los diagnósticos –incluso los oficiales– en materia habitacional. En nuestro país, el 80% del problema habitacional se resuelve sin necesidad de construir viviendas, ya que corresponde a situaciones de déficit "relativo" o "cualitativo"[2]. Si comparamos, entonces, el volumen de presupuesto asignado a las distintas líneas programáticas con el tipo de déficit, la contradicción salta a la vista[3]:

---

[2] Se observan dos tipos de situaciones deficitarias en lo relativo a lo habitacional. El *déficit_relativo* (o cualitativo) se refiere a los casos de vivienda deficiente pero recuperable (construida con materiales durables, pero con deficiencias, en general, ligadas a la falta de servicios sanitarios) o de hacinamiento por cuarto. Según el censo 2001 hay 534.000 hogares en esa situación. El *déficit absoluto* (o cuantitativo) abarca los casos en que la vivienda es irrecuperable (por estar construida con materiales y técnicas demasiado precarios, 2.106.000 hogares según Censo 2001), de hacinamiento de hogares (más de un hogar compartiendo una vivienda, no fue relevado en el 2001) o de hogares en situación de calle; en este caso, la solución pasa por la construcción de viviendas nuevas.

[3] Se tuvieron en cuenta los siguientes datos:

Programas Federales de Vivienda: Aportes financieros nacionales ejecutados (en millones de $) Provincia de Buenos Aires – Período: 1 de enero de 2007 al 31 de agosto de 2007	
Subprograma Construcción	940
Subprograma Emergencia Habitacional	58
Subprograma terminación	155
Subtotal vivienda nueva	1.153
Subprograma de mejoramiento	35
Subprograma Infraestructura	102
Subtotal mejora	137
Subprograma Villas y Asentamientos	678
Total	3.258
Fuente de los datos: Subsecretaría de Desarrollo Urbano y Vivienda (www.vivienda.gov.ar)	

De este modo, la consolidación de barrios a través del tendido de redes e infraestructura urbana no es la regla sino la excepción. En este contexto, intervenciones como las que analizaremos en el presente artículo adquieren dificultades particulares.

La herencia de los años 1990. Focalización. Privatización

Los cambios producidos a nivel del Estado, sus funciones, las políticas públicas, su participación en la actividad económica, durante la década de 1990, fueron profundos, al punto de lograr remover y reformular concepciones construidas a lo largo de las décadas anteriores respecto a la participación de los distintos sectores en las riquezas producidas socialmente y a la función reguladora del Estado en ese proceso.

El discurso y el recetario neoliberal, para el cual ya se habían instalado los puntales fundamentales durante la dictadura militar de 1976-1983, comprendió la reducción de los aparatos administrativos de gobierno, la eliminación de su rol económico y planificador, la privatización de empresas y servicios (transporte, infraestructura, comunicaciones, energía, etc.), entre otras. Se estableció un fuerte divorcio entre políticas sociales y políticas económicas (Clemente 2003), se priorizaron –a nivel central– los equilibrios macroeconómicos y la reducción del déficit fiscal; se descentralizaron las políticas sociales a niveles provinciales y municipales.

Durante el período, se produjo también una fuerte polarización de la sociedad: un notable incremento de la pobreza y la desocupación, a la par de un marcado proceso de concentración de la riqueza (IDEF-CTA 2002). Quedaba demostrado, entonces, lo falaz de la teoría del derrame, aunque todavía llevaría años que se instalara y aceptara socialmente esta idea.

Desde el discurso hegemónico, el mercado volvió a ser el espacio de satisfacción de necesidades. El Estado debería intervenir sólo en aquellos casos en los que el sujeto se encontrara realmente imposibilitado de acceder a él. En el ámbito específico de lo habitacional, uno de los documentos del Banco Mundial resulta más que ilustrativo respecto a esta concepción, ya desde su título: "Housing: enabling markets to work". Este documento de 1993, "Vivienda: facilitar el trabajo de los mercados", propone la "reforma de políticas, instituciones oficiales y regulaciones para facilitar que el mercado de la vivienda trabaje en forma más eficiente, abandonando los proyectos limitados y puntuales que incluían la producción y el financiamiento (por parte del Estado) de la vivienda"[4] (Banco Mundial 1993).

---

[4] El documento propone algunos instrumentos concretos:

En relación con la demanda: I) Desarrollo del derecho de propiedad (evitar las situaciones de tenencia irregular o insegura, que hace "que las familias no inviertan en mejoras", facilitar el acceso a tierras para el mercado inmobiliario); II) desarrollo del crédito hipotecario; III) racionalizar los subsidios (focalizados, mensurables, transparentes y evitando que distorsionen el funcionamiento de los mercados).

En relación con la oferta: I) Proveer infraestructura para el desarrollo residencial de las tierras; II) regular el desarrollo de la tierra y la vivienda, evaluando costos y beneficios de las regulaciones, elimi-

En armonía con este discurso (pero en profunda contradicción con el contexto de creciente pauperización descripto), las políticas públicas se focalizaron. A través de la focalización, las políticas fueron redireccionadas a una reducida, limitada y "bien identificada" población meta. Con el discurso legimitador de la búsqueda de eficiencia, se abandonaron, de esta manera, las políticas universales, para lo cual fue necesario también desarticular el discurso sobre los derechos sociales (tarea que ya había comenzado a realizar la dictadura militar).

Entre otros, la focalización de las políticas planteó el problema de la selección de indicadores que permitieran identificar a las poblaciones (y territorios) meta de las distintas intervenciones. En los hechos, esto significa que se deje fuera a población de sectores medios y medios bajos, o incluso a población en situación de clara vulnerabilidad por no quedar comprendidos en los parámetros definidos (o "moldes técnicos", como los refiere Andrenacci 2002) y un enorme esfuerzo invertido en discriminar entre pobres "merecedores" y "no merecedores" de la intervención del Estado (Lo Vuolo y otros 1999).

Los mismos criterios de selección de la población meta de programas fueron aplicados, en el marco de algunas políticas, a áreas geográficas. En términos territoriales, la focalización de la población supuso un fuerte efecto fragmentador: enclaves o áreas específicas, que fueron definidas como destinatarias, "recortadas" –en ocasiones, en forma arbitraria– de su entorno. En algunos casos, como el PROMEBA[5] aquí analizado, la focalización se define en base a criterios específicamente territoriales, como la posibilidad de saneamiento del aspecto dominial de la zona. En otros, los programas se organizan territorialmente (como en el caso de algunos programas asistenciales, como el Pro Vida), bajo el supuesto de que la cercanía espacial implica forzosamente cercanía en condiciones materiales de vida (o, dicho en otros términos, "que los pobres viven en un mismo lugar").

También como parte de esta nueva relación entre el Estado y la Sociedad, y de acuerdo con la concepción del mercado como *asignador* de bienes y servicios, se produce durante los primeros años del Gobierno de Carlos Menem (1989-1999) la privatización de una importante cantidad de áreas estratégicas: comunicaciones (se privatiza el servicio de telefonía, el Correo Argentino, dos canales de televisión), transportes (los principales ferrocarriles de pasajeros y de cargas, Aerolíneas Argentinas, subterráneos, mil km de red vial, tres elevadores terminales de puertos, aeropuertos), generación y distribución de energía eléctrica, distribución de gas, de agua, sistema de desagües cloacales (ex Obras

---

nando aquellas que obstaculicen la oferta de vivienda; III) organizar la industria de la construcción, favoreciendo la competencia y eliminando trabas.

Como instrumento global, propone el desarrollo de un marco institucional adecuado para el tratamiento del "sector vivienda" como totalidad. Banco Mundial (1993), "Housing: enabling markets to work", traducción propia.

[5] Programa de construcción de infraestructura y regularización dominial, con financiamiento del BID. Se ejecuta a nivel local (municipal), con la concurrencia del nivel nacional y provincial.

Sanitarias de la Nación), Yacimientos Petrolíferos Fiscales (YPF) y áreas conexas, acerías, carboquímicas, fábricas militares, el mercado de hacienda, etc.

El impacto de semejante proceso de privatización no se limita sólo al desprendimiento de activos por parte del Estado, y a las ganancias extraordinarias que en condiciones monopólicas experimentaron los grupos –en su mayoría, con fuerte presencia de capital extranjero– que los adquirieron. Como señala Mabel Thwaites Rey:

> "La reapropiación por parte del 'mercado' de tareas realizadas por el Estado, supone un reacomodamiento de las relaciones de fuerza sociales de importante magnitud. (…) no sólo cambian las fronteras del Estado en relación con la sociedad, lo que equivaldría a decir que cambian los ejecutores de determinadas tareas, sino también las posibilidades mismas de las distintas clases y grupos de la sociedad de imponer como cuestiones de la agenda pública determinados problemas sociales" (Thwaytes Rey 1999: 51. Entrecomillado en el original).

De este modo, por un lado, las empresas prestadoras de servicios públicos privatizados se convierten rápidamente en actores que inciden, condicionan y hasta determinan áreas de desarrollo o de desinversión. Los entes reguladores y organismos de gobierno encargados de supervisar el desarrollo de planes de crecimiento o expansión de los servicios han tenido poca incidencia.

Por otro lado, si a este proceso lo analizamos junto con el del creciente traslado al sector privado del área de salud (con el surgimiento y consolidación de las prepagas) y de seguridad social (con las AFJP), resulta claro cómo se va instalando y consolidando la imagen del "consumidor" o el "cliente" por sobre la del "trabajador". Al respecto, Maristella Svampa desarrolla la idea de una nueva construcción de ciudadanía basada en el modelo del "consumidor" (Svampa 2005). Esta imagen, como veremos en el caso que presentamos, impregna fuertemente el imaginario social hasta nuestros días.

Presentación del caso

Los asentamientos Satélite II y Santa Elena están localizados en el norte de la localidad de Moreno, a 700 m de la Ruta 23. El barrio lindero, La Victoria, es muy anterior a los asentamientos, se generó por sucesivos parcelamientos de terrenos particulares por distintos dueños.

Mientras el país retornaba a la democracia sobre fines de 1983, la zona de Moreno Norte cercana al arroyo Las Catonas y a la desembocadura del Arroyo Los Perros era una extensa área rural, contigua al barrio La Victoria, que llevaba ya muchos años de existencia. El distrito presentaba –y presenta hoy día– un elevado porcentaje de tierra rural o complementaria (próxima a la zona urbana, con posibilidades de integrarse a la misma): 40%, a comparación del 2,8% promedio del segundo cordón del Gran Buenos Aires[6].

---

[6] Fuente: Censo Nacional de Población y Vivienda 2001, INDEC.

Entre 1984 y 1985, comenzaron a asentarse las primeras familias en esa área, en lo que hoy son los asentamientos. Los terrenos no presentaban las mejores condiciones, tanto por la cercanía al arroyo como por la actividad de pastoreo que se continuaba realizando. Los nuevos vecinos tuvieron que limpiar la zona, rellenar los lotes y nivelarlos para poder instalar sus viviendas. En general, las familias asentadas servían luego de "nexo" a familiares que también venían a instalarse.

Desde el origen de estos barrios, se procuró respetar la trama urbana, dejando espacio libre para las calles y para equipamiento comunitario, procurando que nadie se instale en esos lugares. Se continuó el trazado de las calles perpendiculares a Darwin (límite con el barrio La Victoria), a las que se les mantuvo el nombre en el asentamiento. Se trazó una calle paralela a Darwin, interna al asentamiento: se la llamó Eva Perón. También se aseguraron de que los lotes respetaran medidas mínimas[7].

El acceso a los servicios más básicos de infraestructura –al mismo tiempo que en el país se privatizaban los mismos– fue, por un lado, disparador de procesos de organización interna en los asentamientos y, por otro, motivo de conflictos con los vecinos del barrio lindante.

Las familias asentadas solían conectarse en forma clandestina al servicio de energía eléctrica, ya que no sólo en muchos casos no podían pagarlo, sino que, además, las empresas prestatarias no proveían el servicio a barrios en situación dominial y urbana "irregular". A medida que el número de familias fue creciendo, y con ellas, el consumo de energía, se hicieron cada vez más comunes los cortes de la misma por el exceso de consumo, que sobrecargaba toda la red desde el barrio La Victoria. Esto generó quejas de los vecinos de este último hacia los vecinos de los asentamientos, a quienes culpaban por los cortes.

En relación con el agua, algunos habitantes hacían pozos y otros recibían agua de algún vecino de La Victoria. Entre 1989 y 1990, los vecinos de Satélite II y Santa Elena tendieron una red de agua comunitaria, con la asistencia técnica de la Asociación Civil Madre Tierra[8]. Se formó una "Comisión del agua" en cada barrio, encargada de cobrar un peso a cada familia por el servicio y contar de esta forma con un fondo que les permitiera reparar el sistema en caso de roturas.

Para el 2002, los asentamientos (Satélite II y Santa Elena) y el barrio La Victoria presentaban el mismo avance y las mismas características deficitarias desde el punto

---

[7] Nos interesa resaltar estos aspectos de la construcción de estos barrios que nos permiten caracterizarlos como "asentamientos", en el sentido que se dio en el Gran Buenos Aires a este término. Estos han sido tradicionalmente identificados por una fuerte organización interna previa a la toma, junto con una disposición del espacio que continúa la traza urbana y permite a futuro regularizar el dominio y el barrio. Si bien cada vez más asentamientos no son planificados previamente de manera conjunta, a través de una organización preexistente a la ocupación, entendemos que el uso del espacio de la manera descripta sí implica, al menos, acción colectiva.

[8] Organización No Gubernamental, especializada en el área de hábitat popular, con fuerte trabajo en la zona.

de vista urbano: calles de tierra que se tornaban intransitables tras las lluvias, falta de desagües pluviales (que empeoraba la situación con presencia de zanjas), falta de cloacas, viviendas deficitarias. A diferencia de los vecinos de los asentamientos, La Victoria contaba con red de agua. Por aquel año, desde el gobierno municipal, se trabajó en la zona en función de la ejecución de un proyecto en el marco del PRO-MEBA exclusivamente en los asentamientos. En 2004, comenzaron las obras que incluían desagües pluviales, tendido de red de agua, de red cloacal, construcción de planta de tratamiento de líquidos cloacales, enripiado de la totalidad de las calles de los asentamientos, tendido de red eléctrica, además de la regularización dominial.

A unos meses del inicio de la ejecución, vecinos del barrio La Victoria manifestaron su disconformidad con el alcance de las mismas. Solicitaron reuniones, en las que increparon a sus vecinos, a la empresa que trabajaba en la zona y al equipo técnico que acompañaba la ejecución y amenazaron con impedir que se trabaje en la zona.

Acción del Estado y representaciones sociales
Focalización: definiciones de población meta y estigmatización

Como se mencionó, con la ejecución del PROMEBA en Satélite II y Santa Elena se reviven viejos conflictos entre los asentamientos y los barrios cercanos:

> Después, viene un ingeniero, que es ahí donde se generó el problema, que dijeron que no, que hasta allá no, no llega la cloaca. Entonces los vecinos de allá vinieron todos al humo. (Luis, vecino de La Victoria).

> No hay una protesta, pero están ahí con esa cosa de por qué allá sí y acá no. Cuando acá se les ha cobrado toda la vida, incluso por un servicio que no se presta que es el barrido. (Roberto, vecino de La Victoria).

> Me parece que esto que nos trajo el PROMEBA fue un poco de envidia y de egoísmo de parte de La Victoria. Un poco de resentimiento, pero me parece que no hacia nosotros, por más que nos digan "sí, porque ustedes logran esto y aquello, porque ustedes vinieron ayer, y la villa, y la villa". Creo que es un poco de resentimiento, pero más al gobierno municipal o provincial. Pero yo sigo diciendo, será por la experiencia de la lucha, que si no luchamos todos juntos, no logramos nada. Porque ellos por ser individualistas, por no meterse con la villa, no armamos todos juntos. (Javiera, vecina de Santa Elena y miembro de la organización barrial).

Se pone en juego un complejo sistema de visiones, percepciones y representaciones sociales que los asentados y sus vecinos han construido respecto a los barrios y sus habitantes. Para comenzar a desentrañar la influencia de la intervención estatal en este conflicto, es necesario primero retomar la propuesta del programa e identificar en él la forma en que los actores son interpelados, definidos o nombrados. Al respecto, "todo programa o proyecto social opera sobre la base de una concepción social y políticamente convalidada sobre quiénes son 'los otros', no solamente en términos de cuáles son las categorías de personas en condiciones de riesgo que requieren de intervención estatal, sino a partir de una representación social de una vida cotidiana de los 'diferentes', de sus necesidades y perspectivas." (Cardarelli, G. y Rosenfeld, M. 2000: 58).

De este modo, la selección misma de los beneficiarios, ya parte de un supuesto sobre las características o la situación de quien accede a ese programa. Según el reglamento operativo del PROMEBA, el mismo está dirigido a "población con necesidades básicas insatisfechas y con ingresos familiares ubicados bajo la línea de pobreza que enfrentan deficiencias severas de infraestructura de servicios" (PROMEBA 2004: 4).

Es decir que la población destinataria se define para el programa por su situación de pobreza, en este caso, a través de la combinación de los dos métodos que habitualmente se utilizan para medirla: los ingresos (línea de pobreza) y las necesidades básicas insatisfechas. Cada área o barrio seleccionado debe cumplir, además, con una serie de criterios de "elegibilidad" que incluyen aspectos sociales, dominiales, urbanos y ambientales. Son, en total, alrededor de cuarenta los criterios o requisitos fijados por el programa, lo que asegura un grado de focalización importante de las acciones.

Es conocida la vinculación entre focalización de la intervención estatal en relación con la pobreza y la generación de estigmas: quien procure acceder a un beneficio debe "demostrar" reunir los requisitos necesarios, para lo cual debe exhibir su condición de pobreza o carencia. Los demás tenderán a "asociar" al beneficiario a esa situación de "inferioridad", en ocasiones culpabilizándolo, con lo que surge el estigma.

El programa en cuestión, entonces, define a su población meta como "pobre". En términos de Bourdieu (1988), la "clasifica", y esa clasificación, por provenir del Estado, tiene la fuerza de la "sanción" oficial. A nivel individual, por ejemplo, cuando una familia gestiona un recurso ante un programa focalizado, accede a esa clasificación que lo convierte en "merecedora" del recurso, lo que supone que exhiba su situación de pobreza y que continúe sosteniendo esa imagen en tanto continúe el recurso. Esta demostración constituye la base del estigma. Si se desdibuja o borra esa imagen de "carencia" que se proyecta, se pone en duda el real "merecimiento" del recurso. En este sentido, todo lo que los asentados hagan, que implique salirse de esa imagen de "pobreza" (que los demás tienen sobre ellos y que los convertiría en "merecedores" del programa), será cuestionado por sus vecinos de La Victoria: "Y vas y caminás por allá (por el asentamiento), que no pagan nada, y ves que tienen Direct TV, los últimos modelos, equipos de música con una columna grandota así… y vos apenas si te podés comprar un grabador" (Roberto, vecino de La Victoria).

Resulta interesante señalar aquí, para analizar la relación entre acción del Estado y estigma, el aporte de Richard Titmuss (1981), quien critica la extrapolación de los trabajos de Goffman (1963) y otros autores norteamericanos respecto a las prestaciones sociales como generadoras de estigmas sobre sus beneficiarios. Según Titmuss, dichos trabajos están basados en el esquema de valores norteamericano del *self made man*, según el cual, el solo hecho de acercarse a un servicio social equivaldría a reconocerse en una situación de "fracaso".

Creemos, como Titmuss, que para nuestros pueblos latinoamericanos, con un sistema de creencias y valores diferentes, la intervención del Estado en la resolución de necesidades cotidianas no tuvo la misma carga valorativa negativa. En el caso de nuestro país, la experiencia del Estado de bienestar durante el período justicialista asoció dicha intervención con los conceptos de "trabajador" y "derechos". Acceder a la resolución de una necesidad a través de cualquiera de los sistemas públicos no era un estigma, ni una dádiva, sino una confirmación de la propia dignidad e identidad como trabajador.

No obstante, durante la década de 1990 (precisamente, mientras los asentamientos en cuestión crecían y se consolidaban) esas concepciones fueron cuestionadas profundamente y prácticamente desarticuladas. Hoy, pese a que el Estado ha multiplicado su presencia en los territorios e incrementado su intervención en la vida cotidiana de las familias más pobres a través de acciones asistenciales, los beneficiarios de programas sociales son "sospechados", por ejemplo, y tal como planteáramos, de "vagancia"[9] o de no "merecer" realmente el beneficio. Especialmente por parte de aquellos que ven su situación amenazada, que se saben próximos a la situación de pobreza de aquella misma persona a la que estigmatizan, precisamente, en función de su necesidad de diferenciarse[10]. Por eso, en parte, algunos habitantes de La Victoria esperan que sus vecinos de los asentamientos "sostengan" esa imagen de pobreza y cuestionan, por ejemplo, la compra de electrodomésticos.

¿Quiénes son los más pobres?

Abrimos aquí un pequeño paréntesis para caracterizar a la población de los tres barrios considerados en este análisis (los dos asentamientos, Satélite II y Santa Elena, y el barrio contiguo, La Victoria). Incluimos también algunos datos de la población que vive en el Centro de Moreno, centro urbano, económico e histórico, alrededor de la estación, para tener, de esta forma, un parámetro de comparación.

---

[9] En octubre de 2004, el entonces presidente de Cáritas, Monseñor Casaretto, afirmó que "los planes sociales sin contraprestación fomentan la vagancia" (sic), enmarcado en una propuesta que la Iglesia Católica hizo al Gobierno Nacional acerca del programa social implementado a partir de la crisis del 2001 y con mayor cobertura en todo el país (Programa Jefes y Jefas de Hogar Desocupados). La propuesta planteaba "la necesidad de pasar de un plan para la desocupación a uno para la indigencia", proponiendo focalizarlo aún más. Las palabras de Casaretto tuvieron fuerte repercusión en los medios de comunicación y, por supuesto, en gran parte de la Sociedad. (Ver artículos publicados al respecto en el matutino *Clarín,* 17, 18 y 24 de octubre de 2004).

[10] Este proceso de construcción de representaciones con carga valorativa negativa hacia otros como estrategia para diferenciarse de ellos es tratado por Bourdieu en varios de sus trabajos (Bourdieu,1988, 1998).

Cuadro Nº 1: Indicadores socioeconómicos

	Total del partido	Moreno Centro	Santa Elena	Satélite II	La Victoria
Población de más de 6 años que no lee ni escribe	3,09%	0,87%	7,98%	3,08%	2,7%
Población con nivel universitario de estudios (incluye completo e incompleto)	1,9%	7,9%	0,14%	0,55%	0,7%
Población entre 14 y 65 años desocupada	28,38%	16,82%	34,20%	34,02%	29,97%
Cobertura de prepaga o mutual	3,9%	13,8%	0,6%	1%	2,3%
Cobertura de obra social	32,1%	57,7%	12,5%	25,8%	31,9%

Fuente: elaboración propia en base a datos del Censo Nacional de Vivienda y Población 2001 (INDEC) provistos por el IDUAR (Instituto de Desarrollo Urbano, Ambiental Regional, del Municipio de Moreno)

La mayor concentración de población con estudios universitarios se da en Moreno Centro. Al mismo tiempo, Santa Elena es el barrio donde se encuentra mayor proporción de población analfabeta. Satélite II y La Victoria presentan situaciones similares, cercanas al promedio del distrito, aunque muy alejadas de la de las zonas en mejores condiciones socioeconómicas.

El porcentaje de población con cobertura de salud constituye otro importante indicador de las condiciones de vida de la población de los barrios bajo estudio. Los habitantes de los dos asentamientos acceden en una proporción sumamente menor a la del promedio del distrito a cobertura de salud. En el caso de La Victoria, la situación es intermedia, particularmente respecto a la cobertura por obra social.

En cuanto al índice de desocupación, los dos asentamientos presentan condiciones similares, mientras que La Victoria está más cercano al promedio del partido, en una situación levemente mejor. No obstante, la desocupación en los tres barrios difiere en mucho de la que se detecta entre la población de Moreno Centro.

De los barrios bajo estudio, considerando los indicadores expuestos, Santa Elena es el que exhibe una situación más vulnerable, seguido por Satélite II y, luego, por La Victoria. Sin embargo, si se los compara con las zonas en mejores condiciones del partido, la diferencia es muy grande, lo que permite identificar cierta cercanía entre las condiciones de vida de los tres primeros. Dicho en otros términos: las condiciones materiales de vida de los vecinos de La Victoria son —aunque levemente mejores— más cercanas a las de los habitantes de los asentamientos que a las de los vecinos mejor acomodados de, por ejemplo, Moreno Centro.

Volvamos ahora al análisis de la intervención del PROMEBA en la zona. Pese a la caracterización de "pobres" que la intervención estatal propone, no es la pobreza lo que constituye el núcleo de las representaciones que los vecinos de los barrios contiguos a Satélite II y Santa Elena tienen sobre los asentamientos. Si bien los identifican como "pobres", también identifican en sus propios barrios situaciones de necesidad y pobreza:

> La prioridad está en lo barrios, en todos, tanto de allá como de acá. Porque acá hay gente que también realmente necesita. Hay gente que no puede ni pagar los impuestos, hay muchas cosas. Hay gente que vive hace años, gentes mayores, porque hay mucha gente mayor. Yo allá por el fondo, que he andado por lo de Ester, que tiene muchos abuelos, hay gente que tiene mucha necesidad, mucha gente discapacitada (Poly, vecina de La Victoria).

Entre los asentados, la opinión es similar: unos y otros son pobres, aunque según señalan algunos de ellos, no siempre los vecinos de La Victoria (o "de Darwin[11] para allá") comprenden y aceptan esa realidad:

> —Ahora, ¿vos creés que, en el fondo, las familias son realmente tan diferentes, de un lado y del otro?
> —No. Porque de allá, está mi familia. Y las casas que vos ves acá, son las mismas que más o menos hay de aquel lado. Acá hay muy poquita casilla, ya no quedó casilla, es todo de material. *Quieren ser diferentes,* pero el que no conoce acá, vos vas caminando y no te das cuenta. Lo bueno es que la mayoría son gente trabajadora, son muy pocos los jodidos (Gaby, vecina de Satélite II, destacado propio).
> —Y tanto de Darwin para el otro lado, como para acá, había necesidades. El tema es que de Darwin para el otro lado, todo el mundo tenía casa y la mayoría autos, y para acá, no. En ese entonces, había muchas casillas, muy precarias, todos. Y ahí ellos nos decían "los pobres". "Claro, de este lado no hay pobres". El Plan Vida, por ejemplo, era para este lado. De aquel lado, hace poco que hay distribución. Antes no había. Cuando venían las cajas PAN o los distintos programas sociales, también, había muy pocos de aquel lado. Porque en las encuestas que te hacían, si vos tenías casa… era un ambiental… entonces, evaluaban si necesitabas o no. Si vos tenías un baño instalado o bien hecho, probablemente no necesitabas… aunque a lo mejor estuvieras muriéndote de hambre (Nora, vecina de Satélite II).

Este último testimonio, además, resume y ejemplifica con claridad cómo los indicadores de necesidades básicas insatisfechas –aplicados por sí solos– pueden llevar a ocultar situaciones de vulnerabilidad y necesidad. Y, en eso, los vecinos no reconocen un "allá" y un "acá".

---

[11] Como se mencionó en secciones anteriores, Darwin es la calle que marca el límite geográfico de los asentamientos. No obstante, la hilera de lotes sobre esa calle no pertenece a los mismos (dándose la particular situación de que en la misma manzana hay parcelas originadas en loteos y otras por asentamiento). Esa hilera de lotes tampoco fue incluida en las intervenciones del proyecto (la cloaca, por ejemplo, rodeaba las manzanas pero no las cerraba), lo que agudizó el conflicto.

Percepción de la acción del Estado

La noción de "Estado", y la idea de lo que el Estado debería hacer, también sufrió fuertes modificaciones durante las últimas décadas. Esas transformaciones atraviesan, indudablemente, a todos los actores involucrados en este análisis. Resulta necesario, entonces, considerar cómo se visualiza desde cada sector la intervención del PRO-MEBA en la zona y, particularmente, los criterios de selección utilizados.

Indagados al respecto, el 50% de los vecinos de La Victoria entrevistados manifestaron "no saber" por qué se había elegido a los dos asentamientos para la ejecución de las obras. Entre el resto, las respuestas fueron disímiles. Una de las entrevistadas acerca un comentario que ilustra con bastante claridad las limitaciones propias de la focalización aplicada con criterio territorial: "Le dieron prioridad a mucha gente, pero acá también hay mucha necesidad. Ellos (por el municipio) creen que hay más necesidad en esos barrios, pero acá también hay…" (Poly, vecina de La Victoria).

De este modo, la focalización territorial de la población parte del supuesto de que la población pobre (a la que teóricamente se busca dirigir el recurso) vive, necesariamente, en un mismo lugar, no contemplándose la idea de "gradientes" en la distribución socioespacial de la población, más cercana a la realidad del Gran Buenos Aires.

Otra vecina de La Victoria, identifica la actividad organizativa de los asentamientos, pero en relación con los vínculos políticos de quienes la llevan adelante:

> —¿Y por qué vos creés que se eligieron esos barrios para hacer esas obras?
> ——Mirá, siempre me llamó la atención eso. A mí me parece que ese barrio fueron… por la política. Por la política. Porque ahí hay personas que están en cooperativas, que están a nivel político. Entonces, al estar a nivel político y te juntás la gente, entonces para darle un acceso de que la gente esté con ese político, se les hace lo que se les está haciendo (Rita, vecina de La Victoria).

Más allá del valor ilustrativo de este último testimonio sobre las relaciones clientelares, no se llega a identificar entre los vecinos de los barrios linderos al asentamiento una percepción común acerca de los motivos de la intervención en la zona.

No sucede lo mismo al analizar las respuestas dadas por los vecinos del asentamiento respecto a la elección de su propio barrio para el PROMEBA. En este caso la respuesta fue casi unánime: todos los entrevistados lo relacionan con su propia capacidad organizativa y el trabajo previo a la intervención realizado en ese sentido, en ocasiones con la asistencia técnica de la Asociación Madre Tierra, en otras, directamente en articulación con el municipio. Cabe aclarar que parte de los miembros de la Asociación Civil Madre Tierra accedieron luego de 1995 a cargos de gestión en el municipio (incluso uno de sus fundadores, Mariano West, fue intendente entre 1995 y 2002, y continúa siendo actualmente un importante dirigente político de la zona). De este modo, algunos de los vecinos de los asentamientos perciben una "continuidad" en ese trabajo.

> —¿Y por qué creés que se eligió este barrio y Satélite para el PROMEBA? En tu opi-
> nión…
> —Yo creo que es porque ya veníamos trabajando desde el 90, que yo llegué acá que se
> andaba midiendo los terrenos… no tan sólo acá en Santa Elena, porque también se hacía
> en Evita Obrera, se hacía en Satélite… ya venía esa organización, o sea, ya había mucha
> gente que estaba trabajando por el tema tierra, averiguando de quién eran, o sea, ya había
> movimiento. […] *Por pequeña que sea una organización siempre hubo en el asentamiento.*
> Creo que fue por eso, porque de no haber algún registro o algo, no sé si hubiera bajado
> el PROMEBA… Porque nosotros, aunque éramos precarios en el tema de censos y todo
> eso, teníamos un censo, sabíamos cuántas familias vivían, de cuánto era el terreno, cuán-
> tos integrantes de familia… o sea, pequeñas cosas que ya las teníamos nosotros. A mí se
> me hace que facilitó eso: la organización (Sara, vecina de Santa Elena y miembro de la
> Cooperativa, destacado nuestro).

La mayoría incluyen también la variable político-partidaria, pero como un argumento que complementa el anterior:

> —Y vos, personalmente, ¿por qué creés que se eligieron estos barrios para el
> PROMEBA?
> —Creo que porque, de una u otra forma, con pelea, con atrasos, con adelantos,
> con pensamiento equivocados, confrontaciones, *hubo una gran mayoría que de
> nosotros que no quisimos quedarnos en eso,* en la villa, en zona de emergencia, y
> que *tuvimos buen acompañamiento,* tanto en lo social, en lo técnico, de estas
> ONG que vinieron. También creemos que, como esto es un proyecto más
> amplio, que es también en otras zonas, estos mejoramientos y eso, no creo que
> sea totalmente casual que esto llegara acá. Me parece que hay *un poquitito del
> corazón de Mariano West* acá también. Y después, toda la gente que trabajó tanto
> con nosotros en Madre Tierra ahora está en ese lugar, en lugares claves (Nora,
> vecina de Satélite II, destacado nuestro).

Quienes fueron responsables, desde el municipio, de seguir el proceso de planificación de la intervención, plantean una idea similar: dentro de los barrios que cumplían
los requisitos prefijados por el programa, Santa Elena y Satélite II eran territorios en
los que se había trabajado previamente, se conocían los procesos que se habían desarrollado en ellos y se conocía a sus referentes.

De esta forma, la capacidad organizativa de los asentados es muy valorada por éstos,
pero no es percibida por los vecinos de La Victoria. Como se dijo, los mismos parecen
no encontrar motivo alguno para la elección de los asentamientos para la intervención.
Esto, en un contexto donde, como se señaló, durante toda una década se difundió el
discurso de la necesidad de "racionalizar" la asignación y el uso de recursos por parte
del Estado y de focalizar sus acciones en materia social.

De esta forma, no es la ejecución del PROMEBA la que genera un estigma hacia los
asentamientos, pero sí su excesiva focalización la que actualiza un conflicto territorial
preexistente. En términos de Bourdieu, "actualiza" una predisposición existente en el

hábitus de los vecinos de La Victoria: la de concebir a sus vecinos de los asentamientos como malos ciudadanos, basados en la visión de que "no quieren pagar"[12].

Nuevos actores y fragmentación de la intervención

Aunque no está dentro de las posibilidades de este trabajo el análisis exhaustivo de los actores que condicionan y, en ocasiones, determinan las intervenciones urbanas, resulta imprescindible señalar la importancia que adquieren en este contexto de programas focalizados las empresas privadas prestadoras de servicios públicos. El PROMEBA se diseñó como tal durante los años 1990, en pleno "auge" de las privatizaciones, tal como planteáramos anteriormente. Como se señaló, las mismas, además de estar acompañadas de un fuerte discurso legitimador, terminaron consolidando monopolios de capitales de origen mayoritariamente extranjero, con ganancias extraordinarias, sin crear los necesarios mecanismos y organismos de control (Thwaites Rey 1999). En estas condiciones, llegar a una "negociación" favorable, o al menos "justa", con dichas empresas no debió haber sido factible.

En la actualidad, las empresas privatizadas reciben las obras que el Estado argentino realiza a través de programas como éste, sin asumir ningún compromiso más allá de su administración. No se les exige el cobro de tarifa social a los beneficiarios, ni la extensión de las redes. Por otra parte, las empresas tampoco manifiestan interés en extender el servicio a las zonas que no les resultan "rentables". Este último hecho, en particular, no hace sino acentuar la ya fragmentada intervención urbana en el territorio e impide una planificación articulada e integral del crecimiento de la ciudad.

El caso del servicio de agua potable y saneamiento merece una referencia particular. Al momento de formulación del proyecto que hemos analizado, el servicio estaba en manos de Aguas Argentinas, con capitales fundamentalmente franceses. Como señala Thwaites Rey (1999), la primera tarea que inició la empresa, una vez concretada la transferencia, fue actualizar el sistema de tarifas, a partir de relevar ampliaciones en las superficies construidas de las viviendas no declaradas (el valor de la tarifa por el servicio de agua y cloacas se cobra según esa superficie), lo que indica el orden de prioridades de la empresa.

Durante el gobierno de Néstor Kirchner, al revisarse los contratos de concesión, esta empresa fue una de las más cuestionadas por la falta de inversión en extensión de las redes, entre otros motivos. Si bien inicialmente se renovó la concesión (en el año 2004), el conflicto y la tirantez se mantuvieron, hasta que, finalmente, en octubre de

---

[12] Los elementos sobre los cuales los vecinos de los loteos y de los asentamientos han construido sus representaciones acerca de sí mismos y de "los otros" son trabajados en profundidad en la tesis de referencia. Como síntesis, podemos afirmar que, al caracterizar a sus vecinos de los asentamientos, el 100% de los vecinos de La Victoria mencionaron que éstos no pagaban impuestos; el 75%, además, mencionó que se trataba de barrios más recientes (que el propio), por lo que, en su opinión, hubiera correspondido hacer obras primero en La Victoria.

2006, el contrato fue rescindido. Se creó AySA (Agua y Saneamientos Argentinos), empresa con capitales estatales, y se formuló un importante plan de extensión de redes y obras de producción y distribución del servicio. Algunas de esas obras comenzaron a ejecutarse algunos meses después. El Plan presenta a la fecha (noviembre 2008), no obstante, algunas demoras importantes.

Segregación, focalización e intervención urbana

Indudablemente, los programas de mejoramiento de barrios como el aquí descripto son superadores de las intervenciones dirigidas únicamente a los aspectos jurídico-formales de la regularización del dominio, en tanto asocian ésta a mejoras de infraestructura de fuerte impacto en la calidad de vida de la población (basta nombrar, por ejemplo, el impacto que el agua corriente de red, los desagües cloacales y pluviales –por nombrar sólo tres ítems– tendrá sobre la calidad de vida de los habitantes de Satélite II y Santa Elena).

Por otra parte, en un contexto donde –tal como explicamos en la primera sección– se están implementando numerosos programas habitacionales, de tipo viviendista, en localizaciones periféricas, los programas de mejoramiento barrial consolidan lo ya existente, con lo que parecen constituir una respuesta más acorde al diagnóstico del déficit.

No obstante, la dificultad se plantea, en parte, por la escala de la intervención y los criterios de selección de la zona. En localidades pequeñas, donde las zonas de asiento de los sectores más pobres y que requieren de infraestructura son más fácilmente localizables, la focalización de las acciones puede resultar menos intensa (originariamente, el PROMEBA no se implementaba en el Área Metropolitana de Buenos Aires). Pero en el Gran Buenos Aires, donde –como se señaló– los bolsones de pobreza abarcan áreas contiguas extensísimas, la focalización territorial resulta al menos compleja, y genera intervenciones urbanas que aportan a la fragmentación.

A modo de ejemplo: el proyecto implementado en Satélite II y Santa Elena proveyó de cloacas a 590 familias, mientras 72.180 hogares (de los 95.523 que tiene Moreno) aún no contaban con ese servicio. O, en el caso del agua de red, 50.573 hogares carecían aún de la misma. (Datos del Censo 2001, en Subsecretaría de Desarrollo Urbano y Vivienda, 2003). Cabe aquí tener en cuenta que es el único programa nacional destinado prioritariamente a la creación de infraestructura de servicios.

En los hechos, no hay motivos para suponer que los vecinos del otro lado de la calle Darwin son menos pobres o, en términos de Lo Vuolo y equipo (1999), "menos merecedores" de la intervención estatal que los vecinos asentados que completan su manzana. Como se describió, unos y otros presentan situaciones socioeconómicas similares. La aplicación de un criterio de focalización rígido, en este caso, la variedad de situaciones dominiales que presentan los vecinos sobre la calle Darwin, supuso un recorte territorial hasta "caprichoso": las redes de agua y cloacas no "cierran" las manzanas, dejando desprovisto uno de sus lados. Todos los vecinos de esas manzanas tendrán agua de red y cloacas excepto *los que viven sobre la calle Darwin, es decir, los "no asentados"*.

Como consecuencia de este recorte, o como repaso de lo descripto, cabe señalar: conflictos entre vecinos, acusaciones, intensificación de viejos estigmas. De este modo, un conflicto territorial de existencia anterior a la intervención del PROMEBA se alimenta y se actualiza con esta intervención. Los estigmas se refuerzan y la segregación[13], si bien es casi nula en su dimensión material, se profundiza en su dimensión simbólica, sumando complejidad al proceso.

Conclusiones provisorias

A nuestro entender, dentro de los componentes del hábitat, los servicios de infraestructura básica están entre los que requieren mayor presencia estatal. Si bien es posible para una familia autoconstruir su vivienda, no podemos afirmar lo mismo de los servicios, por ejemplo, de energía eléctrica, agua o eliminación de aguas negras. En este sentido, no obstante, la acción del Estado siempre fue muy por detrás del crecimiento de la Ciudad. En los años 1990, esta "brecha" entre el avance de la ciudad y la acción estatal en materia de infraestructura se profundiza. Por un lado, las empresas prestadoras, ahora privatizadas, pierden el interés por invertir en extensión de las redes, más aún a áreas que no son "rentables" en término de pago de tarifas. Por otro, las pocas acciones estatales que se desarrollan (de manera "subsidiaria" a las de las empresas) son sumamente focalizadas, concentradas en los sectores más vulnerables pero, también, en sectores que puedan ser "regularizados" a corto plazo.

Los programas focalizados siempre pueden generar estigmatizaciones por la condición de pobreza y vulnerabilidad que el beneficiario debe demostrar y sostener. Pero en el Gran Buenos Aires, donde las zonas sin cubrir por servicios básicos son amplísimas, donde las áreas con población en condiciones de vulnerabilidad son muy superiores a la extensión que puede tomar un proyecto focalizado, cualquier "recorte" a la hora de intervenir es complejo. Si el criterio para establecer ese recorte es la focalización (es decir, elegir a "los más pobres") se generan, necesariamente, conflictos.

Por otra parte, los indicadores que habitualmente se utilizan para identificar a estas poblaciones también presentan dificultades. Al respecto, resaltamos el testimonio de la vecina de los asentamientos citado en páginas anteriores. El enfoque de NBI, como se sabe, se centra en necesidades habitacionales. Esto genera que se prioricen barrios y familias cuyas condiciones son más precarias, pero, generalmente, la mayor precariedad

---

[13] Siguiendo a Francisco Sabatini (2003), entendemos a la segregación socioespacial desde una perspectiva polifacética, que puede resumirse en tres dimensiones: el grado de concentración espacial de los grupos sociales, la homogeneidad social que presentan las distintas áreas internas de las ciudades, y el prestigio (o desprestigio) social de las distintas áreas o barrios de la ciudad. La concebimos también como un proceso social (por ende, dinámico) antes que como una situación (estática).

está asociada al menor tiempo de residencia en el lugar. Aun en similares condiciones socioeconómicas, las familias que llevan más tiempo asentadas tienen sus viviendas más consolidadas que aquellas que se instalaron recientemente. De este modo, si se consideran sólo los indicadores "materiales", tienden a priorizarse intervenciones en barrios de formación más reciente. No resulta extraño, entonces, que luego de las intervenciones (o incluso durante ellas) se verifique en esos barrios una intensa movilidad residencial, que alimenta mercados formales e informales del suelo.

Finalmente, una de las cuestiones a reconsiderar entonces es la lógica misma de la planificación e intervención por proyectos. Esta permite adecuar las acciones a las características del territorio, incorporar más actores al proceso, potenciar su participación, etc. (Robirosa 1991). Pero la resolución de algunas cuestiones vinculadas a los servicios o a las condiciones generales de habitabilidad, como el saneamiento, los desagües, el tratamiento de cursos de agua, etc., necesita ser planificada desde la mirada integral de la ciudad, desde una lógica más amplia que la de la intervención puntual o focalizada. En este sentido, resulta necesario superar la "política del fragmento urbano" (Clichevsky 2000) que imperó en los años 1990.

Bibliografía

Andrenacci, L (2002), "Algunas reflexiones en torno a la cuestión social y la asistencialización de la intervención social del Estado en la Argentina contemporánea", en Andrenacci, L. (comp.), *Cuestión Social y Política Social en el Gran Buenos Aires*, Buenos Aires, Ediciones Al Margen, Universidad Nacional de General Sarmiento.

Banco Mundial (1993), "*Housing: Enabling Markets to Work*".

Bourdieu, P. (1988), *Cosas Dichas*, México DF., Editorial GEDISA.

Bourdieu, P. (1998), *La distinción. Criterio y bases sociales del gusto*, Madrid, Editorial Taurus..

Cardarelli, G. y Rosenfeld, M. (2000), "Con las mejores intenciones. Acerca de la relación entre el Estado pedagógico y los agentes sociales", en Duschatzky (comp.), *Tutelados y asistidos. Programas sociales, políticas públicas y subjetividad*, Buenos Aires, Paidós.

Clemente, A. (2003), "Conflicto y Sociedad. Tensiones del Trabajo Social después de los '90", en Clemente, A. y Arias, A. J. (comps.), *Conflicto e Intervención Social*, Buenos Aires, Editorial Espacio.

Clichevsky, N. (2000), *Informalidad y segregación urbana en América Latina. Una aproximación*, Santiago de Chile, Serie Medio Ambiente y Desarrollo, CEPAL.

Goffman, I. (1963), *Estigma. La identidad deteriorada*. Buenos Aires, Editorial Amorrortu.

IDEF-CTA Instituto de Estudios y Formación de la CTA (2002), *Shock distributivo, autonomía nacional y democratización. Aportes para superar la crisis de la sociedad argentina*, edición publicada por *IDEF y Página/12*, Buenos Aires, noviembre 2002.

IDUAR (2.002), *"Propuesta de Desarrollo Social. PROMEBA Barrios Satélite II y Santa Elena"*.

Lo Vuolo, R.; Barbeito, A.; Pautassi, L.; Rodriguez, C. (1999), *La Pobreza... de la política contra la pobreza*. Madrid, CIEPP, Miño y Dávila Editores.

PROMEBA (2004), *Reglamento Operativo del Programa de Mejoramiento de Barrios*, Subsecretaría de Desarrollo Urbano y Vivienda del Ministerio de Planificación Federal, Inversión Pública y Servicios de la República Argentina.

Robirosa, M.; Caldarelli, G.; La Palma, A. (1989), *Turbulencia y Planificación social*, Buenos Aires, Ediciones UNICEF- SIGLO XXI.

Sabatini, F. (2003), *La Segregación Social del Espacio en las Ciudades de América Latina*, Pontificia Universidad Católica de Chile, Documento del Instituto de Estudios Urbanos y Territoriales, Serie Azul Nº 3, Julio 2003.

Subsecretaría de Desarrollo Urbano y Vivienda, Dirección Nacional de Políticas habitacionales (2003), *Situación habitacional. Año 2001. Resultados del Censo Nacional de Población, Hogares y Vivienda 2001*.

Svampa, M. (2005), *La Sociedad Excluyente. La Argentina bajo el signo del neoliberalismo*, Buenos Aires, Ed. Taurus.

Thwaytes Rey, M. (1999), *"Ajuste estructural y privatizaciones: claves de la reforma del Estado argentino"*. Maestría en Hábitat y Vivienda, Universidad Nacional de Mar del Plata, UNR editora (Editorial de la Universidad Nacional de Rosario).

Titmuss, R. (1981), "Capítulo III: Laissez-faire y estigma", en *Política Social*, México, Editorial Ariel.

Yujnovsky, O. (1984), *Claves políticas del problema habitacional argentino 1955-1981*, Buenos Aires, Grupo Editor Latinoamericano (GEL).

Páginas web consultadas

Instituto Nacional de Estadísticas y Censos www.indec.gov.ar

Subsecretaría de Desarrollo Urbano y Vivienda www.vivienda.gov.ar

Programa de Mejoramiento de Barrios www.promeba.org.ar

Instituto de Desarrollo Urbano Ambiental Regional, organismo del municipio de Moreno www.iduar.gov.ar

Empresa AYSA (Agua y Saneamientos Argentinos) www.aysa.com.ar

Capacidades del Estado para la gestión del hábitat
Un análisis a nivel local en tres municipios del Gran Buenos Aires

Daniel Ángel Galizzi

Introducción[1]

Las capacidades estatales siguen siendo un tema de interés para el estudio de la administración del Estado y la gestión de las políticas públicas. En la Argentina se han producido diversos estudios que dan cuenta de las restricciones y limitaciones que tienen los municipios cuando se trata de afrontar aquellos problemas o cuestiones que durante décadas estuvieron a cargo de los niveles provinciales o nacionales de gobierno. Asociadas a las capacidades estatales, se estudiaron respuestas destinadas a mejorar el desempeño del Estado con el objetivo de capacitar al personal, dotar de recursos económicos, instalar tecnologías innovadoras para la gestión, por mencionar algunas estrategias. Generalmente se abordó el déficit de capacidades centrando la atención en el funcionamiento interno de los organismos gubernamentales y considerando las vinculaciones "externas" que el accionar estatal supone.

La perspectiva de este estudio propone un abordaje teórico de las capacidades estatales que contempla una faz relacional de las mismas y que, además, considera a los actores involucrados en esos procesos de gestión. A su vez, se tiene en cuenta que esos actores se vinculan a partir de condiciones que limitan o posibilitan diferentes respuestas a cada situación. Esta perspectiva facilita el estudio de la dinámica que se

---

[1] Este trabajo presenta algunos resultados de mi Tesis en Administración Pública de la Facultad de Ciencias Económicas de la Universidad de Buenos Aires: "La Capacidad Estatal para la Gestión del Hábitat en el Gran Buenos Aires: Condiciones de implementación del Programa mejoramiento de barrios y relaciones de actores" (2008).

da entre actores comprometidos por una cuestión socialmente problematizada, en especial a partir de entender la retroalimentación que se produce entre los momentos de formulación y ejecución de las políticas públicas, y los acuerdos particulares a los que arriban los actores. En este sentido, se corrobora la importancia que toman los arreglos informales en los procesos de gestión, que traen a escena aspectos políticos, más que técnicos, en las respuestas a las demandas sociales.

Las consecuencias de las políticas de ajuste instauradas durante la década de 1990 generaron condiciones de pobreza y desempleo como nunca antes había tenido la Argentina. Estas consecuencias se observaron con mayor crudeza en las zonas urbanas, sobre todo en las áreas metropolitanas[2], donde pueden identificarse impactos en la calidad de vida de la población de menores ingresos, tanto por el déficit habitacional como por el deterioro del parque de viviendas.

En el Gran Buenos Aires, uno de los efectos emergentes, durante ese período, fue el aumento de la cantidad de urbanizaciones informales (villas y asentamientos)[3], que por estimaciones de organismos oficiales del gobierno provincial suponen un incremento del 180% en los últimos 20 años. Se considera que en la provincia existen casi 1.000 barrios o áreas en situaciones de precariedad e irregularidad.

Como caso de estudio, se eligió el Programa Mejoramiento de Barrios (PROME-BA), financiado con fondos Nacionales y del Banco Interamericano de Desarrollo (BID). Programas de este tipo, destinados a los sectores informales de las ciudades, fueron ampliamente difundidos por el BID en toda América Latina. El objetivo es mejorar la calidad de vida de la población mediante la realización de inversiones de saneamiento ambiental, provisión de los servicios esenciales (agua y cloacas), provisión de lotes, núcleos habitacionales básicos o núcleos sanitarios, regularización del dominio y fortalecimiento de las organizaciones sociales existentes, focalizando la intervención territorialmente en un barrio.

El estudio se realizó en tres municipios de la Provincia de Buenos Aires. A comienzos del año 2002, en plena crisis institucional nacional, municipios del Gran Buenos Aires presentaron barrios para ser evaluados en el programa. Los municipios cuyos barrios fueron seleccionados iniciaron un proceso complejo de gestión de los proyectos del Programa, en el que pusieron en juego las capacidades del Estado para resolver los problemas que se presentaron durante la etapa de formulación de los mismos. ¿Qué problemas se presentaron? ¿Qué respuestas se dieron? ¿Cómo se organizaron los actores involucrados para encontrar las respuestas a cada situación? ¿Qué

---

[2] En el mes de mayo del año 2002, producto de la crisis desatada en el año 2001, la pobreza en el área metropolitana creció fuertemente. En esa fecha el INDEC estimó que el 39,7% de los habitantes de la región se encontraban bajo la línea de pobreza. En esa misma fecha los índices de indigencia eran del 12,2%. (Diario *La Nación*, Suplemento Economía y Negocios, 2 de mayo de 2002). Actualmente la pobreza en el área ha disminuido; sin embargo, sigue presentando indicadores altos.

[3] Cabe aclarar que éste fue un fenómeno que reconoce antecedentes de escala desde los primeros años de la década de 1980, pero que recrudeció desde fines de la década siguiente.

características tuvieron las mismas? Estas son algunas de las preguntas que motivaron la investigación.

Además, el estudio consideró las condiciones de implementación del Programa, para lo cual se reconstruyó el régimen de implementación local, recurriendo al concepto de *entramado* para analizar a los actores que participaron del proceso.

Capacidad del Estado en su faz relacional

Frecuentemente se ha equiparado el concepto de *capacidad estatal* con las capacidades técnico-burocráticas de los organismos estatales. Diversos trabajos refieren a la capacidad como atributo de las estructuras del Estado, limitándola al análisis de su organización interna, y asimilándola, de algún modo, al concepto jurídico de *competencia*. En este sentido, la capacidad parece residir en un actor / organismo determinado.

El concepto de capacidad estatal que aquí se adopta se refiere a las capacidades de los gobiernos locales para la intervención en un proceso de política pública. Son analizadas tomando en cuenta las restricciones y oportunidades que se presentan durante la implementación de un programa y otros actores involucrados. Desde esta perspectiva, las capacidades se ponen de manifiesto cuando actores gubernamentales y de la sociedad civil articulan recursos e intereses para resolver las tensiones que se presentan, sin referirse exclusivamente a las capacidades de un actor determinado. Las capacidades estatales, entonces, refieren a esta relación de intercambio donde se procesan las diferencias, se configuran los problemas y se encuentran las soluciones en términos de respuestas políticas a los mismos.

Acorde con estas ideas, Repetto (2003: 6) aproxima una definición en la que considera que las capacidades estatales desarrolladas dentro de un proceso político pueden ser consideradas como "la aptitud de las instancias de gobierno para plasmar, a través de políticas públicas, los máximos niveles posibles de valor social, dadas ciertas restricciones contextuales y según ciertas definiciones colectivas acerca de cuáles son los problemas públicos fundamentales y cuál es el valor social específico que en cada caso debiese proveer la respuesta estatal a dichos problemas". Así, las capacidades pueden ser analizadas a través de los procesos de gestión (articular recursos de diversa índole que permitan satisfacer las demandas sociales), ya que captan de manera más acabada los procesos causales que inciden en la formación de los problemas y también en sus soluciones (Chiara y Di Virgilio 2002).

En este trabajo identificaremos las *capacidades estatales* puestas en juego en la resolución de las tensiones que se producen en el proceso de implementación de un programa, producto del intercambio entre actores en un marco restrictivo dado por las condiciones en que operan. Esas tensiones suelen traducirse en problemas operativos cuando se ponen en acción las políticas públicas, ya sea para satisfacer las demandas sociales o para la resolución de cuestiones propias del funcionamiento interno del

Estado. Así, pueden considerarse como problemas la atención y satisfacción de los reclamos que lleva a cabo una entidad vecinal para resolver una inundación de un barrio, o la demanda de la población en temas como el hacinamiento o el desempleo; pero también pueden considerarse problemas internos de los organismos de gobierno a las dificultades para hacer aportes concretos cuando se decide intervenir en una cuestión determinada. La realización de tareas de relevamientos, de estudios técnicos, de diseño y tecnologías a utilizar, también puede presentarse como problema en el que se pone en juego la disposición de recursos escasos del Estado, la capacitación de los recursos humanos, o las decisiones relativas a la normativa específica a aplicar, por mencionar algunas cuestiones.

En este sentido, los problemas que se presentan durante el proceso de implementación no son realidades objetivas externas al proceso mismo, sino que se configuran como producto de esa relación. Los actores participan a partir de sus intereses, interpretaciones y recursos, perfilando los problemas y conformando las decisiones que se van tomando; y a su vez, estas reconfiguran el problema, redefiniéndolo de manera diferente en cada caso (Subirats 1992).

En este trabajo, ésta es una forma de identificación de las capacidades, ya que en ese momento de tensión (resolver un problema) se manifiestan las mismas, y por ende las decisiones adoptadas tienen una carga de valor que remite a considerar los atributos de esas decisiones, en términos de coordinación de actores, flexibilidad en las acciones, eficacia para alcanzar las metas, legitimidad en los consensos básicos, equidad en el tipo de respuesta y pertinencia en las respuestas dadas.

		Capacidad estatal
Forma de resolución	Administrativas	Normas y procedimientos Capacitación personal Formas de organización
	Políticas	Igualdad de acceso-equidad Pertinencia-adecuación a necesidades Consenso básico-legitimidad Adecuación a cambios-flexibilidad

Régimen local de implementación y actores en el entramado

Las capacidades estatales se encuentran muy asociadas a la dinámica relacional que se configura entre los órganos de gobierno y los actores sociales. Estas vinculaciones suelen darse en un marco restrictivo de actuación dado por las condiciones en que se desarrolla la implementación de una política[4].

Un concepto utilizado para analizar estas condiciones es el de *régimen local de implementación (RLI)*, entendido como un marco de análisis de las condiciones en que se implementan las políticas en el nivel local (Chiara 2000). El RLI permite observar cómo se organizan los acuerdos de los actores que participan de la implementación de una política, y cuáles son las condiciones macro para su puesta en práctica. "Las condiciones de implementación que constituyen, en los distintos planos (funcional, económico y político), el régimen local de implementación, implican procesos históricos en los que los distintos actores sociales en el nivel local desarrollan arreglos y acuerdos destinados a resolver las tensiones que se producen al momento de la implementación de los programas" (Chiara 2000: 75).

En nuestro caso, es en el marco de esas condiciones y arreglos donde se configuran las capacidades estatales que se ponen en juego con la implementación del PROMEBA. El *régimen local de implementación* expresará, entonces, las condiciones en que se definen las reglas, procedimientos y valores en el ámbito de las políticas de hábitat, tierra y vivienda. A partir de este régimen se ponen en juego las capacidades del conjunto de actores involucrados en la formulación de un proyecto específico de nivel barrial y, en especial, de los municipios.

En consecuencia, el análisis del proceso requiere, también, identificar y conocer tanto a los actores que participan del mismo, como a sus vinculaciones e interrelaciones. Los "entramados" son entendidos como "una construcción analítica capaz de incluir a todos los sujetos públicos y privados que toman decisiones sobre el uso de recursos comunes con respecto a determinado problema, manteniendo una serie de limitaciones y compromisos comunes, partiendo de una intercomunicación e información mutua suficiente" (Subirats 1992). Los entramados facilitan el reconocimiento de los actores y sus vinculaciones, reconstruyendo los recursos que utilizan en cada caso, sus roles e intereses, y el tipo de relación que entablan en el proceso en que se encuentran involucrados.

Caracterización de los casos estudiados:

Los municipios y barrios seleccionados presentan ciertas características que interesa resaltar sintéticamente. Los tres barrios contaban con actores con diferente iniciativa para impulsar el proceso de formulación que proponía el PROMEBA. En el caso de Florencio Varela, la iniciativa era conjunta del municipio y de las autoridades provinciales con competencia para la regularización dominio; en La Matanza, la iniciativa era propia de una organización barrial; y en Moreno, se trataba de un proyecto impulsado exclusivamente por el municipio, en el marco de sus políticas locales de desarrollo urbano.

---

[4] Para profundizar sobre la perspectiva de la implementación, ver Villanueva, A. (1996); Subirats, J. (1992); Elmore, R. (1996).

Estas diferencias pueden estar asociadas a los distintos antecedentes que cada municipio tenía respecto de la implementación de políticas de tierras, vivienda y hábitat. En este sentido, cuando se inicia el PROMEBA, tanto Florencio Varela como Moreno contaban con antecedentes reconocibles, aunque en el primer caso las políticas que en su momento había impulsado no estaban vigentes.

También se encuentran diferencias respecto a cómo se vinculan los municipios con las organizaciones sociales de los barrios seleccionados. Puede identificarse un extremo en el que se mantienen relaciones frecuentes (La Matanza), hasta el opuesto, en el que las vinculaciones son más esporádicas (Florencio Varela), pasando por la situación intermedia en la que se dan relaciones de proximidad y frecuencia relativa (Moreno).

Además, con respecto a las empresas de servicios sanitarios (provisión de agua y cloaca) también se encontraban situaciones diferentes en cada municipio; cuestión importante, dado que en todos los casos los barrios requerían de estos servicios. En Florencio Varela, la empresa tenía participación mayoritaria de capitales del estado provincial, en formación y con escasa articulación en el nivel local; en La Matanza, la empresa privada mantenía estrategias de gestión y articulación con el municipio; y finalmente, en Moreno, la empresa privada desarrollaba estrategias autónomas prescindiendo de la opinión municipal.

Por último, encontramos rasgos distintivos con relación a los conflictos que existían en cada municipio y en cada barrio. Situaciones en las que no se detectaban conflictos sociales a nivel barrial (Florencio Varela y Moreno), y otras en las que el conflicto principal se daba entre organizaciones sociales de dos barrios (La Matanza).

En esta trama propia del territorio de implementación, se adelantan tensiones y también caminos diferentes para su resolución, que presuponen condiciones que no son ajenas a las características y antecedentes de los municipios y barrios presentados. Esas condiciones también se definen con las restricciones en las que gestionan los municipios (legales, económicas y políticas), y con los entramados particulares conformados frente a la implementación de cada proyecto. Esas particularidades configuran una serie de "problemas" que exigen la gestión a nivel local, y ponen a prueba las capacidades del Estado.

Cuadro síntesis de municipios y barrios presentados

	Iniciativa del proyecto	*Políticas Tierra, vivienda y hábitat*	*Relación con organizaciones sociales*	*Negociación con empresas de servicios*	*Situaciones conflicto*
Florencio Varela	Con iniciativa municipal	Con antecedentes. Unidades desarticuladas	Poco frecuente	Empresa del Estado baja relación	No se detectaban

	Iniciativa del proyecto	*Políticas Tierra, vivienda y hábitat*	*Relación con organizaciones sociales*	*Negociación con empresas de servicios*	*Situaciones conflicto*
La Matanza	Con iniciativa barrial	Sin antecedentes Unidades en funcionamiento	Muy frecuente a nivel barrio y a nivel distrito	Privatizada Con estrategias de relación comunitarias y distritales	Conflicto entre dos organizaciones vecinales por el uso del suelo
Moreno	Con iniciativa provincia-municipio	Con antecedentes Unidades en funcionamiento	Frecuente a nivel del barrio / proyecto	Empresa privatizada sin estrategias de relación con municipio	No se detectaban

Coordenadas para la implementación de las políticas de tierra, vivienda y hábitat en el Gran Buenos Aires

Un rasgo común a los tres municipios se relaciona con las limitaciones para su administración y gobierno. Transformados en los primeros receptores de las demandas sociales, y en un marco institucional restringido por la dependencia del gobierno provincial, esto los enfrentaba a condiciones difíciles para la formulación de los proyectos (Arroyo 2001; Pirez 1994; Cormik 1997; Badía 2001; Bennardis 1998).

Los nuevos roles y las nuevas funciones que habían asumido los municipios, las medidas de control y saneamiento de las cuentas fiscales municipales, y la creciente necesidad política de legitimarse frente a la población se presentaban como desafíos para los gobiernos locales. La gestión de las políticas de hábitat en la provincia y en el área metropolitana no escapó a este conjunto de condiciones. Los programas más desarrollados se ejecutaron mediante la tercerización de los servicios y descentralizando funciones operativas en los municipios[5]. Los municipios, en general, administraban las operaciones que diseñaban los organismos provinciales, operando en un *RIL* con funciones limitadas.

En el plano *funcional,* los municipios se encuentran regulados jurídicamente por la Constitución Provincial y Ley Orgánica Municipal. Respecto a la temática de la tierra, la vivienda y el hábitat, las funciones principales se encontraban en el Decreto / Ley 8.912/77 de Ordenamiento Territorial y Uso del Suelo.

La Constitución de la provincia fija las atribuciones y limitaciones inherentes al régimen municipal. Así, se establece que la función principal de los municipios es *"la*

---

[5] El Programa de Emergencia para la Regularización dominial, Ley 24.374, cuya implementación originó el Sistema Bonaerense de Regularización Dominial (SI.BO.R.D.), en el cual las funciones principales eran desarrolladas por el Colegio de Escribanos de la Provincia; o el Programa de Asentamientos Planificados, que desarrollaba nuevas urbanizaciones, mediante la contratación de empresas constructoras, y con el financiamiento del Banco Provincia.

administración de los intereses y servicios locales en la Capital y en cada uno de los partidos que formen la provincia...". Asimismo, establece que los municipios tendrán a cargo el ornato y salubridad, los establecimientos de beneficencia que no estén a cargo de sociedades particulares, asilos de inmigrantes que sostenga la provincia, las cárceles locales de detenidos y la vialidad pública *(Constitución Provincial, art. 191, inc. 4).*

La Ley nº 6.769/58 *(Ley Orgánica de las Municipalidades)* establece el régimen jurídico municipal en la Provincia de Buenos Aires. Esta ley contiene diversas normas que describen las facultades para intervenir sobre aspectos ligados a las políticas de tierra, vivienda y hábitat. Unas, referidas al trazado, apertura, rectificación, construcción, reparación de calles y caminos, puentes, túneles, plazas y paseos públicos. Otras, relacionadas con las condiciones de higiene y salubridad que deben reunir los sitios públicos, los lugares de acceso público y los terrenos baldíos *(Ley Orgánica Municipal, art. 27, inc. 2).* También la ley establece que corresponde al municipio la prestación de los servicios públicos de barrido, limpieza, alumbrado, provisión de agua y realización de desagües pluviales[6].

Otras normas fijan las limitaciones o recaudos que debe cumplir el municipio para disponer sobre transmisión, gravámenes, adquisición o expropiación de bienes. En este caso, es el Concejo Deliberante el que autorizará la venta y compra de bienes de o para la Municipalidad. Asimismo, hace expresa mención a la posibilidad de expropiar "fracciones de tierra para subdividirlas y venderlas a particulares, para el fomento de la vivienda propia"[7].

Las normas analizadas reflejan las facultades municipales para la gestión de los temas relacionados con las políticas de tierra, vivienda y hábitat. Sin embargo, muchas de ellas se encuentran sometidas a la intervención o autorización provincial, poniendo en evidencia las restricciones funcionales en las que se encuentran los municipios de Buenos Aires. En particular, se nota la incidencia del gobierno provincial en la regulación del uso del suelo urbano. El proceso de regularización urbano dominial, entendido como las acciones tendientes a la integración de las urbanizaciones informales al trazado de la ciudad, la provisión de infraestructura, el trazado y apertura de calles, la dotación del equipamiento comunitario, el establecimiento de indicadores urbanos (densidad de ocupación, zonificación, etc.), se encuentra regulado por el Decreto-Ley 8.912/77. Este Decreto-Ley fue aprobado durante la última dictadura militar y se lo ha considerado como una de las causales de distorsiones en el mercado inmobiliario, sobre todo respecto al acceso a la tierra para los sectores de menores ingresos (Clichevsky 1988; Arrosi *et al.* 1991).

Si bien establece una serie de facultades para los municipios, le otorga a la provincia, en variadas situaciones, el rol de instancia superior para decidir sobre el tema. El art. 3, inc. b) del Decreto-Ley, al tratar sobre los principios aplicables al ordenamiento

---

[6] Ley 6.769/58 Orgánica de las municipalidades, artículo 52.

[7] Ley Orgánica de las municipalidades, artículos 55, 56 y 58.

territorial refiriéndose a las características que debe adoptar este proceso, expresa: "Las comunas deberán realizarlo en concordancia con los objetivos y estrategias definidas por el Gobierno Provincial para el sector y con las orientaciones generales y particulares de los planes provinciales y regionales de desarrollo económico y social y de ordenamiento físico".

En particular para los municipios del Gran Buenos Aires, el Decreto-Ley, en el inciso c) del mismo artículo establece: "En las aglomeraciones, conurbaciones y regiones urbanas será encarado con criterio integral, por cuanto rebasa las divisiones jurisdiccionales. Los municipios integrantes de las mismas adecuarán el esquema territorial, y la clasificación de sus áreas, a la realidad que se presenta en su territorio. Esta acción deberá encararse en forma conjunta entre los municipios integrantes de cada región, *con la coordinación a nivel provincial*".

También limita las facultades municipales para regular sobre el uso del suelo, respecto a establecer zonas y tipos de usos e indicadores de construcción, ya que la validez de las ordenanzas locales que los reglamentan se encuentra sujeta a la aprobación provincial[8].

Otro conjunto de funciones estaban definidas por los programas provinciales de tierras y vivienda vigentes en ese momento: Ley 24.374 de regularización dominial y Asentamientos Planificados. En éstos se preveían funciones menores, no explicitadas formalmente, relacionadas con tareas de administración. Las funciones de las Casas de Tierras y de los Jefes[9] a cargo de las mismas era de administración burocrática. A los municipios les quedaban las tareas de atención de la población para el inicio del trámite y de promoción del programa a nivel local. En definitiva, las normas que regulaban el funcionamiento y las competencias de los municipios en la temática, más las funciones asignadas por los programas descriptos, otorgaban funciones secundarias muy diferentes de las que se preveían para la gestión de las operaciones por proyectos o a la definición de las políticas de hábitat.

En el *plano material,* los recursos económicos financieros de los municipios marcaron otra frontera importante para sus posibilidades de acción. A la dependencia de los recursos transferidos por la Provincia de Buenos Aires, se le agrega la situación de crisis económica e institucional de aquel momento. No se destacan aspectos particulares de cada municipio con respecto a los recursos presupuestarios disponibles. El análisis de los presupuestos da cuenta de la importancia de los recursos transferidos por la provincia en concepto de coparticipación, que en los tres casos representan aproximadamente la mitad de los recursos presupuestarios. Así lo grafica el siguiente cuadro:

---

[8] Las Ordenanzas de cambio de uso o de cambios de indicadores deben ser convalidadas por un Decreto del Gobernador de la Provincia.

[9] La Casa de Tierras era una unidad de la provincia constituida en el municipio a cargo de un funcionario –Jefe de C de T- propuesto por el Intendente pero contratado por la Secretaria de Tierras Provincial.

Porcentaje promedio de ingresos de otra jurisdicción por partido

Año	Florencio Varela	La Matanza	Moreno
2002	58,23%	43,94%	36,38%
2003	57,74%	44,74%	44,00%

Fuente: Presupuestos Municipales 2002/2003. Elaboración propia.

La flexibilidad del gasto –entendida como el cociente entre los recursos municipales y los gastos corrientes destinados al funcionamiento del municipio– se encuentra en gran parte comprometida en gastos de funcionamiento de los municipios. En este esquema resulta poco probable que los municipios puedan asumir compromisos de contrapartida que suelen solicitarse para la ejecución de programas con financiamiento externo. En los casos estudiados, los aportes municipales durante la formulación fueron mínimos, dado que más del 80% de sus presupuestos ya se encontraba comprometido.

Porcentaje de recursos destinados al funcionamiento municipal (Gastos de personal y de bienes y servicios)

Año	Florencio Varela	La Matanza	Moreno
2002	85,64%	92,14%	87,11%
2003	81,70%	92,50%	73,38%

Fuente: Presupuestos Municipales 2002/2003. Elaboración propia.

En el plano de las políticas, las dificultades derivadas de la crisis político- institucional ponían a los municipios en una situación de tensión entre la demanda social y los escasos recursos de que disponían para enfrentarla. Frente a esta situación, los recursos que pudieran captarse de programas sociales resultaban atractivos para los jefes comunales, en tanto implicaban un fortalecimiento de los presupuestos locales. En particular, con el financiamiento del PROMEBA se verificó esta situación, dada la importancia del monto de las inversiones en obras que se proyectaban y los impactos positivos e indirectos que podrían producir en la economía local. En este contexto, no resultaba extraño que las estrategias de intervención social estuvieran guiadas por la lógica de captación de recursos de los programas provinciales y nacionales. Asimismo, esta estrategia suponía asumir el rol de gestor de esos programas en el nivel local, implicando, a su vez, ser la "cara visible" de las decisiones adoptadas por el gobierno provincial, fenómeno agravado por la incertidumbre en el apoyo que éste pudiera brindarles.

En esta lógica, los recursos que se recibían eran los destinados a programas sociales que apuntaban a atender a la población en situación crítica. Sin embargo, los municipios también gestionaban con interés aquellos destinados a la obra pública, que apuntaran a atender la demanda de los sectores medios de la sociedad. Como producto de priorizaciones desarrolladas en la segunda mitad de la década de 1990, la obra pública impulsó a los municipios a fortalecer esas áreas y descuidar otras relacionadas con las políticas de tierra, vivienda y hábitat. Es decir que, en el plano *político*, es donde pueden observarse mayores diferencias entre los casos estudiados. Las acciones municipales –y las capacidades– para captar los recursos del programa estuvieron enmarcadas por las estrategias políticas territoriales de cada gobierno local.

En relación con las estrategias de intervención adoptadas, en los tres casos la preocupación estaba centrada en acercar el municipio a la comunidad, para mejorar la legitimidad del gobierno. Así se desarrollaron estrategias de vinculación directa a través de organizaciones barriales, a veces con intervención directa del intendente. O se realizaban acciones destinadas a crear mesas o ámbitos de discusión con la población, articulados por las áreas sociales del municipio. También, ejecutando los programas sociales por medio de organizaciones vecinales en los distintos barrios.

La temática de la tierra, la vivienda y el hábitat no se encontraba priorizada; la tendencia era evitar las situaciones de conflicto, sobre todo respecto a los reclamos por tierras o vivienda. Las autoridades locales reconocían tener pocas posibilidades de intervenir en esas cuestiones. Las acciones, en esta área de políticas, se concentraban en implementar los programas provinciales de titularización de tierras, y en menor medida, en la creación de nuevas urbanizaciones, para evitar que se produjeran tomas territoriales. En este sentido, las restricciones funcionales mencionadas eran modificadas a partir de estas estrategias políticas, donde los municipios adoptaban roles de coordinación de las demandas barriales mediante participación de representantes vecinales (Florencio Varela), de consenso local mediante nuevas formas de vinculación con la población y con las organizaciones sociales de base (La Matanza), o de fortalecimiento de las políticas locales respecto del desarrollo urbano del distrito y la articulación con organizaciones (Moreno).

El análisis da cuenta de que, al momento del inicio del PROMEBA, los municipios se encontraban en condiciones difíciles para la gestión de las políticas, con fuertes restricciones desde las que la atención de la problemática del hábitat informal no era una prioridad. Las consecuencias de la crisis llevaban a prestar atención a las cuestiones que podrían poner en peligro la gobernabilidad de la ciudad.

Sin embargo, la necesidad y el interés por captar los recursos del PROMEBA resultó clave para iniciar un proceso paulatino de cambio de esas condiciones. El programa venía a instalar o reinstalar un conjunto de normas que comenzarían a modificar las condiciones de gestión del hábitat, resituando a los municipios como actores centrales del proceso (con un refuerzo de las estrategias políticas que venían desarrollando), y definiendo un nuevo entramado de actores vinculados a la cuestión.

Capacidades estatales y actores en la gestión del hábitat

Un aspecto para destacar del proceso fue la participación de nuevos actores en la temática. Históricamente, este proceso estaba centrado en la intervención de una serie de organismos del Estado, principalmente provinciales, que tenían competencia para decidir sobre los aspectos técnicos de la regularización de un barrio. Esos organismos definían las características del parcelamiento (factor de ocupación del suelo, retiros o restricciones), sistemas de saneamiento hidráulico (dimensiones de los desagües pluviales, defensas por desborde de arroyos, cotas de nivel, etc.) o el marco normativo en el que se encuadraría la regularización del predio. También fijaban las características de los sistemas de provisión de servicios básicos esenciales (sobre todo respecto del sistema de saneamiento de líquidos cloacales) o la modalidad de transferencia de las parcelas (precio de venta, plazos de pago, forma de cobro de las mensualidades, etc.). Algunos de estos organismos tenían competencia directa para la intervención sobre los asentamientos o barrios informales: Dirección Provincial de Tierras, Dirección Provincial de Ordenamiento Urbano, Programa Arraigo, etc. En otros, la relación e intervención en el tema estaban dadas por razones de competencia: Dirección de Geodesia, Catastro parcelario, Dirección Provincial de Saneamiento Hidráulico, Autoridad del Agua, etc.

El proceso de implementación del PROMEBA reconfiguró el entramado de actores, haciéndolo más complejo. El cambio estuvo dado por la afectación de un recurso económico importante que aportaba el programa para la realización de las obras de integración de los asentamientos informales. Las políticas provinciales que se centraban en programas de titularización de la tierra paulatinamente pasaron a un segundo plano, ya que los recursos del programa permitirían avanzar y concretar los anteproyectos ya elaborados. Asimismo, forzó decisiones técnicas y políticas para cada barrio a un nivel de precisión[10] que antes no se había experimentado. Las necesidades fueron discutidas con nuevos actores sociales, como las empresas de servicios públicos privatizadas, que pasaron a incidir en las soluciones técnicas de los proyectos a partir de las facultades que tenían por contrato de concesión[11].

También participaron más activamente en los proyectos las organizaciones barriales, resituándose como parte activa del entramado al momento de la toma de decisiones

---

[10] Los proyectos tenían que alcanzar niveles de detalles de legajo técnico de pliegos licitatorio.

[11] Uno de los cambios generados fue la posibilidad de financiar obras de nexo para conexión de redes de servicios, más allá de los 500 m aprobados originalmente en el Reglamento Operativo del Programa. Esta modificación luego fue receptada en los cambios que se realizaron en el RO.

principales. Las instancias de consulta con la población que preveía el programa fueron enriquecidas por la participación de organizaciones durante todo el proceso. Los actores se articularon en una red de gestión de los proyectos en la que se abordaron cuestiones que luego incidieron en los lineamentos de las políticas de hábitat de la provincia. En este sentido, se reconfiguró la red de políticas en torno al hábitat incorporando nuevos criterios de intervención y nuevos actores sociales y gubernamentales.

Por otro lado, pueden destacarse particularidades en cada uno de los casos. En Florencio Varela, el municipio aprovechó la oportunidad para reorganizar su estructura interna y fortalecerse captando recursos externos. La vía principal fue la articulación con otros organismos públicos, dejando en una instancia muy menor la vinculación con la población y con organizaciones vecinales. A su vez, en las tratativas con la empresa de servicios, ésta aprovechó la debilidad del municipio y de los organismos públicos para sostener propuestas alternativas y beneficiosas para ella en relación con el proyecto que se discutía.

En La Matanza, el entramado se constituyó en torno a la organización vecinal y a la Municipalidad. Ambas organizaciones se fortalecieron generando espacios de tomas de decisión más sustentables. En este sentido, la estrecha vinculación reforzó la posición municipal a la hora de discutir con la empresa de servicios.

Finalmente, en Moreno la trama se tejió en torno a la centralidad del municipio y a un organismo autárquico del municipio, el Instituto de Desarrollo Urbano Ambiental y Regional (IDUAR), quienes tensaron las decisiones a favor de los intereses de desarrollo urbano locales, adoptando una estrategia de articulación y negociación con los organismos gubernamentales de la provincia, organizaciones no gubernamentales, organizaciones barriales y empresas de servicios, teniendo en cuenta ese horizonte.

Cada uno de estos entramados configuraron proyectos que en el marco de un único programa definieron estrategias de intervención diferentes, dando cuenta de su capacidad para (re)orientar la política en el territorio. El análisis de los actores da cuenta de los diferentes estilos de gestión, de decisión y negociación políticas, y de cómo se mueven los actores en sus correspondientes arenas. Conocer las características de estas diferentes "redes de gestión" permite operar sobre ellos, y actuar donde fuera necesario y posible intentar introducir cambios en la dinámica de sus actores. Asimismo, entender el entramado y las lógicas de actuación de los actores facilita la coordinación de interacciones entre varios actores involucrados en procesos políticos complejos, tales como son los procesos de gestión.

Un aspecto particular a resaltar fueron las vías de vinculación que se originaron durante el proceso, basadas en muchos casos en relaciones y procedimientos informales entre los niveles de gobierno y entre otras organizaciones públicas. Mediante vías de articulación específicas (redes de profesionales, burocracias de los organismos) o mediante espacios *ad hoc* (Unidades de Gestión Asociadas), se consolidaron vínculos, desarrollando capacidades para el abordaje que superaran las limitaciones que el *RIL* imponía a los municipios. A su vez, estas vías de articulación se organizaron en algunos casos en una matriz horizontal, perfilando modalidades alternativas de organización estatal que superaran parcialmente las divisiones por jurisdicciones o por áreas temáticas.

Conclusiones. La capacidad sobre procesos informales

Las capacidades necesarias para la gestión de políticas de hábitat es un tema sobre el que no se ha reflexionado lo suficiente. Éste es uno de los campos de las políticas públicas donde se expresa más claramente la complejidad de los procesos de regularización urbano-dominiales de asentamientos informales. En estos casos, la atribución de funciones y competencias, así como los recursos con que cuentan los organismos públicos, suelen ser insuficientes para abordar los problemas derivados de estos procesos. En consecuencia, la gestión se presenta como un desafío que implica la *coordinación* de recursos, la mediación entre los participantes, y la *flexibilidad* y *adaptación* a las tensiones originadas en los intereses encontrados de los actores que se expresan en el territorio alrededor de la ejecución de un proyecto barrial.

Particularmente, el tratamiento del fenómeno de la ocupación informal del suelo compromete capacidades técnicas, y principalmente, capacidades políticas del Estado para resolver la demanda de la población de menores ingresos, la cual suele verse involucrada activamente en los reclamos por el reconocimiento del derecho a acceder a suelo y vivienda. De tal manera, en el proceso de regularización se expresa claramente la relación entre las propuestas (respuestas técnicas) y la satisfacción de la demanda (respuestas políticas), en una dinámica que adquiere características particulares a través de la cual se vinculan actores del gobierno con actores sociales.

En la Provincia de Buenos Aires se han desarrollado diversos programas de regularización dominial, algunos de los cuales todavía se encuentran vigentes[12]. El objetivo de estos programas es transferir la propiedad de la tierra a familias ocupantes, para lo cual se realizan acciones de saneamiento de títulos, parcelamiento de los inmuebles y actos administrativos que perfeccionan la transferencia de la propiedad. Después de veinte años de ejecución, los resultados no han sido acordes con lo esperado, tanto para los administradores públicos como –y sobre todo– para los destinatarios de estos emprendimientos que, en la mayoría de los casos, siguen esperando que se perfeccionen sus derechos sobre la tierra que habitan.

Los intentos por mejorar la prestación del Estado parten de diagnósticos centrados en la insuficiencia de los recursos afectados, la ausencia de normativa acorde al proble-

---

[12] En la Provincia de Buenos Aires a fines de la década de 1980 se diseñaron algunas acciones pensadas desde la perspectiva "integral del hábitat". Sin embargo, fueron abandonadas por la administración del gobierno de la década siguiente, que priorizó programas de titularización de parcelas a favor de ocupantes legítimos. La perspectiva integral del hábitat se retomó casi al finalizar la década en el interior de la provincia, con el inicio de la ejecución del Programa Mejoramiento de Barrios (PROMEBA).

ma, los abordajes fragmentados en el tiempo, o las decisiones políticas inconsistentes de los organismos estatales.   Sin embargo, regularizar situaciones informales y reconocer los derechos de la población exige revisar estos supuestos, porque la satisfacción de la demanda requiere contemplar los aspectos políticos que el proceso supone. Especialmente a la luz de los escasos resultados obtenidos.

Observando este déficit, es conveniente adoptar una definición de *capacidad estatal* que vincule de manera compleja la capacidad técnica y la capacidad política. Las capacidades del Estado, al ser estudiadas en su faz relacional, vinculan a los actores comprometidos en un proceso político. Desde esta mirada, las capacidades no residen en los organismos gubernamentales, sino que son el producto de la relación que se establece entre esos organismos y la sociedad, a partir de la cual se combinan respuestas técnico-políticas para la satisfacción de la demanda de la población.

Las condiciones restrictivas en que operan los municipios, sumadas a las tensiones generadas por los intereses de nuevos actores involucrados (a veces contrapuestos con los del conjunto), dieron lugar a otras formas de constituir los intercambios, modificando procedimientos y formas organizativas. La dinámica en torno a la ejecución del programa y los problemas que debieron resolverse fueron una oportunidad que desafió a las capacidades de los municipios y del resto de los actores. Éstos, en su conjunto, expresaron abordajes más *efectivos, coordinados, equitativos, flexibles* e *innovadores*, que fortalecieron a los municipios para el tratamiento de la gestión de las políticas de hábitat en el nivel local. Además, generaron nuevas condiciones para la implementación de programas de este tipo, promoviendo el desarrollo de capacidades en los actores sociales.

Esta perspectiva diferente de tratamiento de las capacidades desplaza la mirada instrumental –capacidades interpretadas como un "medio"–, para poner el foco en cómo estas dinámicas interpelan la política, es decir, los "fines" que persigue toda acción de gobierno. En ese sentido, los municipios pasaron a tener un rol activo como responsables principales de las etapas de formulación del proyecto. Las redes de actores se organizaron alrededor de una estrategia de fortalecimiento interno municipal: a través de la articulación con las organizaciones barriales o agregando recursos a estrategias y políticas locales originadas antes del PROMEBA.

En el caso de Florencio Varela, el municipio priorizó el fortalecimiento interno de las áreas de tierras y vivienda, incorporando profesionales, capacitando a otros o creando estructuras que sostuvieran las operaciones del programa. Los actores gubernamentales –incluso la empresa de servicios que estaba bajo control del gobierno provincial– se reorganizaron reconfigurando las relaciones entre los organismos, siendo este accionar convergente a la estrategia de fortalecimiento interno. La preeminencia de actores gubernamentales exigió al municipio mejorar su capacidad de coordinación de recursos de esos organismos, mediante vías de intercambio que no se limitaron a las jerárquicas, formalmente establecidas. Por el contrario, resultó una oportunidad de coordinación horizontal entre organismos que implicó menores costos en la transferencia de información y en las transacciones, así como la creación de confianza que redujo la incertidumbre entre los mismos (Bozel 1997, citado por Fleury 2002).

En La Matanza, el esfuerzo municipal estuvo puesto en consolidar la articulación con las organizaciones vecinales, para lo cual se vinculó estrechamente con la cooperativa del barrio para la gestión del proyecto. El municipio promovió la participación de la cooperativa vecinal como forma de lograr consensos en la política de hábitat y de mejorar sus vías de articulación social, base de desarrollos futuros de otros programas de vivienda. El afianzamiento de la relación con la organización barrial facilitó gestionar la red exitosamente, ya que suponía mejorar su capacidad de intervención previendo que la mayor articulación social –y la consecuente regulación sectorial– posicionaran al municipio como líder de una red cohesionada de actores públicos comprometidos en la gestión de las demandas sociales (Jordana 1995).

En Moreno, el objetivo fue agregar recursos que fortalecieran las estrategias y políticas locales propias originadas en el IDUAR. El entramado se configuró a partir de las decisiones del gobierno local, quien promovía a los actores que integrarían la red. De ese modo, por iniciativa del IDUAR participaron varias ONG y Universidades, se fijaron pautas de relación con la empresa de servicios y se establecieron distintos tipos de vinculaciones con organizaciones y comunidad. La gestión de la red de políticas estuvo más ligada a mejorar la capacidad municipal para transformarse en un agente activo capaz de "dar forma a la sociedad" (Evans 1985).

Éste es un punto clave desde nuestra perspectiva. Las capacidades puestas en juego en procesos de estas características, y analizadas durante la implementación del PROMEBA, se ponen de manifiesto en el momento de la resolución de las tensiones originadas durante el mismo. Esta mirada sobre el tema pone énfasis en la dinámica de la implementación. Resulta al menos insuficiente reconocer capacidades en actores determinados sin observarlas en la dinámica que supone una intervención pública. Los atributos de actores determinados –capacidades estáticas– no dejan de ser "potencialidades" de actuación durante la gestión pública.

Finalmente, desde esta perspectiva, el análisis de las capacidades requiere necesariamente reconocer los problemas que surgen durante la implementación de las políticas. El derrotero de la "puesta en marcha" del PROMEBA en los tres casos nos permite afirmar que estos problemas suelen ser "operativos", relacionados a la disposición de los recursos estatales: el cumplimiento de etapas o el desarrollo de procedimientos (por ejemplo, tareas de relevamiento, estudios técnicos, diseños y tecnologías a utilizar, etc.). Pero también, y principalmente, los problemas se manifiestan al momento de atender las demandas de la población por inundaciones, hacinamiento, desempleo, falta de provisión de servicios, seguridad, etc. Ambos tipos de problemas comprometen respuestas técnicas y políticas, que vinculadas de manera compleja expresan atributos de las capacidades puestas en juego para resolverlas.

Bibliografía

Aguilar Villanueva, L. (1996), "Estudio Introductorio", en *Problemas Públicos y Agenda de Gobierno*, México, Porrúa Editores.

Arrosi, S.; Clichevsky, N. y Perelman, P. (1991), "El Acceso a la tierra en el Conurbano Bonaerense: Nuevas soluciones para un viejo problema", en *Medio Ambiente y Urbanización. Tierra Fiscal y regularización urbana*, Nº 34, marzo de 1991, Instituto Internacional de Medio Ambiente y Desarrollo-IIED.

Arroyo, D. (2001), "Las microrregiones como instrumentos para el desarrollo local en Argentina", Ponencia del VI Congreso Internacional del CLAD, Buenos Aires, Argentina.

Badía, G. (2001), "Tensiones en el Proceso de formulación y ejecución de políticas en municipios de la región Metropolitana de Buenos Aires", Ponencia del VI Congreso del CLAD, Buenos Aires, Argentina.

Banco Mundial (1997*), Informe sobre el Desarrollo Mundial. El Estado en un mundo en transformación*, Banco Internacional de Reconstrucción y Fomento / Banco Mundial, Washington, DC.

Bennardis, A. (1998), "El Municipio en el Conurbano Bonaerense, Desafíos y perspectivas. Análisis Comparado", Tesis de Maestría en Administración Pública, FCE-UBA, abril.

Chiara, M. (2000), "Las políticas Sociales en el Gran Buenos Aires en los Noventa. Algunas Reflexiones acerca del Régimen Local de Implementación", *Revista Quivera*, año 2, nº 4, noviembre.

Chiara, M. y Di Virgilio, M. M. (2005), "*Gestión Social y Municipios. De los escritorios del Banco Mundial a los barrios del Gran Buenos Aires*" (1º edición), Buenos Aires, Prometeo Libros, Universidad Nacional de General Sarmiento.

Constitución de la Provincia de Buenos Aires (1994), Imprenta del Congreso de la Nación.

Cormick, H. (1997), "El Municipio del Conurbano Bonaerense. ¿Es posible el paso de la Administración a las políticas activas?", *Revista APORTES para el Estado y la Administración Gubernamental*, nº 8, Verano de 1997, Asociación de Administradores Gubernamentales.

Di Virgilio, M. M. y Galizzi, D. (2009), "Los actores en el entramado de la gestión social: una aproximación operacional y elementos para el análisis", en Chiara, M. y Di Virgilio M. M. (org.), *Gestión de la Política Social. Conceptos y Herramientas* (1º edición), Buenos Aires, Prometeo Libros.

Elmore, R. (1996), "Modelos Organizacionales para el análisis de la implementación de programas sociales", en Villanueva, A., *La Implementación de las Políticas*, México, Miguel A. Porrúa Editor.

Evans, P. (1996), "El Estado como problema y como solución", *Desarrollo Económico Revista de Ciencias Sociales*, nº 140, enero-marzo de 1996.

Fleury, S. (2000), *Diseño y gerencia de políticas y programas sociales*, Banco Interamericano de Desarrollo, Instituto Interamericano para el Desarrollo Social (INDES), diciembre.

Galizzi, D. (2008), "Capacidades Institucionales para la gestión del hábitat en el Conurbano Bonaerense", en Badía, G. y Carmona, R. (comp.), *La Gestión Local en Argentina: situación y perspectivas* (1° edición), Los Polvorines, Universidad Nacional de General Sarmiento, septiembre.

Galizzi, D. (2008), "La Capacidad Estatal para la Gestión del Hábitat en el Gran Buenos Aires: Condiciones de implementación del Programa mejoramiento de barrios y relaciones de actores", Tesis de Maestría, Facultad de Ciencias Económicas, Universidad de Buenos Aires.

Jordana J. (1995), "El análisis de los *Policy Networks*: ¿Una nueva perspectiva sobre la relación entre políticas públicas y Estado?", *Gestión y Análisis de Políticas Públicas*, nº 3, mayo-agosto.

O'Donell, G. (1984), "Apuntes para una Teoría del Estado", en Oszlak, O. (comp), *Teoría de la burocracia estatal*, Buenos Aires, Paidós.

Oszlak, O. y O'Donell G. (1979), "Estado y Políticas Estatales en América Latina: Hacia una Estrategia de Investigación", en Kliksberg, B. y Sulbrandt, J. (comp.), *Para Investigar la Administración Pública*, Madrid, Instituto Nacional de Administración Pública Alcalá de Henares.

Oszlak, O. (1997), "Estado y Sociedad: Nuevas Reglas de Juego", en *Revista del Centro Latinoamericano de Administración para el Desarrollo. Reforma y Democracia*, nº 9, Caracas, Venezuela.

Pirez, P. (1999), "Gobernabilidad urbana y gestión metropolitana en Buenos Aires: una cuestión pendiente", Ponencia en las IV Jornadas Internacionales Estado y Sociedad, Buenos Aires, noviembre.

Repetto, F. (2003), "Capacidad Institucional: Un camino para enfrentar los desafíos de la política social". Disponible en línea: www.top.org.ar

Scotti, E. (2000), *Legislación Urbanística Provincia de Buenos Aires*, La Plata, Buenos Aires, Scotti Editora.

Subirats, J. (1992), *Análisis de Políticas Públicas y Eficacia de la Administración*, Madrid, Ministerio para las Administraciones Públicas.

Vilas, C. M. (1995), "Después del ajuste: la política social entre el Estado y el mercado", en *Estado y políticas sociales después del ajuste. Debates y alternativas*, Universidad Nacional Autónoma de México (UNAM), Editorial Nueva Sociedad.

Sobre la dimensión normativa de los conflictos por el espacio urbano

Reflexiones a partir de un estudio de caso: la Villa de Paso de Mar del Plata[1]

María Laura Canestraro

En América Latina, se calcula que entre el 40 y el 80 % de los habitantes acceden al suelo "ilegalmente" (Fernandes 2003). Ciudades como Río de Janeiro y San Pablo tienen un 20% de su población viviendo en favelas, Lima presenta casi un 40% y Guayaquil alrededor de un 70% de ocupaciones, México aproximadamente un 40% de población viviendo en la informalidad, y en la ciudad de Buenos Aires se estima que un 10% de sus habitantes viven en villas y asentamientos (Clichevsky 2003), mientras que en Mar del Plata hace lo propio alrededor del 12% de su población.

Por ello, se considera que la "ilegalidad" en la producción de la ciudad ha pasado de ser la excepción a ser un proceso de carácter general (Fernandes 2003; Rincón 2006). Cabe aclarar que éste no atañe exclusivamente a los sectores populares, sobre los que aquí nos centraremos, sino que también afecta a sectores medios y altos - tal como lo ejemplifica el caso de las urbanizaciones cerradas que, en diversos casos, se crearon transgrediendo la normativa vigente en materia de uso del suelo -. Sin embargo, sí es diferencial la asunción de este fenómeno como conflicto.

Consideramos que la dinámica del mercado de suelo viabilizada u obstaculizada por la política del Estado, ya sea por acción u omisión, ha condicionado las formas en que la población ha accedido al suelo urbano (Clichevsky 1999), dando lugar a la configuración de ciudades profundamente desiguales y con crecientes procesos

---

[1] Una versión preliminar de este trabajo fue presentada en el Seminario Latinoamericano "Teoría y Política sobre Asentamientos Informales", realizado en la Universidad Nacional de General Sarmiento, los días 8 y 9 de noviembre de 2006. Asimismo, forma parte de las conclusiones centrales de mi tesis de Maestría en Ciencia y Filosofía Política (UNMDP): *De acciones y omisiones en la apropiación del espacio. Reflexiones a partir de una política urbana* (2006).

de fragmentación y segregación socioespacial. Uno de los elementos centrales de esta dinámica es el derecho, entendido como *práctica discursiva* (Cárcova 1993) e *instrumento* (Topalov 1984), detentado de manera hegemónica –aunque no exclusiva– por el Estado. Tal discurso estatal se construye de manera contradictoria, velando otras *legalidades* (Carvalho 1993; Rincón 2006) presentes en los procesos de apropiación del espacio e institucionalizando los conflictos, con la finalidad de mantenerlos en estado de latencia.

El presente trabajo se propone discutir algunos conflictos constitutivos de los procesos de apropiación del espacio urbano: ¿Qué contradicciones atraviesa la producción jurídica en la reglamentación del acceso al suelo urbano? ¿Qué instrumentos se ponen en juego? ¿Quiénes, cuáles y cómo logran imponerse? ¿Cómo se define lo legal y lo legítimo en las prácticas desplegadas? ¿Es posible pensar en otras racionalidades normativas presentes en el proceso? Y en última instancia, ¿cómo, para qué y quiénes construimos la ciudad?

Para problematizar estas inquietudes nos centraremos en el debate por la relocalización de la "Villa de Paso" de la ciudad de Mar del Plata. En un primer momento, caracterizaremos el espacio urbano marplatense, haciendo hincapié en la producción del suelo urbano y sus múltiples regulaciones. Luego, expondremos el caso de estudio, vinculándolo con el proceso descripto, recorriendo los antecedentes del programa de relocalización, presentando rupturas y continuidades con el proceso actual y enfatizando la producción jurídica (y su aplicación) arbitraria[2], discrecional y contradictoria que posibilita la implementación de dicha política. Finalmente, reflexionaremos sobre las dimensiones centrales del caso, allanando posibles desafíos para el campo de la sociología urbana.

Sobre el acceso al espacio urbano marplatense

Como sostiene Núñez (2000a), la ciudad de Mar del Plata, fundada en 1874 y ubicada al sudeste de la Provincia de Buenos Aires, presenta tres procesos históricos en su desarrollo urbano: es un *loteo aprobado a través de una excepción*, que nace de una trasgresión a las normas vigentes, siendo fundada sobre tierras privadas[3]; hay un *predominio de la lógica propia del capital comercial*; y presenta un *proceso de urbanización más acelerado* que el del país en su conjunto. Es la articulación de estos

---

[2] Núñez plantea, retomando a Díaz (1988, citado en Núñez 2000a), que la arbitrariedad supone que el Estado omite su propia legalidad. Y, en tal sentido, ya plantea la tensión entre la *legalidad* y la *legitimidad* de las prácticas de apropiación del espacio.

[3] La Ley de Ejidos (1870) establecía la forma de división del ejido de los pueblos en solares, quintas y chacras, estipulándose que debían destinarse a la producción y cómo podían adquirirse esas tierras, en tanto forma de movilización pública. Sin embargo, siendo Peralta Ramos el único propietario de la superficie de la ciudad, quedó sin efecto (Núñez 2000a).

procesos la que permite comprender la dinámica del espacio social marplatense, desde sus orígenes hasta el presente.

Originariamente la mayoría de las tierras de la zona perteneció a pocos propietarios, que organizaron el primigenio mercado en función de sus intereses centrales, que se orientaron hacia la obtención de rentas inmobiliarias. En tal sentido, hacia 1870, como plantea Núñez (1994), cuatro años antes de la fundación oficial de la ciudad, la superficie del ejido pertenecía a un solo propietario: Patricio Peralta Ramos; mientras que en 1879, toda la extensión del partido[4] estaba en manos de aproximadamente 15 propietarios[5], que progresivamente subdividían las tierras y las incorporaban al mercado. Esta dinámica se vio favorecida por una producción jurídica que no puso en cuestión ni la centralidad de la ciudad ni de la estructura que iba adquiriendo el mercado de tierras (Núñez 1994; Fernández *et al.* 1996).

Ya en la génesis de la ciudad, entonces, se plantea una primera tensión entre la *legalidad*, en tanto instrumento discursivo racional (agregaríamos, en su mayoría estatal) que se da la sociedad para garantizar su funcionamiento, y la *legitimidad*, en tanto discurso prescindente de requisitos formales que afirma en sí mismo su fundamento, convirtiéndose en un modo específico de jurisprudencia (Jitrik 1991) en las prácticas de apropiación del espacio urbano. Nos referimos a lo *legal* porque la fundación se produce transgrediendo la normativa vigente; y a lo *legítimo* ya que a partir de esa práctica devinieron otras que beneficiaron sólo a pocos particulares, cuyas pretensiones centrales viraban en torno a la especulación inmobiliaria.

En función de esa dinámica concentradora, se organizó una diversidad de loteos y formas de comercialización para diferentes sectores sociales, incluso con marcada antelación respecto de los procesos de ocupación poblacional (Núñez 1994; Fernández *et al.* 1996). En tal sentido, dice Núñez (1994) que la década de 1930 se caracterizó por la producción de otras formas de acceso a la tierra que quedaban por fuera del *"mercado formal"*[6], tales como la *subasta*, la venta de *lotes en mensualidades*, el *alquiler de tierra*, etc. Mientras que en el país comenzaban a visualizarse los primeros núcleos de villas, en Mar del Plata esta diversidad facilitó

---

[4] En ese momento era de 7.500 km² y abarcaba hasta Balcarce, Mar Chiquita y lo que sería luego Miramar. Comparativamente, hoy el Partido de General Pueyrredón tiene una extensión de 1.453 km².

[5] Entre los casi 4.000 habitantes que según el Censo provincial de 1881 tenía el Partido. En Mar del Plata habitaban sólo 422 familias en la zona rural y 163 familias en la urbana, existían casi 1.600 terrenos de pueblo y 40 chacras de, en promedio, 40 h cada una (Núñez 1994).

[6] Difícilmente podamos diferenciar entre la existencia de un mercado de suelo formal o informal porque ambos coexisten e incluso se condicionan y limitan. Como sostiene Jiménez Huerta (citado en Cravino 2006), el mercado de suelo no puede estudiarse a través de submercados definidos en forma autónoma, sino que debe ser abordado en su conjunto, considerando a estos *segmentos* como un continuo dentro del cual se encuentran fronteras difusas y, en diversa medida, complementarias. En ese sentido, cabría preguntarse acerca de los múltiples condicionamientos y retroalimentaciones entre la *formalidad* e *informalidad* de los procesos estudiados.

la apropiación del suelo por parte de los sectores de menores recursos[7]. Así fueron emergiendo distintos barrios marplatenses, por lo cual no se visualizaron núcleos de villas hasta décadas posteriores.

Sin embargo, el proceso de especulación sobre la tierra continuaba desarrollándose; ahora viabilizado por el proceso de *periurbanización* –que transformó el uso de suelo rural a urbano–, constituyéndose como una forma de inversión para el capital inmobiliario; lejos de ser una consecuencia de la expansión de la planta urbana (Núñez 1994). Fue la década de 1950 la que registró mayor cantidad de subdivisiones (Fernández *et al.* 1996)[8].

La década de 1960 se destacó por el incremento de la *venta de lotes en mensualidades*[9], especialmente en la periferia, lo que se evidenció en la evolución de la tenencia de la tierra, aumentando tanto los propietarios como los ocupantes gratuitos en detrimento de los inquilinos (Núñez 2000a). Pero, como dice Núñez, esto no implicó un mejoramiento en la situación habitacional, dado que tal aumento se produjo en zonas sin infraestructura de servicios ni aptitudes para la localización residencial.

Este proceso se consolidó a partir de la década de 1970, desarrollándose diversas formas de *hábitat popular* (principalmente, autoconstrucción) en pequeños lotes adquiridos con financiamiento, con escaso nivel de equipamiento, accesibilidad e infraestructura; e incluso - hasta principios de los 90 - se llevaron adelante algunos conjuntos habitacionales estatales (Fernández *et al.* 1996), cuyos resultados han sido bastante cuestionados. En paralelo, emergieron diversos asentamientos tanto en tierras fiscales como privadas, cuyo crecimiento ha sido significativo en los últimos años. Para 1992, el Censo de Villas realizado por la MGP, a través de la entonces Secretaría de Acción Social y Salud Pública, arrojó la existencia de 80 asentamientos con una población cercana a 15.300 habitantes (esto es, el 2,8% de la población), en un total de 3.577 viviendas[10]. A posteriori, no se realizó ningún otro relevamiento al respecto.

---

[7] Cabe destacar que a nivel nacional, con la llegada del peronismo al gobierno, se implementaron diversas medidas –como el crédito barato provisto fundamentalmente por el Banco Hipotecario– que alentaron la construcción, permitiendo la acumulación en el mercado interno y el acceso a la vivienda para los trabajadores (Yujnovsky 1984). Además, se reconoció constitucionalmente la función social de la propiedad (artículo 38 de la Constitución de 1949, luego derogada en 1957).

[8] Debe tenerse en cuenta que en 1949 entra en vigencia la Ley Nacional de Propiedad Horizontal (13.512), lo que se traduce en una *verticalización* del área central y una *horizontalización* del área circundante (Fernández *et al.* 1996).

[9] Regulada por Ley Nacional 14.005/50 y las Leyes Provinciales 9.078 y 9.240.

[10] El relevamiento se realizó en aquellos asentamientos donde existieran 6 o más viviendas dentro de un mismo predio. Metodológicamente se plantea el problema de que un mismo asentamiento abarque tierras de dominio fiscal y privado conjuntamente (Fernández *et al.* 1996).

En 1996, y en el marco de la implementación del Programa Arraigo, un grupo de investigadores de la Facultad de Arquitectura, Urbanismo y Diseño de la Universidad Nacional de Mar del Plata realizó un diagnóstico y una propuesta sobre la problemática general de la tierra y la vivienda en la ciudad (Fernández *et al.* 1996), pero no se avanzó sobre ella. A la fecha, no hay ningún otro estudio sistematizado al respecto, sólo hemos encontrado datos censales de ciertos casos en particular y escasas fuentes de información, cuyo acceso depende en gran medida de la buena voluntad de los funcionarios de turno. Tal como se observa en el Cuadro Nº 1, según datos del Censo Nacional de Población y Vivienda 2001, se calcula que un 14% de la población accede a la tierra a través de la ocupación gratuita, la cesión, el préstamo y otros mecanismos no regulados oficialmente.

Sumado a ello, como plantea Núñez (2004), si se analiza comparativamente la tasa de crecimiento de la población en los últimos 20 años, se calcula que la de quienes habitan en villas y/o asentamientos es entre 4 y 10 veces superior a la del total de la población. Actualmente, de acuerdo con declaraciones del director del Banco de Tierras de la MGP, se calcula que existen aproximadamente 200 asentamientos de diversas dimensiones, habitados por casi 15.000 familias[11].

---

[11] Tal como el funcionario expresara en la nota "En Mar del Plata hay más de 200 asentamientos irregulares y 15.000 familias que reclaman vivienda", Diario La Capital, 19 de mayo de 2008. Como dato adicional, cabe destacar que en el mes de junio de 2008, la Secretaria de Planeamiento Urbano llamó a un *Registro Permanente de Demanda Habitacional*, para el cual en menos de dos meses se concertaron 7.000 entrevistas, y que no conlleva la inscripción a planes específicos sino que es sólo un relevamiento (obviamente sesgado, porque quien no acude al municipio no queda registrado y, además, porque alcanzada esa cifra se suspendió transitoriamente la inscripción). En congruencia con tal desconocimiento, cuya reversión constituiría el punto de partida para contrarrestar la problemática, no ha habido una política integral al respecto, sino sólo escasas soluciones particularizadas, ligadas a la ayuda en pequeñas mejoras para la vivienda (Programa Hábitat, Programa de Apoyo Crediticio a la Vivienda, etc.), pero no una solución a largo plazo. Encontrar una solución a esta problemática es uno de los desafíos planteados en el Plan de Ordenamiento Territorial para el Partido de General Pueyrredón, elaborado en 2006; sin embargo, aún no ha habido avances en tal sentido – sólo se ha ejecutado parte del Plan Federal de Viviendas -.

Cuadro Nº 1 - Hogares: distribución (%) según régimen de tenencia
Mar del Plata, 1960-2001

Año	Propietario	Inquilino	Ocupante gratuito, préstamo o cesión	Otros
1960	58,9	32,2	4,4	4,3
1980	67	21,1	8,9	2,2
1991	61	18,5	17,5	3
2001	71,3	14,7	11,8[12]	2,2

Elaborado en base a Núñez (2000a) y Censo Nacional de Población y Vivienda 2001

La Villa de Paso: del origen al proyecto de relocalización

La Villa de Paso se configuró alrededor de la década de 1940 sobre tierras de dominio privado, siendo una de las primeras de la ciudad dado que, como indicábamos anteriormente, la conformación de estos patrones de ocupación en la zona fue más tardía que en el resto del país. Como expresa Núñez (2000b), su localización se consideraba inmejorable por ubicarse en una de las zonas más altas de la ciudad, pero que carecía de infraestructura de servicios; mientras que sus habitantes eran mayoritariamente migrantes internos, provenientes de las provincias de Santiago del Estero y Tucumán, que en verano trabajaban en servicios como gastronomía y hotelería, en primavera en la pesca y en invierno en la construcción. Hacia fines del año 2006, habitaban en ella casi 1.500 personas –aproximadamente 430 familias– de manera estacional. En verano llegaban a ser 1.900, pero terminado el período muchos regresaban a sus ciudades de origen y retornaban en octubre para *"hacer la temporada"*[13].

Ya desde su origen aparecieron las primeras reticencias por parte de quienes se consideraban los *vecinos legítimos* (en el sentido de que se autoatribuían la exclusividad de tal denominación, por oposición a los *villeros*, quienes no alcanzarían tal estatus), con respecto al asentamiento y a quienes habitaban en él. Para mediados de la década de 1960, la Asociación Vecinal de Fomento del barrio San Carlos (en adelante AVF), en

---

[12] Por dificultades en la comparabilidad del Censo 2001 con los anteriores, hemos incluido aquí tanto a los que se computan como ocupantes por préstamo o cesión como a aquellos que son propietarios de la vivienda, pero que respecto del terreno no son ni propietarios ni inquilinos, con lo cual puede inferirse que también son ocupantes, aunque gratuitos. A ellos se suman "otros", que inferimos tampoco se enmarcan en regulaciones formales. Consideramos que, a partir de este análisis, una problemática tan compleja queda reducida a pocas categorías que ocultan diversos procesos sociales; por ello, el fenómeno de las ocupaciones amerita un abordaje cualitativo.

[13] A partir de noviembre de 2006 comenzaron a ser relocalizados algunos habitantes. A diciembre de 2009, aproximadamente un 60% de las familias fueron trasladadas a los barrios de destino.

cuya jurisdicción se ubicaba mayoritariamente el asentamiento, comenzaba a presentar una serie de peticiones a la Municipalidad de General Pueyrredón (en adelante MGP), para que se prosiguiera con la "erradicación de las villas de emergencia" de la zona[14]. Paulatinamente, los *vecinos* del barrio instalaron la cuestión en la prensa y aparecieron propuestas para su erradicación, tanto por parte de éstos como de la AVF (no así, en un primer momento, del Estado, que intervino ante el pedido de aquellos)[15]. Sin embargo, ya entonces emergía una primera tensión entre la erradicación como sinónimo de *progreso* del barrio, y la provisión de servicios como puntapié para el *mejoramiento habitacional del asentamiento*, que dominaba el discurso de quienes lideraban la AVF, e incluso entre opositores políticos[16]. La preocupación por el progreso de la zona también era compartida por algunos vecinos del barrio Divino Rostro (cuya AVF se conforma en el año 1971, teniendo como preocupación central los inconvenientes causados para el inminente progreso del barrio en relación con la apertura de calles, la suciedad en lotes baldíos, etc.), en el que por entonces quedaba otra parte de la Villa, cuya extensión era mayor que la de los últimos tiempos[17] (Canestraro 2007).

Como contrapartida, aparecerían diversas críticas en la prensa local hacia un posible traslado de los habitantes al Hogar Municipal de Tránsito (en adelante HMT, hoy inexistente), cuestionando el accionar de la comuna como intento de "*supresión de los*

---

[14] "Con el fin de que los propietarios de los terrenos que las mismas ocupan dispongan de ellos en su afán de progreso y para dar a quienes así los ocupan en la actualidad una más digna vivienda y por ende mejor convivencia" ("Memoria", Boletín de la AVF Barrio San Carlos, año 1966). El hecho de darle continuidad hace referencia a una zona aledaña a la villa conocida como "Villa Pellegrini", que fuera erradicada por la acción de la AVF, durante la intendencia de Jorge Lombardo (1963-1966). Sus habitantes fueron relocalizados, mayoritariamente en el Barrio Juramento, en el sudoeste de la ciudad.

[15] Los diarios de la época testimonian el reclamo de los vecinos en la comuna y la posterior visita del Municipio al barrio: "Villa emergencia en una barrio residencial" y "El "Divino Rostro es una villa de emergencia", ambas publicadas en el *Diario La Capital* de Mar del Plata, los días 21 de agosto 1969 y el 2 de septiembre de 1969 respectivamente.

[16] "Además de vivir en viviendas antirreglamentarias, tenían que vivir sin luz, sin agua, las cloacas eran de tierra [...] cuando llovía, todas las cloacas corrían para las casas de abajo [...] o sea, darles alguna solución, si tenían que vivir en forma tan precaria, bueno, por los menos...acercarles algo, ¿no?" (JM. Entrevista personal, 17 de junio de 2005). JM fue fundador de la AVF, luego tesorero y posteriormente presidente. Dejó el cargo al asumir como concejal de la MGP, por el período 1995-1997. Finalmente, se alejó de la actividad política y vecinal, quedando como socio vitalicio de la organización barrial.

[17] Si bien actualmente el asentamiento se ubica en el barrio San Carlos (en uno de sus límites con Divino Rostro), cuando comenzó a configurarse ocupaba terrenos que quedaban dentro de los límites establecidos para el barrio Divino Rostro ("llegaba hasta Arenales y Formosa"). Tal como lo testimonian los diarios de la época, se habla de la villa nominándola de diferentes formas: "Divino Rostro", "de la Loma", "San Carlos", y ubicándola por momentos en San Carlos y, por otros, en Divino Rostro. Incluso, el "hacerse cargo de la villa" aparece como un conflicto interbarrial. Presumimos que recién en los años 1990 comienza a llamársela (de manera casi unánime) "Villa de Paso", en alusión a una de las arterias sobre las que se asienta: la Avenida Juan José Paso.

pobres" y beneficio al interés privado, a partir de la liberalización de las tierras[18]. Sin embargo, para marzo de 1969, el comisionado municipal Martí Garro (1966-1971) hizo público el propósito de erradicar la villa, decisión política que planteó diversas tensiones en el interior del Gobierno Municipal, básicamente entre los representantes del área de Bienestar Social y los portadores por excelencia del discurso del derecho, sus operadores (en este caso, los jueces). Como plantea Núñez (2000b), en octubre de 1970, diez familias fueron trasladadas a dependencias del HMT, proveyéndoles los materiales necesarios para pintar las viviendas. Se los ubica en un prototipo de vivienda social ("vivienda espacial"), considerándose que el cuidado de las mismas, su buen mantenimiento, tener huerta o jardín y buena conducta traerían aparejado una disminución (20%) de su costo. Por su parte, quienes se quedaron en la villa siguieron padeciendo la falta de infraestructura pero no quisieron irse por la cercanía a sus fuentes laborales. Otros fueron al HMT, pero al tiempo regresaron.

Años más tarde, el traslado de la villa continuaba vigente en el imaginario de quienes invertían en la zona: ya sea como renta (a posteriori) o por la posibilidad de comprar más barato, tales actores naturalizaban el conflicto[19]. Sin embargo, desde este frustrado intento de relocalización hasta la definición del actual proyecto no aparecieron intenciones firmes por parte de los distintos actores que representaron, en diferentes períodos, al Gobierno Municipal. Fue durante la intendencia de Elio Aprile (1995-2002), que se reinstaló en la agenda local la problemática de la villa. Uno de las propuestas, diseñada por el entonces concejal JM, quien además había sido presidente de la AVF San Carlos, planteaba la "rezonificación" de algunos habitantes de la villa y el reconocimiento de derechos posesorios de otros, quienes "merecían" quedarse en el lugar[20]. No obstante, la propuesta no

---

[18] Así lo testimonian, por ejemplo: "¿Erradicación o exilio?", publicado el 21 de enero de 1969; "El problema de las guarderías y los Hogares Municipales de Tránsito", sección "Editorial", publicada el 23 de enero de 1969; y "El tránsito hacia una muerte higiénica", publicado en la sección "Cartas al Director", con fecha 31 de enero de 1969, todos ellos en el Diario *La Capital*.

[19] Así lo testimonian algunas prácticas: "Cuando compré, compré una obra iniciada, abandonada; y desde el punto de vista económico me salía un poco más barato que comprar un poco más alejado (...) pensé, bueno, en algún momento se solucionará este problema" (HA, vive enfrente de la Villa. Integra la Comisión Mixta para la Relocalización. Entrevista personal, 18 de febrero de 2005); "Yo lo compré pensando en que la lógica de que la villa no iba a poder estar demasiado tiempo, lo compré en el 89 (...) Yo lo quise vender un montón de veces y nunca pude... por suerte, porque ahora se está valorizando" (JR, vecino de barrio y propietario de un lote enfrente de la Villa. Integró la Comisión Mixta para la Relocalización. Entrevista personal, 17 de febrero de 2005).

[20] El eje central era el *reconocimiento de derechos posesorios* de quienes habitaban en la villa desde hacía muchos años: "Una parte se erradicaría, la gente que no tenía derechos para estar y que iba usurpando permanentemente; pero aquel que ya tenía algunos derechos, que habían pasado veinte años... por usucapión ellos tenían derechos, no era justo ir a sacarlos...pero muy pocos, eran muy pocos, no eran tantos" (JM. Entrevista personal, 17 de junio de 2005). Para ello, el proyecto giraba en torno a la creación de un "Fondo Municipal para la creación de Viviendas de Interés Social". Primero, planteó la "rezonificación" de la villa tomando como caso a imitar el plan implementado por Lombardo; luego, materializó la idea en un proyecto para la creación del mencionado Fondo, que se financiaría

prosperó[21]; y hubo que esperar hasta 1999 para que se aprobara el proyecto actual[22]. Este hace omisión al reconocimiento de tales derechos, manifiesta el compromiso del Estado con el cumplimiento del derecho a la vivienda, pero en zonas no valorizadas.

Sobre la omisión de otras racionalidades legitimadas

Según datos del Censo poblacional realizado por la MGP en la Villa de Paso en septiembre de 1998, en relación con la tenencia del terreno las familias se distribuían de la siguiente manera: propietarias (26); cesionarias de propietarios o terceros (46); inquilinas (6); ocupantes de hecho (229) y otros (29)[23]. Esto suponía cierta heterogeneidad, que incluía bajo la *racionalidad normativa estatal* (Rincón 2006)[24] tanto los derechos de propiedad como los derechos posesorios de varios habitantes del asentamiento, teniendo en cuenta la antigüedad de la ocupación. Así lo evidencia, por ejemplo, el testimonio de LS: "(El terreno) se los compramos a una villera. La villera era propietaria, tenía un almacencito ahí, y lo vendió […] En algunas oportunidades lo he puesto a la venta, pero nadie lo quería comprar porque estaba la villa; y si te lo querían comprar te lo querían dar dos mangos con cincuenta" (LS, propietaria de terreno en Paso y Sarmiento. Entrevista personal, 13 de agosto de 2004).

Sumado a ello, quienes han accedido a la tierra bajo otras formas – alternativas a la propiedad - pusieron en juego mecanismos, normativas y códigos reconocidos como válidos dentro de ese contexto, es decir, considerados legítimos. Ellos respon-

---

a partir del pago de una sobretasa por Seguridad e Higiene de Super e Hipermercados. E incluso llegó a plantear la alternativa de realizar un plan de construcción de ayuda mutua en las tierras que habían sido proyectadas en la gestión de Russak, para el Plan Habitacional "1500 viviendas".

Posteriormente, la propuesta de JM fue retomada por algunos actores provenientes del campo vecinal, que presionaron sobre el gobierno local para lograr alguna decisión política al respecto (ocuparon la Banca Abierta del HCD, acudieron a los medios, juntaron firmas, etc.).

[21] Probablemente, tanto el lugar subalterno que JM ocupaba en el campo político como la correlación de fuerzas políticas existente en el Concejo Deliberante del momento no permitieron que la propuesta perdurara. Detrás del estancamiento quizás subyacía la idea de que el proyecto opacaba el negocio inmobiliario.

[22] Su autoría se reconoce en el escribano OP, por entonces presidente del Concejo Deliberante, luego Secretario de Legal y Técnica y Secretario de Gobierno hasta diciembre de 2007.

[23] No es casual que estos datos, que viabilizarían un proceso de consolidación de la villa en el lugar, fueron omitidos en el último censo realizado allí también por parte de la MGP, en el año 2005.

[24] Dice Rincón (2006) que "las racionalidades normativas en la apropiación del territorio urbano se entienden como prácticas producidas y transformadas socialmente a través del tiempo, que circulan en la sociedad, ejercen un control de la acción social dentro del territorio y aspiran a tener el monopolio en la regulación" (2006:688); y distingue tres tipos: "la normatividad estatal expedida y aplicada mediante la institucionalidad legal estatal; la normatividad tácita-social, desarrollada, fundamentalmente, por prácticas regulatorias comunitarias; y la normatividad paraestatal, impuesta por los diversos grupos armados" (2006:689). Creemos que las dos primeras nos ofrecen interesantes marcos explicativos, en tanto la última se vincula a la realidad colombiana que es, en parte, en la que se centra la autora.

den, parafraseando a Carvalho (1993), a diversas *sensibilidades legales*, que articulan las formas en que los hombres comprenden su relación con la tierra y los modos de resolución de los conflictos que emergen en torno a ello. O como sostiene Rincón (2006), a otras *racionalidades normativas* posibles - en este caso, tácitas-sociales -, diferentes de la normatividad estatal, aunque incluyan ciertos elementos que remitan a aquella (Azuela 1993). Tal como relatan algunos habitantes de la villa:

> Vine con mi viejo cuando tenía 14 años. Me trajo para acá, y compró ahí viste una casilla…donde estamos viviendo ahora con mi familia. (FM, habitante de la Villa. Entrevista personal, 1 de septiembre de 2004).
> Ellos me consiguieron una piecita acá, y me vine a acá a alquilar […] Y ahora, esto es mío; algunos no están más… fueron vendiendo uno al otro y así, pero estamos todas las mismas casas no más (M, habitante de la Villa. Entrevista personal, 22 de septiembre de 2005).

Paradójicamente, la *legitimidad* de estas prácticas es reconocida desde los propios funcionarios municipales involucrados en la problemática; sin embargo, esta no constituye un argumento válido para construir otras legalidades posibles, que resuelvan el conflicto por fuera del desalojo encubierto, oculto bajo la llamada "relocalización":

> Cuando la villa arranca, la ciudad terminaba acá; no existía Playa Grande, no existía Divino Rostro, no existía el barrio San Carlos…era todo campo […] quedaba lejos de todos […] Mar del Plata en la década de 1950 no es lo que es ahora…entonces los tipos se quedaron ahí. Después vino el crecimiento de esta zona, después vienen los servicios, después vino el pavimento… después se rodeó urbanísticamente…y hoy (la villa) quedó enclavada en el medio de la ciudad (OP, autor del Proyecto de Relocalización. Entrevista personal, 4 de noviembre de 2004)[25].
> Los habitantes de la villa fueron primero [pero ella] ha quedado inmersa en un sector de alta valorización en términos de mercado, de suelo urbano…y hay mucha presión inmobiliaria[26](GC, directora del Dto. de Promoción Social de la Dirección de Vivienda, Proyectos e Infraestructura de la MGP. Ex integrante de la Comisión para la Relocalización. Entrevista personal, 3 de noviembre de 2004.)

En tal sentido, un dato sumamente llamativo es que ni en la primera relocalización de octubre de 1970 ni en el debate sobre el actual proceso, las acciones reivindicatorias en pos de la relocalización fueron promovidas por los propietarios originarios de los terrenos sobre los que se asienta la Villa, sino que fueron promovidas por distintos actores, liderados en un primer momento por la AVF del barrio y por algunos veci-

---

[25] También el entonces presidente de la AVF San Carlos reconoce este origen: "Este barrio era un barrio que estaba, tenía toda una construcción muy precaria…y estaba inundado, es decir así, de gente de poco nivel y de poco nivel, este, económico; así que había casitas muy precarias, y además había una gran cantidad de pequeñas villas…villas. La zona aquella, acá atrás había una villa y así, en distintas manzanas…entonces se fue expropiando y edificando, de alguna manera, para *transformarlo en barrio*" (Entrevista personal, 23 de agosto de 2004. El destacado es nuestro)

[26] GC es responsable de la "cuestión social" del proceso: relevamiento sociodemográfico, ingresos de la población, distribución de las familias según la amplitud de las viviendas, etc.

nos, por momentos separados y por otros juntos; y posteriormente, por actores que representan al Gobierno Municipal. Meses antes de la presentación del proyecto de relocalización, este argumento era planteado por algunos de los ocupantes: "Estas tierras también tienen sus dueños pero perdieron sus derechos porque no reclamaron por sus tierras. Por lo tanto nosotros las usamos [...] Nosotros no somos objetos y no vamos a permitir que nos echen después de haber hecho una posesión del lugar que en algunos casos es de más de treinta años" (Diario *La Capital*, 07 de agosto de 1998).

Por entonces incluso se reconocía desde el Estado una diversidad de situaciones y, con ello, las posibles vías de solución del conflicto. Tal como lo expresa el mentor del proyecto:

> Hay un porcentaje que ronda el 5% de las familias que viven en la villa que son dueñas de terrenos por lo tanto irán allí con la asistencia financiera y técnica del municipio para que construyan su casa. Hay otro grupo de gente que no quiere ir a un complejo habitacional, sino que el municipio les dé un terreno y ellos construirían sus casas por el sistema de autogestión, controlados por el municipio y no se les daría el dinero sino los materiales, los planos y la asistencia técnica. Pero queda un remanente importante que sí necesariamente tendrá que habitar en casas que el municipio construya a ese efecto (Diario *La Capital*, 12 de diciembre de 1998).

Sin embargo, tanto la diversidad de los habitantes respecto de su situación con el suelo (que además es confusa respecto de si el derecho de propiedad se ejerce dentro o fuera de la villa) como las posibilidades de encontrar una solución a la problemática que no sea el desalojo-erradicación son homogeneizadas desde el Gobierno Municipal mediante la expropiación de los lotes sobre los que se asienta la Villa. Práctica que, en palabras de Oszlak (1991), pone en discusión no sólo el acceso al espacio urbano sino además la localización intraurbana, es decir, a qué lugar de la ciudad se accede.

En concordancia con este propósito, en el mes de julio de 1999 se discutió el proyecto en el Concejo Deliberante local, aprobándose cuatro ordenanzas: una, declarando la utilidad pública y expropiación de los inmuebles; otra, acerca del programa de relocalización en sí; una tercera, a los fines de contratar un empréstito destinado al pago de indemnizaciones, producto de la expropiación de los predios; y la última, que concernía a la modificación del presupuesto de gastos vigente de la Administración Central. Posteriormente, las dos últimas fueron modificadas al enmarcarse la relocalización dentro del "Programa Bonaerense IX-Dignidad", que prevé la construcción de 500 viviendas, entre ellas las casi 400 para las familias de la Villa de Paso, y es financiado por la Provincia de Buenos Aires, a través del Instituto Provincial de la Vivienda.

De la especulación velada y el desalojo encubierto: erradicación legal…aunque ilegítima

Al crearse el Programa de Relocalización, en julio de 1999, y con el objetivo de sustentarlo de manera autónoma, con fondos genuinos de la MGP, dentro del paquete de ordenanzas propuestas, se encomendó al Departamento Ejecutivo la realización de gestiones para contratar un empréstito destinado al Programa de Relocalización y la (re)asignación de recursos del presupuesto municipal[27]. Con igual fecha, se sancionó entonces la modificación del Presupuesto de Gastos de Administración Central y del Ente Municipal de Servicios Urbanos para el año 1999, mediante la ordenanza 12.739, destinando $300.000 para la relocalización. Luego, ésta se incorporó al Cálculo de Recursos del Ente Municipal de Servicios Urbanos para el ejercicio del año 2000, en donde aparecían remesas por igual monto afectadas al Programa[28]; posteriormente, mediante la ordenanza 13.424, con fecha 28 de julio del 2000, la relocalización se incluyó como parte del "Plan de Obras Mar del Plata 2000"[29], e incluso, en el año 2001, el Ejecutivo se comprometió a destinar el 40% de las viviendas a construirse como contraprestación por la adjudicación de inmuebles comprendidos en una licitación del Organismo Nacional de Administración de Bienes del Estado (ONABE), a pobladores del asentamiento Paso[30]. En definitiva, la financiación fue objeto de innumerables discusiones y diseño de múltiples instrumentos jurídicos para ello.

Asimismo, al aprobar el Programa se encomendaron gestiones similares destinadas al pago de las indemnizaciones producidas por la expropiación sobre algunos de los lotes de la villa[31], que pasarían a ser declarados como de "*utilidad pública e interés*

---

[27] Tal como se establece en el artículo 8 de la ordenanza 12.719/99.

[28] Dentro de la finalidad de "Servicios Especiales Urbanos", bajo el ítem "Programa 29. Tierra, vivienda, promoción social".

[29] La ordenanza 13.424, por una parte, modifica algunos artículos de la 10.570, que crea el Fondo Solidario Mar del Plata 2000, destinado a financiar el Plan de Obras, mediante "el producido de la recaudación de las sumas que se cobren en concepto del adicional a las Tasas por Alumbrado, Limpieza y Conservación de la Vía Pública y por Conservación y Mejorado de la Red Vial Municipal, establecido por el término de ocho (8) años, contados desde la puesta al cobro inicial", y fijado de acuerdo a la siguiente escala: tres pesos ($3) mensuales para aquellas cuentas que tributan bimestralmente hasta treinta pesos ($30) y cuatro pesos ($4) mensuales para aquellas cuentas que tributan bimestralmente más de treinta pesos ($30); como la prórroga en el cobro del Fondo. Por otra, incorpora el Anexo III de Obras, entre las que se encuentra el programa de Relocalización. Posteriormente, en febrero de 2002, esta ordenanza fue derogada por la 14.615.

[30] Nos referimos a la ordenanza 13.958 del año 2001. Además, prevé destinar el 10% a los ex soldados combatientes en Malvinas.

[31] Tal como se manifiesta en la ordenanza 12.740/99. Al respecto OP dice que "la ley de expropiación nos autoriza a expropiar 72 lotes... entonces vos decís son seis manzanas, a 24 lotes por manzana, más o menos serían ciento cuarenta y pico, 144 ponele...Entonces nosotros no estamos expropiando toda la villa, estamos expropiando solamente una parte [...] nosotros tomamos como criterio: incorporar a los lotes que vamos a expropiar a aquellos que tienen más de una casilla...y a aquellos que invaden

general"[32]. Una vez sancionada la Ley, los terrenos quedarían bajo la titularidad de la MGP, que luego los subastaría, financiando con ese producido tanto la construcción de las viviendas como algunos gastos de las indemnizaciones a los titulares de dominio[33]. Tal como expresaba el creador del proyecto: "(La villa) está ocupada en terrenos que tienen alto valor de reventa, que si después no subastamos no tendríamos posibilidades financieras de hacer hoy las inversiones o tomar los créditos necesarios para pagar la indemnización y para hacer las viviendas" (OP, Debate Sesión Proyecto de Relocalización. Acta de sesión; HCD; 16 de julio de 1999).

Hasta aquí, la expropiación aparecía como la posibilidad de financiamiento del Programa; pero a su vez, para poder materializarla era preciso contraer un empréstito. Se planteaba un endeudamiento para pagar las indemnizaciones producto de la expropiación que, a nuestro entender, eran el *leit motiv* para la especulación inmobiliaria, para posibilitar la circulación de la mercancía-suelo, bajo los cánones de la normatividad estatal (no así bajo otras prácticas legitimadas), hasta entonces obstaculizada por la ocupación de los terrenos.

El logro de un instrumento jurídico que posibilitara la expropiación de los lotes planteó serios obstáculos para quienes promovían el plan, fundamentalmente enfrentamientos de índole política. En el año 2001, se presentaron por primera vez dos proyectos de ley para tales fines[34]; sin embargo, al lograr sólo la media sanción de la Cámara de Senadores en el transcurso de dos años –y no así en Diputados–, el proyecto quedó sin efecto[35]. Desde otras bancadas no oficialistas también se presionaba para lograr la sanción de la Ley.

---

otro terreno...estos los vamos a expropiar. Éste no (la casilla que está sola en una parcela), éste no lo expropiamos. Qué puede hacer esta persona que vive en esta casa...el tipo no ha invadido otro lote, no genera para nosotros un problema urbanístico...le vamos a ofrecer una vivienda, lo más probable es que no la quiera aceptar. Entonces vos después expropiás, liberás esto (las parcelas de alrededor de esta casilla); esto se subasta, acá vienen casas nuevas...y este tipo, seguramente el entorno del barrio va a hacer que alguien le quiera comprar la posesión...este tipo se va a beneficiar" (Entrevista personal, 4 de noviembre de 2004).

[32] Disquisición que merecería una discusión, pero ésta excede los propósitos de este trabajo.

[33] Tal como se manifiesta en el artículo 10 de la ordenanza 12.719/99. Además, el recupero que se produciría a partir del cobro de la Tasa por Alumbrado, Barrido y Conservación de la Vía Pública, cuya deuda a enero de 1998 se estimaba en $363.000 para los 140 lotes.

[34] El primero preveía su destino como área verde, libre y pública; el segundo, en el marco de las disputas por la relocalización, su declaración de *"utilidad pública y/o el interés general"* para lograr de la expropiación de los terrenos.

[35] Nos referimos al proyecto de ley "Expropiación de inmuebles en la localidad de Mar del Plata con destino al 'Programa de Relocalización, Asentamiento Precario Poblacional Paso'", presentado el 29 de noviembre de 2001 por un senador radical en calidad de autor y otros dos de diversas bancadas como coautores.

Pero las tensiones dilataron los tiempos políticos y el proyecto cayó. En julio de 2003 volvió a presentarse[36]. Ahora sí la correlación de fuerzas creada entre el municipio y la provincia, y el "lobby" realizado por distintos actores interesados[37], posibilitó que el 4 de diciembre de 2003 se sancionara la Ley 13.158 declarando la *utilidad pública y/o el interés general"* de 72 terrenos localizados en las seis manzanas que ocupaba la villa y autorizaba al Estado Municipal su expropiación, que implicaba la venta forzosa de los terrenos (por parte de los propietarios originarios) al municipio, a un valor cercano a su tasación fiscal[38]. Así, convirtiéndose la MGP en único titular de dominio, se daría rienda suelta a la posterior subasta o reventa de los lotes a valor de mercado, produciéndose el recupero de lo invertido para las viviendas y un *plusvalor* generado por la circulación de la mercancía. Todo ello –lo remarcamos– como parte de una operatoria municipal. Pero al dilatarse los tiempos y las decisiones políticas, la solución vino de la mano del Gobierno Provincial a través del "Subprograma provincial 'Dignidad' de desarrollo de viviendas en asentamientos críticos", bajo la tutela del Instituto Provincial de la Vivienda de Buenos Aires[39]. Con ello, el escenario se complejizó.

---

[36] Nuevamente bajo la autoría del mismo senador aunque la coautoría de otros dos.

[37] Un grupo de vecinos, aliados con el presidente de la AVF y que formalizará su incorporación al proceso político, encamina sus estrategias hacia la búsqueda de contactos políticos para presionar la aprobación en la legislatura de la citada Ley. La Ley, finalmente, se votó el 4 de diciembre: fuera del orden del día, sin discusión previa y sin observaciones. Días después, el 18 de diciembre de 2003, se creaba la "Comisión Administradora Mixta Municipalidad–Vecinos para la Erradicación del Asentamiento Paso" (Ordenanza 15.831), estatuyéndose a los fines de que estos vecinos movilizados tomaran parte en el proceso de definición política del Programa. Luego de diversas disputas generadas en el debate por su creación, se convino en que sus funciones serían: proponer al Ejecutivo anualmente un proyecto de aplicación de fondos de la cuenta afectada a la erradicación que podría tener como destino distintas erogaciones: desocupación, demolición y limpieza de terrenos del asentamiento, indemnización a poseedores de tierras, reubicación de habitantes, etc.; propiciar modificaciones del presupuesto a aplicar; sugerir medidas de seguridad para la zona; etc. La Comisión quedó integrada por ocho representantes, cuatro por la MGP y cuatro por los vecinos del Barrio San Carlos, excluyendo a los principales involucrados: los habitantes de la villa. Estos vecinos que formaron parte de ella, a pesar de haberlo vivenciado como una demanda que se concretaba y de percibirse como legítimos actores en el ámbito; por momentos, consideraban que su acción quedaba relegada a una mera instancia consultiva y que no hacía sino reforzar las decisiones de quienes representaban a la MGP.

[38] OP anunció que no pagarían exactamente la tasación sino un valor medio entre la valuación fiscal y la tasación, descontando los montos adeudados por tributos municipales y provinciales.

[39] Este organismo crea dicho programa en julio de 2003, con el doble objetivo de: "[La] eliminación de las viviendas insalubres y el hacinamiento, propendiendo a la instalación de una modalidad integral que actúe sobre el hábitat de la pobreza [...] garantizando una correcta utilización de los recursos y convocando a una participación activa de los futuros beneficiarios" y, en un plano más amplio, "la intervención de las PyMES, generadoras de empleo, asignándoles un rol gravitante, a través de un procedimiento transparente y con el compromiso de asumir las cargas sociales, laborales, sindicales y de seguridad de los trabajadores [...]" (Resolución del Ejecutivo provincial nº 2.260, con fecha 23 de julio de 2003).

Éste comenzó a implementarse en el municipio de General Pueyrredón, previendo la construcción de 500 viviendas, entre ellas las casi 400 para las familias de la Villa de Paso: originariamente, en los barrios Don Emilio, Las Heras y Fortunato de la Plaza[40]. Así, entonces, el proyecto, que actualmente se encuentra demorado e incluso detenido[41], es financiado por la Provincia de Buenos Aires, a través del Instituto Provincial de la Vivienda, por la suma prevista de $19.914.220,22[42]. Al enmarcarse ahora la relocalización del asentamiento dentro del programa provincial, se resuelve la cuestión formal de la financiación. De hecho, se derogan los instrumentos jurídicos oportunamente producidos[43].

Sin embargo, no se da marcha atrás a la expropiación, que claro está no esconde ahora sólo el problema resuelto del financiamiento para la construcción de las viviendas, sino que es una forma de legalizar el *desalojo-erradicación*, devenido en llamarse *relocalización*. Ahora, la plusvalía generada en el circuito expropiación-reventa se justifica con la provisión de infraestructura de servicios a los barrios de destino, que hasta el momento no ha sido concretada:

> El dominio de los setenta y pico lotes que expropiamos pasa al Estado Municipal. Cuando nosotros logremos el traslado de la gente de esos lotes, y los lotes queden limpios, los subastamos. Con esa plata que recuperamos de la subasta, del remate público, compensamos el gasto que tuvimos para pagar la indemnización y afectamos el saldo a obras de infraestructura en los barrios de destino de las viviendas (OP. Entrevista personal, 4 de noviembre de 2004).

---

[40] Al momento de convalidar el programa se proyectaron: 90 viviendas en Fortunato de la Plaza, 192 y 143 en dos zonas de Las Heras y 75 en Don Emilio. Luego, algunos terrenos fueron descartados por no tener aptitud hidráulica; y en el caso de Fortunato de la Plaza, por estar previamente afectado a un proyecto educativo. Por ello, se redefinieron zonas en Las Heras y se incorporó el barrio El Martillo.

[41] Aparentemente el principal conflicto se vinculó al giro de fondos (del IPV a la ONG encargada de seleccionar las empresas constructoras; y de aquélla hacia éstas). Cabe destacarse que a principios de 2008 se produjo la toma de 145 viviendas en construcción destinadas a la relocalización en el barrio El Martillo, por unos 300 vecinos del barrio Pueyrredón, también con críticas necesidades habitacionales. En virtud del reclamo de las empresas constructoras y la intermediación municipal, el desalojo se concretó en menos de 24 horas. En enero de 2009, 54 familias del Pueyrredón reincidieron en la ocupación de El Martillo, generando diversas prácticas autogestivas y acompañados por una red de organizaciones. El 17 de abril de ese año, la justicia local ordenó el desalojo, que se tradujo en el despliegue de una fuerte represión policial. A partir de ello, *Los Sin Techo* - tal como dieron en llamarse las familias expulsadas de El Martillo - han sostenido un proceso organizativo de corte autogestivo que pugna por la garantía del derecho a la vivienda, encontrándose actualmente en la construcción de 41 viviendas a través de cooperativas.

[42] Luego, las sumas fueron reactualizadas mediante convenios de adecuación (por ejemplo, ordenanza 17.882, del 25 de enero de 2007).

[43] Mediante la Ordenanza 16.445 del 2004, que modifica los artículos 10 y 11 de la 12.719.

Mediante este mecanismo, el Estado deja de ser intermediario en la relación entre propietario y no propietario, y pasa a ser parte interesada y actor central en el proceso de valorización, apropiándose directamente del excedente que le generará la posterior puesta en circulación de la mercancía-suelo.

Por otra parte, de acuerdo con los expedientes municipales consultados, de los 72 terrenos a expropiar, según origen de sus titulares de dominio, casi el 60% provienen de Capital Federal, en su mayoría, Provincia de Buenos Aires y otras provincias. Ellos, como decíamos más arriba, en general no han defendido su *derecho de propiedad* y "poco y nada han hecho para hallar una solución definitiva al tema" (OP. Entrevista personal, 4 de noviembre de 2004).

Por eso, se ha sostenido desde las autoridades municipales que "la expropiación en definitiva es un castigo a los titulares de dominio que han tenido los lotes y que no han defendido su propiedad. Porque si nosotros trasladábamos de dominio que nunca había hecho nada para conseguirlo (un mayor valor sobre ese lote)" (OP. Entrevista personal, 4 de noviembre de 2004).

Paradójicamente, fueron pocos los *propietarios originarios* que se presentaron ante la MGP para conciliar los términos de la indemnización por el pago de los terrenos: en principio, según OP, lo hicieron 6 ó 7 (propietarios de 2 ó 3 lotes cada uno); esto significa que si sólo se registraron estos 15 lotes, el resto sería denunciado como *herencia vacante*[44], quedando bajo el dominio del Estado. Posteriormente, en diciembre de 2004, al momento de iniciar los juicios de expropiación, los funcionarios municipales abocados a la parte legal anunciaron que se habían presentado aproximadamente quince personas ante el Registro de Propietarios, bajo diferentes situaciones. Algunos no tenían toda la documentación pertinente, por lo cual se les iniciaría juicio; otros habían presentado la documentación y negociarían el valor de

---

[44] Según la Unidad de Gerenciamiento Efectivo de Inmuebles Fiscales (UGEIF) de la Provincia de Buenos Aires, el Código Civil y las normativas en la materia contemplan que las cosas de una persona física sin sucesor legítimo o testamentario constituyen una herencia vacante, las mismas, una vez finalizado el proceso judicial correspondiente pasarán al dominio privado del Estado Provincial. Éste debe intervenir denunciando aquellos bienes provenientes de herencia vacantes. Para luego subastarlos o en su defecto mantener la iliquidez destinándolos a fines propios del Estado. La Ley 7.322/67 establece que es deber de todo funcionario público denunciar las presuntas herencias vacantes que lleguen a su conocimiento y además contempla la posibilidad de que los particulares denuncien las herencias vacantes, incentivándolos con un premio cuyo importe asciende al 30% del producido, una vez subastado el acervo sucesorio. En cuanto a los destinos de los terrenos, se consideran tres líneas directrices que no son excluyentes entre sí: 1) como aprovechamiento para uso propio del Estado, por ejemplo, para el cumplimiento de sus programas de vivienda; 2) como herramienta de regularización dominial, siendo una figura apta para la transmisión del dominio a favor de sus actuales ocupantes, obteniendo de esta manera nuevos contribuyentes y aumentando la oferta formal del suelo urbano; y 3) como movilización del suelo ocioso, en tanto factor decisivo en la reinserción de los bienes al circuito formal.

la expropiación sin juicio; finalmente, existían tres casos de juicios de desalojo, que tampoco se expropiarían[45].

Este escenario favorecería entonces la implementación de alguna política que beneficiara a los ocupantes para que regularicen su situación en el lugar, tanto por la defensa de los derechos adquiridos en virtud de los años de permanencia allí como por la defensa del derecho de propiedad que, en definitiva, tienen varias familias de la villa. Sin embargo, la ley de expropiación impone una homogeneidad para realizarse, ubicando a todos los villeros en un plano de *igualdad*. Es decir, por una parte, respecto de quienes estarían amparados bajo la racionalidad normativa estatal (Rincón 2006), esto es, los propietarios; y por otra, de aquellos que estarían en camino de acceder a la propiedad, por ejemplo, por medio de la *usucapión*[46], el *régimen de regularización dominial de inmuebles urbanos* (Ley Pierri)[47] u otros mecanismos legales[48]. A pesar de que los funcionarios consultados afirman que "nadie ha acreditado la propiedad o la posesión con papeles", como decíamos antes, la información relevada por la misma MGP y los testimonios recogidos confirman lo contrario.

A modo de ejemplo, la implementación de la Ley 24.374 otorgaría en primera instancia el estatus de "poseedores legítimos" a quienes inicien los trámites, inscribiendo el dominio para comenzar la escrituración[49]. Esto significa que, no habiendo reclamos por parte de los propietarios originarios, hecho que en este caso se evidencia, ellos estarían en medio del proceso de adquisición y se convertirían en poseedores

---

[45] Según declaraciones de OP al Diario *La Capital* (23 de diciembre de 2004).

[46] El Código Civil de la Nación, mediante el artículo 4.015, garantiza la adquisición de un dominio a través de la prescripción: "al que ha poseído durante veinte años sin interrupción alguna, no puede oponérsele ni la falta del título, ni su nulidad, ni la mala fe en la propiedad" y, a través de la ley 14.159, regla el juicio de adquisición del inmueble. A este procedimiento se lo ha conocido como usucapión.

[47] La "Ley Pierri" contempla diversas situaciones que posibilitan escriturar un inmueble y, en la situación particular que nos interesa, acorta los tiempos de la *usucapión*; dado que el proceso deja de ser veinteñal y pasa a ser decenal. A partir de ella "se convertirá de pleno derecho en dominio perfecto transcurrido el plazo de diez años contados a partir de su registración" (Artículo 8, Ley 24.374/94, modificado en noviembre de 2003, por la Ley 25.797).

[48] Por ejemplo, la Ley Provincial 11.622 (sancionada en 1995 y reglamentada por el decreto 4.942/96) que instrumenta la transferencia de aquellas a favor del municipio a cambio de la condonación de la deuda que, por impuesto inmobiliario u otros tributos provinciales, registren los inmuebles particulares. Nuestra inquietud sería si ésta podría haberse aplicado en el conflicto de la villa de Paso, ya que las deudas registradas son altísimas: como decíamos antes, la deuda Tasa por Alumbrado, Barrido y Conservación de la Vía Pública de los 140 lotes de la Villa, a enero de 1998 se estimaba en $ 363.000.

[49] Esto significa que la persona que demuestre que tiene la posesión, o sea, que está viviendo en ese inmueble, luego de un expediente que inicia en la Municipalidad, a través de la Casa de Tierras (organismos provinciales de Registro de la Propiedad, creados para implementar la ley), realiza un acta de posesión por escritura pública y se inscribe en el registro de la propiedad; si en el transcurso de diez años desde la inscripción, no hay oposición del titular de dominio, queda como nuevo dueño. Ahora sí pasando de "poseedor" a "propietario".

legítimos[50], acercándose a una situación de mayor estabilidad respecto a las amenazas históricas de desalojo. Por lo tanto, el Estado excluye del proceso la posesión legítima, figura estatuida por él mismo. Así, se podría viabilizar la implementación de este nuevo instrumento legislativo, del cual no desconocemos el particular contexto en el que fue creado[51], para que los ocupantes resuelvan su situación. Más aún teniendo en cuenta que, tal como lo reconocen los propios funcionarios, los propietarios originarios no han hecho casi nada para recuperar sus terrenos (exceptuando algunos juicios por desalojo). Sin embargo, claro está que la intención del Estado transita por otros carriles.

Sobre un debate pendiente y algunos desafíos posibles

La existencia, desde hace más de treinta años, de la denominada Villa Paso, constituye una clara demostración de la ineficacia de las políticas públicas para el hallazgo de una solución que satisfaga a todos los actores involucrados, *respetando sus derechos*. Es inexcusable responsabilidad del Estado, en todos sus niveles, establecer mecanismos que constituyan alternativas válidas para aportar soluciones habitacionales dignas partiendo del *derecho de acceder a la propiedad* sobre un lote propio, para lo cual el Municipio debe aportar en este caso terrenos que son de su propiedad para dar respuesta a dicha problemática.
La relocalización del asentamiento pretende resolver en forma definitiva el problema de la *tenencia de la tierra* y la carencia de una vivienda socialmente aceptable de las familias involucradas, las que, por su situación, tienen gran *inseguridad jurídica* y merecen una solución que no sea mediante la promoción de la usurpación.
(OP, Proyecto de relocalización Villa de Paso, marzo de 1999. El destacado es nuestro)

Retomando a Núñez (2000a), podemos afirmar que existe una tensión entre el derecho constitucional de acceso a una vivienda digna que debe ser garantizado por el Estado (Constitución Nacional, Artículo 14 bis), y el derecho real de propiedad, (Código Civil, Artículo 2.506), que caracteriza los procesos de producción de nuestras ciudades: permaneciendo el Estado inactivo frente al primero, conduce a transgredir el segundo, y convierte en *ilegal* una *práctica social* (Núñez 2000a). Tal cuestión matiza la pretendida exigibilidad por parte del Estado, si él mismo infringe la garantía de un derecho. Es decir, ¿qué legitimidad tiene el Estado de penalizar el acceso al

---

[50] No es casual que la ley presente ambigüedades, ligadas principalmente a la figura de poseedor-propietario, que en apariencia sugeriría cierta equivalencia pero que no la tiene. El "ocupante" recibe un certificado de dominio transitorio, mientras se desarrolla un trámite administrativo y judicial de diez años de duración, en los que el propietario original puede accionar en su contra (Rodríguez *et al.* 2001).

[51] En un interesante trabajo, Varley (1994) ha analizado el objetivo de las políticas de regularización en México, sosteniendo que su principal finalidad es el mantenimiento de la estabilidad política. Cabría preguntarse cuál ha sido la finalidad de algunas políticas desarrolladas en nuestro país, por caso la controvertida Ley 24.374, que crea el Régimen de Regularización Dominial de Inmuebles Urbanos (la primer política sobre regularización de tierra privada), conocida como "Ley Pierri", y que bastantes discusiones ha generado, fundamentalmente en torno a su utilización con finalidades clientelísticas.

espacio urbano que no se realice a través del mercado formal y que luego deviene en la institucionalización de la propiedad privada, si él no cumple con la garantía de un derecho social fundamental?

Dice Jitrik (1993) que la ley propone un *desdoblamiento esquizoide*. Por un lado, en tanto discurso organizado e impuesto, aceptado por una sociedad, y que como respuesta al orden de la necesidad (ya sea por una situación perturbadora o que se presenta como amenazante) tiende a aumentar la racionalidad social, fijando la expresión de la necesidad, el dictado, la reglamentación, la aplicación, la verificación, la modificación, la anulación, etc. Entonces, la ley normaliza relaciones, castiga faltas cometidas o previene otras. Por otro lado, en la medida en que en cada una de estas etapas interviene el poder político, toda ley está determinada y condicionada, tanto en su presencia final como en cada instancia de su producción. En este sentido, además, el poder político interpreta y su interpretación puede no sólo ratificar el sentido primario de la ley, sino también modificarlo. Ese recorrido esquizoide, plagado de contradicciones y tensiones, no sólo desde el poder político hacia fuera sino también dentro de éste y en sus múltiples (di)visiones, se evidencia en el conflicto por la relocalización de la villa de Paso de Mar del Plata.

En el primer sentido que plantea Jitrik, la falta cometida y, por ende, su castigo se presentan como ejes del conflicto: se ha violado el derecho de propiedad, por lo tanto hay que castigar la falta. Esto es sancionar el acceso al suelo por otros mecanismos que no son considerados legales –aunque sean legítimos–, y defender acérrimamente el derecho de propiedad. No así el derecho a la vivienda, que no está garantizado y que, además, mediante el programa de relocalización vuelve a quedar subsumido a la esfera privada/doméstica, dado que no sólo se trasladan los costos de la vivienda a las familias sino que éstos luego tendrán que afrontar los gastos que significa mantenerla (tasas, impuestos, servicios, etc.).

El desdoblamiento de la ley con la manipulación por parte del poder político permite institucionalizar el conflicto, amoldándolo a los requerimientos de determinados sectores. En el mismo sentido plantea Rincón (2006) la existencia de *prácticas de negociaciones* cotidianas desde las que se está erigiendo la ciudad, que en principio estarían *fuera de ley* (incluso contraviniéndola) pero que son incorporadas a la legalidad. Manipulación que aun puede no sólo contradecir su sentido inicial sino también anularlo (Jitrik 1993), tal como sucede con la posibilidad de instrumentar un mecanismo jurídico existente en beneficio de los ocupantes. La posesión les ha otorgado derechos, sin embargo, sólo se defiende el derecho de propiedad, no de quienes viven en la villa y son propietarios, sino de actores que son (o fueron) titulares de dominio y no viven allí, que paradójicamente en su mayoría tampoco han estado interesados en reclamarlo. Muchos han comprado los lotes una vez asentada la villa, a la espera de una valorización, y con el transcurso de los años, algunos han abandonado la causa; otros han fallecido, desconociendo sus sucesores la existencia de tales bienes.

Sumado a ello, la vía de aparente resolución del conflicto (el acceso a la vivienda superando la *inseguridad jurídica*) no está garantizada y los beneficiarios persisten en una situación de precariedad habitacional: permanecerán en su condición de poseedores legítimos y no como propietarios - paradójicamente, igual condición que tenían en la villa- hasta tanto no logren asumir el costo total de las viviendas; es decir que el desalojo es una amenaza latente, a la que eventualmente pudiera recurrirse.

En nuestro análisis se articulan dos cuestiones esenciales: la del papel del derecho y la del suelo como mercancía. Es precisamente la manipulación de aquél la que se convierte en fundamento en sí mismo y que, paradójicamente, busca legalizarse de manera ilegítima omitiendo un proceso social legítimo, que podría ser legalizado (Núñez 2000a). De esta forma, como sostiene Lefebvre (1976), a la producción del espacio se la adjudican grupos particulares que se apropian de él para administrarlo y explotarlo. En este caso, quienes actúan en nombre del Estado municipal (se) expropian legal pero ilegítimamente un espacio que previamente fue apropiado de manera legítima, desde una necesidad que debe ser satisfecha. Soslayando la legitimidad de esta práctica y amparándose en el discurso del derecho como forma estatal −y, en ese sentido, apelando al ejercicio de la *violencia simbólica* (Bourdieu 1996)− ; intermedian en el proceso, viabilizando la valorización del suelo a favor de la especulación inmobiliaria (Canestraro 2006).

Amparándonos en la normativa estatal existente, se plantea la paradoja de que existen diversas figuras que otorgan el estatus de *legalidad* a diferentes situaciones: tanto en el Código Civil (por ejemplo, la usucapión) como en programas sociales (Arraigo[52] o Pro-tierra[53]), o directamente a través de la producción jurídica (Ley Pierri, Ley Provincial 11.622), y que permiten la regularización de tales prácticas. En definitiva, estos instrumentos legales que posibilitan el alcance del derecho de acceso a la vivienda; pero al momento de promocionar su aplicación, frecuentemente la intención del Estado transita por otros carriles: lejos está de obstaculizar la dinámica del mercado de suelo, que quedaría vedada al priorizar estas prácticas que, como plantea Núñez (2000a), hacen indivisible el circuito producción-consumo de suelo urbano.

---

[52] Mediante el decreto 2.441/90, el Ejecutivo Nacional creó la Comisión de Tierras Fiscales Nacionales "Programa Arraigo" que, como instrumento de regularización dominial y urbana, propugnó la implementación de la venta colectiva de tierra a organizaciones sociales, obviando requisitos como las subdivisiones, los arreglos normativos y los proyectos urbanos propios de las transferencias individuales; luego, realizada la subdivisión y la urbanización a cargo de la organización social, ésta transferiría las tierras a cada familia (Clichevsky 1999). En nuestra ciudad, su implementación, para la cual se invirtió en un significativo diagnóstico y recomendaciones para su ejecución, no logró concretarse.

[53] A través del decreto provincial 815/88 se creó el Programa Social y Familiar de Tierras, conocido como "Pro-Tierra", que preveía tanto la producción de lotes con servicios como la regularización dominial de tierras ocupadas ilegalmente, que, aunque prometía mucho, tuvo escasas repercusiones. En Mar del Plata existieron demandantes pero no hubo oferentes, es decir, propietarios de tierras que se incorporasen a la propuesta.

Ahora bien, más allá de la aplicación de diversas normativas estatales existentes, ¿podría haberse logrado el reconocimiento de otras *sensibilidades legales* (Carvalho 1993) o de la diversidad de *racionalidades normativas* (Rincón 2006) presentes en la historicidad de la villa de Paso? Un dato llamativo es que las prácticas de resistencia por parte de sus ocupantes han sido escasas; es decir que no se han generado estrategias organizativas, con vistas a posibilitar una resolución alternativa del conflicto, que implique básicamente la consolidación del hábitat en un espacio que legítimamente se han apropiado y la disputa por la legalización de nuevos sentidos. ¿Cuáles fueron los obstáculos que imposibilitaron estos procesos?, ¿cuáles serían las prácticas que los viabilizarían?, ¿a partir de qué tipo de estrategias organizativas?

Responder a estas inquietudes supondría un alejamiento de la perspectiva de la normatividad estatal y, con ello, la indagación respecto de otras racionalidades, tal como sostiene Rincón (2006), a partir de la introducción de la categoría de *legalidades fundantes y territorialidades emergentes*. Estas posibilitarían el análisis de una nueva cultura jurídica sustentada en nuevas bases de legitimación: "Una legitimidad asentada en la satisfacción justa de necesidades fundamentales y en la acción participativa de nuevos sujetos sociales/colectivos (derecho a la vivienda, al trabajo, a la recreación). Esa pluralidad jurídica puede tener como metas: prácticas normativas, autónomas, generadas por diferentes fuerzas sociales o por manifestaciones legales plurales, susceptibles de ser reconocidas e incorporadas por el Estado" (2006: 697).

En definitiva, otros mecanismos que prioricen la satisfacción de una necesidad social (la vivienda) por sobre la valorización que - tal como se evidencia en la operatoria de la Villa de Paso y aún bajo la forma (encubierta) de una política habitacional en pos de la garantía de un derecho postergado - pareciera caracterizar la intervención del Estado, desde una diversidad de prácticas atravesadas, por lo menos, por constantes tensiones.

Bibliografía

Abramo, P. (2003), "Eu já tenho onde morar…a Cidade da informalidade" (apresentacao), en Abramo P. (org), *A cidade da informalidade. O desafio das cidades latinoamericanas*, Río de Janeiro, Livraria Sette Letras FAPERJ.

Azuela, A. (1993); "Los asentamientos populares y el orden jurídico en la urbanización periférica de América Latina ", en *Revista Mexicana de Sociología*, número 55.

Bourdieu, P. (1996), "Espíritus de Estado"; en *Revista Sociedad*, número 8; Facultad de Ciencias Sociales; Universidad de Buenos Aires.

Canestraro, M. L. (2006); "Violencia simbólica en la disputa por el espacio o los dilemas del Estado en una política de relocalización"; en *Revista Mundo Urbano,* Universidad Nacional de Quilmes, número 29, julio-agosto-septiembre.

Canestraro, M. L. (2007), "Apropiación del espacio y construcción social de identidades", en Núñez A. (dir), *Campo político, campo barrial...¿(Di) visiones en pugna?*, Ediciones Suárez. ISBN 978-987-1314-35-5.

Cárcova, C. M. (1993), *Teorías jurídicas alternativas. Escritos sobre Derecho y Política*, Buenos Aires, Centro Editor de América Latina.

Carvalho, E. (1993), "Passárgada revisitada: o directo e os estudos urbanos", Cadernos IPPUR, Universidade Federal do Río de Janeiro, volume VII, nº 1 (abril).

Clichevsky, N. (1999), "Políticas de regularización en Argentina: entre la euforia y la frustración", Buenos Aires, CONICET/UBA, mimeo.

Clichevsky, N. (2003), "Pobreza y acceso al suelo urbano. Algunos interrogantes sobre las políticas de regularización en América Latina", *Documento CEPAL*, Serie Medio Ambiente y Desarrollo, nº 75 (diciembre).

Cravino, M. C. (2006), *Las villas de la ciudad. Mercado e informalidad urbana*, Buenos Aires, Editorial UNGS.

Fernandes, E. (2003), "Perspectivas para a renovação das políticas de legalização de favelas no Brasil", en Abramo P. (org), *A cidade da informalidade. O desafio das cidades latinoamericanas*, Río de Janeiro, Livraria Sette Letras, FAPERJ.

Fernández, R. *et al.* (1996), *Habitar Mar del Plata. Problemática de vivienda, tierra y desarrollo urbano en Mar del Plata. Diagnóstico y propuestas*, Mar del Plata, Presidencia de la Nación, Comisión de Tierras Fiscales Nacionales, Programa Arraigo.

Jitrik, N. (1991), "Apuntes sobre legalidad/legitimidad", *Revista S y C*, nº 2, Buenos Aires.

Lefebvre, H. (1976), *Espacio y política. El derecho a la ciudad, II*, Barcelona, Ediciones Península.

Núñez, A. (1994), "Implicancias sociales de los procesos de apropiación de la tierra en Mar del Plata", Informe Final Beca de Perfeccionamiento, Secretaría de Ciencia y Técnica, Universidad Nacional de Mar del Plata.

Núñez, A. (2000a), *Morfología social. Mar del Plata, 1874-1990*, Tandil, Editorial Grafikart.

Núñez, A. (2000b), "Los unos y los otros en la lucha por la apropiación del espacio", Congreso Virtual Naya de octubre del año 2000.

Núñez A. (2004), "¿Cómo el Ave Fénix? Sobre la relación entre políticas urbanas y necesidades sociales, en Mar del Plata", en Cuenya B., Fidel C. y Herzer H. (comp); *Fragmentos sociales. Problemas urbanos de la Argentina;* Buenos Aires; Siglo XXI.

Oszlak, O. (1991), *Merecer la ciudad. Los pobres y el derecho al espacio urbano*, Buenos Aires, CEDES-Humanitas.

Rincón Patiño, A. (2006), "Racionalidades normativas y apropiación del territorio urbano: entre el territorio de la ley y la territorialidad de las legalidades", Revista *Economía, Sociedad y Territorio*, vol. 5, nº 20, México.

Rodríguez C. *et al.* (2001), *"La tierra es nuestra". Hacia una política de Tierra, Vivienda y Hábitat. Análisis y propuesta de los trabajadores y organizaciones territoriales*, Buenos Aires, FTV-CTA.

Topalov, C. (1984), *Ganancias y rentas urbanas. Elementos teóricos,* Madrid, Siglo XXI.

Varley, A. (1994), "¿Clientelismo o tecnocracia? La lógica política de la regularización de la tierra urbana, 1970-1988", *Revista Mexicana de Sociología*, vol. 56, nº 4 (octubre-diciembre).

Yujnovsky, O. (1984), *Claves políticas del problema habitacional argentino. 1955- 1981*, Buenos Aires, Grupo Editor Latinoamericano.

La dimensión colectiva del hábitat:

Pistas para pensar las relaciones entre estrategias habitacionales, redes sociales y políticas sociales en el hábitat popular urbano en el Área Metropolitana de Buenos Aires

María Mercedes Di Virgilio

Un aspecto crítico en el marco de las *estrategias habitacionales*[1] y de los procesos de reproducción social[2] tiene que ver con el modo en que los sectores de menores ingresos resuelven sus necesidades habitacionales, en contextos urbanos en los que la dinámica de los mercados de tierra y vivienda ha favorecido el aumento de los precios del suelo y de los inmuebles[3]. Un recurso habitual que movilizan las familias en estos procesos es la relación con organizaciones sociales de base territorial y con las redes de ayuda mutua. El comportamiento de las familias, por lo tanto, está influido por estas estructuras de oportunidades políticas (en particular aquellas definidas por las

---

[1] Las estrategias habitacionales se definen como uno de los componentes privilegiados de la movilidad residencial. La noción alude a las decisiones que toman las familias o unidades domésticas y los objetivos que ellas persiguen en materia de hábitat (Dansereau y Naváez-Bouchanine 1993).

[2] En este trabajo definimos *reproducción de la unidad doméstica* al proceso por el cual la misma "sostiene dinámicamente –según evolucionen las necesidades de sus miembros con su propio desarrollo y el del medio social– los niveles de calidad de vida alcanzados históricamente por sus miembros" (Coraggio 1998: 24).
El término *reproducción* incluye tres dimensiones. Por una parte, hace referencia a la reproducción biológica que en el plano de lo social se refiere a los aspectos sociodemográficos de la fecundidad. Por otra parte, se refiere a la reproducción cotidiana, o sea, al mantenimiento de la población existente a través de tareas domésticas de subsistencia. Por último, remite a la reproducción social, es decir, a todas las tareas extraproductivas dirigidas al mantenimiento del sistema social (Jelin 1984: 10).

[3] Para el caso de la Ciudad de Buenos Aires, véase Duarte 2006.

políticas sociohabitacionales) (Sikkink 1999). Cabe destacar que estas estructuras de oportunidades no sólo son percibidas y aprovechadas, sino también creadas por las propias familias y las organizaciones (Tarrow 1994; Sikkink 1999). De este modo, los diferentes actores estructuran y son estructurados por dichas oportunidades.

En ese marco, en este trabajo profundizamos el análisis de las prácticas que toman las familias de sectores populares para satisfacer y dar solución a sus necesidades habitacionales. Centramos la reflexión en el *sistema de relaciones* en el que se inscriben las prácticas y las decisiones sobre el hábitat. Asimismo, interrogamos sobre la importancia que reviste, para dichas familias, la participación en redes sociales como estrategia de acceso al hábitat al enfrentarse a las restricciones de trabajo, ingreso y consumo que les imponen en la actualidad los contextos urbanos. Reflexionamos también acerca de cómo esta trama de relaciones es contemplada o no en los programas sociales que directa o indirectamente facilitan el acceso al hábitat[4]. Para ello, enfocamos el análisis en aquellos programas que intervienen o han intervenido en diferentes barrios y localizaciones del Área Metropolitana de Buenos Aires: dos barrios de la Ciudad de Buenos Aires, La Boca y Lugano, y en un municipio de su conurbación Tigre. Cada lugar en el que se llevó a cabo la investigación que nutre estas reflexiones, representa un tipo de hábitat característico de la zona metropolitana. Asimismo, cada localización se ubica diferencialmente en relación con la ciudad central.

La Boca es un barrio del casco histórico que alberga sectores populares y medios. Para los primeros predomina la vivienda en forma de inquilinato[5]. Lugano es un barrio periférico de la ciudad central en el que conviven sectores medios con urbanizaciones informales –villas de emergencia[6]–, representadas en nuestro caso por el barrio INTA. El municipio de Tigre se ubica en la conurbación de la ciudad central, y en él se han desarrollado importantes asentamientos[7] o tomas de tierra que conviven con

---

[4] Las políticas públicas, en general, y las políticas sociales, en particular, juegan un papel muy importante en la movilidad espacial de la población. No sólo porque constituyen un recurso que se articula con sus estrategias habitacionales, sino también porque orientan dichos procesos en la medida en que intervienen directa o indirectamente sobre la vivienda, los servicios públicos, el transporte, las actividades productivas, etc. (Lulle y Le Bris 2002).

[5] Se trata de grandes casonas o galpones que albergan piezas para alquiler. En general están ubicadas en las áreas centrales de la ciudad. En ellas, la unidad de residencia es la habitación. Además del patio común, los residentes comparten servicios de baños, aseos, letrinas, cocina y lavadero. La Boca es el barrio de la ciudad en donde el mercado de alquiler de piezas en los inquilinatos se mantiene más consolidado.

[6] Se denominan "villas de emergencia" a los asentamientos informales configurados por viviendas precarias (tipo rancho o casilla) y con trazado urbano irregular (pasillos y calles que no necesariamente respetan la forma de damero). Se encuentran enclavadas en la ciudad formal, habitualmente en áreas centrales.

[7] Los asentamientos son "ocupaciones ilegales de tierras, tanto públicas como privadas, ya sea con una organización social previa o producto de una forma más espontánea [...] que adopta las formas urbanas circundantes en cuanto al amanzanamiento y dimensiones de los lotes enmarcadas en la

el desarrollo de urbanizaciones cerradas, orientadas a sectores medios y medios altos. Cabe destacar que en el análisis se priorizaron las intervenciones que han sido directa o indirectamente referidas por las familias de sectores populares durante el trabajo de campo, y aquellas de cuya actuación en los barrios dan cuenta fuentes secundarias.

La relevancia de estas líneas se funda en la necesidad de analizar las políticas sociales tomando como unidad de análisis procesos microsociológicos, en particular aquellos que se generan en torno a la vida cotidiana de las familias de sectores populares. En este marco, se define a las políticas sociales[8] como intervenciones sociales del Estado constitutivas del régimen social de acumulación[9], que encuentran su especificidad en el hecho de orientarse de manera directa a las condiciones de vida –y de reproducción de la vida– de distintos sectores y grupos sociales, operando especialmente en el momento de la distribución secundaria del ingreso. Las políticas sociales expresan "momentos de máxima actividad en la regulación y conformación de patrones diferenciales de reproducción social" (Danani 1997: 138). A lo dicho anteriormente se suma la necesidad de abordar las políticas sociales como parte del proceso de reproducción social y, por lo tanto, obliga a pensar en las mediaciones existentes entre estructura y sujeto, modelos de sociedad y organización cotidiana, entre estructuras socioeconómicas y familiares. Como dice Giddens (1993: 122), se trata de analizar la "dualidad de la estructura en la interacción social".

Uno de los conceptos que permite avanzar en el análisis de esas mediaciones es el de *estrategias familiares de vida*, en general, y el de *estrategias habitacionales* (Di Virgilio 2000 y 2007). En trabajos anteriores hemos avanzado en la descripción de las opciones y las decisiones que toman las familias para dar respuesta a sus necesidades habitacionales, resaltando la *dimensión intradoméstica* del concepto (Di Virgilio 2007). En este documento avanzamos en el análisis de aquellas cuestiones que ponen de manifiesto la *dimensión colectiva* de dichas opciones y decisiones. De este modo, el concepto de *estrategias habitacionales* comprende, también, cuestiones vinculadas a la organización social (en particular, aquellos procesos que se desarrollan en torno al hábitat) y a la participación en redes sociales como medio de acceso a recursos.

Los recursos personales de los miembros del hogar, en general, y del jefe o jefa, en particular, remiten fundamentalmente a las posiciones que ocupan en la estructura social y que definen su pertenencia a los sectores populares urbanos: la inserción en la ocupación, la inserción en el consumo, el nivel de ingresos, las credenciales

---

normativa vigente" (Cravino 1998: 262). En términos generales, se han desarrollado en las periferias del Área Metropolitana.

[8] El enfoque que aquí se adopta en la definición del concepto de *políticas sociales* puede rastrearse en Danani, 1996 y 1997; Danani, Filc y Chiara 1997; Filc 1998; Chiara, Di Virgilio, Cravino, Catenazzi 2000; Di Virgilio 2000; Chiara y Di Virgilio 2005.

[9] Con el concepto de *régimen social de acumulación* se hace referencia al "conjunto complejo de instituciones, regulaciones y prácticas que, en un determinado momento, inciden en la acumulación del capital" (Danani 1996: 26).

educativas de los miembros. Sin embargo, las investigaciones sobre hábitat popular (Herzer *et al.* 1997 y 2000) ponen en evidencia que las preocupaciones, problemas y demandas vinculados al hábitat están fuertemente atravesados por otra dimensión, que excede el plano individual, y que remite a la cuestión de los lazos sociales que se ponen en juego cuando los diferentes miembros del hogar movilizan recursos de las redes sociales a las que pertenecen.

La investigación relativa a las estrategias habitacionales de las unidades domésticas, y su vinculación con las políticas sociales, es relevante no tanto en relación con la descripción pormenorizada de la vida cotidiana de los sectores populares, sino más bien en la medida en que pretende analizar precisamente la interfase entre procesos macro y micro, y estudiar la relación que existe entre la movilización de redes familiares y sociales y la inserción de las familias en el hábitat (Figura 1).

Figura 1: Estrategias habitacionales, redes sociales y políticas sociales

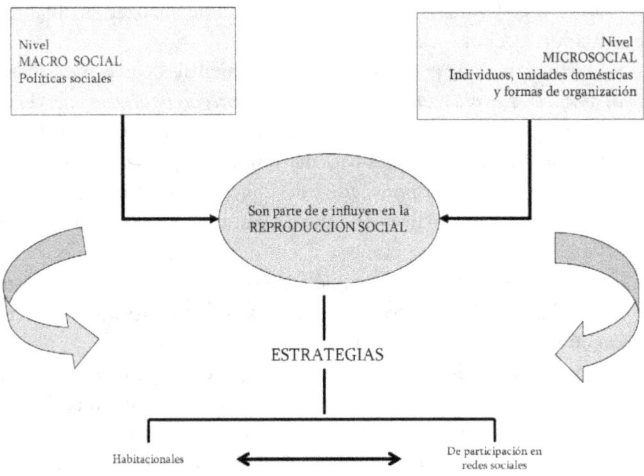

Tal como señala Espinoza (1999: 4), existe una gran variación de respuestas entre individuos afectados por las mismas condiciones estructurales. Dichas variaciones se deben, en parte, a que coexisten diferentes formas de articulación de relaciones familiares y sociales que median y filtran los impactos de las políticas públicas u otros procesos de cambio estructural. Distintos arreglos dentro y entre las unidades domésticas, las organizaciones barriales con base territorial y otras instituciones sociales, así como el acceso a recursos de los programas sociales, reducen o amplifican el impacto de dichos procesos al tiempo que condicionan la forma en que los individuos logran su integración social (Di Virgilio 2000)[10].

De este modo, la pertenencia a redes[11] de intercambio y a organizaciones sociales constituye una herramienta central para satisfacer las necesidades de vivienda (Ozuekren y Van Kempen 2002) y garantizar la permanencia en el territorio. El objetivo de las estrategias vinculadas a la participación en redes sociales y en organizaciones sociales con base territorial es generar y participar en un sistema de intercambios o red de ayudas mutuas, que les permiten a los hogares aumentar su potencial de ingresos y modificar la relación entre necesidades y recursos. En la medida en que la red se constituye como "un complejo sistema de vínculos que permiten la circulación de bienes y servicios, materiales o inmateriales, en el marco de las relaciones establecidas entre sus miembros" (Bertrand 1999: 120), la reproducción de las unidades domésticas depende, en parte, de su capacidad para gestionar y sostener aquellas relaciones sociales que le permitan tener acceso a ese sistema de intercambios (Espinoza 1993 y 1999).

Existe una diversidad de tipos de redes y de modos de funcionar que generan institucionalidades heterogéneas y diversas (Mallimaci 1995: 196). La dimensión colectiva adquiere así características disímiles, que van desde relaciones de parentesco que funcionan como contención y apoyo durante un proceso individual de autoproducción del hábitat, pasando por redes de acceso a recursos a las que se adhiere individualmente, hasta llegar a distintas formas organizativas que pueden poseer distintos grados de formalidad o informalidad, incidir en todo o en parte del proceso de acceso a la vivienda y/o involucrar alguna forma colectiva de toma de decisión en alguno o todos los niveles del proceso. Es posible identificar, así, arreglos organizacionales vinculados al ámbito privado de la familia y que contribuyen a la reproducción inmediata de los individuos y las unidades domésticas. Y, también, respuestas más sociales y colectivas –microgrupos, mesogrupos o macrogrupos, al decir de Menéndez (1998: 17)– que lo hacen de manera más indirecta y mediata (Jelín 1998: 103).

Un estudio realizado en cuatro partidos del Conurbano Bonaerense –J.C. Paz, Malvinas Argentinas, Moreno y San Miguel– documenta la extensión que este tipo de relaciones alcanza entre familias de sectores populares: el 42% de los hogares está vinculado con otro a través de intercambios domésticos, y un 34% de los mismos participa en ámbitos de organización comunitaria (Kohan y Fournier 1999). Las redes sociales y la organización comunitaria tienen la particularidad de habilitar el acceso

---

[10] Acerca del papel de la unidad doméstica como espacio de mediación, véase Smink 1984.

[11] En este trabajo el término *redes* alude a las redes de ayuda basadas en las relaciones que se establecen entre vecinos, amigos, parientes, con el objeto de intercambiar bienes y servicios necesarios para satisfacer las necesidades de la vida cotidiana (alimentación, vestuario, vivienda, etc.) (Gutiérrez 1992: 170). Estas redes estructuran la interacción de los agentes como resultado de sus estrategias (Baranger 2002: 59).

a una multiplicidad de recursos, característica que las diferencia de otras fuentes vinculadas al mercado o al Estado.

Dada la capacidad que tienen para generar esa multiplicidad de recursos, la participación de los sectores populares en estas redes y en los espacios de organización es reconocida por la bibliografía como parte sustantiva de las acciones dirigidas a solucionar, o por lo menos a limitar, los principales problemas que los afectan. La red opera como multiplicadora de otras formas de capital –económico, cultural, etc.– en pos de la consecución de determinados objetivos (Baranger 2002). Asimismo, las redes familiares y sociales vinculan a las familias al acceso a recursos de los programas sociales y a los servicios públicos. Sin embargo, reconocer su importancia en la vida cotidiana de las familias en general, y en sus posibilidades de acceso y permanencia en el hábitat en particular, no debe empañar nuestra capacidad para revisar las condiciones en las que el intercambio y la movilización de recursos de las redes sociales son posibles.

Estrategias colectivas vinculadas al ámbito doméstico

Las redes familiares constituyen un elemento central en torno al cual se estructuran las estrategias habitacionales de los sectores populares urbanos. Se constituyen en uno de los recursos más movilizados para hacer frente a la resolución del problema habitacional u otros problemas de la vida cotidiana. En particular, parecen ser eficaces cuando es necesario recurrir a soluciones corresidenciales –que suponen la incorporación a un grupo residencial preexistente– para resolver necesidades habitacionales. La corresidencialidad no parece ser la única manera que adopta *"el vivir juntos"*. Otra de las formas que adopta este "vivir juntos" en la ciudad es la de compartir el terreno pero no la vivienda. Aparece como una estrategia frecuente la construcción de la vivienda propia, ubicándola detrás de la vivienda de la familia de origen, o en altura sobre ella. De este modo, las estrategias de *autoconstrucción* constituyen una forma frecuente de producción del espacio urbano, en particular, en el Conurbano Bonaerense.

Otros, en cambio, eligen vivir juntos como una familia extendida en diferentes viviendas en un mismo barrio o incluso en un mismo conventillo (Di Virgilio 2003). Las redes familiares están presentes e intervienen activamente en otras estrategias tendientes a resolver los problemas habitacionales; intervienen como informantes clave en la búsqueda del terreno o la vivienda, en la construcción, en la financiación, etc. (Déchaux 1998; Mascarell Llosa 2002).

En el barrio de La Boca, los inmuebles vacantes disponibles para ser ocupados también se localizan a través de relaciones personales: individuos ligados al barrio que operan como *abridores de casas*. Las investigaciones sobre ocupaciones de inmuebles en la Ciudad de Buenos Aires (Herzer *et al.* 1997; Rodríguez 2005) ponen en evidencia que los *abridores de casas* son generalmente punteros de partidos políticos que permiten –a veces mediante el pago de una suma de dinero– que las familias se instalen; o bien, familiares ya radicados en la zona y/o conocidos que trabajan en el aparato municipal, que allanan el camino hacia la ocupación e incluso hacen recomendaciones sobre los sitios más convenientes a ocupar. En La Boca y en INTA, los *abridores de casas* (también aquellos que permiten localizar un terreno para invadir) suelen formar parte de las relaciones de vecindad o de la trama de vínculos más inmediatos y cotidianos, que se generan en un ámbito restringido (generalmente familiares y amigos). Raramente las familias ocupantes se vinculan a organizaciones sociales que las convoquen en tanto tales. Los vínculos más extendidos se dan con comedores y/u organizaciones que proveen bolsas de alimentos.

Como señalan Herzer *et al.* (1997), sólo quienes hayan tenido una trayectoria diferencial en términos de participación activa, en intentos de organización de los ocupantes, o quienes posean una inserción político partidaria y que, a veces, actúen como punteros barriales, tienen una perspectiva más amplia, capaz de construir discursivamente a un sujeto vecino-ocupante que se identifique con el conjunto de las personas que comparten la misma situación en el entorno barrial. A pesar de ello, en algunos casos, se destaca la unión de los vecinos para el mantenimiento edilicio y algunas acciones de mejoramiento barrial que tienen por objetivo lograr su aceptación de otros vecinos, generalmente más antiguos. También, se generan estas formas participativas en torno a la gestión y/o regularización de la prestación de servicios públicos de consumo colectivo. Es decir, en situaciones en donde en el inmueble hay un único medidor de agua o electricidad y las familias que lo ocupan deben hacerse cargo colectivamente del pago del servicio.

En torno a la gestión de servicios públicos se conforman escenarios[12] privados que no superan la dimensión privada de la vida cotidiana (Pírez, Martínez Mendoza y Navarro 1998) de cada casa, de cada familia o de un grupo de familias ocupantes. La modalidad que adquiere la participación en esos escenarios se halla próxima a la categoría de lo particular privado (Coraggio 1989), en cuanto las acciones y las decisiones surgen y se hacen efectivas individualmente, a partir de la iniciativa de cada vecino hacia las múltiples instancias, públicas o privadas, que se constituyen en el referente obligado para la canalización de las demandas (Herzer *et al.* 2000). No se genera un escenario público de gestión, pues no se ha constituido aún un sistema de relaciones que facilite la emergencia de procesos colectivos. La gestión de servicios públicos se resuelve en un escenario privado, esto es, un escenario de mercado.

Estas redes informales pueden dar lugar a unidades sociales suprafamiliares que también pueden hacerse cargo de la reproducción de las unidades domésticas a través

---

[12] "Un escenario es un ámbito social de encuentro entre individuos, grupos y fuerzas sociales y/o políticas que permite la confrontación de opiniones, aspiraciones, iniciativas y propuestas representativas de una gama de identidades y de intereses específicos de los cuales son portadores tales agentes [...] son lugares de confrontación de intereses y de toma de decisiones sobre las orientaciones políticas y las acciones concretas que deben ser ejecutadas en el marco de la gestión y la prestación de servicios. [En ellos] se despliegan relaciones de poder [...] son asimétricos y en ellos operan factores de desigualdad" (Velázquez, *et al.* 1992. Citado en Pírez y Gamallo 1994 :20).

de la organización, por ejemplo, de formas colectivas de consumo. Las ollas populares o los comedores comunitarios son muestras de estas respuestas sociales. En el barrio de La Boca, es un caso, existe una amplia red de comedores infantiles y comunitarios que, financiados por la Secretaría de Promoción Social del Gobierno de la Ciudad, constituyen respuestas a las necesidades alimentarias de las familias, pero sin llegar a plasmar modelos de organización de las tareas cotidianas alternativos a la domesticidad familiar ni a reconocer un espacio de acción colectiva común. Más bien constituyen espacios cuasiprivados, fragmentados y atomizados de gestión de la cotidianeidad (cf. Herzer *et al.* 2005).

Las redes de relaciones incluyen, también, relaciones con punteros políticos, quienes a través del partido político con acceso directo a recursos estatales contribuyen a satisfacer las necesidades de alimentación, salud o empleo de las familias de sectores populares (Auyero 1998; Herzer *et al.* 2005). Muchas veces, por intermedio de los punteros políticos, se distribuyen los recursos que llegan desde los gobiernos locales a las agrupaciones partidarias. Pero más importante que los recursos materiales que ellos distribuyen o pueden distribuir de manera efectiva es la información que circula por la mediación de estos actores sociales, relativa, por ejemplo, a la distribución de alimentos o al acceso a programas sociales. Es esto lo que los constituye en protagonistas de las redes de intercambio que sostienen la vida cotidiana de los sectores de menores ingresos. La investigación de Auyero (1998) sobre el clientelismo político en barrios pobres del Conurbano Bonaerense aporta evidencia empírica en este sentido, destacando la importancia de estas relaciones en la red para la resolución de problemas de la vida cotidiana.

El acceso a los beneficios de los programas sociales parece estar mediado, también, por este tipo de relaciones. En el caso del Programa MÁS VIDA,[13] por ejemplo, la percepción de la ayuda está estrechamente vinculada a las características personales de las trabajadoras vecinales o *manzaneras,* a las de los monitores y promotores y al tipo de relación que establecen con las familias beneficiarias. Los contactos personales con la *manzanera* habilitan la incorporación posterior de familias no relevadas oportunamente a través del censo realizado en el marco del programa para la captación de beneficiarios, así como también permiten recibir raciones extras, sobrantes de la

---

[13] El Plan MÁS VIDA es un programa de asistencia alimentaria que tiene como finalidad disminuir la morbi-mortalidad infantil atendiendo las necesidades nutricionales de las mujeres embarazadas y de los niños menores de 0 a 5 años, pertenecientes a sectores pobres estructurales de la Provincia de Buenos Aires. El programa se propone alcanzar esta meta estimulando la participación de las mujeres, con el objeto de crear una red solidaria para el cuidado de su salud y la de su familia, a través de la organización comunitaria. Esto es, a través de la distribución diaria de raciones de leche, cereales y huevos realizada por trabajadoras vecinales o *manzaneras.* Este Programa continúa las intervenciones iniciadas en el marco del Plan VIDA. Alcanza a 650.000 familias y cuenta con el aporte diario y voluntario de 38.000 trabajadoras vecinales o *manzaneras.*

primera distribución, o flexibilizar los horarios en los que habitualmente se reciben los alimentos[14].

En el caso de los planes de asistencia al empleo,[15] los contactos y los lazos personales que brindan información acerca de los lugares y los plazos habilitados para la posterior incorporación al programa parecen ser, también, una de las posibles vías de acceso al mismo, en particular cuando el ingreso se produce a través de las oficinas de empleo de los municipios.

Estas formas de participación expresan, por un lado, la capacidad que tienen los sectores populares para articular respuestas que suponen la movilización de redes y recursos colectivos, pero que no necesariamente se plasman en modalidades innovadoras de acción colectiva. En general, en cuanto las necesidades son satisfechas o los servicios básicos son provistos, las relaciones se debilitan y las actividades barriales colectivas disminuyen circunscribiéndose las relaciones y "encerrándose" en los límites de la propia casa (Cardarelli y Rosenfeld 1998; Jelin 1998). Por otro lado, ponen en evidencia que no necesariamente las prácticas vinculadas a colectivos tienen un sentido político (en una versión amplia del concepto), en la medida en que se enmarcan en un contexto de acción más amplio orientado a producir algunas transformaciones sociales. Antes bien, la satisfacción de necesidades básicas parece ser el organizador fundamental de estas experiencias.

De este modo, en contextos de agravamiento de las situaciones de pobreza[16], se consolidan entre los sectores populares prácticas organizativas en torno a la búsqueda de soluciones a problemas de la vida cotidiana, fundamentalmente aquellos que tienen que ver con la alimentación, los ingresos y, a veces, el hábitat[17]. La organización pública del mantenimiento cotidiano a partir de movilizar redes de intercambio se constituye, en este contexto, en un mecanismo socioeconómico que, en parte, suple la falta de seguridad social, reemplazándola por un tipo de ayuda mutua basada en la reciprocidad.

Asimismo, es necesario tener en cuenta que la capacidad que tienen los hogares para movilizar recursos no es independiente de otros factores sociales, como por ejemplo su inserción en el mercado de trabajo, en el de tierra y vivienda, etc. La capacidad de los hogares para movilizar recursos de las redes sociales no es independiente de

---

[14] Andrenacci *et al.* (1999) analizan el funcionamiento de estas redes en municipios del oeste del Conurbano Bonaerense.

[15] Los que se encuentran vigentes en la actualidad son el Jefes y Jefas de Hogar Desocupados y, en la órbita de la Provincia de Buenos Aires, el Plan Barrios Bonaerenses.

[16] Si bien el trabajo de campo que sustenta estas notas se llevó a cabo entre los años 2002 y 2005, las experiencias de empobrecimiento tienen absoluta vigencia en los relatos de los y las informantes; aun cuando es posible pensar que dichas experiencias pueden estructurarse en torno a factores heterogéneos según el contexto histórico.

[17] Los procesos de descentralización y privatización puestos en marcha con la reforma del Estado contribuyeron a acentuar esta tendencia (Oszlak 1997).

las condiciones generales del desarrollo económico y, en particular, la dinámica del mercado de trabajo, ni de las características de las políticas y programas sociales que facilitan (o constriñen) sus posibilidades de reproducción y de movilidad social (González de la Rocha 1998). Las condiciones del contexto afectan los vínculos que unen a las familias entre sí, pues en la medida en que el universo de opciones se torna más acotado, la reciprocidad encuentra sus límites.

Estrategias vinculadas a la participación en organizaciones sociales
Las organizaciones diseñadas desde arriba

Los programas sociales suelen apelar a estas tramas de organización vecinal en su implementación. Este es el caso, por ejemplo, de la operatoria de financiación directa a la demanda que, desde el año 1996, el Instituto de Vivienda[18] (en adelante IVC) desarrolla, con diferentes modalidades, en el barrio de La Boca. Dichas iniciativas otorgan créditos individuales a las familias en situación de emergencia habitacional y de bajos ingresos, para adquirir en forma mancomunada inmuebles en el mercado, con destino a uso habitacional.

A fines de 1996, culmina una sucesión de un propietario privado que poseía numerosos inmuebles del barrio. Este evento se superpone con una "ola" de juicios de desalojo en inmuebles de propiedad privada, y esta nueva coyuntura de "emergencia" favorece la constitución de la Asamblea de Desalojados de La Boca, que inicia un proceso reivindicativo en reclamo de soluciones habitacionales para las familias afectadas por los desalojos o con problemas de vivienda. En este marco, las organizaciones comunitarias que se constituyen a partir de la Asamblea de Desalojados impulsan la organización de vecinos en riesgo para la compra de algunos inmuebles, a través de la negociación directa con los propietarios privados. En algunos casos, donde la negociación directa no fue posible, los vecinos, organizados en forma mancomunada, adquirieron otros viejos inmuebles de propiedad privada que se encontraban en venta en el barrio. Con este mecanismo, se han comprado más de cien edificios tratando directamente con los propietarios.

Más allá de los logros, la operatoria puso de manifiesto algunas cuestiones que resultan críticas en el marco del análisis de las relaciones entre políticas sociales y estrategias habitacionales. Por un lado, no preveía entre sus acciones la rehabilitación de los inmuebles y, por lo tanto, tendió a consolidar situaciones de precariedad habitacional en el barrio. Por el otro, la constitución de condominios sobre propiedades indivisas plantea una situación conflictiva, por la cual la cesación del pago individual

---

[18] El Instituto de Vivienda de la Ciudad fue creado a fines del año 2003, a través de la Ley 1.251, que legisla sobre la transformación de la Comisión Municipal de la Vivienda con el propósito de adecuar su naturaleza y su funcionamiento a la Constitución y Leyes de la Ciudad Autónoma de Buenos Aires.

de una familia perjudica al conjunto a la hora de ser eventualmente ejecutadas por el IVC. De este modo, la figura de los "créditos individuales mancomunados" supone, en definitiva, que cada familia queda individualmente librada a sus propios recursos y capacidades en términos de pagos, y en una situación de enfrentamiento potencial con sus familias vecinas (Di Virgilio, Lanzetta, Redondo y Rodríguez 2002). Este fenómeno se vincula, directa e indirectamente, con el deterioro de las relaciones salariales y el aumento de la desocupación, ya que participar formal o informalmente en experiencias de autoprovisón de bienes y/o servicios es una inversión posible para aquellos grupos domésticos que cuentan con un ingreso relativamente garantizado y estable. Esa posibilidad se reduce sensiblemente cuando la seguridad del ingreso desaparece (González de la Rocha 2001 y 2003)[19].

De este modo, muchas de las operatorias que desde las distintas instancias del gobierno se dirigen hacia los sectores populares jerarquizan recursos monetarios en contextos de alto desempleo y ponen en cuestión la posibilidad de las familias de acceder a ellos (Cf. Herzer *et al.* 1998; Catenazzi y Di Virgilio 2006). La inexistencia de una oferta de vivienda social, ligada a la noción de derecho y dirigida a satisfacer las necesidades de todos los sectores de la población, resalta aún más la importancia de la estructura del empleo como condicionante del acceso al hábitat[20]. Tener o no tener trabajo limita los recursos con los que cuenta la unidad doméstica y, por ende, es el principal capital que ellas pueden movilizar en relación con el acceso a la vivienda. (Badcock 1994: 171).

Asimismo, algunos programas sociales prevén para su ejecución la conformación *ad hoc* de organizaciones de base involucradas en el proceso de implementación y gestión. En general, se trata de organizaciones surgidas a la luz de programas focalizados y/o sectoriales vinculados a políticas de asistencia alimentaria y a los procesos de regularización dominial. Se constituyen como grupos organizados intencionalmente para la realización de acciones inmediatas (proveerse de alimentos, alcanzar la titularidad de la tenencia de los terrenos, etc.). Estas acciones suponen, además, la constitución de una organización formal momentánea o permanente que no necesariamente implica conocimiento y experiencia previamente compartidos entre sus miembros (Menéndez 1998: 17).

La experiencia de regularización dominial de viejos inquilinatos de propiedad municipal da cuenta de estas formas de organización[21]. El programa, impulsado por la

---

[19] La investigación de Cravino *et al.* (2002), desarrollada en un asentamiento del oeste del Gran Buenos Aires, pone de manifiesto que numerosas familias de sectores populares viven literalmente sin ningún tipo de ingreso monetario.

[20] Un análisis histórico de las políticas habitacionales puede leerse en Herzer *et al.* 1998; Catenazzi y Di Virgilio 2001 y 2006; Rodríguez y Di Virgilio *et al.* 2007.

[21] En el mes de septiembre de 1990, la Comisión Municipal de la Vivienda –actual IVC– adquirió 21 inmuebles en el barrio con el fin de "rehabilitarlos" y adjudicarlos en venta a sus ocupantes. Dado el manifiesto deterioro edilicio de algunos de los inmuebles adquiridos, se previó también la posibilidad

antigua Comisión Municipal de la Vivienda –actual IVC–, retomaba los lineamientos del Recup-Boca e involucraba en su implementación a una organización barrial, Mutual Esperanza, que nucleaba a las familias locatarias de los inquilinatos de propiedad municipal. La Mutual era la encargada de la gestión y administración del sistema de recupero, y desempeñaba "roles de articulación social y técnica" (Narváez 1997: 275). Sin embargo, su protagonismo en el proceso de regularización dominial fue muy limitado. Los cambios en el contexto político y económico no sólo pusieron en jaque la legitimidad de la organización, sino que además afectaron las posibilidades de continuidad de los miembros[22].

El desempleo, también en este caso, limitó ampliamente las posibilidades de los miembros de la organización para continuar con el cumplimiento de las cuotas estipuladas en el plan de regularización. Algunos ni siquiera pudieron pagar el agua, el único de los servicios que aún deben compartir. Esta situación es percibida como una de las dificultades más importantes en el proceso de regularización dominial. Los vecinos no han generado prácticas de gestión conjunta de los inmuebles; no existen entre ellos instancias de discusión ni de organización que les permitan resolver los problemas comunes. Dichos problemas son identificados como cuestiones individuales y, en consecuencia, ante ellos se dan respuestas también individuales. Aun cuando existen motivos suficientes para no poder pagar el servicio, no están ausentes las dificultades de estas familias para organizarse en la recolección de los recursos necesarios para la regularización del mismo.

Las actividades administrativas vinculadas a juntar el dinero[23] para el pago del consumo de agua, y para gestionar el mantenimiento de los lugares colectivos, son

---

de demolición y ejecución de obras nuevas en aquellos inmuebles que no pudieran ser reciclados. Las obras proyectadas no se ejecutaron y, en el año 2000, la ex CMV dictó la Resolución 1.142/SS/00 por la que creó el Programa de Rehabilitación del Hábitat en La Boca, afectando a dicho programa los 21 inmuebles adquiridos una década atrás. El nuevo programa se planteó como objetivo poner en valor este patrimonio edilicio aprovechando la presencia de un suelo equipado para "hacer ciudad en la ciudad", ejecutando construcciones nuevas sólo donde sea imprescindible y efectuando las remodelaciones y reparaciones urgentes que necesitaban los conventillos, cuya titularidad se adquirió. Sin embargo, según datos de la Defensoría del Pueblo de la Ciudad (2006), a la fecha sólo se han rehabilitado 4 de los 21 inmuebles y los vecinos beneficiarios del Programa continúan denunciando su incumplimiento. Cabe destacar que el Programa muestra niveles de subejecución históricos muy importantes, en el año 2004 sólo ejecutó el 28% del presupuesto.

[22] La mutual se constituyó en 1990 por iniciativa del intendente Grosso. La gestión Grosso generó, desde el ámbito de la Secretaría de Planeamiento, un conjunto de acciones tendientes a ampliar la *estructura de oportunidades* (Cunil Grau 1997: 170) de los sectores populares desarrollando metodologías participativas. La caída del "Grossismo" reafirma la interrupción de estos proyectos, que ya se habían debilitado hacia el final de su gestión. El carácter de las gestiones posteriores pierde definitivamente el cariz integrador de sectores de escasos ingresos al mapa social de la ciudad y se aviene al endurecimiento de las posiciones políticas nacionales.

[23] Este tipo de dificultades se observa también en los procesos de regularización dominial en algunas villas de la Ciudad, en los que el pago de las cuotas y la tramitación del dominio de los lotes están

vitales para asegurar el suministro y el mantenimiento de los servicios urbanos colectivos. Sin embargo, en un contexto de falta de recursos materiales y escasa experiencia organizativa, estas tareas ofrecen cada vez mayor dificultad. La operatoria en la cual participan prevé la constitución de un consorcio. Esta nueva instancia de gestión implica una importante transformación en las relaciones de vecindad, generadas, hasta ahora, a partir de su condición de locatarios. En este proceso, cobran especial importancia cuestiones que no necesariamente fueron tenidas en cuenta en el diseño de la operatoria: el desarrollo de capacidades organizativas y de gestión cooperativa.

Un factor que parece favorecer aún más esta atomización es la falta de información. Los vecinos, por ejemplo, desconocen cuáles son los criterios que definen la asignación de los inmuebles. Desconocen qué pasará con ellos, que cumplen mensualmente con sus obligaciones de pago, y qué ocurrirá con aquellos que no tienen posibilidades de cumplirlas. En fin, aunque están "embarcados" en esta empresa no saben cuál será su destino. Estas experiencias cobran aún mayor significado cuando se observa que en la actualidad de la Mutual quedan sólo algunos recuerdos[24]. El resto de los vecinos, o bien ha dejado de pagar, o bien ha vendido la llave del inmueble cediendo su lugar a nuevos ocupantes (Di Virgilio, Lanzetta, Redondo y Rodríguez 2002).

La génesis de la organización –esto es, si se generó por iniciativa de los vecinos o por iniciativa del Estado– y la experiencia organizacional que van desarrollando sus miembros no sólo modelan las prácticas, sino que en sí mismas constituyen un activo importante para asegurar la generación de "normas de reciprocidad generalizada que sirvan para reconciliar el interés propio con la solidaridad" (Cunil Grau 1997: 161). Las instancias organizativas que se constituyen a los fines de un programa social no siempre tienen la capacidad de recrear las demandas de sus miembros e iniciar un proceso de construcción de las mismas en términos de problema social. Los modos de institucionalización tienen una importancia clave a efectos del propio refuerzo o del debilitamiento de las redes de reciprocidad que facilitan la cooperación mutuamente beneficiosa en una comunidad (Moser 1996: 16). La bibliografía señala que cuando el aparato estatal tiene injerencia en constituciones de organizaciones sociales, muchas veces erosiona las reservas de capital social[25] preexistente, y consecuentemente, antes que aumentar, disminuye la capacidad de las familias de hacerse oír, de reclamar y de solucionar problemas de su vida cotidiana (Cunil Grau 1997: 112). Asimismo, los

---

mediados por las Comisiones o Juntas Vecinales de los barrios. En el barrio INTA, a la fecha, la mayoría de los adjudicatarios del Plan de Radicación de Villas no han podido legalizar la tenencia de sus viviendas, en parte, por estas dificultades.

[24] De las 273 familias que nucleaba la Mutual, sólo permanece un puñado en los inquilinatos que se regularizaron en la primera etapa.

[25] El capital social "es el conjunto de recursos actuales o potenciales que están ligados a la posesión de una red durable de relaciones más o menos institucionalizadas de conocimiento y reconocimiento mutuo" (Bourdieu 1980: 3 y ss). Una reseña completa del concepto puede leerse en Portes 1999 y Baranger 2002.

contextos de escasez de recursos representan un gran desafío para las organizaciones involucradas en los procesos de regularización dominial. En muchas ocasiones, esta falta de recursos materiales empuja a algunas familias más allá del punto hasta el cual pueden sostener la reciprocidad y mantener acuerdos con sus vecinos.

El Programa Federal de Emergencia Habitacional Techo y Trabajo también recurre a la formación de colectivos en su implementación[26]. Sus intervenciones se orientan a:

Solucionar la emergencia habitacional y laboral a través de la participación de los beneficiarios del Plan Jefes y Jefas de Hogar y desocupados, organizados en forma de Cooperativas de Trabajo para la construcción de viviendas. De esta manera, la política del programa prevé dar respuesta simultáneamente a problemas habitacionales y laborales, permitiendo aplicar fondos, actualmente destinados a subsidios por desempleo en la emergencia, a la generación de un proceso productivo que facilite la reinserción social y laboral.

Situación habitacional y creación de trabajo son, de este modo, los ejes de su intervención[27].

El Programa enuncia como sujeto de la política la figura *cooperativa* (Rodríguez y Ostuni 2007). Sin embargo, las Cooperativas de Trabajo son concebidas como un medio para la reinserción laboral de personas desocupadas y beneficiarios de subsi-

---

[26] El Programa Federal de Emergencia Habitacional Techo y Trabajo es un programa implementado por el Ministerio de Planificación Federal, Inversión Pública y Servicios, a través de la Subsecretaría de Desarrollo Urbano y Vivienda (www.vivienda.gov.ar, Julio de 2006). Se diseñó y puso en marcha en el año 2003, con la llegada a la Presidencia de la Nación de Néstor Kirchner. Su diseño constituye una apuesta del nuevo gobierno por desmontar uno de los dispositivos asistenciales implementados para dar respuesta a la crisis económico-social y a los reclamos que protagonizó la sociedad argentina a fines de 2001 y principios de 2002. En ese marco, el presidente Eduardo Duhalde decidió poner en funcionamiento el Plan de Emergencia Social con el objetivo de concentrar las intervenciones y recursos en las áreas que se consideraron críticas. Dicho Plan tomó como uno de los ejes principales de acción al subsidio a las Jefas y Jefes de Hogares desocupados, concebido como estrategia masiva dirigida hacia el conjunto de las familias pobres. Aprovechando la nueva coyuntura económica, generada por la salida del Plan de Convertibilidad, el Gobierno de Néstor Kirchner se propuso facilitar la reincorporación de los Jefes y Jefas Desocupados al mercado de trabajo. El Techo y Trabajo se orientó en esa dirección.

[27] Cada Cooperativa de Trabajo se compone de dieciséis miembros y tiene a su cargo la construcción de un máximo de ocho unidades de vivienda –cuatro unidades de vivienda en un primer contrato y cuatro más a través de un segundo contrato– en un plazo de diez meses. La formulación del Proyecto y elaboración de documentación técnica están a cargo de los Institutos Provinciales de Vivienda, los municipios y/o las organizaciones de la comunidad que agrupan a beneficiarios del programa. Además del monto por la contratación ($63.000 en la primera etapa y $ 72.000 en la segunda), cada cooperativa recibe, por única vez, un subsidio no reintegrable de $5.250 para la adquisición de equipos, herramientas y libros contables. En la segunda contratación, por otras cuatro viviendas, se prevé que los beneficiarios dejan de percibir el subsidio del plan Jefes y Jefas e ingresan al circuito de la economía formal.

dios por desempleo, antes que como colectivos orientados a profundizar el desarrollo de organización social alcanzado en los momentos más agudos de la crisis[28]. Varias cuestiones parecen dar cuenta de este rasgo.

Por un lado, el Programa supone que las Cooperativas de Trabajo son instancias creadas especialmente a los fines de la implementación, sin prever de manera explícita estrategias de articulación con organizaciones sociales preexistentes. La implementación de las iniciativas en el territorio permite observar que la voluntad de articular ha quedado exclusivamente en la órbita del gobierno local[29]. Aquellos municipios en los cuales existe una mayor experiencia en el trabajo con cooperativas o aquellos en los que la base territorial de algunos movimientos sociales (en particular el Movimiento Piquetero) es fuerte –como por ejemplo en el Municipio de la Matanza, en donde el movimiento piquetero ha tenido un fuerte desarrollo a través de la Federación de Tierras y Vivienda–, el Programa articuló con colectivos consolidados. En otros municipios, como podría ser el Municipio de José C Paz, en los que no existían dichos colectivos, el gobierno local tuvo una fuerte injerencia en la constitución de las cooperativas, generándose así profundas heterogeneidades en las experiencias participativas. De este modo, en algunos casos, la formación de colectivos se constituyó en un proceso fuertemente orientado por el gobierno local, dependiendo los niveles de participación, básicamente, de las características de los actores locales.

En este contexto, la constitución de organizaciones con base territorial cede paso a los arreglos organizacionales que se estructuran en torno a criterios de representación funcional (Cunil Grau 1997: 111)[30]. Esto parece explicar por qué, en muchos casos, las organizaciones permanecen como arreglos organizacionales formales, con escasa capacidad para articular intereses territorialmente, en los que la obligatoriedad de la

---

[28] A comienzos del año 2002, Argentina se encuentra sumida en una profunda crisis económica, social y política sin paralelo. A partir de 1998 –como consecuencia de los avatares de los mercados internacionales de capitales y los problemas de Brasil–, la economía entra en una fase recesiva que se extiende por tres años. Hacia finales de la década, la situación social de la Argentina presenta ya un cuadro de profunda gravedad. Era evidente que la liberalización de los mercados y el crecimiento económico que acompañó a la década de 1990, no se expresaban en una mejor distribución de la riqueza ni en una disminución de los índices de pobreza (Clichevsky 2002). En diciembre de 1999 asume el gobierno Fernando de la Rúa, acompañado por Carlos Álvarez, una fórmula presidencial surgida de la alianza entre la Unión Cívica Radical y el Frente para un País Solidario (FREPASO). Durante los dos años que dura el gobierno de de la Rúa, y después de tres años de recesión ininterrumpida, la crisis económica y financiera se profundiza hacia fines del año 2001. En ese marco, entre los años de final de década y los albores del nuevo siglo, las movilizaciones de protesta de amplios sectores de la población dieron lugar a la formación de distintos tipos de colectivos, como por ejemplo asambleas barriales, grupos de desocupados, organizaciones de trabajadores a cargo de la gestión de fábricas recuperadas, etc.

[29] La ejecución del Programa opera en forma desconcentrada a través de provincias y municipios.

[30] La *representación funcional* alude a los arreglos organizacionales que se constituyen a partir de la representación de intereses sociales sectoriales.

gestión colectiva inhibe la participación antes que facilitarla. Las redes de intercambio preexistentes a las propuestas organizativas que emanan desde los agentes gubernamentales y que han desarrollado ciertas capacidades de organización generan mejores condiciones para el acceso a los beneficios de los programas sociales. Es posible pensar, entonces, que la experiencia organizacional no debe ser considerada sólo como un mero requisito impuesto por la operatoria de los programas sociales sino, más bien, que las políticas deben recuperar experiencias preexistentes de resolución de un amplio espectro de cuestiones cotidianas y colectivas, pero en diálogo con las limitaciones que el contexto impone a la reproducción de las familias de menores ingresos.

Asimismo, el Programa tampoco prevé acciones de capacitación y/o asistencia técnica para la formación y el funcionamiento de los colectivos de trabajo. Asume discursivamente como criterio de política la decisión de promover un tipo particular de actor colectivo (Cooperativas de Trabajo), pero por otro lado:

> Carece de la definición de elementos complementarios para el sostén procesal de esa conformación (capacitación-formación, asistencia interdisciplinaria, estrategias de financiamiento a mediano y largo plazo). La voluntad de incorporar personas al circuito de la economía formal en el marco de una actividad laboral (trabajo) no encuentra los componentes necesarios para propender a la consolidación de las cooperativas como unidades productivas; ni tampoco existen condiciones contextuales extraprogramáticas que requeriría para potenciar su viabilidad (Rodríguez y Ostuni 2007).

De este modo, el enunciado del sujeto político *Cooperativa de Trabajo* no necesariamente se corresponde con el reconocimiento de las condiciones básicas que aseguran el "éxito" de los emprendimientos productivos. Otros rasgos que marcan, también, el rumbo de estas formas organizativas son precisamente las capacidades institucionales puestas en juego en el proceso mismo de constitución de la organización. Contar con otros recursos en el hogar que permitan sostener por un tiempo que la remuneración de la mano de obra y los eventuales excedentes se usen para capitalizar el microemprendimiento o el acceso a redes institucionales de comercialización, producción y/o venta de servicios, etc. parece ser una cuestión central para la continuidad de la experiencia (Merlisnky 1997). El Programa no da cuenta de la brecha que existe entre la formación de pequeñas cooperativas constructoras y la sustentabilidad de los emprendimientos. "Con un mínimo de cobertura en asistencia técnica, sin estrategia de capacitación en distintos planos y sin estrategia de financiamiento, las cooperativas de trabajo no se plantean como una opción masivamente sustentable" (Rodríguez y Ostuni 2007).

Cabe destacar que el Plan Federal de Emergencia Habitacional Techo y Trabajo no prevé financiamiento para la adquisición de tierra urbana sobre la cual construir; esta limitante hace que sus intervenciones se localicen casi exclusivamente en barrios y/o asentamientos irregulares en los que el dominio de la tierra pertenece fundamentalmente al gobierno local o a organismos públicos dispuestos a cederlo a sus ocupantes.

Esto sucede, por ejemplo, en el barrio INTA, en donde las intervenciones del Programa se articulan con las acciones del Plan de Radicación de Villas[31] que se desarrolla en el barrio desde hace más de una década[32]. Parte de las obras en el barrio INTA fueron adjudicadas a la Cooperativa de Trabajo COOPAR Ltda. COOPAR parece ser una organización con amplia trayectoria, muy diferente de las que inicialmente se proponía promover el Plan. De este modo, y aun sin considerar la efectividad de la decisión, la contratación de Cooperativas de Trabajo con mayor capacidad operativa pone en evidencia una de las tensiones que atraviesan al Programa: adjudicación a colectivos con mayores capacidades de gestión vs. asistencia a grupos de desocupados, a veces, con escaso conocimiento del oficio.

Tal como señalan Rodríguez y Ostuni (2007), a veces las cooperativas están conformadas por desocupados y por mano de obra que no necesariamente tiene experiencia y formación en el rubro de la construcción. Asimismo, sus integrantes no eligen esa actividad como una opción procesada y deseada. El proceso del desarrollo de la organización requiere tiempos y recursos que no están necesariamente contemplados en marco del Programa[33]. De este modo, el Programa, desde su diseño, parece estar atrapado en una encrucijada: se propone constituirse en *ventana de oportunidad* para la inserción en el mercado de trabajo formal de mano de obra desocupada, con escasa experiencia cooperativista[34] y, posiblemente, con necesidades de formación para el desarrollo de la tarea específica. Si acepta esta opción, resigna capacidad de impacto sobre las condiciones del habitar; si la niega (como parece haber ocurrido en el barrio INTA), va en contra de sus propósitos y objetivos fundacionales.

Por su parte, en el caso de las villas de la Ciudad de Buenos Aires, una de las características fundamentales que tienen las obras implicadas en el Plan de Emergencia Habitacional Techo y Trabajo –en su articulación con el Plan de Radicación de Villas– es la convivencia con la población beneficiaria de las mismas. Esto deriva en un conjunto de aspectos que ponen a prueba la relación entre la Cooperativa de Trabajo, el IVC, las organizaciones vecinales y los vecinos en general. Los conflictos parecen emerger cuando se generan cortocircuitos entre lo establecido en el contrato que el IVC acuerda con las cooperativas y lo que las propias familias negocian con el organismo[35]. La articulación entre el IVC, las Cooperativas de Trabajo y los habitantes

---

[31] Ley Nº 148.

[32] El Gobierno de la Ciudad plantea explícitamente esta articulación. Una descripción somera del Plan de Radicación puede leerse en http://www.buenosaires.gov.ar/areas/planeamiento_obras/vivienda, Julio de 2006.

[33] Si bien, es posible pensar que la Cooperativa puede funcionar como instancia de capacitación en servicio (cuestión que el programa no explicita), esa práctica no cubre todos los aspectos para el fortalecimiento de cada proyecto cooperativo.

[34] En la medida en que supone que se constituyen en tanto tal al momento de ingreso al Programa.

[35] Una presentación detallada de denuncias de vecinos del barrio INTA puede leerse en la Resolución 0050/07 Defensoría del Pueblo de la Ciudad.

parece ser un triángulo escasamente atendido en el marco del Programa, generando numerosas dificultades en su implementación en el territorio. El contrato de obra no parece estipular reglas de juego claras en este sentido.

Cabe destacar que la bibliografía abocada al análisis de procesos de implementación de programas de mejoramiento de barrios, que también conviven con esta problemática, pone en evidencia que una cuestión central para el desarrollo de la relación con la entidad constructora (sea ésta empresa o cooperativa) es la incorporación de mano de obra de beneficiarios residentes en el barrio (Chiara y Clichevsky 2000). En general, esto constituye un requerimiento de las organizaciones vecinales y de los vecinos de los barrios, en la medida en que es visto como un factor facilitador en la resolución de conflictos y, también, como una forma de conocer los avances previstos para las obras en el barrio. Esta opción no parece haber sido contemplada por el Programa que, en general, se orientó a desvincular a las Cooperativas del lugar en el que se desarrolla la intervención. En este sentido, el Programa parece equiparar la figura de las Cooperativas de Trabajo a la de las empresas constructoras tradicionales (tipo FONAVI), sustentando de este modo una visión tradicional del proceso de construcción del hábitat.

Experiencias de microfinanciamiento habitacional: intervenciones compartidas

Algunos programas sociales, como por ejemplo el Programa de Autogestión de Viviendas (PAV) o el Programa 37 de Mejoramiento Habitacional e Infraestructura Básica, contemplan la posibilidad de que las ONG y Organizaciones Sociales actúen como organismos responsables de su implementación. En estos casos, las organizaciones sociales se constituyen en ámbitos a través de los cuales es posible acceder a los beneficios de estos programas. El acceso al beneficio está fundamentalmente mediado por las capacidades de gestión que hayan adquirido las organizaciones a lo largo del proceso de constitución. Presentar un proyecto con el fin de que sea financiado por algunos de los programas no es tarea sencilla y obliga a desplegar capacidades que, en la mayoría de los casos, están ausentes de la letra de los programas.

En particular, desde mediados de la década de 1990 un importante número de ONG se involucran en la gestión del hábitat de interés social (Almansi 2005; Rodulfo *et al.* 1999 y 1997). Estas experiencias se orientan hacia la construcción de vivienda, al reordenamiento de villas, a la provisión de lotes con servicio, a la construcción de redes de agua y cloacas, a la capacitación y el asesoramiento constructivo, a la regularización dominial, etc. Las organizaciones centraron sus actividades en la promoción y la administración de proyectos y en la asistencia técnica y social a la población beneficiaria, articulando para ello con organizaciones de base, universidades y agencias de cooperación (Almansi 2005)[36]. Entre ellas, SEDECA –Secretariado de Enlace– ha desarrollado diversas tareas de apoyo tendientes a dar solución a los problemas de hábitat entre las familias residentes en los asentamientos del municipio de Tigre (objeto de este estudio). Sus intervenciones, tradicionalmente, se vincularon a cuestiones ligadas a la tenencia de la tierra, a la construcción de vivienda y/o de infraestructura. En el caso particular que nos ocupa, las familias residentes en los asentamientos de Tigre son beneficiarias del *Fondo Rotatorio para Mejoramiento de Vivienda* que gestiona la organización.

Tabla 1
Programas promovidos por ONG y OS, en el AMBA. Descripción tipológica (ejecución 1998)

Entidad	Provincia y localidad	Objetivos	Monto total proyectado en U$S	Relación crédito puro/ subsidio
MOI	Ciudad de Buenos Aires	Recuperación edilicia básica. Desarrollo de experiencia autogestiva	128.800	80,7%
SEDECA	Buenos Aires Tigre	Ampliación del fondo de créditos para el mejoramiento de viviendas	250.000	80,81%
Asociación Civil Madre Tierra	Buenos Aires Moreno, Merlo, Ituzaingó, Hurlingham	Fondo rotativo de créditos para mejoramiento habitacional	231.000	73,6%
Cooperativa de Consumo y Vivienda Quilmes Limitada	Buenos Aires Quilmes y Ezpeleta	Fondo rotativo de créditos para mejoramiento habitacional	192.000	100%
IIED-AL	Buenos Aires San Fernando	Ampliación del fondo de crédito para mejoramiento habitacional e infraestructura para un barrio	237.190	86,56%

Fuente: Rodulfo et al, 1999: 36

SEDECA trabaja con líneas de microcréditos en los barrios de Don Torcuato y de Pacheco –municipio de Tigre– desde hace aproximadamente dos décadas. Sin embargo,

---

[36] Organizaciones como el MOI, SEDECA, IIED, Madre Tierra, Fundación Vivienda y Comunidad, PRO.VI.SOC., PRO.CON., Obispado de Quilmes, Centro Comunitario San Cayetano, entre otras, son las que han tenido mayor protagonismo en el Área Metropolitana de Buenos Aires.

es a partir de 1997, con la implementación del *Programa 17 (actual Programa 37) de Mejoramiento Habitacional e Infraestructura Social Básica* –de la Subsecretaría de Vivienda– que su accionar se fortalece y multiplica[37]. En ese año, el programa intervino por primera vez en el AMBA, a través de un conjunto de proyectos presentados por distintas organizaciones de la sociedad civil, seis proyectos en el Gran Buenos Aires y uno en la Ciudad de Buenos Aires (Herzer *et al.* 1998).

Los fondos de crédito se constituyen en una alternativa que, a través del otorgamiento de microcréditos, tienen por objeto promover soluciones para el mejoramiento habitacional poniendo de relieve la participación activa de los beneficiarios, en pos de potenciar sus propias capacidades, recursos y esfuerzos para superar la condición deficitaria en que se encuentran. Las ayudas financieras que se generan de los fondos públicos –especialmente a través del Programa 17 y, en la actualidad, Programa 37– se aplican según la demanda efectiva, de forma descentralizada, a través de ONG con trayectoria en el ámbito de la vivienda e infraestructura social (entre ellas SEDECA)[38]. Mediante esta modalidad de gestión se aspira a lograr la sustentabilidad social y económica de los recursos, como también mejoras concretas de las condiciones de vida de la población pobre, a la vez que mayores conocimientos que incentiven la

---

[37] El Programa se orientó al desarrollo y mejoramiento de las condiciones de hábitat, vivienda, infraestructura social básica y acceso a la tierra de hogares con necesidades básicas insatisfechas y grupos vulnerables en situación de emergencia (Programa 17 1996: 7). Es decir, a población con niveles de ingreso por debajo de los requeridos en las Operatorias FONAVI. A través de este Programa, el Gobierno Nacional dispuso de recursos ejecutables de manera directa para el financiamiento de viviendas e infraestructura urbana. La aplicación del Programa preveía la ejecución de soluciones habitacionales en áreas rurales y urbanas mediante la firma de Convenios de transferencia suscritos con entidades gubernamentales, provinciales, municipios y organismos no gubernamentales. El Programa portó subsidios directos dentro de un esquema de cofinanciamiento. Es decir, el Estado Nacional aportaba una parte del costo de los proyectos y dichos recursos se complementaban con otros recursos, monetarios o no monetarios, aportados por los actores involucrados. Asimismo, previó la capacitación para el empleo dentro de la actividad constructiva y el financiamiento de la asistencia técnica (Subsecretaría de Vivienda, 1997: 4). De este modo pretendió, por un lado, contribuir al desarrollo y mejoramiento de las condiciones de hábitat, vivienda, infraestructura social básica y acceso a la tierra, de los hogares con NBI y grupos vulnerables en situación de emergencia, riesgo o marginalidad como medio de elevación de sus condiciones objetivas de calidad de vida y desarrollo humano. Por el otro, intentó fortalecer y desarrollar la organización social, productiva, tecnológica y de empleo de los miembros de los hogares y asociaciones intermedias de la población beneficiaria. Se orientó a reforzar la capacidad de subsistencia y de autogestión de la población beneficiaria en la cobertura de sus necesidades básicas (Informe Nacional Estambul + 5 2001: 17).

[38] El Programa se organiza a través de actividades y líneas de acción que proponen una amplia gama de soluciones alternativas con el fin de brindar una respuesta lo más ajustada posible a las necesidades de los grupos demandantes, su localización territorial y sus características sociales y culturales específicas. En este contexto, financia proyectos comunitarios emprendidos por entidades intermedias gubernamentales y no gubernamentales.

generación de distintas estrategias para la resolución de las situaciones habitacionales deficitarias (Rodulfo *et al.* 1999).

La gestión del Programa de Créditos, en el caso de SEDECA, involucra en su desarrollo diferentes instancias colectivas. Por un lado, se propone vincularse con las organizaciones de base existentes en los barrios. Por el otro –si bien el crédito es individual–, para recibirlo, las beneficiarias deben asociarse y constituir un *grupo solidario*[39].

Tal como surge del relato de los profesionales involucrados en la implementación del *Programa 17*, la experiencia acumulada durante el bienio 1995-1997 puso de manifiesto la necesidad de priorizar aportes para el financiamiento de proyectos que involucren la participación de asociaciones comunitarias y/o grupos de base, que tengan por objetivo la construcción de "productos" que en su ejecución conlleven tanto a la satisfacción de la condición habitacional deficitaria como al desarrollo social de los individuos y sus hogares. De este modo, el Programa promueve la *autogestión* como estrategia solidaria para la ejecución de las soluciones habitacionales (Rodulfo 1999: 19).

Los efectos positivos que ha tenido el Programa se vinculan con la promoción social de las familias, y además, en algunos casos donde se trabajó expresamente, con la promoción comunitaria. Con respecto a la primera, no sólo ha mejorado la calidad de vida de la población sino también, debido a las soluciones habitacionales implementadas, se ha generado la puesta en valor de sus viviendas, la puesta en valor de su capacidad de ahorro, valoración social de sus recursos no monetarios, incentivo a la capacidad de planificación de las estrategias familiares para mejorar su calidad de vida y el reconocimiento de su capacidad de inclusión en la economía formal. Con respecto a la promoción comunitaria, sin ser un objetivo concreto del Programa, en algunos casos se promovieron acciones comunes entre vecinos y parientes en cuestiones tales como: intercambio de herramientas, de saberes, contribución de mano de obra y garantías solidarias. Esta última, aunque genera corresponsabilidades de pago, también produce demoras en el otorgamiento del crédito, y en algunos casos con experiencias negativas al tener que responder por otros.

Los hallazgos de Clemente y Smulovitz (2004), con base en el análisis de experiencias participativas en el municipio de San Fernando, ponen de manifiesto que las características de los procesos de participación ciudadana, asociados a la gestión de los programas sociales y sus resultados, parecen vincularse estrechamente con el estilo de gestión local y con la forma en la que se resuelve la tensión entre diversificación de demandas e intereses, partidarios y extrapartidarios. Las autoras reparan en cómo el modelo de gestión asociada, que acompaña la puesta en marcha de programas sociales en el nivel local en San Fernando, redefinió las relaciones entre las instancias gubernamentales y no gu-

---

[39] Las beneficiarias de los créditos son mujeres. Cada miembro del grupo debe rubricar o avalar con su firma los pagarés contraídos por sus compañeras.

bernamentales, al generar una alternativa al modelo preexistente de gestión radial entre organizaciones y municipio. A su vez, alentó la conformación de redes de cooperación y promovió una mayor horizontalidad en las relaciones con el gobierno local.

En ese marco, las autoras observan un retraimiento de los mecanismos tradicionales (que hacen eje en la figura de punteros y de organizaciones asiladas), dando lugar a dispositivos más democráticos y efectivos (como, por ejemplo, las consultas públicas periódicas). Clemente y Smulovitz (2004) señalan cómo, en el proceso, las organizaciones sociales de base asociadas al municipio de San Fernando se han ido conformando en *activas asistentes directas* para el funcionamiento de estos programas (distribuyendo bolsas de alimento, brindando apoyo escolar, etc.), involucrándose también en el desarrollo de tareas mayores, como programas de prevención y de mejoramiento barrial. En este entorno, se han acrecentado las funciones de las organizaciones sociales, las que no solamente actúan como un nexo entre el gobierno y los vecinos, sino que asumen "la representación de intereses […] y sobre todo, reinterpreta[n] la racionalidad y lenguaje de la misma ante la comunidad" (Clemente y Smulovitz 2004).

Las cuestiones críticas a atender en escenarios de gestión asociada parecen vincularse al grado de representatividad de las organizaciones sociales, a su capacidad de agregar intereses relativamente amplios y de mantener la independencia en sus líneas programáticas. Asimismo, otro punto importante a destacar se refiere a la diversidad de los actores convocados en la asociación, tanto en su conformación como en sus capacidades, vinculaciones y objetivos. Ésta también constituye una cuestión a ser atendida, en tanto condiciona los puntos de partida para la participación ciudadana y garantiza (o no) las posibilidades de expresión de diversidad de intereses.

Resulta crítico dar cuenta de las prácticas participativas propias de (y en) las organizaciones y de sus estructuras. Habitualmente, dichas organizaciones presentan fuertes liderazgos internos "que no se renuevan, y [que] en muchos de los casos tampoco amplían la base de consenso" (Smulovitz y Clemente 2004: 80), reflejándose, en este plano, la ausencia de verdaderos procesos de democratización interna.

En el territorio, también, resulta difícil "conjugar las preocupaciones de las ONG que trabajan con una misma población" (Grompone 2005: 195 y ss). La fragmentación de espacios participativos es impulsada muchas veces por la superposición de intereses de distintas entidades, "a lo que se le agrega el entrecruzamiento con las prioridades de las agencias de cooperación internacional, que siguen a menudo pautas estandarizadas de intervención de patrones internacionales y que no realizan […] análisis de los distintos contextos en los que actúan" (Grompone 2005: 195 y ss).

Las organizaciones diseñadas "desde abajo": una partícula de autonomía

Estos arreglos organizacionales se refieren habitualmente a grupos que tienen una amplia base de representación territorial, que suponen la construcción y/o el mantenimiento de algún tipo de organización, y que, al mismo tiempo que elaboran sus demandas, van encontrando formas de acción para expresarlas. En este proceso se van constituyendo en actores colectivos, reconociéndose como grupo o categoría social (Jelín 1998; Menéndez 1998). Cunil Grau (1997: 159) remarca la importancia del tejido de asociaciones en la medida en que el mismo contribuya a democratizar diferentes esferas de la vida social. La autora considera "clave el rol que la red asociacional puede tener en la amortiguación de las inquietudes que el mercado genera [...] De hecho, en tanto la dominación y la deprivación que también resultan de la operación del mercado son procesos socialmente mediados, la estructura de mediaciones que acompañe a los individuos puede contrarrestar tales efectos". Sin embargo, sus potencialidades para ampliar la estructura de opciones de sus miembros no son automáticas. Las mismas parecen estar en estrecha relación con:

→ La historia de las organizaciones y la experiencia asociacionista de las familias y/o vecinos que ellas representan. La trayectoria de las organizaciones las habilita para posicionarse en mejores condiciones en el territorio y para constituirse en un actor social fuerte capaz de canalizar los intereses particulares de los pobladores y hegemonizar, dentro del campo barrial, la gestión de las demandas sociales. La antigüedad de las asociaciones pone de manifiesto, también, que constituyen espacios de socialización y organización barrial en la medida en que recogen algunas de las necesidades de los vecinos y facilitan su gestión.

→ El grado de formalidad que alcanza la organización. Esta característica, por un lado, les otorga reconocimiento legal ante otros actores sociales y, por el otro, obliga a sus miembros a la participación en la estructura formal de la organización, eligiendo periódicamente sus autoridades y legitimándolas ante los vecinos asociados mediante esos mecanismos formales de elección.

→ La capacidad para cambiar sus objetivos y resignificarlos, en función de las nuevas realidades políticas y sociales.

→ El modo en que se definen las líneas de acción y se toman las decisiones, esto es, si la organización presenta un modelo más lineal de toma de decisiones "de arriba hacia abajo" o si genera procesos de ampliación hacia los miembros de base intentando transformar las asimetrías en la representación.

Una cosa que llama la atención cuando el observador se acerca a las organizaciones es la pertenencia que los miembros han desarrollado durante años. No se trata sólo de organizaciones formales, sino también de un lugar de solidaridad (Deslauries 1998: 65) sobre el cual se apoya su funcionamiento, al igual que el conjunto de relaciones entre sus miembros. En este sentido, a pesar de que los programas tienen propuestas de participación circunscriptas en servicios públicos y/o sociales singulares, son las capacidades desarrolladas por las organizaciones las que les permiten superar el enfoque sectorial de los programas y recuperar la integralidad a partir de constituirse en articuladoras y distribuidoras de recursos que provienen de diversas fuentes (una de ellas son los programas sociales).

Para seguir pensando

Este recorrido por las diferentes formas que toma la participación en redes sociales, más o menos consolidadas, pone en evidencia que entre los sectores populares coexisten e interactúan prácticas que responden a lógicas disímiles (cf. Cravino 1998: 278). Las diferentes dimensiones que a lo largo de este trabajo se aíslan para analizar dichos procesos, en la experiencia y en la vida cotidiana de las familias de sectores populares, se atraviesan e interpenetran mutuamente definiendo condiciones, limitaciones y potencialidades a los procesos de participación mismos.

Algo que llama la atención de los testimonios de los entrevistados y de las fuentes documentales consultadas es que la gestión del hábitat involucra a un amplio espectro de *instituciones y redes* con diferentes niveles de estructuración. De este modo, advertimos que las prácticas habitacionales se desarrollan en el marco de una importante *red de instituciones*. Pongamos como ejemplo el derrotero que siguieron algunas familias para acceder (no siempre con éxito) a un crédito para la vivienda. En ese derrotero las familias se vinculan con diferentes y múltiples institutos, más o menos abstractos, que van desde organismos públicos, pasando por entidades financieras, cooperativas de vivienda, organizaciones sociales, hasta institutos macro y difusos como puede ser genéricamente, por ejemplo, "el gobierno".

La evocación permanente a instituciones resulta importante porque nos informa acerca del campo de relaciones –*tipo* y *densidad*– a través de las cuales las familias de sectores populares interactúan con el medio social inmediato y con la sociedad en su conjunto[40]. "Como la forma de tales medios está dada por arreglos institucionales del orden establecido, el nivel macro de la sociedad también está presente y activo dentro de las vidas de las familias y puede documentarse a través de la reconstrucción de sus historias" (Bertaux 1996:18). En este marco, nuestras observaciones nos permiten dudar de algunos planteos muy extendidos en la bibliografía sobre urbanizaciones populares acerca del *encogimiento de las redes sociales*. Desde nuestra perspectiva, las redes sociales no se han encogido, todo lo contrario, se han expandido. La pregunta quizá sea: *¿Cómo lo han hecho y cuál es la calidad* de las tramas que se generaron? Como hemos podido advertir, existe una diversidad de redes, pero también una diversidad de niveles de autogestión, autonomía y solidaridades. Tal como señaláramos, el problema no es que no existan entramados relacionales, sino más bien que dichos entramados encuentran su límite cuando las estructuras subyacentes sobre las que se construyen, fundamentalmente, las relaciones salariales y los sistemas de políticas sociales universales, se ven fuertemente conmovidas.

Cuando se analiza el espectro de instituciones que definen la trama de relaciones en las que las familias resuelven su interacción con el medio inmediato, surge a las

---

[40] La posibilidad de describir a los actores relevantes, involucrados en los recorridos residenciales y en las estrategias habitacionales, tiene valor, también, si pensamos por ejemplo en futuras aplicaciones prácticas de los resultados de este trabajo.

claras que en un importante número (quizá mayoritario) se trata de instituciones estatales. Las estrategias habitacionales se estructuran en relación con una amplia gama de intervenciones estatales (no necesariamente ni exclusivamente sectoriales) que se articulan en el sistema más general de estrategias familiares de vida y que colaboran al desarrollo de entornos socioterritoriales más o menos solidarios, más o menos autónomos. El Estado, a través de sus políticas, programas e intervenciones territorializadas, se constituye también en un importante motor de estratificación y diferenciación socioterritorial que, como ya lo señaláramos, habilita o limita las posibilidades efectivas de dar respuesta a necesidades habitacionales. Nuevamente aquí, *el enfoque* que guía dichas intervenciones, *cómo se piensan las articulaciones con los pobladores*, *los tipos de colectivos* que se promueven, parecen ser algunos de los aspectos críticos a la hora de entender los patrones de estratificación y diferenciación que finalmente se plasman en el territorio.

Cuando avanzamos en este camino, no podemos obviar el hecho de que la mayoría de las actividades de participación vinculadas al acceso a recursos de los programas sociales se relaciona con la participación para la sobrevivencia y con la participación en organizaciones diseñadas desde arriba. Esto parece estar en sintonía con el papel que estas formas de participación cumplen en relación con la reproducción de las unidades domésticas. A diferencia de la participación en los primeros tipos de unidades, en las organizaciones generadas desde abajo el desarrollo de la participación es una acción intencional y volitiva que supone la construcción de organizaciones o instancias específicas y un esfuerzo continuo para asegurar su mantenimiento (Menéndez 1998: 17). Los diferentes arreglos organizacionales y las posibilidades que tienen de reorganizar los lineamientos de los programas sociales guardan estrecha relación con la capacidad que dichas organizaciones tienen para definir objetivos de intervención propios superadores de las necesidades cotidianas que tienen las familias que las integran.

En todos los casos, estos círculos de relaciones pueden ser considerados como capital social que los individuos y/o las familias movilizan para responder a las situaciones a las que desean hacer frente. De este modo, la potencialidad o las limitaciones de ese capital para resolver la integración social de los individuos y las familias dependerá, tal como señala Rodríguez (1997), de que estos arreglos organizacionales:

→ Logren articular redes de intercambio preexistentes con políticas públicas y políticas sociales, lo cual redunda en otorgar mayor fortaleza a la red para el desarrollo de estrategias de acción.

→ Asuman objetivos propositivos. Los objetivos meramente reivindicativos tienden a agotarse cuando ya no se sostienen las condiciones que permitieron su emergencia. Satisfecha la demanda o simplemente desgastada, la organización tenderá a diluirse. Por el contrario, el desarrollo de propuestas tenderá a generar una dinámica de trabajo donde existirán mejores condiciones que aseguren la perdurabilidad de la organización.

→ Generen, a través de su racionalidad interna y su práctica, una estructura de recursos diversificada, que no se agota en un programa o una política, y que le permita responder con mayor integralidad a las demandas de los miembros.

→ Sean capaces de establecer alianzas más amplias con otros actores.

Bibliografía

Almansi, F. (2005); "Política de vivienda en Argentina. El micro-financiamiento dirigido al mejoramiento habitacional". Tesis de Maestría de Diseño y Gestión de Políticas Sociales. FLACSO.

Andrenacci, L.; Neufeld, M. R. y Raggio, L. (1999); "Evaluación de programas sociales desde la perspectiva de los beneficiarios. Los programas Vida, PROMIN, Trabajar y Barrios Bonaerenses en los municipios de José C. Paz, Malvinas Argentinas, Moreno y San Miguel". Instituto del Conurbano, Universidad Nacional de General Sarmiento. Mimeo.

Auyero, J. (1998); "Desde el punto de vista del cliente. Repensando el tropo del clientelismo político". En *Apuntes de Investigación*. Buenos Aires.

Badcock, B. (1984); *Unfairly Structured Cities*. Blackwell. Oxford.

Baranger, D. (2002); "Sobre estructuras y capitales. Bourdieu, el análisis de redes y la noción de capital social". En *Revista de Antropología AVA*, no. 2. Universidad Nacional de Misiones.

Bertaux, D. (1996); "Historias de casos de familias como método para la investigación de la pobreza". En Taller. Revista de Sociedad, Cultura y Política, vol. I, no. 1. Buenos Aires.

Bertrand, M. (1999); "De la familia a la red de sociabilidad". En *Revista Mexicana de Sociología*, no. 2. Instituto de Investigaciones Sociales, UNAM. México.

Bourdieu, P. (1980); "Le Capital social. Notes provisories". En *Actes de la Recherche en Sciences Sociales*, no. 31. Traducción Kessler, G.

Cardarelli, G. y Rosenfeld, M. (1998); *Las participaciones de la pobreza. Programas y proyectos sociales.* Paidós. Buenos Aires.

Catenazzi, A. y Di Virgilio, M. M. (2006); "Habitar la ciudad: aportes para el diseño de instrumentos y la definición de una política urbana". En Andrenacci, L. (Comp.); *Problemas de política social en la Argentina contemporánea.* UNGS/ PROMETEO. Buenos Aires.

Chiara, M. y Di Virgilio, M. M. (2005); *Gestión social y municipios: Desde los escritorios del Banco Mundial a las calles del Gran Buenos Aires.* Buenos Aires. Universidad Nacional de General Sarmiento/ Prometeo Libros.

Chiara, M.; Di Virgilio, M. M.; Cravino, M.C. y Catenazzi, A. (2000); *La gestión del subsector público de salud en el nivel local. Estudios de caso en el Conurbano Bonaerense.* Serie Informes de Investigación. Instituto del Conurbano de la Universidad Nacional de General Sarmiento. San Miguel.

Clemente, A. y Smulovitz, C. (2004); *Descentralización, políticas sociales y participación democrática en Argentina.* IIED. Buenos Aires.

Clichevsky, N. (2002); *Pobreza y políticas Urbano-ambientales* en *Argentina.* CEPAL. Santiago de Chile.

Clichevsky, N. y Chiara, M. (2000); "Informe Final: Evaluación Social del Programa Mejoramiento de Barrios. Contrato de Préstamo 940/OC- AR". PROMEBA/BID. Mimeo.

Coraggio, J. L. (1989); "La participación popular: Ideologías y realidad". Ponencia presentada al XIII Seminario Latinoamericano de Trabajo Social. Quito.

Coraggio, J. L. (1998); *Economía Popular Urbana: Una perspectiva para el desarrollo local.* Instituto del Conurbano, Universidad Nacional de General Sarmiento. San Miguel.

Cravino, M.C. (1998); "Los asentamientos del Gran Buenos Aires. Reivindicaciones y contradicciones". En Neufeld, M. R.; Grimberg, M.; Tiscornia, S. y Wallace, S. (Comp.); *Antropología social y política: Hegemonía y poder en un mundo en movimiento.* EUDEBA. Buenos Aires.

Cravino, C.; Fournier, M.; Neufeld, M.R. y Soldano, D. (2002); "Sociabilidad y micro-política en un barrio bajo planes". En Andrenacci, L. (Org.); *Cuestión social y política social en el Gran Buenos Aires.* Ediciones Al Margen/ UNGS. La Plata.

Cunil Grau, N. (1997); *Repensando lo público a través de la sociedad. Nuevas formas de gestión pública y representación social.* CLAD/ Nueva Sociedad. Venezuela.

Danani, C. (1996); "Algunas precisiones sobre la política social como campo de estudio y la noción de población objeto". En Hintze, S. (Org.); *Políticas sociales. Contribuciones al debate teórico-metodológico.* Programa especial de Investigación Estado y Políticas Públicas/Secretaría de Ciencia y Técnica/CEA/Oficina de Publicaciones del CBC, Universidad de Buenos Aires. Buenos Aires.

Danani, C. (1997); "Relevamiento y evaluación del estado del conocimiento sobre poblaciones-objeto de política social del Área Metropolitana de Buenos Aires (menores, jóvenes, ancianos, mujeres, desempleados y comunidades)". En Danani, C. (Ed.); *El Área Metropolitana de Buenos Aires: Estudios sobre el estado del conocimiento, problema e intervenciones.* Universidad Nacional de General Sarmiento. San Miguel.

Danani, C.; Filc, J. y Chiara, M. (1997); *El Fondo de Reparación Histórica del Conurbano Bonaerense. Una aproximación macro institucional.* Instituto del Conurbano, Universidad Nacional de Gral. Sarmiento. San Miguel.

Dansereau, F. y Naváez-Bouchanine, F. (1993); *Les etratégies familiales et résidentielles á Rabat-Salé*. Villes et Développement. Groupe Interuniversitaire de Montréal. Montréal.

Déchaux, J. (1998); "L'État el les solidarites familiales". En Paugam, S. (Direction); *L'exclusion l'état des davoirs*. Éditions la Découverte. Paris.

Deslauries, J.P. (1998); "Hábitat y relaciones sociales". En Lulle, T.; Vargas, P. y Zamudio, L. (Coord.); *Los usos de las historias de vida en ciencias sociales,* vol. II. ANTHROPOS/ CIDS/IFEA. Barcelona.

Di Virgilio, M. M. (2000); *La vida cotidiana de las unidades domésticas. Organización social y participación: estrategias para el acceso a recursos de programas sociales*. Serie Documentos de Trabajo. Instituto del Conurbano de la Universidad Nacional de General Sarmiento. San Miguel.

Di Virgilio, M. M. (2003); "Estrategias residenciales y redes habitacionales. El acceso a la vivienda de familias de bajos ingresos en el Área Metropolitana de Buenos Aires". Ponencia presentada en el Congreso de la Latin American Studies Association. Marzo. Dallas.

Di Virgilio, M. M. (2007); Trayectorias residenciales y estrategias habitacionales de familias de sectores populares y medios en Buenos Aires. Facultad de Ciencias Sociales. UBA. Buenos Aires.

Di Virgilio, M. M.; Lanzzeta, M.; Redondo, A. y Rodríguez, C. (2002); "Procesos de renovación urbana en Buenos Aires: Percepciones de habitantes de La Boca". Área de Estudios Urbanos, IIGG. Buenos Aires. Mimeo.

Duarte, J. (2006); "El mercado de suelo en la ciudad de Buenos Aires. Análisis crítico de su funcionamiento y su relación con la estructura urbana y las políticas públicas del gobierno de la ciudad". Memoria de Licenciatura en Urbanismo; Instituto del Conurbano – Universidad Nacional General Sarmiento.

Espinoza, V. (1993); *Social networks among the urban poor. Inequality and integration in latin american city*. Documento de Trabajo, no. 139. SUR, Centro de Estudios Sociales y Educación. Santiago de Chile.

Espinoza, V. (1999); "Dinámica reticular de la desigualdad social de la pobreza de Santiago de Chile en los 90". Mimeo.

Filc, J. (1998); "Informe de avance: marco teórico". En *Informe de avance del proyecto Crisis de la atención de la salud, crisis de la reproducción social: procesos de reforma de la atención de la salud y grupos familiares en el Conurbano Bonaerense*. Directora: C. Danani. Área Condiciones y Modos de Vida, Instituto del Conurbano de la Universidad Nacional de Gral. Sarmiento. Mimeo.

Giddens, A. (1993); *Las nuevas reglas del método sociológico*. Amorrortu. Buenos Aires.

González de la Rocha, M. (2001); "From the Resources of Poverty to the Poverty of Resources? The Erosion of a Survival Model". En *Latin American Perspectives*, issue 119, vol. 28, no. 4.

González de la Rocha, M. (1998): "The erosiono f a survival model: urban household responses to persistent poverty". Institute of Latin American Studies. Working Paper no. 47. New York: Columbia University.

González de la Rocha, M. (2003); "La nueva solidaridad urbana: Vulnerabilidad y agotamiento de recursos". Ponencia presentada en el Congreso de la Latin American Studies Association. 27 al 29 de marzo. Dallas.

Grompone, R. (2005); *La escisión inevitable. Partidos y movimientos en el Perú actual.* Instituto de Estudios Peruanos. Lima.

Gutiérrez, A. (1992); "¿Vivir para comer? El consumo de los sectores populares urbanos". En Cariola, C. (Comp.); *Sobrevivir en la pobreza: el fin de una ilusión.* CENDES/ Nueva Sociedad. Caracas.

Herzer, H.; Di Virgilio, M. M.; Redondo, A.; Lago Martínez, S.; Lanzetta, M. y Rodríguez, C. (1997); "Aquí está todo mezclado...' Percepciones de familias ocupantes de inmuebles en Buenos Aires sobre su situación habitacional". En *Revista Mexicana de Sociología*, vol. 59. Instituto de Investigaciones Sociales. México.

Herzer, H.; Di Virgilio, M. M.; Redondo, A.; Lago Martínez, S.; Lanzetta, M. y Rodríguez, C. (1998); "Hábitat popular, organizaciones territoriales y gobierno local en el Área Metropolitana de Buenos Aires. Análisis comparativo de dos estudios de caso". Informe final de investigación. Proyecto UBACyT CS032, programación 1995-1997. Área de Estudios Urbanos del Institutos de Investigación Gino Germani, Facultad de Ciencias Sociales, UBA. Buenos Aires.

Herzer, H.; Di Virgilio, M. M.; Lanzetta, M.; Redondo, A. y Rodríguez, C. (2000); "The formation of social organizations and their attempts to consolidate settlements and neighbourhoods undergoing transition in Buenos Aires". En *Environment and Urbanization*, vol. 12, no. 1. IIED. Londres.

Herzer, H.; Di Virgilio, M. M.; Rodríguez, C.; Redondo, A. y Ostuni, F. (2005); "Organizaciones sociales en el barrio de La Boca: cambios y permanencias en un contexto de crisis". En *Revista Estudios Demográficos y Urbanos*, no. 59. El Colegio de México. México.

Jelín, E. (1984); *Familia y unidad doméstica. Mundo público y vida privada.* Centro de Estudios de Estado y Sociedad. Buenos Aires.

Jelín, E. (1998); *Pan y afectos. La transformación de las familias.* Fondo de Cultura Económica. Buenos Aires.

Kohan, G. y Fournier, M. (1999); "Estructura social y desigualdades socio-espaciales: El caso de la Región Metropolitana de Buenos Aires". UNGS. Mimeo.

Lulle, Th. y Le Bris, E. (2002); "La acción pública a prueba de las prácticas". En Dureau, F.; Dupont, V.; Lelièvre, E.; Lévy, J-P. y Lulle, Th. (Coords.); *Metrópolis en movimiento. Una comparación internacional.* IRD/ Alfaomega. Bogotá.

Mallimaci, F. (1995); "Demandas sociales emergentes: pobreza y búsqueda de sentidos, redes solidarias, grupos religiosos y organismos no gubernamentales". En Peñalva, S. y Rofman, A. (Comp.); *Desempleo estructural, pobreza y precariedad.* Nueva Visión. Buenos Aires.

Mascarell Llosa, M. (2002); "Estrategias Familiares de Acceso a la Vivienda. Redes familiares y ayudas intergeneracionales en Hospitalet de Llobregat". Barcelona. Mimeo.

Menéndez, E. (1998); "Participación Social en salud como realidad técnica y como imaginario social". En *Cuadernos Médicos Sociales,* no. 73. Centro de Estudios Sanitarios y Sociales. Rosario.

Merlinsky, M.G. (1997); "Hábitat, territorio y microemprendimientos en el Conurbano". En Herzer, H. (Comp.); *Postales urbanas del final del milenio. Una construcción de muchos.* Buenos Aires. Instituto Gino Germani/Oficina de Publicaciones del CBC, Universidad de Buenos Aires.

Moser, C. (1996); *Confronting Crisis: A comparative study of household responses to poverty and vulnerability in four poor urban communities.* Environmentally Sustainable Studies and Monographs Series no. 8. The World Bank. USA.

Narváez, E. (1997); "Programa de renovación de conventillo". En Rodríguez, M. C. y Procupez, V. (Comp.); *Autogestión, rehabilitación y concentración. experiencias en políticas de vivienda popular.* Bilance/MOI/Secretaría de Desarrollo Social de la Nación. Buenos Aires.

Oszlak, O. (1997); "Estado y sociedad. ¿Nuevas reglas de juego?". En Revista *Reforma y Democracia.* CLAD. Caracas.

Ozuekren, A. y van Kempen, R. (2002); "Housing Careers of Minority Ethnic Groups: Experiences, explanations and prospects". En *Housing Studies*, vol. 17, no. 3.

Pírez, P. y Gamallo, G. (1994); Basura privada, servicio público. Los residuos en dos ciudades argentinas. Buenos Aires. CEAL.

Pírez, P.; Martínez Mendoza, R. y Navarro, A. (1998); "Procesos sociales de integración en la ciudad de Buenos Aires: El caso de la población ocupante de casas y su integración en los servicios urbanos". Ponencia presentada en Seminario de Investigación Urbana. El Nuevo Milenio y Lo Urbano. Instituto Gino Germani. Noviembre. Buenos Aires.

Portes, A. (1999); "La economía informal y sus paradojas". En Caprio, J.; Kleien. E. y Novacovsky, I. (Eds.); *Informalidad y exclusión social.* SIEMPRO/OIT/Fondo de Cultura Económica de Argentina. Buenos Aires.

Rodríguez, M. C. (2005); *Como la estrategia del caracol: Ocupaciones de edificios y políticas de hábitat en la Ciudad de Buenos Aires.* El Cielo por Asalto Ediciones. Buenos Aires.

Rodríguez, M. C. y Ostuni, F. (2007); "Del proceso cooperativo al proceso kafkiano". En Cuenya, B. (Comp.); *Políticas urbanas en debate.* SIGLO XXI Editores. (En prensa).

Rodulfo, M. *et al.* (1997); "Líneas de acción: Fondos de crédito". En Pérez Coscio, L. (Comp.); *Mejoramiento habitacional en Argentina: Estrategias de crédito y asistencia técnica para sectores populares.* IIED/Dirección Nacional de Programas Habitacionales, Subsecretaría de Vivienda, Secretaría de Desarrollo Social de la Nación/ FICONG. Buenos Aires.

Sikkink, K. (1999); "La dimensión transnacional de los movimientos sociales". En Abregú, M. y Ramos, S. (Eds.); *La sociedad civil frente a las nuevas formas de institucionalidad democrática.* CEDES/ CELS. Buenos Aires.

Smink, M. (1984); "Household economic strategies: Review and research agenda". En *Latin American Research Review*, vol. 19. Albuquerque. University of New Mexico.

Tarrow, S. (1994); *Power in Movement. Social Movements and Contentious Politics.* Cambridge University Press. Nueva York.

Complejidades de una solución integral para los asentamientos
La implementación del Programa Rosario Hábitat

Soledad Arqueros Mejica
María Laura Gil y de Anso
María Cecilia Zapata

Introducción

Este trabajo se propone analizar una de las políticas habitacionales de mayor impacto desarrolladas en los últimos años dentro de la ciudad de Rosario, Provincia de Santa Fe: el Programa Rosario Hábitat[1].

Su elección se basa en que el Programa constituye una propuesta integral de mejoramiento de los asentamientos irregulares en la trama urbana, mediante la implementación de un enfoque participativo, multisectorial y flexible por un área del Poder Ejecutivo local. A través de procesos participativos de planeamiento y ejecución, el

---

[1] El análisis se concentrará en los primeros años de ejecución de la operatoria, focalizándose en el período comprendido entre los años 2002 y 2005. La elección se basa en que su implementación tuvo diferencias a lo largo del tiempo. El Programa Rosario Hábitat tuvo sus orígenes durante la gestión del ex intendente de la ciudad, el socialista Hermes Binner (1995-1998 y 1999-2003). Sin embargo, su impronta original fue mutando durante la gestión de su sucesor en la intendencia, el socialista Miguel Lifschitz (2003-2007 y 2008-2011). El período elegido para el análisis coincide con la dirección del Servicio Público de la Vivienda de la Arq. Marisa Garzia. Durante ese período se realizaron los mayores avances dentro del espectro del Rosario Hábitat. Al 2005 el Programa había comenzado a implementarse en los asentamientos: "Las Flores" (su grado de avance era del 70%); "Empalme" (con un grado de avance del 70%); "Villa Corrientes" (cuyo estado de avance era del 50%); "La Lagunita" (su estado de avance era del 30%); y "Molino Blanco" (con un grado de avance del 20%) (Garzia *et al.* 2005).

Programa integra intervenciones físicas y sociales de diversas escalas (urbana, barrial y habitacional) y niveles de intervención (colectivo, familiar e individual), con la utilización de mecanismos y criterios de focalización.

Para ello, en primer lugar, se caracterizarán algunas de las intervenciones en materia de asentamientos que antecedieron al Programa en el contexto de la situación habitacional de la ciudad de Rosario, para comprender el escenario que, en esos años previos, sentó las bases para su formulación. Luego, se analizarán el diseño y la ejecución del Programa, con el fin de indagar la participación de los habitantes a partir de dos casos: los asentamientos "La Lagunita" y "Las Flores"[2].

Para abordar estos objetivos, se realizaron entrevistas semiestructuradas a funcionarios y técnicos que participaron del diagnóstico, ejecución y evaluación del Programa, y se analizó la información proveniente de trabajos de investigación, documentos institucionales y estadísticas oficiales.

El municipio y su historia

Rosario es la segunda ciudad del sistema urbano de la República Argentina y eje del desarrollo fluvial industrial del sector inferior de la Cuenca del Plata. Históricamente y durante décadas, esta ciudad se caracterizó por su pujanza y prosperidad económica y social, con un crecimiento sostenido de su actividad industrial, comercial y financiera. Destacándose por la posición estratégica de su puerto y por la importancia que asume en su rol exportador, la ciudad logró convertirse en polo de atracción de migraciones internas a raíz de un proceso de concentración y acumulación de excedentes productivos que posibilitó, durante mucho tiempo, la oferta de bienes y servicios así como de puestos de trabajo. En este sentido, la ciudad de Rosario ha sido, y aún es, el lugar de arribo de numerosas familias que, escapando a las crisis socioeconómicas que atraviesan sus lugares de residencia u origen, buscan rehacer sus vidas.

Sin embargo, a mediados de la década de 1970, se produjo una crisis en la estructura económica regional, expresión del proceso nacional que posicionó a toda el área territorial de la Pampa Húmeda en una situación económica y social crítica. Durante esos años comenzó a instrumentarse un proceso de desindustrialización que afectó al cordón industrial de la ciudad, donde se asistió a un cierre masivo de establecimientos con el consecuente aumento de la desocupación y tercerización en sectores de escasa productividad. La reconversión de las industrias metalmecánica, metalúrgica básica, siderúrgica, química y de papel limitó las capacidades de la ciudad para disputar un

---

[2] Es importante aclarar que el análisis de casos se apoyó en investigaciones preexistentes (por demás escasas) cuyos resultados fueron triangulados con el análisis de las entrevistas efectuadas. El artículo, en esta etapa y en estas condiciones de realización, se propuso avanzar en reconstruir trayectorias locales de políticas que dan marco histórico al programa analizado y que no encontramos sistematizadas, así como sentar bases para profundizar el análisis, con la observación de nuevos casos que permitan extender los alcances del mismo.

lugar en el mercado internacional. A nivel territorial, las consecuencias de esta crisis se plasmarían en un crecimiento acelerado de los asentamientos irregulares.

Esta situación se vio agravada en los años 1990 por la implementación de los postulados del Consenso de Washington en nuestro país, en cuanto a cambios en la economía y en el rol del Estado, apertura y desregulación de los mercados locales y desmonte de las estructuras públicas de "bienestar" (Rodríguez 2007). El proceso de descentralización que acompañó a estas reformas se materializó en un corrimiento de la capacidad del Estado-Nación para hacer frente a la emergencia de formas supra e infranacionales de acción política, provocando el inicio de lo que Brenner llama "procesos de *rescaling*", esto es, de reorganización, rearticulación y redefinición de la escala territorial de gobierno (Brenner 1999, en Dematteis y Governa 2005: 34).

Dentro de este contexto nacional, la economía de Rosario quedó dominada por ramas de actividad industrial poco dinámicas, y sus PyMES comenzaron a presentar problemas de inserción y supervivencia, posicionando al área en una situación de alta dificultad para competir en un marco de competencia internacional y apertura económica.

Paralelamente, la informalidad residencial, bajo la forma de una nueva proliferación de asentamientos precarios, se constituiría en el indicador urbano de la existencia de un fenómeno de empobrecimiento estructural en Rosario. En definitiva, durante la década de 1990 se afianzó la imagen de Rosario como la "ciudad del desempleo", por el aumento de sus índices de desocupación y de la marginalidad social y económica. Según datos del Instituto Nacional de Estadística y Censos (INDEC), el área metropolitana de Rosario registró un aumento de la tasa de desempleo de 10,4% en mayo de 1990 a 20,9% en mayo de 1995, y 24,3% en mayo de 2002.

Esta precariedad rápidamente se tradujo a nivel urbano-habitacional. Como observaremos a continuación a partir del análisis de datos estadísticos, casi el 20% de la población rosarina presenta problemas de vivienda, y la evolución de esta situación en términos positivos durante el decenio 1991-2001 es casi nula.

La ciudad de Rosario desde una mirada cuantitativa

Como se observa en el cuadro a continuación, el municipio de Rosario representa el 37% de la población provincial y, como se señaló con anterioridad, es el principal centro urbano de la provincia. En términos generales, durante la última década, el crecimiento poblacional de la ciudad de Rosario es reducido (3,9%), registrándose un ritmo de crecimiento inferior al del conjunto de la provincia y una desaceleración con respecto a decenios anteriores, que debe asociarse a varios de los factores que dieron lugar al contexto de crisis descrito anteriormente: la desindustrialización (cierre de empresas), la pérdida del atractivo migratorio del municipio por la inexistencia de puestos de trabajo, el alto nivel de desempleo, y una menor fertilidad propia de los centros urbanos más importantes de la jerarquía urbana (Herzer 2004: 18).

Cuadro N° 1: población de la ciudad de Rosario. 1991-2001

	Población		Crecimiento Intercensal (%)
	1991	2001	1991-2001
Prov. de Santa Fe	2.798.422	3.000.701	7,2
Rosario	1.079.359	1.121.441	3,9

Fuente: INDEC. Censo Nacional de Población y Vivienda 1991 y Censo Nacional de Población, Hogares y Viviendas 2001.

Según datos extraídos de la Subsecretaría de Desarrollo Urbano y Vivienda, y tal como se puede observar en el cuadro siguiente, en 1991 la ciudad de Rosario contaba con un déficit habitacional que afectaba casi al 20% de la totalidad de los hogares, esto es, 63.191 hogares en un universo de 317.122, entre las distintas categorías. Para el año 2001, esos índices deficitarios involucraron al 18% de los hogares, es decir, 59.763 de un total de 332.442 hogares, entre los cuales 43.403 habitaban en viviendas precarias.

**Cuadro N° 2: ciudad de Rosario. Evolución de la situación habitacional.
Años 1991-2001**

Situación habitacional de la ciudad de Rosario	1991		2001	
	Absolutos	%	Absolutos	%
Total de hogares	317.122	100%	332.442	100%
Total de hogares deficitarios	63.191	19,9%	59.763	18%
En viviendas recuperables	21.897	6,9%	28.045	8,4%
En viviendas irrecuperables	22.055	7,0%	15.358	4,6%
Hogares que padecen hacinamiento por cuarto en viviendas aptas	19.239	6,1%	16.360	4,9%

Fuente: Elaboración propia en base a datos de la Dirección Nacional de Políticas Habitacionales, Subsecretaría de Desarrollo Urbano y Vivienda.

Otro indicador que caracteriza los niveles de precariedad de la vivienda es el índice CALMAT, diseñado por el INDEC. En términos de la calidad de los materiales de las viviendas, en el año 2001 la ciudad de Rosario presentaba una situación comparativamente superior al conjunto del Gran Rosario. Sin embargo, del 14% de hogares que habitaban en las viviendas que presentaban las situaciones de mayor precariedad (correspondientes a los valores III y IV del índice CALMAT), sólo el 2% de las mismas se encontraban en localidades del área metropolitana por fuera de Rosario. Según

Herzer (2004), la presencia de este porcentaje elevado de población "pobre" dentro del perímetro del municipio de Rosario respondía a la existencia de una mayor oferta laboral en comparación con el resto del conurbano, y a una disponibilidad central de tierras producto de la concentración de instalaciones ferroviarias y de bienes de propiedad pública (Herzer 2004: 25).

Cuadro Nº 3: calidad de materiales de la vivienda en ciudad de Rosario y Gran Rosario. Año 2001

Localidad	Hogares (1)	Calidad de los materiales de la vivienda			
		CALMAT I (2)	CALMAT II (3)	CALMAT III (4)	CALMAT IV (5)
Gran Rosario	343.102 (100%)	196.942 (57%)	99.187 (29%)	40.568 (12%)	6.405 (2%)
Rosario	275.622 (100%)	169.309 (61,42%)	72.701 (26,37%)	28.994 (10,51%)	4.618 (1,68%)

Fuente: Herzer (2004) en base a datos del INDEC. Censo Nacional de Población, Hogares y Viviendas 2001[3].

Un informe realizado por la Fundación Banco Municipal de la ciudad de Rosario, en 1996 contabilizaba 91 asentamientos precarios en la ciudad, habitados por 22.685 familias constituidas por 113.382 habitantes. Esta última cifra representaba el 13% de la población total de la ciudad y ocupaba el 10% de la superficie urbanizada. Ya en el año 2002, fecha de inicio del Programa Rosario Hábitat, esa cifra había aumentado a 155.000 personas que habitando en asentamientos irregulares representaban el 15% de la población total de Rosario (Salgado *et al.* 2006).

---

[3] (1) Se excluyen los hogares censados en la calle.

[2] CALMAT I: la vivienda presenta materiales resistentes y sólidos en todos los componentes constitutivos (pisos, pared y techo) e incorpora todos los elementos de aislación y terminación.

[3] CALMAT II: la vivienda presenta materiales resistentes y sólidos en todos los componentes constitutivos pero le faltan elementos de aislación o terminación al menos en uno de éstos.

[4] CALMAT III: la vivienda presenta materiales resistentes y sólidos en todos los componentes constitutivos pero le faltan elementos de aislación o terminación en todos éstos, o bien presenta techos de chapa de metal o fibrocemento u otros sin cielorraso, o paredes de chapa de metal o fibrocemento.

[5] CALMAT IV: la vivienda presenta materiales no resistentes ni sólidos o de desecho al menos en uno de los componentes constitutivos.

Ciudad de Rosario. Localización de asentamientos irregulares

En cuanto a la localización de estos asentamientos4, Herzer (2005) señala que responden a dos situaciones generales: o bien están inmersos en la trama urbana consolidada, ocupando intersticios de tierras vacantes (terrenos de ferrocarriles, muni-

---

⁴ A partir del examen de los distintos diagnósticos ambientales y habitacionales efectuados por el Servicio Público de la Vivienda (SPV) antes de las distintas intervenciones del Programa Rosario Hábitat en varios de los asentamientos de la ciudad puede observarse, en relación con la provisión de servicios, que todas las viviendas poseen energía eléctrica, aunque la mayoría a partir de instalaciones clandestinas en situación precaria y peligrosa para la población. Las conexiones de agua también son irregulares, mientras que casi todos los asentamientos carecen de sistemas de desagües pluviales, con lo que la contaminación de las aguas es un problema frecuente. Asimismo, la constante presencia

cipales, etc.), o bien se desarrollaron en la periferia urbana. Con respecto a la primera situación, el municipio de Rosario se caracteriza por una mayoría de sus asentamientos en la denominada troncal ferroviaria (Herzer 2004).

Experiencias precedentes a la implementación del Programa Rosario Hábitat

Con anterioridad a Rosario Hábitat, se desarrollaron en la ciudad de Rosario experiencias parciales de intervención en algunos asentamientos irregulares. En este sentido, la Municipalidad de Rosario, a través del Servicio Público de la Vivienda, fue articulando una política de recuperación urbana basada en proyectos que promueven la integración física y social de la ciudad y sus ciudadanos.

Según la Arquitecta Miriam Rodulfo[5], el Servicio Público de la Vivienda (SPV) ha gozado, a lo largo de sus 70 años de funcionamiento, de cierta independencia de gestión por ser una entidad autárquica de la Municipalidad de Rosario. Ya con el advenimiento de la democracia, las intervenciones de este organismo se orientaron hacia programas de "consolidación de asentamientos precarios" –que implicaban la regularización del loteo y nueva construcción de viviendas– y a la ejecución de programas de "esfuerzo propio y ayuda mutua", con provisión de materiales y asistencia técnica y con la participación de los grupos de población involucrados (Rosenstein, sin fecha), aunque el volumen de lo producido, al igual que en el resto del país, fue acotado.

Hacia fines de la década de 1980, tras la crisis económica por la que atravesó la provincia, la gobernación provincial tomó la decisión de encauzar un "Programa Rosario" orientado, por un lado, hacia el mejoramiento de la calidad de vida de seis de los asentamientos irregulares más grandes de la ciudad, cuyo ejecutor era el municipio y, por otro, hacia la regularización dominial de otros treinta y tres asentamientos ubicados en terrenos privados de deudores del fisco[6].

Según Rosenstein, a partir de 1994-1995[7] se introdujo en Rosario un cambio significativo en la orientación de las políticas habitacionales hacia los sectores en pobreza

---

de residuos sólidos es otro de los factores que atenta contra las condiciones de habitabilidad de la población residente en asentamientos.

[5] La Arquitecta Miriam Rodulfo estuvo a cargo de la Dirección Nacional de Programas Habitacionales de la Subsecretaría de Desarrollo Urbano y Vivienda del Ministerio de Planificación Federal, Inversión Pública y Servicios durante el período 1997-2002.

[6] Fuente: entrevista con Miriam Rodulfo, 22 de septiembre de 2008.

[7] En 1995, Rosario se incorporó como miembro del Centro Iberoamericano de Desarrollo Estratégico Urbano (CIDEU). Se dio comienzo entonces a los primeros estudios tendientes a impulsar un plan estratégico para el desarrollo de la ciudad (Cáceres y Gurría, sin fecha).

estructural[8]. En este sentido, la Secretaría de Acción Social de la Provincia de Santa Fe, a través de la Unidad Ejecutora Rosario, orientó sus programas a la regularización de villas de emergencia con fondos provenientes de la Secretaría de Desarrollo Social de la Nación. Por su parte, el Servicio Público de la Vivienda puso en marcha el Plan Convivencia[9] a través de la Secretaría de Desarrollo Social de la Nación, con fondos provenientes de créditos internacionales. Este Plan incluía el Programa Rehabilitación de Asentamientos Irregulares y el Programa de Hábitat de Interés Social, que abarcaban una serie de emprendimientos o proyectos para desarrollar soluciones alternativas ante la creciente demanda de los sectores sociales de ingresos bajos y medios con carencias habitacionales. En relación con los asentamientos, el Plan apuntó a la reurbanización, consolidación y relocalización de familias afectadas sobre las trazas de calles o con viviendas en riesgo, presentando ciertas particularidades: 1) trabajo de organización de la población por manzanas; 2) presencia de delegados por manzana; 3) equipos de campo en los asentamientos beneficiarios; 4) análisis situacional de cada caso en particular; y 5) modelo de ejecución mixto: intervenciones de relocalizaciones mediante licitaciones públicas y por procesos cooperativos[10].

Paralelamente a la implementación del Plan Convivencia, tuvo lugar una acción conjunta entre el Estado Nacional y ciertas cooperativas de vivienda[11], a partir de la intervención del Programa Arraigo[12] en nueve asentamientos situados en terrenos de

---

[8] Este cambio en la orientación de las políticas habitacionales a nivel municipal fue consecuente con la nueva tendencia de los organismos internacionales destinada a financiar programas para mitigar o atenuar los efectos del modelo neoliberal. Este es el marco en el que se inscriben los programas de mejoramiento barrial, en los que convergen iniciativas de origen local y agencias internacionales para dar mayor integralidad a las políticas y proponer nuevos modelos de gestión y nuevas metodologías de intervención (Rosenstein 2004).

[9] Tanto la Arquitecta Miriam Rodulfo como la Arquitecta Claudia Rosenstein consideran al Programa Convivencia como un antecedente fundamental para la puesta en marcha, a partir del año 2002, del Programa Rosario Hábitat.

[10] En términos cuantitativos, el Plan Convivencia significó 3.000 soluciones habitacionales que implicaron desde la regularización dominial y el mejoramiento del parque habitacional deficitario, hasta la construcción de viviendas nuevas (Varni 1999, citado por Rosenstein, sin fecha).

[11] Según Salgado *et al.* (2006), las primeras cooperativas de viviendas dentro de la ciudad de Rosario datan de los años 1990 y se gestaron a partir del apoyo financiero de algunas fundaciones nacionales y extranjeras y ONG. La mayoría de ellas nacieron por una iniciativa colectiva para satisfacer necesidades vinculadas con el mejoramiento de la vivienda y la organización de actividades productivas para los sectores de escasos recursos. En esa década han desarrollado diferentes experiencias de autoconstrucción, contemplando la participación de los beneficiarios en la organización y gestión colectiva de estos procesos.

[12] El Programa Arraigo fue creado por el Decreto Nº 846/91. Constituye una política del Gobierno Nacional en materia de regularización dominial de la tenencia de la tierra para la vivienda y emprendimientos de regeneración urbana a través de la implementación de proyectos para la instrumentación de servicios básicos de infraestructura. En Rosario, el Programa trabajó conjuntamente con el SPV y con la Unidad Ejecutora Rosario dependiente de la Provincia de Santa Fe.

propiedad pública. Para la financiación de los proyectos concretados por cooperativas, la Unidad Ejecutora Rosario priorizó aquellas que contaban con una presencia consolidada en el barrio, con la intervención de los vecinos en las mismas. También resulta importante rescatar que las iniciativas de las cooperativas excedieron la construcción de las viviendas, constituyéndose en organizadoras de distintas actividades colectivas, tales como comedores comunitarios, cursos de formación para trabajos de construcción, cursos de economía doméstica, etc. Según registros provinciales, en el año 2006 la ciudad de Rosario contaba con un total de 49 cooperativas de vivienda, 29 de ellas con producción efectiva (Salgado *et al.* 2006).

Entre los años 1996 y 2000, a nivel municipal, el SPV realizó intervenciones en asentamientos irregulares beneficiando a 3.182 familias, mediante obras de mejoramiento habitacional y construcción de núcleos habitacionales para casos de relocalización. Asimismo, este organismo ejecutó una gran diversidad de programas orientados a mejorar la calidad de vida de los sectores de bajos recursos, buscando soluciones específicas para cada tipo de déficit. Entre los programas con proyectos ejecutados se encuentran el Programa Solidario (orientado a sectores de la población con ingresos familiares por debajo de la línea de pobreza y a familias en situación de emergencia habitacional), el Programa Autoconstrucción de Viviendas, Acceder, Escriturar y Tercera Edad (Tamburrini, sin fecha). Estas intervenciones, aun siendo parciales, le brindaron a la municipalidad cierta experiencia de acción en los barrios y apuntalaron algún tipo de organización comunitaria en los asentamientos.

Es en el marco de este escenario habitacional y de los procesos de descentralización descriptos anteriormente, que el gobierno de la ciudad de Rosario plantea, a partir del año 1997, el desafío de implantar políticas integrales con un impacto mayor en la población y su medio. En este sentido, se propuso la generación de "políticas sociales, físicas, culturales, de género y económicas que permitieran, progresivamente y de modo sostenido en el tiempo, otorgar repuestas a las demandas habitacionales para una mayor cantidad de habitantes de la ciudad, que hasta entonces vivían en asentamientos irregulares" (Tamburrini, sin fecha). El resultado de esta iniciativa es la política pública local denominada *Programa Integral de Recuperación de Asentamientos Irregulares en Rosario*, más conocido como *Rosario Hábitat*.

Programa Integral de Recuperación de Asentamientos Irregulares en Rosario: Rosario Hábitat

El Programa Rosario Hábitat se planteó como uno de los componentes del Plan Estratégico de Rosario[13] (PER) y como parte de una estrategia de Desarrollo Local

---

[13] La formulación del Plan Estratégico Rosario (PER) tuvo por objeto acentuar la participación y el involucramiento de instituciones y ciudadanos en la construcción del modelo de ciudad deseada. El Plan generó diversos espacios de trabajo que convocaron a especialistas, docentes e investigadores de

para la ciudad[14]. Este Programa[15] encontró sus caminos formales en un contrato de préstamo firmado entre la Nación Argentina y el Banco Interamericano de Desarrollo (BID), el 25 de octubre de 2001[16], contando como organismo ejecutor al Servicio Público de la Vivienda (SPV), ente autárquico de la Municipalidad de Rosario[17]. Es importante señalar que el Programa Rosario Hábitat se constituyó en la primera experiencia de unidad ejecutora municipal en relación directa con el Banco Interamericano de Desarrollo en nuestro país, a pesar de que el financiamiento fue transferido como subsidio desde el Gobierno Nacional[18].

En su primera fase[19] (2002-2007), el costo total del Programa se estimó en US\$ 71.700.000, de los cuales US\$ 43.000.000 fueron aportados por la Nación a través del crédito otorgado por el BID, y el resto –US\$ 28.700.000– fue aportado por la Municipalidad de Rosario, con un plazo de amortización de la deuda de 25 años, que inicialmente preveía beneficiar a 6.600 familias (34.000 personas).

Entre sus *objetivos*, el Programa se propuso encauzar los procesos de ocupación informal y mejorar la calidad de vida de la población de asentamientos irregulares de Rosario, promoviendo la integración física y social de dichas áreas a la ciudad formal mediante mejoras en la infraestructura, la oferta de servicios sociales y la regulación de las propiedades de las poblaciones beneficiarias.

---

la Universidad Nacional de Rosario y a personas de distintos ámbitos de la vida ciudadana: en total 4.838 personas participaron en el proceso de elaboración del PER (Cáceres y Gurría, sin fecha).

[14] En este sentido, su formulación se encontró atravesada por los componentes y requisitos que este tipo de intervenciones contemplan. Las políticas de desarrollo local están basadas en el desarrollo endógeno, implicando la participación de actores públicos y/o privados (ILPES 1998). En consecuencia, el desarrollo local tiene como prerrequisitos: un compromiso entre los actores locales, el diálogo entre los diferentes representantes involucrados y la superación de las incomprensiones entre la esfera económica, de gobierno y la sociedad.

[15] La información relacionada con la descripción de los componentes formales del Programa Rosario Hábitat ha sido recabada de las siguientes fuentes: Página Web del Programa Rosario Hábitat (www.rosariohabitat.com.ar), Documentación del Programa (Contrato de Préstamo N° 1307/OC-AR), Propósitos y definiciones, Manual de Gestión, Marco Lógico del Programa.

[16] Ese año el Consejo Municipal lo declara "de interés" mediante la Ordenanza N° 7283/01, otorgándole un lugar de primacía dentro de la acción estratégica ideada para la ciudad.

[17] A pesar de que las negociaciones ante el Gobierno Nacional y el BID comenzaron en 1997, será en el año 2000 cuando esta gestión tome un carácter formal a partir de la intervención de los ministerios de Economía, Medio Ambiente y Desarrollo Social de la Nación, así como de la Jefatura de Gabinete del Gobierno Nacional.

[18] Rodulfo, entrevista: 22 de septiembre de 2008.

[19] Según declaraciones de la Directora del SPV, María Inés Capón, en el año 2009 se iniciará la segunda fase del Programa Rosario Hábitat que beneficiará a alrededor de 7.500 familias de 10 asentamientos ("La Palmera", un sector del "Barrio Industrial", "La Cerámica", "Nuevo Alberdi", "Los Pumitas", cordón "Ayacucho", "Barrio Moreno", "Travesía", "Cooperativa La Plaza" y "Puente Negro"), mediante una inversión de US\$ 112 millones (Diario *Rosario 12*, 21 de abril de 2008).

Asimismo, esta operatoria planteaba ciertos *propósitos:* a) mejorar el hábitat de las familias que habitan en los asentamientos irregulares de la ciudad, recomponiendo situaciones de fractura urbana; b) promover el fortalecimiento de las redes de solidaridad a través de la participación de los involucrados en el proceso de mejoramiento de su hábitat; c) ampliar y fortalecer la cobertura de servicios sociales para la población vulnerable residente en asentamientos, e implementar acciones que mejoren la empleabilidad y la generación de ingresos; d) formular políticas que faciliten el acceso a soluciones habitacionales adecuadas para aquellas familias que, por sus bajos ingresos, están excluidas del mercado habitacional, y e) mejorar la capacidad de gestión del SPV y otros organismos que participan en el Programa.

Cuadro Nº 4: componentes del Programa Rosario Hábitat

Componente	Monto financiado	Objetivos
Urbanización integrada	US$ 57,6 millones	Financiamiento de obras de infraestructura básica, servicios urbanos y acciones sociales integrales de fortalecimiento de redes comunitarias en los asentamientos contemplados por el Programa.
Acciones integradas de atención para niños, adolescentes y familias	US$ 3,5 millones	Financiamiento de iniciativas de las Organizaciones de la Sociedad Civil (OSC), que mejoren o complementen la calidad, cobertura y eficiencia de servicios de prevención de riesgos de niños y adolescentes de los barrios intervenidos.
Generación de trabajo e ingresos	US$ 2,5 millones	Tiene por objetivo brindar a los beneficiarios nuevas habilidades frente al mercado laboral, mejorando además sus niveles de ingresos. Se busca ampliar las acciones que desarrollan las Secretaría de Promoción Social (SPS), Secretaría de Producción, Empleo y Comercio Exterior (SPEC) y el SPV.
Fortalecimiento institucional	US$ 1,7 millón	Incluye como objetivos: (I) Diseño e implantación de un sistema de monitoreo y evaluación del Programa; (II) capacitación del personal técnico relacionado con el Programa; (III) asistencia técnica dirigida a mejorar la gestión de las entidades municipales ejecutoras del Programa y de las OSC que participen en el mismo; y (IV) Comunicación social y difusión del Programa ante la opinión pública y la comunidad beneficiaria.

Fuente: elaboración propia con base en documentos oficiales del programa.

En relación con el componente de urbanización integrada, que es en el que focalizará el presente trabajo y al que se ha destinado un 80% del costo total del Programa, resulta necesario reseñar las acciones tendientes a su concreción: a) ordenamiento del tejido y trazado urbano (incluye medidas tales como la rectificación de los trazados, la apertura de calles y la relocalización de familias asentadas sobre las trazas de las calles); b) mejoramiento habitacional (implica la evaluación de las viviendas recuperables, la limpieza y acondicionamiento del terreno, la ejecución de las bases de las viviendas, y la provisión de módulos de materiales y de asistencia técnica para el proceso de autoconstrucción de las mejoras); c) reconstrucción parcial de viviendas (se provee de una canasta de materiales para reconstruir las viviendas demolidas por la corrección de límites medianeros); d) soluciones para corrimientos totales dentro de un mismo asentamiento (consistente en una solución habitacional mínima); e) relocalizaciones (implican la compra y urbanización de terrenos, la construcción de las soluciones habitacionales nuevas, y la adjudicación a las familias); f) provisión de infraestructura básica y equipamiento comunitario (agua potable, desagües cloacales y pluviales, red eléctrica, alumbrado público, mejorado de calles, arbolados, etc.), y g) regularización dominial (involucra la adquisición de terrenos privados y la transferencia de terrenos fiscales al SPV[20], la subdivisión y la transferencia de la titularidad del dominio de cada uno de los lotes a favor de los beneficiarios) (Enet 2005; Herzer 2004).

En este marco, los actores municipales involucrados en el desarrollo del Programa fueron: 1) el Servicio Público de la Vivienda[21] (SPV), que realizaba todas las fases de ejecución del Programa[22], contando con una estructura descentralizada; 2) la Secretaría de Promoción Social (SPS), a cargo del componente de atención de niños, adolescentes y sus familias; 3) la Secretaría de Producción, Empleo y Comercio Exterior (SPEC), responsable del componente de generación de trabajo e ingresos; 4) la Secretaría de Hacienda Municipal (SHEM), encargada de asesorar al SPV acerca de la administración financiera del programa; 5) la Unidad Coordinadora del Programa, integrada por el ejecutor y representantes de la Secretaría de Promoción Social, de Obras Públicas, de Planeamiento, de Servicios Públicos, de Producción y Empleo y la Secretaría de

---

[20] Según Enet (2005), la posibilidad de regularización dominial fue un factor clave a la hora de seleccionar los asentamientos en los que se realizarían las intervenciones del Programa Rosario Hábitat. En este sentido, fue importante la posibilidad de articulación con el Programa Arraigo de nivel nacional y con la Dirección Provincial de Vivienda y Urbanismo.

[21] En el 2001 se firma el decreto municipal N° 1837/01 que designa al SPV como Unidad Ejecutora del Programa. Este hecho derivó en un proceso de reestructuración del SPV, consistente en el reemplazo de una estructura sectorial por una matricial que le permitiera actuar directamente en los diferentes proyectos. Por otro lado, el organismo enfatizó la necesidad de capacitación de sus recursos humanos debido a la contratación de personal.

[22] La Subdirección General del SPV se encarga de coordinar los proyectos para cada barrio, a través del seguimiento de los planes operativos y del sistema de monitoreo. Este organismo también tiene a su cargo la designación, coordinación y supervisión de los funcionarios que se desempeñan como gerentes en cada proyecto.

Hacienda del Municipio, y 6) la Unidad Ejecutora del Programa (UE), compuesta de técnicos del SPV y de la SPS, entre otros (Saborido 2006).

En el año 2004 ya habían sido beneficiadas 3.575 familias (19.660 personas), provenientes de siete asentamientos distintos, con un promedio anual de 1.200 atenciones y un 20% del presupuesto utilizado. Entre ellas, 980 familias (5.390 personas) de 4 barrios distintos lograron acceso a agua potable y alcantarillado, electricidad y gas natural. Asimismo, cada sector pasó a contar con alumbrado público, vegetación, calles y veredas mejoradas, equipamiento comunitario y recolección de basura (Saborido 2006). En el año 2006, la cantidad de familias alcanzadas por el Programa había ascendido a 4.600 (Salgado *et al.* 2006).

Según Enet[23] *et al.* (2008), el modelo de gestión del Programa Rosario Hábitat se caracteriza por incorporar innovaciones con respecto a los modelos tradicionales existentes. El hecho de encontrarse ejecutado por una institución autárquica, con apoyo político e institucional, permitió algunos cambios, como la transformación de una estructura sectorial a una matricial (donde se formaron equipos de proyectos para cada caso que eran asesorados y apoyados por equipos especializados), junto con la implementación de una metodología de trabajo que busca involucrar la participación de la comunidad en distintas etapas del Programa[24].

En este último sentido, y a partir de focalizar únicamente en el componente de *urbanización integrada*, se examinará la participación de los habitantes en el momento del diseño participativo.

---

[23] La Arquitecta Mariana Enet se desempeñó como Consultora en Metodologías de la Participación en el Programa Rosario Hábitat durante el período 2003-2005.

[24] La participación de la comunidad es perceptible en la estructura con la que fue concebido el Programa, la que se encuentra basada en 5 momentos: 1) el momento de aproximación al caso y diagnóstico (en el que, en función de diversos diagnósticos realizados en forma participativa con los distintos niveles de gerenciación y ejecución del programa –directivos, gerentes y equipos de proyectos–, se acuerda la estrategia general a seguir); 2) el momento de definición del enfoque y estrategias de acción (en el que se retrabaja participativamente con los gerentes y los miembros de los equipos de campo el análisis y la profundización de la planificación y, a la vez, una apropiación y construcción colectiva del fin, resultados y productos del programa); 3) el momento del diseño participativo de planificación, monitoreo y evaluación (que implica el ajuste de conceptos esenciales: ajustes de la planificación del programa, diseño participativo del monitoreo y evaluación articulada a la planificación a partir de dinámicas participativas y vivenciales con expertos externos al SPV y familias de los barrios destinatarios directos de las prácticas); 4) el momento de operacionalización: prueba y ajuste participativo (en el que se procura la formación del equipo de monitoreo –y su articulación con los distintos actores complementarios y escalas de trabajo dentro de las organización–, y la implementación del mismo); y 5) el momento de utilización de resultados: consolidación (en el que se realiza un análisis participativo de los resultados para la replanificación del Programa –a partir de la concreción de reuniones de evaluación participativa de problemas específicos o urgentes detectados durante el proceso–, y la difusión de los resultados).

El componente participativo

Según Pirez (2000), "participar es tener o tomar parte de una actividad". El *tener parte* implica la integración de los actores sociales en los procesos que los afectan. Se *toma parte* cuando los sujetos son implicados en un rol activo y directo en los procesos de decisión. En este sentido, el Programa Rosario Hábitat contempló como principio la participación de la población afectada como derecho a la inserción y como deber de implicación (Rosenstein, sin fecha). Según Garzia *et al.* (2005), "el modelo participativo que se plantea en la implementación del Programa Rosario Hábitat, parte de un esquema organizacional consistente con el proyecto democrático, basado en cambios en los estilos de liderazgo, la creación de múltiples niveles de elaboración en equipo y efectivos mecanismos participativos, tanto internos (hacia el interior de la unidades ejecutoras) como externos (hacia la comunidad)". Como fundamento del Programa, y en razón de las experiencias desarrolladas en la década de 1990, se considera entonces que la implementación de las políticas sociales puede hacerse con mayor eficacia y eficiencia si los usuarios son involucrados desde un inicio de los procesos de toma de decisión, manejo de los recursos y ejecución de los proyectos.

En esta línea, la participación deja de ser concebida como una mera instancia en la construcción o mejoramiento de viviendas, para extenderse a cuestiones relacionadas con el aprendizaje colectivo en procesos interinstitucionales e intersectoriales, a través de la discusión y el consenso. Así, y según las previsiones iniciales del Programa, los vecinos del barrio debían participar tanto en la planificación de los proyectos como en el momento del monitoreo y evaluación una vez realizada la intervención en el territorio[25] (Enet 2007).

Sin embargo, en los primeros años de ejecución de esta operatoria, sus beneficiarios carecieron de espacios para planificar y ejecutar junto con el municipio los proyectos que tenían lugar en sus barrios. Las soluciones fueron, en muchos casos, inadecuadas; el compromiso de los vecinos con la propuesta fue débil y la ejecución de los proyectos resultó problemática (Enet 2007). Según Enet *et al.* (2008), algunos de los inconvenientes registrados en esta primera etapa estuvieron relacionados con: a) la falta de conocimiento y manejo operativo por parte de los responsables ("gerentes") de los proyectos acerca de la planificación del Programa (que era elaborada por el equipo directivo); b) la falta de una visión integral acerca de las problemáticas particulares de cada asentamiento, y c) el desfase entre los lineamientos teóricos del Programa y su

---

[25] Específicamente, la etapa de diseño participativo "se refiere a un proceso de diseño acordado con las familias que comienza con un diagnóstico integral georeferenciado que orienta el análisis de situaciones generales del asentamiento, y particulares de cada familia. Mediante talleres de análisis, diálogo y consenso, se van tomando decisiones de apertura de calles, de corrimiento parcial o total de viviendas, de traslados de familias para permitir esponjamientos, de diseño de lotes, de mejoramiento de vivienda y espacios comunes como plazas, parques productivos, calles, etc." (Enet *et al.* 2005).

efectiva ejecución por dificultades para integrar y articular el trabajo con los niveles directivos de los proyectos y sus equipos técnicos.

Por otra parte, los diagnósticos se realizaban por asentamiento, con base en componentes sociales, urbanos y habitacionales, pero focalizados inicialmente en aspectos de índole cuantitativa (derivados de registros censales de la provincia y del contacto directo con los vecinos), que carecían de vinculación con el territorio por no estar georeferenciados. Esa información, posteriormente, era utilizada para la elaboración de las propuestas que, una vez consensuadas con los vecinos, se aplicaban en los barrios. Ahora bien, la falta de adecuación a la realidad de los habitantes de los asentamientos indujo a que la población afectada prestara escasa conformidad con los proyectos y poca o nula predisposición a aceptar los cambios promovidos mediante el Programa. En este sentido, Enet (2007: 24) ejemplifica con el relato de una vecina: "Ellos antes –refiriéndose a los técnicos del Programa y a los talleres sin diseño participativo–, venían y nos imponían cosas, 'vos achicá, vos agrandá, vos tenés que salir de ahí porque vamos a hacer una calle'. Teníamos que poner la casa en cualquier lado, y no podíamos decidir".

Asimismo, en la faz comunicacional del Programa, la dinámica estuvo orientada al flujo de información desde el locutor (municipio) al receptor (comunidad), en lugar de efectuarse mediante flujos recíprocos necesarios para generar consensos con la población de los asentamientos. El predominio de este matiz informativo en las reuniones dificultaba el entendimiento y el diálogo con las familias de los barrios. Por otro lado, y aunque los talleres eran concebidos como el punto fuerte para desarrollar la participación vecinal, su planificación estaba en manos de los técnicos (sin consulta previa a las familias), afectando el grado de concurrencia. La misma vecina citada se refería a las reuniones: "Antes no nos enterábamos en absoluto de nada, cada reunión era esperar cualquier cosa. Cuando estábamos en la reunión no le decíamos nada. Además no venía nadie" (Enet *et al.* 2008).

Este fue el escenario que planteó la necesidad de crear un nuevo vínculo entre las autoridades y la comunidad local para superar la falta de compromiso y el escepticismo inicial por parte de la población. En este sentido, y a partir del año 2003, se propuso un cambio en el enfoque metodológico del diseño participativo, planteándolo a partir de una construcción colectiva intersectorial y como una dimensión vinculada a la producción social del hábitat (Enet 2007), procurando reforzar la posibilidad de consensuar decisiones a lo largo de las distintas fases del Programa.

Uno de los ejes fundamentales del cambio de modelo fue la transformación de la concepción de etapas (estáticas) por momentos (procesos), para la revisión y/o reformulación de problemas y soluciones. Asimismo, se avanzó en el georeferenciamiento de la información mediante reuniones informales con los vecinos de los barrios. Los diferentes equipos temáticos reemplazaron el trabajo por "aspecto" (medioambiental, laboral, territorial, etc.) por una modalidad de trabajo conjunto con los pobladores de los asentamientos.

En esta segunda etapa, entonces, la planificación participativa apuntó a identificar los problemas del barrio en relación con la propuesta de distintas estrategias encaminadas a su resolución. La participación de los residentes en villas y asentamientos se canalizó a través de la realización de talleres[26] que, en esta ocasión, promovían un compromiso directo de los usuarios en la interacción con los representantes del Programa. Esta modalidad posibilitó que los vecinos delimitaran y manifestaran por sí mismos los problemas del barrio y las soluciones adecuadas, fortaleciendo la unión y la solidaridad entre los mismos[27]. En este sentido, Enet *et al.* (2008) cita la opinión de otra vecina: "Es importante porque podemos tomar nuestras propias decisiones y no que vengan a imponernos nada. Nos interesa saber qué va a pasar con nuestro lote".

Asimismo, se prestó mayor atención a los temas de género, no sólo incrementando la presencia de las mujeres en los talleres (y facilitando su participación con un servicio de guardería durante las reuniones), sino también habilitando espacios para su mayor influencia en la toma de decisiones.

Finalmente, se propuso que la evaluación dejara de estar relegada a los resultados finales de la ejecución del Programa para formar parte de la totalidad del proceso. Sin embargo, y hasta el año 2005, los equipos de evaluadores no eran interdisciplinarios y, en algunos casos, las personas que los conformaban no habían participado en ninguna de las etapas del proceso de mejoramiento barrial. Así, en la evaluación, prevaleció el criterio de control al de "promoción-facilitación e instalación de reuniones de evaluación participativa". La falta de una estructura participativa articulada entre los distintos equipos de proyecto, las secretarías de la municipalidad, los organismos provinciales y las familias de los barrios imposibilitó la superación del carácter centralizador y de control de la evaluación para integrarlo como aspecto del aprendizaje multiactoral (Enet *et al.* 2008).

---

[26] Inicialmente se había previsto que un grupo de delegados elegidos por los vecinos fueran quienes guiaran el proceso participativo. Sin embargo, la experiencia pronto demostró la necesidad de involucrar a todos los vecinos en el proceso de toma de decisiones. Para ello, se adaptaron los instrumentos de planificación para su aplicación en talleres con un gran número de asistentes. Los talleres se organizaron por ejes temáticos con el objetivo de ahondar en los fines del proyecto y de planificar las actividades de las distintas partes del programa: urbanas, sociales, medioambientales y de consolidación institucional.

[27] Con el fin de tratar los conflictos de intereses en cada comunidad y de tomar decisiones que afectaban a las familias (asignación de viviendas, traslados, desalojos y beneficios sociales), fue fundamental aumentar la participación de los involucrados. Por ejemplo, si los desalojos eran necesarios, se acordaban los criterios y otras prioridades a tener en cuenta en la selección de las familias que iban a ser trasladadas a otros barrios (el número de familias realojadas nunca podía exceder el 30% del total). Se seleccionaba el terreno para el realojo a partir de una lista de opciones posibles y se acordaban los puntos básicos de un plan preliminar para la organización de los asentamientos, a partir de las decisiones tomadas en los talleres de un modo conjunto.

Entre los resultados positivos de las modificaciones introducidas en la política pueden destacarse: el aumento de la participación de las familias en los talleres de planificación (en los que se tomaban decisiones básicas de cada proyecto); la elección directa de representantes para la comisión de supervisión por parte de los participantes; la recurrencia con que se reunieron la comisiones de participación para analizar conjuntamente los progresos de los proyectos y del programa y, finalmente, la participación de los vecinos en jornadas de recogidas de basuras, en sesiones de formación en gestión convocadas por las organizaciones ciudadanas, en talleres de género, en días de ocio y en días de integración social. De este modo, se promovió la mediación y las negociaciones que permitieron a los vecinos no sólo finalizar sus proyectos, sino también reforzar las redes locales y la futura sostenibilidad de la vida comunitaria, al adoptar muchos de estos mecanismos en la resolución de sus propios conflictos.

Consecuentemente, el carácter innovador del Programa supuso un proceso de aprendizaje, tanto para el SPV como para los habitantes y/o beneficiarios del mismo. Dos ejemplos, que no tienen carácter representativo ni pueden extenderse sus conclusiones al conjunto del Programa, ilustran, no obstante, dos momentos de este proceso de aprendizaje con resultados diferenciados en lo que refiere a las capacidades de la población para apropiarse de la producción de su hábitat.

En la primera etapa, se cuenta el asentamiento "La Lagunita"[28] ubicado en el Distrito Oeste de Rosario, en una zona de baja densidad de ocupación, compuesta en su mayoría por suelo rural[29]. Según los testimonios de los vecinos la conformación del asentamiento se inició en la década de 1980, a partir de la migración de 4 familias provenientes de la Provincia de Chaco que, después de ocupar terrenos privados en una punta del sector, continuaron atrayendo a sus respectivos familiares. Ya hacia el año 2000, se inicia una segunda etapa de ocupación en la que aproximadamente se asentaron 50 familias.

Ahora bien, entre los años 1998 y 1999, los propietarios de los terrenos comenzaron a tomar medidas con el fin de desalojar a estas familias, hecho que derivó en la con-

---

[28] La información referente al asentamiento "La Lagunita" proviene de las siguientes fuentes: Diagnóstico Ambiental (2002), Diagnóstico Habitacional (2002) y Diagnóstico Social (2003), del Servicio Público de la Vivienda. Programa Rosario Hábitat. Página Web (www.rosariohabitat.gov. ar). En relación con su situación habitacional actual, el diagnóstico elaborado por el SPV –previo a la intervención del Programa Rosario Hábitat en el barrio–, dio cuenta de la presencia de altos niveles de hacinamiento y precariedad de las viviendas, aunque en algunos sectores las deficiencias eran mayores que otros (Diagnóstico Habitacional 2002).

[29] Está delimitado por: Av. Seguí al Norte, Av. Provincias Unidas al Oeste, calle Perú (Calle 1818) al Este y no tiene un límite definido hacia el Sur. Actualmente continúa su crecimiento hacia el sur extendiéndose hasta un grupo de viviendas construidas por la DPVyU sobre calle 1851, en un proyecto denominado Relocalización.

formación de una cooperativa de vivienda[30] por parte de los vecinos del asentamiento y en la compra de los terrenos por parte de la Provincia. Este hecho demuestra que el grupo local tenía capacidad de asociación previa a la intervención del Programa. De hecho, la mayoría de los vecinos había participado en mayor o menor medida en algún tipo de organización en el barrio. Sin embargo, y pese a esto, Rosenstein (sin fecha) sostiene que el Programa no sólo no utilizó las formas de organización existentes en el barrio, sino que además terminó por ocupar su lugar, desconociendo estas redes sociales. La participación durante el proceso de intervención pareció haber quedado limitada a talleres, charlas y asambleas, con lo que el grupo se vio impedido de construir estrategias compartidas para negociar sus propios intereses.

"Las Flores"[31], por su parte, comenzó a conformarse en la década de 1960 con las familias provenientes de las villas erradicadas de Bajo Ayolas, Bajo Saladillo y la Sexta. A partir de aquel momento y hasta el año 1997, se llevaron a cabo diferentes proyectos en el área, ofreciendo un total aproximado de 1.300 soluciones habitacionales, ejecutadas a través de diversas modalidades constructivas: mediante empresas, o por autoconstrucción, o a través de la entrega de un lote con servicios. En este sentido, el barrio presenta la particularidad de haber sido construido en su totalidad mediante la gestión oficial.

En cuanto a la implementación del Programa Rosario Hábitat, el diseño, planificación y evaluación del componente participativo se basó en la nueva propuesta metodológica introducida a partir del año 2003, posibilitando una efectiva participación de los habitantes del barrio en la definición, uso y sostenimiento de su proyecto, gracias a un proceso de construcción colectivo.

El procedimiento que permitió un proceso de diseño participativo en "Las Flores" se caracterizó por: a) un diagnóstico integral, interdisciplinario, intersectorial y geo-referenciado; b) un análisis de las condiciones y los acuerdos generales y específicos entre los vecinos relacionados al territorio concreto; c) el diseño del anteproyecto del barrio, manzanas y lotes con acuerdos progresivos de acciones, y d) el diseño de un proyecto técnico consensuado por la mayoría de los habitantes del barrio. Los equipos de trabajo fueron espacios para la construcción de capacidades interdisciplinarias e intersectoriales que se extendieron desde el momento del diagnóstico inicial hasta la evaluación del proyecto, logrando reemplazar la relación conflictiva entre profesionales y familias que había caracterizado las primeras etapas del Programa. Asimismo, se logró

---

[30] La misma tiene personería jurídica. Actualmente cuenta con un espacio físico ubicado en Perú 3719, donde también funciona un comedor comunitario. El mayor logro de la cooperativa fue la compra por parte del Gobierno Provincial de los terrenos que ocupan estas familias.

[31] La información referente al asentamiento "Las Flores" proviene de las siguientes fuentes: Enet, M. (2007), Diagnóstico Ambiental (2002) y Diagnóstico Social (2000 y 2001) del Servicio Público de la Vivienda, Programa Rosario Hábitat. Página Web (www.rosariohabitat.com.ar). En relación con su situación habitacional actual, el barrio presenta asentamientos irregulares de variada extensión que incluyen alrededor de 400 familias afectadas por la carencia de infraestructura y servicios y por la precariedad de las viviendas y la irregularidad del dominio (Saluzzo y Vizia 2001).

aumentar la diversidad de soluciones con adaptación a casos particulares mediante la conservación de redes subsistentes y cooperativas de vecindad (Enet 2007).

Según Enet (2007), de un promedio de 40% de asistencia a los talleres con la metodología anterior, se logró una participación del 97% de la población del asentamiento mediante la nueva modalidad. El Proyecto Las Flores dejó en los vecinos sus mejores resultados a partir del traslado de su metodología de diseño participativo a distintos aspectos de la gestión barrial, como lo consigna Enet (2007) en este testimonio: "La participación sirve para negociar con otros actores, como el caso de Hidráulica que había determinado un área muy grande como inundable, se lo transmitimos a las familias, protestaron e Hidráulica reconsideró y lo aprobó".

A modo de cierre

A lo largo de este trabajo hemos intentado, por un lado, inscribir el Programa Rosario Hábitat en una trayectoria preexistente de políticas locales, para identificar rupturas y continuidades y, por otro, hemos indagado algunas cuestiones referidas a la participación en el marco del Programa.

Tal como pudo observarse, los planes de vivienda y mejoramiento barrial ejecutados por la Municipalidad de Rosario durante la década de 1990 tuvieron un alcance limitado para solventar la demanda de sectores con precariedad habitacional. No obstante, el Plan Convivencia sentó las bases de una acción multiactoral en materia de asentamientos irregulares, constituyendo un *antecedente significativo* que el desarrollo del Programa Rosario buscó potenciar, resaltando el desarrollo de metodologías de participación comunitaria. Esta innovación se sumó a la capacidad política y de gestión del municipio de Rosario para constituirse en la primera unidad ejecutora a nivel nacional en relación directa con el BID, mostrando *márgenes decisivos para negociar e incidir en el diseño del Programa y sus componentes*, como segundo dato significativo a reconocer.

El Programa Rosario Hábitat buscó conjugar en la producción de ciudad dos lógicas diferenciadas –la lógica de lo público y la lógica de la necesidad– para plasmar intervenciones físicas y sociales a diversas escalas (urbana, barrial y habitacional) y niveles de acción (colectivo, familiar e individual).

En lo referido a nuestra exploración de su componente participativo –hilo medular de su propuesta explícita–, se reconocen alcances de tipo "instrumental", más vinculados con la operativización de cada proyecto: por ejemplo, consultas en la etapa de diseño que facilitan acuerdos sobre puntos potencialmente críticos, como son las relocalizaciones. Algunos sugieren que ese aprendizaje de la participación "instrumental" puede dejar capacidades locales recreables en otros contextos. También se ha reconocido un proceso de aprendizaje en la órbita del organismo ejecutor, que se plasmó en la implementación de distintas modificaciones de su estructura orgánica.

Profundizar los alcances de estos procesos requiere más desarrollo de investigación, que esperamos poder llevar adelante en futuros trabajos.

Bibliografía consultada

Cáceres S. y Gurria L. (sin fecha), *La ciudad de Rosario –Argentina– como espacio de ejercicio de la ciudadanía*, Rosario, Equipo de la Vivienda, Facultad de Arquitectura, Planeamiento y Diseño, Universidad Nacional de Rosario.

Dematteis, G. y Governa, F. (2005), *Territorio y territorialidad en el desarrollo local. La contribución del modelo slot. Argentina.* Boletín de la A.G.E. Nº 39, pp. 31-58.

Enet, M., Romero Fernández G. y Olivera Gómez R. (2008), *Herramientas para pensar y crear en colectivo en programas intersectoriales de hábitat*, Buenos Aires, Editorial CyTED – HABYTED – RED.

Enet, M. (2007), *Diseño Participativo. Una herramienta de la producción social del hábitat*, Costa Rica, Seminario Taller Internacional "Producción social del hábitat", FUPROVI.

Enet, M.; Salomón, A.; Queralt G. y Garzia, M. (2005), "Diez factores claves en la factibilidad del desarrollo de programas integrales, participativos, progresivos y flexibles de hábitat desde entidades gubernamentales. Reflexiones sobre el caso del Programa Rosario Hábitat", en *Revista Vivienda Popular*, Nº 16, Rosario, Universidad de la República, Facultad de Arquitectura, pp. 64-72 (Noviembre).

Garzia, M.; Queralt, G.; Salomón, A.; Sanz, A. y Rodríguez, A. (2005), *Mejoramiento barrial en América Latina. Programa Rosario Hábitat*, México DF., Encuentro Internacional sobre Mejoramiento de Barrios, Universidad Iberoamericana de México/ HIC-AL, Mimeo.

Herzer, H. (2004), "Situación del hábitat de los municipios de Área Metropolitana de Rosario en materia de suelo y vivienda", Proyecto *"Pobreza urbana: estrategia orientada a la acción para los gobiernos e instituciones municipales en América Latina y el Caribe"*, División de Desarrollo Sostenible y Asentamientos Humanos, CEPAL.

Pírez, P. (2000), "La participación de la sociedad civil en el gobierno de la ciudad: una mirada político-institucional", en *Revista de Ciencias Sociales*, Nº 11, Buenos Aires, Universidad Nacional de Quilmes.

Rodríguez, M. C. (2007), "Principales tendencias en la política habitacional argentina (1976-2006)", en *Revista Trialog*, Nº 84, Berlín.

Rosenstein, C. (2004), *Algunas reflexiones a partir de la experiencia de Rosario.* URBA-RED. Disponible en línea: www.urbared.ungs.edu.ar

Rosenstein, C. (sin fecha), *El Programa Rosario Hábitat y los múltiples significados acerca del concepto mejora en la calidad de vida. El caso de asentamiento "La Lagunita"*, Tesis de Maestría, Mimeo.

Saborido M. (2006), "Experiencias emblemáticas para la superación de la pobreza y precariedad urbana: provisión y mejoramiento de la vivienda", en *Documentos de Proyectos N° 99*, Santiago de Chile, Proyecto "Pobreza urbana: estrategia orientada a la acción para los gobiernos e instituciones municipales en América Latina y el Caribe", División de Desarrollo Sostenible y Asentamientos Humanos, CEPAL.

Salgado M.; Cáceres S.; Basuino M.; Vizia C.; Rodríguez S.; Gurria L. (2006), "La gestión del hábitat articulada a iniciativas productivas para los sectores de bajos recursos en Rosario (Argentina)", en *Revista INVI*, vol. 21, N° 56. Chile, Instituto de la Vivienda de la Universidad de Chile. ISSN 0718-1299.

Saluzzo L. y Vizia C. (2001), "Asentamiento Las Flores. Diagnostico Social". Disponible en línea: http://www.rosariohabitat.gov.ar/1.htm

Tamburrini, M. C. (sin fecha): *La ciudad como inclusión social y espacio público*. Argentina, Material de Cátedra.

Fuentes

Diario Rosario 12, "Cristina le dijo que sí al Programa Hábitat 2" (21 de abril de 2008).

Entrevista a la Arquitecta Mariana Enet (5 de septiembre de 2008).

Entrevista a la Arquitecta Miriam Rodulfo (22 de septiembre de 2008).

Fundación Banco Municipal de Rosario (1996), "Asentamientos irregulares en la ciudad de Rosario", Argentina, Actualización 96.

Ilpes (1998), *Manual de Desarrollo Local. Dirección de Desarrollo y Gestión Local.* Santiago de Chile.

Municipalidad de Rosario (2002), *Servicio Público de la Vivienda. Programa Rosario Hábitat. Programa integral de recuperación de asentamientos*, Rosario, Argentina.

Municipalidad de Rosario (2004), *Plan Urbano Rosario. Carta de concertación,* Rosario, Argentina.

Subsecretaría de Desarrollo Urbano y Vivienda, Dirección Nacional de Políticas Habitacionales (2003), *Situación Habitacional Año 2001,* Argentina.

Páginas Web consultadas

Subsecretaría de Desarrollo Urbano y Vivienda, Dirección Nacional de Políticas Habitacionales: http://www.vivienda.gov.ar/docestadisticas.php

Subsecretaría de Desarrollo Urbano y Vivienda, Programa Rosario Hábitat: http://www.vivienda.gov.ar/rosario/index.html

Programa Rosario Hábitat: http://www.rosariohabitat.gov.ar/ - Asentamiento "Las Flores": Diagnóstico Ambiental (2002) y Diagnóstico Social (2000 y 2001) / Asentamiento "La Lagunita": Diagnóstico Ambiental (2002), Diagnóstico Habitacional (2002) y Diagnóstico Social (2003).

Huellas de género en la ciudad: participación femenina en procesos de producción social del hábitat (PSH)

María Laura Gil y de Anso

Nosotros (as) hacemos la casa y la casa nos hace a nosotros (as)
(Dicho griego citado en Harvey 2000)

Introducción

La ciudad, entendida como producto construido social e históricamente, pero también como proceso en el que se reflejan las relaciones antagónicas y conflictivas entre las distintas lógicas de los actores que le dan origen (Pastrana; Rodríguez, *et al.* 2006), ha concitado desde hace tiempo la reflexión de muchos investigadores sociales e intelectuales provenientes de diversas disciplinas.

Dentro de esos recorridos, la literatura sobre participación femenina en procesos de producción del hábitat popular y en organizaciones sociales de base territorial ha sido especialmente fecunda, destacando el importante papel que juegan las mujeres en las cuestiones relacionadas con el acceso, permanencia y mejoras del hábitat, al constituir la densidad social mayoritaria en los movimientos desarrollados en torno a estos temas (Massolo 2002; Stephen 1992). Sin embargo, todavía es posible avanzar aún más en la interpretación de estas experiencias, desde una perspectiva de género (Cuenya 1991; Massolo 1998) que sea capaz de problematizar la forma en que la búsqueda de nuevos significados para la espacialidad urbana –a través de prácticas que desafían la lógica capitalista de apropiación del espacio– se traduce (o no) en redefiniciones a nivel subjetivo en términos de transformar las relaciones de género.

Es en este marco, entonces, que es posible preguntarse acerca de las particularidades de los procesos de Producción social del hábitat (PSH) –como modalidad específica de acceso a la vivienda, al hábitat y a la ciudad de los sectores populares urbanos–, en cuanto a sus posibles repercusiones en las identidades de género de las mujeres que se involucran en estas experiencias.

¿Ciudad para quiénes? El espacio urbano como objeto de fuerzas antagónicas

Henri Lefebvre (1972), al abordar el pasaje hacia la sociedad urbana como objeto virtual de teorización, propone considerar a la ciudad no sólo como expresión de determinadas relaciones sociales, sino también como una fuerza productiva en sí misma, capaz de influir en esas relaciones. Cada modo de producción imprime sus particularidades a nivel político, jurídico e ideológico, para terminar plasmándose en un modelo urbano que lo "refleja", que centraliza los elementos de esa producción y que interviene en la misma. Desde este punto de vista, el espacio siempre es complejo y multifacético por ser un producto social y político, objeto de la lucha de clases y de diversas estrategias en pugna. Como sostiene Barbagallo (2002), por ser albergue de la actividad social del hombre y también producto de esa actividad, la ciudad refleja en su materialización y estructuración las contradicciones imperantes en el seno del conjunto social del que se trate.

Esta concepción materialista del espacio y de la ciudad sustentada por Lefebvre constituirá, entonces, el punto de partida para pensar cómo las relaciones capitalistas y de género se expresan territorialmente, y cómo el espacio urbano incide en su reproducción y/o transformación, a través de procesos de naturaleza recíproca. Según han demostrado diversas autoras (Feijoó y Herzer 1991; Falú *et al.* 2002, entre otras), en el diseño del espacio urbano no sólo se plasman las desigualdades sociales basadas en la clase, sino que el género también interviene, determinando la posición social de los sujetos en las ciudades y las distintas necesidades y usos que se experimentan en estos ámbitos.

Para Tijen Uguris (2000), conceptualizar al espacio en términos de interacciones sociales permite comprenderlo en su heterogeneidad y dinamismo, en tanto es constantemente creado y recreado como expresión y parte de relaciones de poder y subordinación, pero también de cooperación y solidaridad. En este sentido, el espacio urbano no sólo refleja las desigualdades sociales basadas en la clase y el género, sino que tiene un impacto directo sobre ellas al mantenerlas y, también, reforzarlas. La autora sostiene que en la estructura del ambiente construido y en el diseño de las políticas urbanas se plasman visiones estereotipadas acerca de los roles de mujeres y varones: se asume que los varones cuentan con un trabajo remunerado lejos del hogar y están exentos de las responsabilidades domésticas, mientras que a las mujeres les quedan reservados el cuidado de niños, ancianos y enfermos y demás quehaceres domésticos, por carecer de un trabajo pago. Al respecto, Judy Wajcman afirma: "La arquitectura y el urbanismo han orquestado la separación entre mujeres y hombres, lo público y lo privado, el hogar y los trabajos pagos, consumo y producción, reproducción y producción, suburbios y ciudad" (Wajcman 1991, citado en Uguris 2000: 58)[1]. Las representaciones hegemónicas acerca de "lo masculino" y "lo femenino"[2] terminan condicionando las diferentes experiencias, necesidades y usos que mujeres y varones desarrollan en relación con el espacio construido, para adquirir expresión a nivel territorial a través del diseño y planificación de las ciudades.

Las relaciones capitalistas y de género se entrecruzan así para producir una configuración urbana desigual, donde se materializa y reproduce el enfrentamiento entre la capacidad autoproductora del espacio, propia de los grupos de menores ingresos, y la capacidad productora de las fuerzas globales del capital, con consecuencias diferenciales para mujeres y varones.

A partir de estas consideraciones, el presente trabajo intentará indagar, desde una perspectiva de género, en algunas de las características que asume la participación de mujeres de sectores populares urbanos en procesos de Producción social del hábitat (PSH). Con el fin de alcanzar este objetivo, se prevé un abordaje metodológico cualitativo, desde el análisis de un grupo de entrevistas en profundidad[3] realizadas a miembros del Movimiento de Ocupantes e Inquilinos (MOI) que luchan por el acceso a la vivienda, al hábitat y a la ciudad. Esta elección se basa en el interés por reconstruir los procesos de PSH tomando como punto de partida las propias percepciones, significados y definiciones que los sujetos involucrados manifiestan en relación con sus experiencias. También se recurrirá a la revisión de fuentes secundarias, entre ellas, trabajos de investigación que aborden la materia y documentos elaborados por la propia organización.

---

[1] Traducción propia.

[2] Otros factores como la pertenencia étnica, la elección sexual, la edad o la discapacidad, también intervienen influenciando la experiencia subjetiva en relación con el uso del espacio construido, pero en este trabajo se ha optado por abordar en forma exclusiva el cruce entre clase y género.

[3] Las entrevistas fueron realizadas a mujeres y hombres del Movimiento de Ocupantes e Inquilinos (MOI), pertenecientes a la Cooperativa "La Fábrica", en el barrio de Barracas (Ciudad de Buenos Aires), de mayo de 2007 a mayo de 2008. La elección del caso se fundamenta en el supuesto teórico acerca de que las organizaciones sociales que por sus prácticas y principios desafían la lógica del modo de producción capitalista, pueden conducir a ciertas redefiniciones en las identidades de género de las mujeres que las integran, en el sentido de una mayor equidad con el género masculino. Por otra parte, el MOI se revela como una unidad de estudio sumamente adecuada, en la medida en que reconoce a los procesos cooperativos como procesos de participación e integración familiar.

El MOI: su historia, su lucha por la PSH y la participación femenina

El Movimiento de Ocupantes e Inquilinos de la Central de Trabajadores Argentinos (CTA) es una organización social que lucha por promover, desde hace años, condiciones dignas de habitabilidad que contribuyan a efectivizar los derechos a la ciudad y la vivienda por parte de los sectores de menores ingresos de nuestra sociedad.

El despliegue de su experiencia cooperativa de autogestión, ayuda mutua y propiedad colectiva en los barrios de San Telmo, Barracas, Almagro, San Cristóbal, Constitución e, incluso, en Provincia de Buenos Aires, expresa territorialmente la contradicción entre tres lógicas: a) la lógica de la necesidad (impulsada por los grupos que no logran procurar sus condiciones de reproducción social en el ámbito de la dinámica mercantil); b) la lógica de la ganancia (donde la ciudad es objeto y soporte de negocios, por ejemplo, a través de procesos de renovación urbana o gentrificación[4]), y c) la lógica de lo público (donde el Estado actúa, a través de regulaciones y políticas, proveyendo el sustento para el despliegue de las otras lógicas) (Herzer, *et al.* 1994).

Nacido a principios de la década de los años 1990, el MOI reconoce dos antecedentes: por un lado, remite al fenómeno de las ocupaciones de edificios desarrollado en la Ciudad de Buenos Aires en el contexto de la recuperación democrática, a partir de la formulación de una propuesta pionera de rehabilitación autogestionaria del ex Padelai (Patronato de la Infancia) en el barrio de San Telmo. Por otro lado, su origen se vincula con el retorno a la Universidad Pública de un conjunto de jóvenes graduados que, desde la Facultad de Arquitectura, buscaron redefinir sus perfiles profesionales, a través del compromiso con un proyecto de transformación política[5] (Rodríguez 2008).

En su funcionamiento cotidiano, el MOI tiene un desarrollo de tipo federativo que agrupa a un conjunto de cooperativas de vivienda que construyen por autogestión y ayuda mutua[6], para alcanzar el objetivo de la propiedad colectiva. Así, el movimiento se convierte en un caso profundamente interesante para pensar en formas más igualitarias de construcción y apropiación del espacio urbano que las derivadas de la lógica capitalista, reuniendo un conjunto de rasgos distintivos que nos permiten caracterizar a esta experiencia como una forma específica de Producción social del hábitat.

---

[4] Siguiendo a Herzer (2008), por "gentrificación" o "renovación urbana" se entenderán aquellos procesos "resultantes de la conversión de zonas socialmente marginales de la ciudad central, de trabajadores, en áreas de uso residencial para la clase media" (Herzer 2008: 20-21).

[5] Como señala Rodríguez (2008), se trató de recuperar la experiencia de la Escuela de Arquitectura-Ciudad de la Universidad de La Plata, desarrollada en la década de 1960 por Marcos Winograd.

[6] El MOI define la ayuda mutua como "un aporte concreto en mano de obra que los cooperativistas y su grupo familiar hacen al proceso de obra. Es obligatoria y cumple dos propósitos fundamentales. Reduce significativamente el costo de la obra y consolida los grupos cooperativos a partir de la relación que se genera trabajando todos en la misma dirección y en pos de un objetivo común" (MOI, "¿Qué es el MOI?" Disponible en línea: http://www.moi.org.ar/spip.php?article19. Citado 22 de enero de 2009).

Siguiendo a Enrique Ortiz Flores (2002), entenderemos por sistema de Producción social del hábitat:

> al que actúa sin fines de lucro, por iniciativa y bajo el control de *una empresa social promotora*, que puede ser una organización de base de pobladores (cooperativas, asociaciones, mutuales, sindicatos), o una organización profesional no gubernamental (algunos de los tipos de ONG, centros de asistencia técnica, institutos populares de vivienda), que produce viviendas y conjuntos habitacionales y que adjudica a demandantes, generalmente de bajos ingresos, pero con alguna capacidad de ahorro, que participan activamente desde las primeras fases del proceso habitacional.

De este modo, el concepto agrupa varias formas de producción de la vivienda y hábitat que tienen en común haber sido concebidas de manera planificada, y que son dirigidas y controladas por sus productores/originadores, expresando propuestas de racionalización de la autoproducción "espontánea" de barrios, materializada históricamente por los sectores populares latinoamericanos (Rodríguez, Di Virgilio, *et al.* 2007).

Dentro del universo de la PSH, el modelo de autogestión adoptado por organizaciones como el MOI se dirige a formas colectivas y organizadas de producción del hábitat que buscan promover distintos tipos de procesos de construcción de poder popular. Jeifetz y Rodríguez (2007) sostienen: "Los procesos autogestionarios apuntan a cuestionar las jerarquías naturalmente traducidas en desigualdades de poder o –por lo menos– se trata, día a día, de combatirlas, de transformarlas, como un desafío de estos procesos en construcción". Así, el entramado particular que origina la autogestión puede aportar al nacimiento y desarrollo de nuevos colectivos capaces de potenciar la transformación de las individualidades (Rodríguez, Di Virgilio, *et al.* 2007).

En efecto, los principios y las prácticas que guían la trama y el devenir del movimiento se proponen romper con ciertos patrones imperantes en el proceso de construcción de subjetividades. Como afirma Rodríguez (2008), la dimensión socio-organizativa del MOI implica un conjunto de prácticas que se realizan en contextos colectivos, en ámbitos espaciales específicos que son producidos, apropiados y recreados de maneras particulares en un devenir temporal en el cual se desarrollan las transformaciones subjetivas". Ahora bien, ¿puede esta búsqueda de nuevas significaciones culturales para la espacialidad urbana llegar a cuestionar la configuración actual del espacio en lo que se refiere a las relaciones de género?

En este trabajo, y siguiendo a Santa Cruz *et al.* (1992), se enfocará críticamente al género como "la forma de los modos posibles de asignación a seres humanos en relaciones duales, familiares o sociales, de propiedades y funciones imaginariamente ligadas al sexo" (Santa Cruz *et al.* 1992: 25).

Según las autoras, esta definición enfatiza dos aspectos claves: 1) que la vinculación del género con el sexo es imaginaria y no responde a razones naturales, y 2) que el género no corresponde a seres humanos en sí y por sí, sino que es atribuible a individuos en tanto están insertos en relaciones sociales. En este sentido, los dos modos que asume el género en la actualidad –femineidad y masculinidad– constituyen patrones de actitudes y comportamientos que se espera que los seres humanos cumplan.

Entonces, junto con este énfasis en los aspectos normativos, otras autoras –como Joan Scott (1996)– han remarcado la importancia de concebir al género como el campo primario (aunque no exclusivo) dentro del cual, o por medio del cual, se articularía el poder. De esta forma, los conceptos de género operarían como conjuntos objetivos de referencias que, al estructurar la percepción y organización de toda la vida social, terminan por establecer un control y acceso diferencial sobre los recursos materiales y simbólicos que circulan socialmente.

Estas formas de entender el género, entonces, ponen el acento sobre su historicidad, intentando reemplazar los aspectos esencialistas, totalizadores y descriptivos propios de algunas explicaciones, por un análisis relacional contextualizado donde se conceptualice a las identidades individuales como el resultado del entrecruzamiento de múltiples determinaciones heterogéneas (clase social, pertenencia étnica, religión, sexualidad, ocupación, etc.). Como sostiene Bordo, "el género forma sólo un eje de una construcción compleja, heterogénea, que se interpenetra constantemente, en modos históricamente específicos, con otros múltiples ejes de identidad" (Bordo 1990: 139).

Desde las teorías feministas[7], un punto fuerte de crítica ha estado dirigido contra la falsa dicotomía que el contractualismo establece entre lo público y lo privado[8]. En este sentido, Linda Nicholson (1992) propone interpretar históricamente no sólo el género o la devaluación femenina, sino también la separación de lo doméstico y lo público. Según Duncan (1996), esta dicotomía, que es fundamental para nuestra organización de los géneros y que se sustenta en la filosofía política, la ley, el discurso cotidiano e, incluso, las prácticas espaciales, produce un espacio privado –donde tienen lugar las actividades domésticas–, que es separado y aislado de la esfera política, localizada en el espacio público. Así, logran mantenerse las estructuras de poder heterosexistas,

---

[7] Desde otra perspectiva, Harvey (2000) también ha denunciado la falsedad de este postulado al reconocer la eliminación neoliberal de muchas distinciones entre lo privado y lo público (mediante la privatización de funciones antes públicas y la conversión de temas supuestamente íntimos –como los derechos reproductivos– en materia pública).

[8] Durante el siglo XIX, y como parte de la ideología liberal del mundo capitalista, cobra cuerpo dentro del discurso dominante la denominada "teoría de las dos esferas", que establece los roles "naturales" y específicos de cada sexo. Al respecto, Carole Pateman sostiene: "La distinta manera en que mujeres y hombres están situados en la vida privada y en el mundo público resulta […] un asunto complejo, si bien tras esa complicada realidad persiste la creencia de que la naturaleza de las mujeres es tal que lo correcto es que estén sometidas a los hombres y que el lugar que les corresponde es la esfera privada, doméstica. A su vez, para los hombres lo correcto es que habiten y gobiernen ambas esferas" (Pateman 1996: 33).

utilizando esta oposición binaria para "legitimar la opresión y la dependencia sobre la base del género" (Duncan 1996: 128)[9].

Es en la capacidad para desnaturalizar y cuestionar las desigualdades de poder donde se establece el nexo entre los procesos autogestionarios y la perspectiva de género. La lucha por el acceso a la centralidad urbana implica el desarrollo de prácticas y aprendizajes destinados a producir espacios menos desiguales, por lo que es posible pensar en su incidencia en relación con la actual configuración de género de las ciudades. En este marco, el presente trabajo aborda los sentidos y significados que acompañan la participación de las mujeres en el MOI, entendido este último como actor social urbano que promueve la Producción social del hábitat bajo una modalidad autogestionaria. La importancia de focalizar en la perspectiva femenina radica en la posibilidad de distinguir ciertas transformaciones en sus identidades de género, vinculadas con el ingreso a los nuevos ámbitos de socialización en la esfera pública que la PSH conlleva[10]. Se busca indagar la forma en que los significados asociados a las prácticas de autogestión, ayuda mutua y participación se recrean en la experiencia cotidiana de las mujeres enfatizando, en particular, las ambigüedades que atraviesan su compromiso con la gestión del hábitat y la vivienda.

El análisis de las entrevistas realizadas aborda ciertos aspectos asociados con: a) las trayectorias de las cooperativistas previas a su ingreso a la organización; b) los motivos que las impulsaron en su ingreso al MOI; c) las características que reviste la división sexual del trabajo al interior de los grupos familiares y de la organización, y d) el balance general que realizan las entrevistadas acerca de sus experiencias de participación en los procesos de PSH.

Trayectorias dispares: el MOI como espacio de diversidad

Es una percepción generalizada que el Movimiento de Ocupantes e Inquilinos esté constituido, en su mayoría, por mujeres[11]. Estas mujeres han llegado a la organización después de transitar distintas experiencias de participación en el ámbito público, a través de una inserción precaria en el mercado laboral en actividades tradicionalmente

---

[9] Traducción propia.

[10] Como sostiene Falú *et al.* (2002), las relaciones de género se encuentran profundamente determinadas por la clase social. En este sentido, Beatriz Cuenya (1991) afirma que el confinamiento de las mujeres al mundo doméstico tiende a acentuarse entre los sectores populares debido a dos factores: 1) ciertas visiones biologistas que establecen un nexo entre la mujer y la vivienda, a través de la reproducción familiar, y 2) los requerimientos derivados del desarrollo de la producción capitalista. De allí la relevancia de indagar en sus experiencias de lucha por la vivienda en nuevos espacios de socialización.

[11] "La gran mayoría son mujeres las que participan, como en realidad… yo creo que no sólo ésta, todas las organizaciones sociales en realidad están impulsadas por las mujeres" (Carlos). Y Carmen aclara: "La mayoría con hijos. Mujeres solas no, alguna que otra sola hay… pero con hijos, así que son cabeza de familia, hay muchas, pero muchas, muchas".

entendidas como "femeninas". María[12], por ejemplo, trabaja en el sector de limpieza:
"yo trabajaba, trabajaba. Mi vida era trabajar, correr, mis minutos era contados. Nunca
tuve tiempo ni para descansar… [Trabajo en] limpieza de oficinas". Delia, por su parte,
aunque no se encuentra ocupada actualmente, recorrió a lo largo de su vida varios de
los empleos "propios" de las mujeres:

> [Comencé a trabajar] a los 14, en la parte de una panadería, vendría a ser en los hornos y
> después fui al mostrador… A los 11 trabajaba como niñera… y después le cubría los días
> y las horas a mi mamá en las casas de familia que trabajaba… En su momento era operaria
> de limpieza… [Después trabajé] de gastronómica… Y después empecé a trabajar de recep-
> cionista en un proyecto de empresa de construcción.

Como sostienen Bas Cortada y Danieletto (2007), en Argentina la inserción femenina
en el mercado laboral siempre se vio asociada a su rol reproductivo y doméstico. Es así
como en la industria sobresalen la rama textil y de alimentación, mientras que en el sector
de servicios esta participación se concentra en la docencia y, para las mujeres pobres, en
el servicio doméstico, retroalimentando de esta manera la lógica de la "estereotipación
sexual de las ocupaciones" (Beechey 1994).

Para algunas cooperativistas del MOI, esta participación en el mercado de trabajo
supuso también el compromiso con la militancia sindical: "Me separé cuando mi hijo
tenía nueve meses. Que ahí ya empecé a militar de lleno; primero militaba así, poquito…
Bueno, yo por supuesto militaba en el sindicalismo, gané el sindicato de sanidad en el
84… Yo soy una de las creadoras de la CTA, fundadora diríamos" (Carmen).

Para otras mujeres, en cambio, el ingreso de sus parejas a la organización les ha
permitido involucrarse por primera vez en actividades que por su significación difieren
de las desarrolladas en la esfera doméstica. Miriam nos cuenta: "Yo me río porque yo
siempre le digo a mi marido que él me sacó del mundo típico de ama de casa, lavar los
platos e ir a comprar, mirar la novela, dormirte una siesta, planchar… me sacó de ese
mundo y me trajo a todo esto que hay más cosas, que la mujer puede hacer más cosas
que hacer solamente el típico trabajo de ama de casa".

Se trata, en definitiva, de mujeres que se diferencian no sólo por sus trayectorias
de participación en el ámbito público previas al ingreso al MOI, sino también por
su pertenencia generacional, por la composición de sus grupos familiares y por el
tiempo de permanencia y posición que ocupan dentro del movimiento, entre otros
factores[13].

---

[12] Los nombres de las/os entrevistadas/os fueron modificados con el fin de preservar sus
identidades.

[13] El peso de cada uno de estos factores en el significado que adquiere la participación en el movimiento, y sus posibles repercusiones a nivel de las identidades de género, serán temas a indagar en
futuros trabajos. Sin embargo, una hipótesis que guía las presentes consideraciones está dada por el
hecho de que las mujeres que se muestran más proclives a reinterpretar sus vivencias en el MOI en el
sentido de un corrimiento en relación con los estereotipos tradicionales de femineidad, son aquellas

Como sostiene Rodríguez (2008), la heterogeneidad en términos de inserciones sociales, laborales, educativas y habitacionales diversas es una característica organizativa del MOI, que intenta recuperar la hipótesis fundacional de la CTA como ámbito de rearticulación sociopolítica e identitaria del mundo del trabajo, para generar un espacio de encuentro entre personas, grupos y culturas diferentes como forma de ejercicio a escala micro del derecho a la ciudad.

El ingreso a la organización: continuar luchando por la vivienda

Resulta interesante plantear aquí la pregunta acerca de aquello que motivó el acercamiento de estas mujeres a la organización. En todos los casos, el motor para la acción estuvo dado por la necesidad de vivienda: "Como decir 'yo tengo mi casa' es como lo que te da mayor seguridad y mayor estabilidad ¿no? Yo lo veo desde ese lugar como que bueno, yo tengo mi casa, bueno, ya me puedo reponer, ya me puedo asentar y ahora voy por más" (Miriam). De hecho, las estrategias residenciales que desarrollaron, solas o junto a sus parejas, hasta optar por la autogestión, van desde el alquiler de piezas de hotel hasta la ocupación. Delia nos contaba: "Y mi mamá me dice, por intermedio de una compañera… una compañera le dijo: 'Mirá, acá se va una familia y queda lugar, lo que sí que hay que limpiarlo'… Entonces mi mamá me dice: '¿Por qué no van y lo toman?'…".

Ahora bien, en algunos casos la búsqueda de un techo digno pudo combinarse con objetivos de otra naturaleza. Carmen, por ejemplo, encontró en la organización una solución concreta a su problema habitacional después de ser desalojada:

En realidad los que vienen acá son los que están muy avanzados ya para entrar a la cooperativa o cooperativistas, los que son beneficiarios del Programa de Vivienda Transitoria[14], porque esto es para los compañeros que pagan mucho alquiler, para algunos que son desalojados como yo, viste, pero no es para todo el mundo que entra recién en la organización.

Pero también el MOI le dio la posibilidad de desempeñarse en varios ámbitos que la reconfortan desde el punto de vista de su crecimiento personal, después de años de militar:

____

que cuentan con experiencias de participación en la esfera pública (en el mercado laboral y/o a través de actividades políticas y sindicales) previas al ingreso a la organización.

[14] El Programa de Vivienda Transitoria del MOI –PVT– está destinado a familias que, ya como parte de alguna cooperativa, no disponen de los medios para solucionar temporariamente su problema habitacional hasta acceder a una vivienda definitiva (MOI, Programa Autogestionario de Vivienda Transitoria. Disponible en línea: http://www.moicoop.org.ar/spip.php?article26. Citado 22 de enero de 2009). Para los y las cooperativistas, formar parte del PVT implica, entre otras cosas, vivir cotidianamente en un ámbito colectivo organizado en forma autogestionaria a través de asambleas periódicas que regula el propio grupo en función de sus necesidades (Rodríguez 2008).

Bueno, yo estoy junto con el MOI construyendo las cooperativas de vivienda. Soy coordinadora de los grupos de los compañeros que comienzan a entrar en los grupos, yo estoy en capacitación donde hablamos de la propiedad colectiva, de la ayuda mutua, del derecho a vivir en la ciudad, de la autogestión... Y bueno, milito en la organización y con otras compañeras armamos un área de género[15] en la organización (Carmen).

Al recordar su llegada a la organización, Carlos y Miriam (un matrimonio de cooperativistas) reconocen en sus discursos motivos disímiles, aunque no por ello incompatibles: Se charló porque nosotros donde estábamos, estábamos bien pero había una necesidad de cómo nosotros queríamos encarar la educación de nuestros chicos, que por ahí también en algún momento la casa nos iba a quedar chica y por una situación de ir también a un lugar donde uno sea más independiente, cortar el cordón umbilical con los viejos (Miriam).

Y Carlos agrega:

Mi señora me conoció militando... nosotros vivíamos en la casa de mi suegro y le comenté que había una organización que peleaba la vivienda en Buenos Aires... y bueno, empezamos a venir a las reuniones y nos quedamos... Yo fundamentalmente aparte de tener problemas de vivienda, yo me acerqué a la organización en parte porque veníamos saliendo del menemismo y donde la palabra política era mala palabra. Acá yo escuché pronunciar la palabra socialismo... y primero me llamó la atención eso, que dentro de la propuesta de vivienda se plantearan cuestiones políticas, se entendiera el proceso de conquista de la vivienda digna como un aporte hacia la transformación social.

El caso de este matrimonio parece reflejar una excepción con respecto al comportamiento diferencial que nuestros entrevistados perciben entre hombres y mujeres a la hora de enfrentar la situación de crisis de sus hogares: "Los varones tienen en la cabeza lo que es trabajar, ellos trabajan y entonces como la mujer está en casa, 'bueno, como vos no estás haciendo nada, andá a tener una reunión'... Cuando ingresan las mujeres, ingresan a tantear, a sumarse a los procesos y después se suman los varones en los procesos de ayuda mutua" (Delia).

Puede observarse, entonces, cómo el peso de los roles de género socialmente impuestos tiende a marcar recorridos diferentes para mujeres y hombres: a las primeras, su papel naturalizado como responsables de la reproducción cotidiana y el consumo las lleva a desplegar distintas alternativas para asegurar la satisfacción de las necesidades básicas de sus familias en lo que hace, por ejemplo, al tema de la vivienda. Ante los procesos de pauperización, las mujeres no dudan en incorporarse al movimiento como una extensión de sus obligaciones:

Primero porque la mujer tiene más conciencia que tiene necesidad de vivienda para sus hijos. Yo creo que es la desesperación de cómo viven... Entonces me parece que eso mismo les empuja a que salgan ellas a buscar y a darles mejor condición a sus hijos... La mujer se acerca por lo general con la necesidad de la vivienda y a veces se acercan las mujeres porque

---

[15] Charlas informativas y talleres sobre violencia familiar, aborto, anticoncepción y enfermedades de transmisión sexual son algunas de las actividades que se enmarcan en el área de género del MOI. También se proyectan películas cuyos temas trascienden la temática específica de género como, por ejemplo, *La noche de los lápices*.

los hombres les dicen: 'andá vos a ver qué es y después voy yo', o no vienen nunca... Son muy pocos los hombres que realmente dan el paso ellos (Carmen).

La primera respuesta de los hombres, en cambio, parece relacionarse más con la pasividad y la depresión por no poder cumplir con un modelo hegemónico de masculinidad[16] (Connell 1997), que les exige encontrarse al frente del sostén material de sus hogares a través del desempeño de un trabajo remunerado: "De un proceso que se dio en el país de desindustrialización, desocupación, lo que yo conozco como que la gran mayoría de los hombres se echaron para atrás... Un hombre no poder llevar el billete y el pan a su casa es como que es un golpe muy fuerte... muchos caen en pozos depresivos y algunos hasta se suicidan" (Carlos).

Los procesos de autogestión como origen de nuevas tensiones

Es posible considerar en este espacio si existe dentro del MOI cierta división sexual del trabajo que contribuya a la reproducción de los estereotipos de femineidad socialmente aceptados o, por el contrario, si es probable la visualización de algunas rupturas en el sentido de una mayor equidad de género.

La mayoría de los entrevistados coincide en señalar un reparto igualitario de las tareas dentro de la organización:

> Es una organización que es bastante par en ese sentido, porque vos trabajás par a par con el varón, desde el proceso que entrás hasta la comisión directiva, hasta tu ayuda mutua en la cooperativa, hasta ser socia trabajás par y par con el varón, no hay una discriminación...Tampoco hay cargos que los ocupen sólo los varones y no las mujeres. Esta organización tiene muchas más mujeres militantes que varones (Delia).

Resulta destacable que la participación femenina en los procesos de obra sea interpretada por las propias mujeres como un indicio del lugar relevante que ocupan dentro del movimiento: "Hay mujeres que saben revocar, que saben levantar la pared... Acá yo aprendí a revocar, a levantar los ladrillos, a picar... En nuestra cooperativa se demostró que es un mito, las mujeres trabajan y algunas a la par de los hombres" (Carmen). Y Elena agrega: "Son más las mujeres que trabajan, como los maridos trabajan entonces la que tiene que ir casi siempre... también hay muchas chicas solas, y las chicas trabajan mucho más que los hombres, tienen mucha más fuerza las chicas que los hombres". El testimonio de Miriam es sumamente claro al respecto y

---

[16] Según Connell, en cualquier lugar y tiempo dados se exalta culturalmente una forma de masculinidad por encima de las otras, convirtiéndose así en la masculinidad hegemónica, es decir, "en la configuración de práctica genérica que encarna la respuesta corrientemente aceptada al problema de la legitimidad del patriarcado, garantizando la posición dominante de los hombres y la subordinación de las mujeres" (Connell 1997: 39).

revelador de la adquisición de nuevas habilidades que se derivan del componente de ayuda mutua que conforma la estructura del MOI:

> Yo acá aprendí lo que es hacer un pastón, hacer una canaleta para la luz, a palear, hacer pozo, hacer las bovedillas, tomar junta, términos que yo jamás hubiera sabido… Y también te ayuda para ver hasta dónde uno puede dar ¿no? Que por ahí vos tenes capacidades que las tenías dormidas… Y yo decía '¿yo era capaz de esto?' Te sirve para descubrir cosas que yo no hubiera sabido nunca.

Ahora bien, en muchas ocasiones el discurso de las entrevistadas revela ciertos inconvenientes para cumplir con sus obligaciones: aquellas derivadas de su participación en las cooperativas, las que se vinculan con las tareas de reproducción del hogar y, en algunos casos, aquellas relacionadas con el desempeño de un trabajo remunerado: "La verdad que la mujer es la que más trabaja, el hombre cumple con el trabajo de su trabajo y punto, llega a su casa y se acabó. En cambio la mujer no, la mujer va a trabajar afuera… Incluso viene a hacer ayuda mutua y tiene tiempo para cuidar a los chicos" (Elena). Este hecho confiere un carácter complejo a las actividades que las mujeres desarrollan dentro del MOI. Si bien reconocen como motivo de orgullo su participación en prácticas que, por su contenido, han sido tradicionalmente catalogadas de "masculinas", también son capaces de dar cuenta de las tensiones a las que se ven sometidas, fundamentalmente, a la hora de compatibilizar sus actividades en el movimiento con el trabajo de cuidado del hogar, del que se encargan casi en forma exclusiva: "Y él [su marido] ahora está trabajando, así que estoy yo en casa. Hago la ayuda mutua… Él va los días que tiene franco. Es un poco más difícil porque te corta un poco el tiempo… Antes yo no tenía que estar pendiente que tenía que hacer la ayuda mutua y ahora tengo que estar pendiente y si tengo cosas que hacer en casa, las dejo y voy" (Elena). Y María agrega: "Pero sí hay tiempo para cumplir. Si vos te organizás, tenés tiempo. Por ejemplo, Elena va a la noche, de 7 a 11. Entonces ella ya deja la comida hecha y los chicos acostados…".

La experiencia personal de Delia también da cuenta en forma explícita de algunas de estas dificultades:

> Hasta al colectivo le cuesta aceptar que la madre está sola y que va a cumplir medianamente, no como cumple la familia tipo que es varón y mujer… Asumir compromisos y estar sola es muy difícil. No es lo mismo estar sola, que tener dos o tres bocas que alimentar que tenés que moverte… Al haberlas vivido yo, a mí me sirve demasiado mi experiencia en este proceso… Era difícil sostener, porque yo me metía en lo que era el área y lo que era el proceso de organización que era la Guardia, era bastante difícil participar. Yo a las reuniones llegaba última… y bueno, yo trabajaba… Al ser mamá sola, a veces estás discriminada por las compañeras que tienen su hogar asegurado porque tienen la parte del marido.

A partir del estudio de la inserción al mercado laboral de las mujeres de un barrio de sectores populares de la Provincia de Córdoba, Falú *et al.* (2002) sostiene que si bien esta incorporación al trabajo remunerado tiende a producir ciertas modificaciones en la forma de experimentar la dicotomía esfera privada/esfera pública, no por ello existe una menor responsabilización de las mujeres en relación con las actividades propias del trabajo doméstico.

Esta sobrecarga que implican la doble y triple jornada femenina (tareas domésticas, inserción laboral y/o participación sociopolítica) se torna más evidente entre aquellas mujeres sin pareja que, aun así, deben responder ante la cooperativa en los mismos términos que una familia nuclear: "La mayoría de las mujeres solas trabaja, entonces vienen de trabajar y a trabajar a la ayuda mutua: '¿qué hay que hacer?, ¿qué hay que romper?, ¿qué hay que arreglar?'…" (María).

Uno a uno, todos estos testimonios nos hablan acerca de la modificación paulatina de la vida cotidiana de las familias que se comprometen con el proceso de autogestión. En este sentido, Rodríguez sostiene: "El proyecto cooperativo implica *poner el cuerpo*, en distintos 'espacios', en forma personal y familiar, modificando progresivamente la cotidianeidad. Ese tiempo –en parte obligatorio y en parte elegido– que se dedica en espacios colectivos a compartir, participar y trabajar juntos, constituye la urdimbre de la cotidianeidad cooperativa" (Rodríguez 2008). Sin embargo, son las mujeres quienes con mayor esfuerzo afrontan estas transformaciones como consecuencia de la recarga en sus tareas. Y si bien este hecho no logra traducirse inmediatamente en una clara conciencia acerca de las desigualdades y subordinaciones de género dentro del ámbito del hogar, la "puesta en tensión" discursiva que implica la queja por las demandas a las que se ven sometidas deja entrever la posibilidad de cierto cuestionamiento de la estructura de poder intrafamiliar y su asignación de roles.

El MOI y las relaciones de género: el balance de las entrevistadas

Para finalizar, es conveniente recuperar el balance que las propias entrevistadas realizan de su experiencia de autogestión del hábitat y la vivienda en el marco del MOI.

A excepción de una de las cooperativistas, el resto ha enfatizado en ciertas transformaciones que involucran su propia personalidad. Carmen es quien más ha hecho hincapié, a lo largo de su testimonio, en el papel que ha jugado la militancia como un componente fundamental de su trayectoria:

> Yo siempre dije que yo militaba porque quería cambiar el mundo y que las cosas fueran mejores para toda la gente, o sea, un país distinto, no el que vivimos. Bueno, yo hasta el día de hoy no lo veo, no sé si algún día lo voy a ver… Yo siempre pensé que había que cambiar el mundo, que había que cambiar el modo de pensar de las mujeres y de los hombres.

Por ello, esta entrevistada manifiesta su alegría por haber encontrado un espacio como el MOI, donde la lucha por la vivienda resulta indisociable de objetivos más amplios de transformación social que, para ella, involucran a las relaciones de género: "Yo he pensado desde hace muchos años igual, no que iba a vivir en una comunidad diríamos, pero sí que peleaba por el bienestar de los demás. Y eso me parece bueno que haya encontrado un lugar y una organización donde lo pueda hacer... Yo me siento re contenta y me parece que te ayuda..." (Carmen).

Para María, Delia y Miriam los significados asociados al ingreso al movimiento han trascendido ampliamente la búsqueda de un techo digno para sus familias. Así, María rescata la posibilidad de abandonar cierta situación de "aislamiento" en la que vivía:

> Cambié muchas cosas desde que estoy en la organización... Por ejemplo de no estar solamente encerrada en una misma... A veces uno tiene problemas y se encierra en eso y cuando vos escuchás a otra persona, sus problemas, decís: 'caramba, lo mío no es nada'. Y entonces encuentras soluciones. Y todas esas cosas, son pequeñas cosas que para mí son logros muy grandes.

Delia, por su parte, señala la obtención de mayor seguridad para afrontar situaciones que, en otro momento y como madre soltera, la expusieron a una gran vulnerabilidad:

> Si yo hoy me tengo que ir a pelear en un centro de salud, hoy no me peleo por mí, me peleo por las compañeras, pero sabiendo que en algunos casos que me pasaban a mí, injusticias que yo vivía como madre... Hoy sé muchas más cosas que antes, estoy más preparada para enfrentar distintas situaciones; antes me sentía más vulnerable. Estoy donde me gusta porque yo a esta organización la quiero, es parte mía... muchas veces quise irme, pero me cuesta desprenderme, yo no estoy como socia de La Fábrica únicamente, no es que estoy en un proyecto de vivienda y nada más. Una vez que yo tenga la vivienda pienso seguir.

Para Miriam, el MOI es sinónimo de reconocimiento de sí misma, en cuanto a la adquisición de nuevas capacidades para desenvolverse en ámbitos cotidianos que le han permitido autodefinirse como partícipe plena de la organización:

> A mí me sirvió para darme cuenta que tengo más capacidades de las que pensé que tenía, creo que eso es algo muy positivo, me sirvió hasta por ejemplo de tener que ir a pedir un turno a un hospital y saber cuál era mi derecho y reclamarlo... El trato con las personas, por ahí yo era antes muy tímida y ahora por ahí soy un poco más abierta, más accesible... Lo que a mí me gusta es que no soy la mujer de... yo soy por mí misma y tengo mi lugar dentro de la organización y dentro de mi cooperativa por lo que soy yo, que tengo mi identidad super bien clara para el resto y que eso también está bueno, no ser solamente alguien que acompaña sino también tengo un pensamiento, voz, presencia, como que me ayudó a estar mejor parada (Miriam).

Cada una de estas transformaciones subjetivas, que se encuentran vinculadas al ingreso a los nuevos ámbitos de socialización e intercambio que habilita el MOI, y que se relacionan con la adquisición de capacidades y derechos necesarios para luchar por el acceso a la vivienda y a la ciudad, pero también para desenvolverse cotidianamente en el espacio público, es prueba de las múltiples significaciones que acompañan los procesos de construcción de espacio urbano alternativos a los imperantes dentro de la lógica capitalista. En este sentido, y tras analizar el protagonismo femenino en el espacio local en torno a la gestión del hábitat, Alejandra Massolo sostiene:

La estrecha relación social entre las mujeres y el espacio local no significa que esa relación esté determinada, exclusivamente, por la urgencia de satisfacer las necesidades básicas de bienes y servicios para la familia […] Significa al mismo tiempo, la voluntad y aspiración de nuevas experiencias de sociabilidad y participación en la esfera pública, adquirir autoestima y poder salir del encierro doméstico. El formidable protagonismo femenino en los espacios locales de la pobreza latinoamericana ha tenido, y mantiene, serios riesgos y costos físicos, emocionales y morales, pero no es una visibilidad de víctimas sino la de una fuerza social capaz de influir y transformar las condiciones de vida en el plano individual y colectivo (Massolo 2003: 40-41).

Para finalizar

Como pudo observarse a través del estudio de la participación femenina en la experiencia cooperativa del MOI, las organizaciones que en su lucha por el acceso a un techo digno emprenden procesos de construcción de espacio urbano alternativos a los imperantes dentro de la lógica capitalista abren nuevos ámbitos de intercambio y socialización, que posibilitan el debate de temas fundamentales para las mujeres de sectores populares, como el derecho a la vivienda y la ciudad, la propiedad colectiva, la autogestión, el machismo, la discriminación o la violencia de género.

En este recorrido, las ambigüedades y contradicciones que parecen atravesar los discursos de las entrevistadas tienden a relacionarse con la toma de conciencia acerca de la sobrecarga laboral que implica para ellas cumplir con las obligaciones vinculadas con las cooperativas, con las tareas de reproducción del hogar y, en algunos casos, con el desempeño de un trabajo remunerado. Este hecho termina por conferir un carácter complejo a sus actividades dentro del MOI. Si bien se enorgullecen por tomar parte en prácticas que, por su contenido, han sido tradicionalmente catalogadas de "masculinas", también son capaces de dar cuenta de las tensiones a las que se ven sometidas por tener que cumplir con su doble o triple jornada. Y aunque este hecho no logra traducirse inmediatamente en una clara conciencia acerca de las desigualdades y subordinaciones de género dentro del ámbito del hogar, la "puesta en tensión" discursiva que implica la queja por las demandas a las que se ven sometidas deja entrever la posibilidad de cierto cuestionamiento de la estructura de poder intrafamiliar y su asignación de roles. Las transformaciones subjetivas que acompañan las prácticas autogestionarias –y que se relacionan con la adquisición de derechos y de nuevas capacidades reflexivas– parecen haber habilitado esta desnaturalización.

La experiencia en la organización genera dilemas: es *poner el cuerpo*, pero también es la capacidad para reconocer el cansancio del cuerpo cuando el trabajo no se reparte igualitariamente.

Finalmente, es en la dimensión del habitar donde el MOI desenmascara el carácter ideológico de los supuestos liberales sobre lo privado y lo público, al proponer la discusión colectiva de problemáticas que, dentro de la lógica capitalista patriarcal, se resuelven (o no) en el ámbito doméstico. El Programa de Vivienda Transitoria es un ejemplo concreto en este sentido.

Porque como afirma la ya clásica consigna feminista de "lo personal es político", plantear la falsedad de la dicotomía esfera pública/esfera privada implica hacer hincapié en que los problemas "personales" sólo pueden resolverse a través de canales y acciones políticas, como el propio proyecto del MOI pone en evidencia en su práctica cotidiana. De este modo, las mujeres del movimiento se encuentran con la posibilidad de apropiarse, día a día, de herramientas políticas que introducen nuevas significaciones en sus historias personales.

Bibliografía citada y consultada

Barbagallo, J. (2002): *Ciudad y arquitectura. Apuntes para la cultura urbana y el quehacer disciplinario*. Buenos Aires. Ed. Kliczkowski.

Bas Cortada, A. y Danieletto, M. (2007): "Ciudadanización política y de-ciudadanización económica y social en la reorganización capitalista de los 90. Una cuestión de género". En *Argirópolis*. Disponible en línea: http://www.polis.unq.edu.ar. Citado 05 de junio de 2008.

Beechey, V. (1994): "Género y trabajo. Replanteamiento de la definición de trabajo". En *Las mujeres y el trabajo. Rupturas conceptuales*. Barcelona, ICARIA.

Bordo, S. (1990): "Feminism, Postmodernism and Gender Scepticism". En Nicholson, L. (comp.): *Feminism/Postmodernism*. New York. Routledge.

Connell, R. (1997): "La organización social de la masculinidad". En Valdés, Teresa y José Olavarría (eds.): *Masculinidad/es: poder y crisis*, Cap. 2, ISIS-FLACSO: Ediciones de las Mujeres N° 24.

Cuenya, B. (1991): "Participación de la mujer en la gestión barrial. Significados y orientaciones para la planificación de los servicios habitacionales". En Feijoó, M. y Herzer, H. (comps.): *Las mujeres y la vida de las ciudades*. IIED-América Latina, Buenos Aires. Grupo Editor Latinoamericano.

Di Virgilio, M. y Da Representaçao, N. (2005): "Un largo camino a casa…Estrategias habitacionales y género: las vivencias de las mujeres en un contexto de crisis". En Chejter, S. (comp.): *Globalización y estrategias de resistencia de las mujeres*. Buenos Aires, CECyM.

Duncan, N. (1996): "Renegotiating gender and sexuality in public and private spaces". In Duncan (ed.): *Bodyspace: Destabilizing Geographies of Gender and Sexuality*, Londres, Routledge.

Falú, A.; Morey, P. y Rainero, L. (2002): Uso del tiempo y del espacio: Asimetrías de género y de clase. En Falú, Ana, Morey, Patricia y Rainero, Liliana (eds): *Ciudad y Vida cotidiana. Asimetrías en el uso del tiempo y del espacio*. Universidad Nacional de Córdoba.

Feijoó, M. y Herzer, H. (1991): *Las mujeres y la vida de las ciudades*. IIED-América Latina, Buenos Aires. Grupo Editor Latinoamericano.

Harvey, D. (2000): *Espacios de Esperanza*. Madrid. Akal Ediciones.

Herzer, H. (2008): *Con el corazón mirando al sur. Transformaciones en el sur de la ciudad de Buenos Aires*. Buenos Aires. Espacio editorial.

Herzer, H. y otros (1994): *Gestión Urbana en ciudades de tamaño medio de América Latina*. Nairobi. Hábitat-ONU.

Jeifetz, N. y Rodríguez, M. (2007): "La autogestión cooperativa como herramienta de transformación social y política. Reflexiones desde la práctica del MOI (Argentina)". En *Revista Internacional de Teoría y Política Crítica de nuestro tiempo*, Nº 39. Buenos Aires.

--------- (2006): "La génesis del movimiento cooperativista autogestionario en la ciudad de Buenos Aires y la construcción de las políticas de hábitat popular - La experiencia del MOI - Movimiento de Ocupantes e Inquilinos (CTA)". En *Revista Vivienda Popular*, Nº 59. Buenos Aires.

Lefebvre, H. (1972): *La revolución urbana*. Madrid. Alianza Editorial.

Massolo, A. (2003): "El espacio local y las mujeres: pobreza, participación y empoderamiento". En *La Aljaba. Segunda época. Revista de estudios de la mujer*. Vol. VIII, pp. 37-49.

--------- (2002): "El espacio local: oportunidades y desafíos para el empoderamiento de las mujeres. Una visión Latinoamericana". Jornadas sobre género y desarrollo. Ayuntamiento de Vitoria-Gasteiz. País Vasco.

--------- (1998): "Testimonio autobiográfico femenino: el camino de conocimiento de las mujeres y los movimientos urbanos en México". En Lulle, T.; Vargas, P. y Zamudio, L. (coord.): *Los usos de la historia de vida en las ciencias sociales*. Vol. 2. Barcelona, Ed. Anthropos.

Nicholson, L. (1992): "Hacia un método para comprender el género". En Ramos Escandón (comp.): *Género e Historia*. Instituto Mora-UAM, México, pp. 142-200.

Ortiz Flores, E. (2004): *Notas sobre la producción social de vivienda. Elementos básicos para su conceptualización*. Segunda edición, modificada. México. Casa y Ciudad.

--------- (2002): *La producción social del hábitat: ¿opción marginal o estrategia transformadora?* Habitat International Coalition, México. Discussion paper.

Pastrana, E.; Rodríguez, M. C.; Rofe, J.; Lozano, P. y Katopodis, G. (2006): "Producción de la Ciudad: Actores y lógicas". En *Hábitat. Programa de Capacitación y Fortalecimiento para Organizaciones Sociales y Comunitarias*. Secretaría de Extensión. Facultad de Ciencias Sociales. Universidad de Buenos Aires.

Pateman, C. (1996): "Críticas feministas a la dicotomía público/privado". En C. Castells (comp.): *Perspectivas feministas en teoría política*, Buenos Aires. Ed. Paidós.

Rodríguez, M. (2008): *Autogestión y derecho a la ciudad. La transformación de la significación cultural del espacio vivido*. Mimeo.

--------- (2006): "Notas sobre segregación, informalidad, acceso al suelo y políticas en la Región Metropolitana de Buenos Aires". En Pastrana, E., Rodríguez, C., Rofe, J., Lozano, P. y Katopodis, G., *Hábitat. Programa de capacitación y fortalecimiento para organizaciones sociales y comunitarias*. Secretaría de Extensión. Facultad de Ciencias Sociales. Universidad de Buenos Aires.

Rodríguez, M.; Di Virgilio, M.; Procupez, V.; Vio, M.; Ostuni, F.; Mendoza, M. y Morales, B. (2007): *Producción social del hábitat y políticas en el Área Metropolitana de Buenos Aires: historia con desencuentros*. Instituto de Investigaciones Gino Germani (Documentos de Trabajo, Nº 49), Facultad de Ciencias Sociales. Universidad de Buenos Aires. Disponible en línea: http://www.iigg.fsoc.uba.ar/Publicaciones/DT/dt49.pdf

Santa Cruz, M.; Gianella, A.; Bach, A.; Roulet, M. y Femenías, M. (1992): "Teoría de género y filosofía". En *Feminaria*, Año 5, Nº 9.

Scott, J. (1996): "El género: Una categoría útil para el análisis histórico". En Lamas, M. (Comp.): *El género: la construcción cultural de la diferencia sexual*. México, PUEG, pp. 265-302.

Stephen, L. (1992): "Women in Mexico's Popular Movements: Survival strategies against ecological and economic impoverishment". En *Latin American Perspectives 72*.

Uguris, T. (2000): "Gender, ethnicity and the community. Locations with multiple identities". En Ali, S., Coate, K. y Wa Goro, W. (eds.): *Global Feminist Politics. Identities in a changing world*. Londres, Routledge.

Wajcman, J. (1991): *Feminism Confronts Technology*. Cambridge. Polity.

Fuentes

MOI, ¿Qué es el MOI? Disponible en línea: http://www.moi.org.ar/spip.php?article19. Consultado el 22 de enero de 2009.

MOI, Programa Autogestionario de Vivienda Transitoria. Disponible en línea: http://www.moicoop.org.ar/spip.php?article26. Consultado el 22 de enero de 2009.

Diseño participativo del hábitat

Con mirada de mujer

Mariana Enet

Introducción

Este artículo explora el efecto del diseño arquitectónico y urbano desde la mirada de mujeres de barrios precarios. Mujeres que pareciera que fueran invisibles. Se las niega, pero allí están. Sólo hay que aprender a mirarlas para encontrarlas.

La arquitectura "formal" refleja la ideología y el pensamiento de su época. También refleja, según quién sea el destinatario, cómo lo imagina y con qué derechos. En particular, *determina los espacios para el desarrollo de actividades de la mujer dentro de la vivienda, el barrio y la configuración de la ciudad.*

Estos espacios arquitectónicos y urbanos, *determinados por otros*, inciden fuertemente en las condiciones físico espaciales donde la mujer desarrolla sus actividades.

Mientras el diseño "formal" se desarrolla en academias, y se materializa para algunos sectores de la sociedad, la mayor parte de las ciudades latinoamericanas se desarrolla por diseño "informal" o "espontáneo" de aquellos que están fuera. Este espacio arquitectónico informal, si bien no es pensado por otros, *es resultado de estrategias de sobrevivencia* de grandes sectores de la sociedad que son excluidos de derechos elementales para el desarrollo de la vida. En particular, según estadísticas, se observa una feminización de la pobreza y la exclusión. Por su rol –reproductivo, productivo y de desarrollo social–, en la mujer se multiplican los efectos negativos.

El análisis se centrará en que, por un lado, el espacio arquitectónico formal e informal determina condiciones en la mujer y en sus relaciones, pero por otro, en las siguientes preguntas: *¿Podrá un nuevo modo de diseñar, incidir en la construcción social de la visión de la feminidad y masculinidad, sus formas de relación y roles?* Y en base a este proceso, *¿podrá generar innovaciones, tanto en los espacios como en la forma de uso?*

El diseño tradicional, *que interpreta al otro*, y el diseño participativo, *que se construye con el otro*, responden a dos lógicas contrapuestas: *la lógica positivista tecnocrática, cerrada, predeterminada, patriarcal y de clase; o la lógica horizontal, dialéctica, evolutiva, flexible y adaptativa.* Una y otra remiten a dos formas de desarrollar el diseño de los espacios para habitar. Una refleja el pensamiento dominante del modelo de desarrollo capitalista, y la otra, el pensamiento de un desarrollo centrado en el ser humano.

También se analizará, por un lado, cómo incide el diseño "informal" como estrategia de sobrevivencia y, por otro lado, cómo incide el diseño "formal" en la transformación de los asentamientos "informales", y en particular, en la inequidad de género.

Uno y otro tipo de diseño son reforzadores de la inequidad y desprotección de la mujer en contextos habitacionales de riesgo.

La configuración espontánea de los asentamientos precarios se va desarrollando por sucesivos procesos de exclusión y acciones desesperadas por habitar espacios residuales de la ciudad. La forma de realizarlo es la clandestinidad y la ley del más fuerte. Para habitar, la mujer debe enfrentar la violencia, someterse o asociarse en redes invisibles de sobrevivencia. El diseño "formal" de mejoramiento de barrio, desconociendo las luchas internas y sus redes, refuerza la inseguridad al romper sus estrategias.

Finalmente se analizará, desde las prácticas de *diseño participativo*, en qué medida es efectivo para lograr transformaciones sustentables en las relaciones de género y en la forma de apropiación y uso de los espacios habitacionales y urbanos.

Situación de las mujeres y los más débiles en la lucha por un espacio para habitar en la ciudad

La concepción "económica" de la necesidad de habitar y la inexistencia de políticas equitativas para el acceso a suelo y vivienda de los sectores más pobres induce a acciones "ilegales", "informales", "irregulares", etc., como lo denomina la lógica de sectores dominantes en una sociedad que excluye y no quiere ver. Por tanto, la lógica que rige la definición de espacios informales de habitación para los sectores más pobres es la *clandestinidad, invisibilidad y la ley del más fuerte.*

Tanto en el interior de edificios como en terrenos tomados, intentan ser *invisibles al exterior y, en su interior, se desarrollan luchas violentas* para ocupar los espacios para habitar. La clandestinidad e invisibilidad facilitan el dominio de muchos de estos espacios por redes delictivas que tienen, en familias, mujeres, ancianos y niños pobres, una oportuna pantalla para sostener sus actividades. *Se une la necesidad de habitar con la necesidad de ocultar, donde los más débiles son sometidos.* Esta forma de acceso y uso pone en riesgo de violencia física y psíquica a mujeres, niños y ancianos.

Otro *riesgo interno* es que estos espacios residuales de la ciudad generalmente no son habitables, han sido descartados como uso residencial por la sociedad "formal". Por esta triste razón, es que se convierte en una oportunidad para los excluidos. Esta situación somete tanto a riesgos sistemáticos de contraer enfermedades por precariedad y hacinamiento, como a riesgos especiales por inundación, deslizamientos, derrumbes, incendios, etc.

Los *riesgos externos* están determinados por las leyes que la sociedad "formal" impone a la pobreza. Desalojos, inseguridad en la tenencia, criminalización de la pobreza, etc. O a la especulación inmobiliaria y económica, cuando estos asentamientos están localizados en espacios que potencialmente pueden ser "desarrollados" para emprendimientos económicos.

Así, los pobres, mujeres, ancianos y niños, excluidos de derechos humanos básicos, quedan expuestos a violencias y riesgos. Son fáciles presas de criminales, de intereses económicos, de políticas asistencialistas, o de leyes que les dan alivio en lo inmediato, pero que los envuelven en *círculos reforzadores de marginación y subordinación*. En particular, las mujeres, no sólo ocupan un espacio para vivir, sino que *procrean, educan, protegen y producen* en estos espacios de violencia y riesgo. No son heroínas, son mujeres que desarrollan sus instintos femeninos profundos en una sociedad y cultura patriarcal, machista y verticalista que no las ve, no las reconoce, no las valora ni las protege para el desempeño de estas funciones esenciales para el desarrollo de la vida. Se trata de una cultura *contranatura* que no protege lo esencial y profundo de la existencia, sino que se pierde en factores externos de acumulación de "cosas" y no de "vida".

La cultura antinatura está sostenida por varones y mujeres, y la contracultura de esta postura también está sostenida por varones y mujeres. *No es una lucha de varones contra mujeres, es una lucha de cultura y valores diferentes.*

Desde este enfoque, "género" se refiere a:

i) Atributos, socialmente construidos sobre roles (sociales, productivos y políticos), es decir, posibilidades o alcances y oportunidades visualizadas para la feminidad y la masculinidad. Estos son acordados y adquiridos por varones y mujeres en una cultura dada en el tiempo, en una sociedad y un lugar determinado. *El término "género" debe entendérselo desde un enfoque integral y no absoluto.* No sólo describe las relaciones de poder entre mujeres y hombres, sino también incluye otros determinantes, como clase, etnia, lugar, tiempo, edad, etc.

ii) "Género" *es un concepto dinámico.* Los atributos que se establecen tienen que ser entendidos como resultados de las luchas y/o acuerdos entre los miembros de una sociedad o comunidad específica. Está en permanente definición y transformación. Es evolutivo.

iii) Estos atributos, en la sociedad capitalista actual, suelen ser construidos desde una *lógica patriarcal, individualista, de clase y de priorización de valores económicos y materiales por sobre las necesidades y aspiraciones humanas.* Desde esta ideología se visualizan roles, posibilidades y oportunidades para los sexos en *forma inequitativa, de sometimiento y de exclusión de unos sobre otros.*

Los efectos de la cultura antinatura afectan a todas las clases sociales, pero es en los sectores pobres donde se observa con mayor gravedad. Los varones, desde esa cultura, pareciera que sólo tienen el rol de proveedor y dueño de objetos. Se los entrena, desde niños, para acumular cosas (autos, armas, etc.) y no para desarrollar sentimientos paternales, solidarios, de amor, emotivos. Esto sólo está reservado al "sexo débil", como se lo designa desde esta percepción. El avance y gravedad de situaciones de pobreza estructural les quita la esencia que esa cultura les dio de "proveedores" y acumuladores de cosas, sienten que ya "no son", que se ha vaciado de "sentido" su estereotipo masculino en la sociedad.

Las mujeres, desde esa cultura, pareciera que sólo cumplen el rol de procreadoras, portadoras de amor "incondicional" y servicio. La mujer es concebida como "débil" y "dependiente", es entrenada desde niña con muñecas y elementos para el servicio de limpieza y alimentación de "otros". Así, esta cultura estereotipa al varón y a la mujer, *los divide, los parcializa y determina un círculo de dominado y dominador.*

El varón, entonces, aparece vaciado de roles, y la mujer, asumiendo no sólo la "provisión"[1], procreación y protección familiar, sino también la social. Son mujeres, en su mayoría, las que sostienen actividades comunitarias barriales, las que desarrollan redes invisibles de colaboración, solidaridad y ayuda para tratar de contrarrestar el contexto de inseguridad, violencia y necesidades insatisfechas que la sociedad dominante prefiere no ver y asumir. Estas tareas comunitarias descriptas, raramente son valoradas cultural y económicamente. Las mismas mujeres piensan que es algo "natural" a su rol brindar amor "incondicional", aun a costa de su propia salud[2] e identidad individual, y que no lo hacen por un valor económico, sino moral[3].

El varón pobre y desempleado, que pierde el rol de "proveedor", puede presentar distintos síntomas de problemas psicosociales con situaciones de depresión, alcoho-

---

[1] En cuanto al contexto familiar, otro factor importante que permite dar cuenta de la incorporación de las mujeres al mercado de trabajo es la situación ocupacional de los cónyuges. Un estudio llevado adelante en Argentina, entre mujeres residentes en el área metropolitana de Buenos Aires y en un contexto de aumento creciente de las tasas de desempleo entre los jefes de hogar, puso de manifiesto que las mujeres que retornaron o se incorporaron al mercado de trabajo en el quinquenio 1995-2000, lo hicieron a partir de la repercusión de la crisis laboral y económica en sus hogares. El desempleo de sus cónyuges impulsó su incorporación al mercado laboral. La crisis significó para algunas la oportunidad de replantear los roles de género en el grupo familiar y autovalorar su papel como trabajadoras. Para otras, especialmente las de menores ingresos, la decisión efectiva de salir al mercado se vio obstaculizada por los roles de género vigentes; su incorporación al mercado suponía cambios en la organización doméstica a los cuales sus compañeros no siempre estaban dispuestos (Di Virgilio *et al.* 2000).

[2] En la evaluación del Plan Más Vida (alimentos, salud, educación) desarrollado en la Provincia de Buenos Aires, se detectó que las mujeres relegaban sus raciones alimentarias en función de las necesidades de todos los miembros de su familia, incluidos los hombres, aunque ellas estuvieran embarazadas o con situaciones de desnutrición. Otra constatación fue la abrumadora participación femenina en estos programas sociales. Todos ejercidos sin remuneración económica pero sí, muy valorados, por el grupo social. (Informe presentado al CIC en 2003. Enet).

[3] El trabajo no remunerado y "voluntario" en la comunidad, en particular en los sectores más pobres y empobrecidos de nuestras ciudades, es realizado por mujeres, producto de la privatización y/o reducción de los servicios públicos, y "naturalizado" como extensión del trabajo doméstico-privado asignado históricamente a las mujeres.

lismo, drogadicción, violencia, abuso, etc.[4]. Estos repercuten negativamente en sus relaciones familiares y sociales y, en particular, en las mujeres. A su vez, las mujeres, suelen tener dificultades para valorarse como individuo con intereses y necesidades particulares, así como para valorar las actividades que realiza para la comunidad[5].

Los diez efectos negativos de las propuestas de diseño tradicional de conjuntos habitacionales para la pobreza

Las políticas y programas habitacionales concebidos desde espacios tecnocráticos, alejados del territorio, no han logrado dar respuestas efectivas y sostenidas. No hace falta apelar a las estadísticas para comprobar que el problema ha crecido cuantitativa y cualitativamente, y que las respuestas generadas desde los ámbitos gubernamentales han reforzado las situaciones de inequidad y marginación. Expresiones de este enfoque son los diseños arquitectónicos y urbanos concebidos desde los "tableros de diseño", sin la participación de los destinatarios, pero más aún sin el conocimiento de cómo se vive y ocupa el territorio de diseño. *Son diseños pensados desde una visión tecnocrática, clasista, asistencialista y patriarcal de cómo debe ser concebido el espacio para los "pobres" y, en particular, para las mujeres.* Con el fin de identificar las formas más comunes de materializar el diseño y sus efectos, se plantean diez características y diez efectos generales:

---

[4] Un estudio realizado por Lazarsfeld en 1935 en un pueblo austriaco permitió poner en evidencia las consecuencias sociales y psicológicas del desempleo de los varones, concluyendo que es nefasto para la salud mental y aumenta los síntomas mentales en un medio desfavorecido, De hecho, el desempleo parece influir en tres planos. Primero, trae consigo una pérdida de seguridad material, limita los contactos sociales de los desempleados y afecta, de manera importante, la salud mental: ocasiona aburrimiento, pérdida de autoestima, culpabilidad y vergüenza, ansiedad, miedos, cólera, actitudes defensivas y depresión; puede llegar incluso hasta el abuso de alcohol o drogas y al suicidio (Robichaud, J. B. 1994, en Miguel Ángel Ramos Padilla 2003).
En otro estudio psicoanalítico llevado a cabo en zonas pobres del Perú, y en lo que se refiere específicamente a los varones, se concluye que las condiciones extremadamente precarias bajo las cuales se realizan los procesos de socialización acentúan aún más los rasgos psicosociales de la conducta masculina. Hablamos de "la tendencia a la negación de los propios sentimientos y a descargar la agresión hacia fuera, con las concomitantes proyecciones y la búsqueda de chivos expiatorios. (Rodríguez Rabanal, C. 1995, en Miguel Ángel Ramos Padilla 2003).
La situación de desempleo se considera una causa muy importante para el desarrollo de disfunción sexual. Es, para estos varones, causa de profundas depresiones y con implicancias negativas en la salud mental. Su presencia provoca el deterioro en las relaciones de pareja, el incremento de la violencia contra la mujer y los hijos.

[5] Las humillaciones cotidianas en medios desfavorecidos aumentan la vergüenza. Esto provoca un sentimiento de inferioridad, de desvalorización, de rechazo, que conduce a la pérdida de la autoestima, de la dignidad, del respeto por sí mismo, del amor propio Un ciclo de autoinhibición se inicia: la vergüenza de no reaccionar confirma su propia nulidad, hace crecer la humillación y el sentimiento de que se es merecedor de desprecio. Esto contribuye a reforzar los sentimientos de vergüenza, de baja autoestima y a comprometer más la salud mental (Robichaud, J. B. 1994).

Tabla I

CARACTERIZACIÓN	EFECTOS NEGATIVOS
1- ESTANDARIZADOS DISEÑO DEL "DEBER" SER "CIVILIZADO" DISEÑO PARA "EDUCAR" CÓMO VIVIR (Según las normas que impone el que "da", el que decide)	Inadecuación al uso. Inadecuación a la cultura. Inadecuación al ambiente. Inadecuación a los recursos locales. Inadecuación a condicionantes técnicas locales.
2- ESTÉTICA DEL "UNIFORME" "CIVILIZATORIO" Mínimas, iguales, ascéticas para contener y sobrevivir	Alienación. Sin posibilidad de expresión y adecuación de su hábitat.
3- DISEÑO 1 +1+1+1....N SUMATORIA DE UNIDADES NO DISEÑO INTEGRADO	INADECUACIÓN A CONDICIONES PARTICULARES DEL SITIO (topografía, riesgos, potencialidades paisajísticas, visuales, etc.). RUPTURA DE LA ESTÉTICA PROGRESIVA Y DIVERSA DEL ENTORNO
4- DISEÑO DE OBJETO ÚNICO Y ESTÁTICO (PROTOTÍPICO) Aun las "semillas", "precasas", que se supone son para crecer, etc.	Inadecuación al proceso evolutivo del grupo familiar y comunidad. Patologías en los crecimientos no previstos. Sobreinversión (rotura para adecuar). Imprevisión de las posibilidades reales de autogestionar el completamiento o crecimiento.
5- DISEÑO "AUTISTA" DEL PAISAJE Y SISTEMA URBANO **DISEÑO "OPERACIÓN TUMOR"** Erradicación y "remediación"	Islas uniformantes en áreas vacías, con imprevisión y/o deficiencia en infraestructura, servicios y equipamientos. Con la contracara de: Áreas urbanas densas con áreas vacías para ser ocupadas por inversiones del capital especulativo. Irracionalidad técnica con grandes negocios inmobiliarios para pocos.
6- "YO DECIDO... EL ESPACIO DE TODOS" Equipamientos y espacios comunes	Espacios sin apropiación / agredidos / inseguros / inadecuados. Símbolo de la imposición sin racionalidad. Desarticulación e irracionalidad entre la resolución de espacios arquitectónicos, actividades comunitarias y políticas sociales urbanas.
7- DISEÑO "OBJETO" (BULÓN) DE BAJO COSTO SIN CONSIDERAR CALIDAD AMBIENTAL RESULTANTE Y FACILIDAD DE MANTENIMIENTO	Rápido deterioro. Imprevisión por inexistencia de manuales de uso y mantenimiento. Dificultad de arreglo por imposibilidad económica, técnica o de provisión de materiales locales.

CARACTERIZACIÓN	EFECTOS NEGATIVOS
8- DISEÑO "PLATO VOLADOR" El prototipo se ubica sin consideración del entorno del sitio general y particular dentro del conjunto (orientación, vientos, visuales, topografía). Los espacios exteriores y el paisaje son resultantes aleatorias de la sumatoria de "objeto vivienda"	Espacios exteriores residuales, inadecuados para el desarrollo de actividades al exterior. Espacios exteriores sin apropiación. Depósito de objetos residuales.
9- DISEÑO "MÍNIMO"… EN CALIDAD AMBIENTAL Tanto en diseño (orientación, ventilación, aislación, iluminación, etc.), en la utilización de materiales apropiados o reciclados, como en el uso de energías alternativas	Dificultad de acondicionamiento de los espacios habitables que no han previsto mecanismos naturales de control. Costo elevado de acondicionamiento climático por usuarios que no disponen de estos recursos. Imposibilidad de sostenimiento de tarifas eléctricas o gas de servicios convencionales por usuarios con problemas económicos.
10- "EL DISEÑO EMPIEZA CUANDO LLEGO YO"	Pérdida del espacio y cultura histórica construida en barrios y centros urbanos o áreas rurales (casas – molinos – fábricas, etc.). Pérdida de reciclado de materiales y ámbitos construidos. Pérdida de valor potencial de puesta en valor.

Fuente: Elaboración Propia

En particular, podemos analizar *cómo esta forma de diseño afecta a la equidad de género.*

Los diez estigmas de diseño patriarcal en la vivienda[6]

En el marco de la acción pública, las necesidades de las mujeres a menudo son ignoradas en aspectos como el diseño de los barrios y las viviendas, su localización y la provisión de servicios y otras cuestiones, como sus necesidades para generar ingresos, facilitar el cuidado de los niños y su papel en la acción y gestión a nivel comunitario (equipamientos comunitarios adecuados) (Beall 1995).

---

[6] Observaciones construidas colectivamente en el proceso de diseño participativo realizado en Bº Vista Flores del Departamento de Tunuyán en Mendoza. Proceso desarrollado en el Marco del Proyecto de I+D Desarrollado por el LAHV (Laboratorio de Ambiente Humano y Vivienda) INCIHUSA, CONICET. PID 23120. –Enet, Mitchell, Cortegoso, Fernández, Basso, Acosta, C. de Rosa y familias del Barrio Vista Flores.

a) "Cocinas placard"

Son cocinas tipo pasillo, con dimensiones mínimas, donde sólo puede entrar una persona para desarrollar la actividad de la comida como un "servicio" y no como una actividad colectiva donde se comparte con todos los miembros de la familia.

La actividad de acopio de alimentos, preparación, cocción, lavado de instrumentos y guardado se realiza varias veces al día y ocupa gran cantidad de horas, las cuales, según el diseño pensado desde una lógica machista: no debe ser visto, debe ser controlado el ruido, los olores, etc. *Es una actividad que debe ser realizada sin "molestar" a los que realmente "viven" en la casa.* A estas actividades destinadas a la cocina –además de estar segregadas– no se les destina un espacio adecuado para realizarlas en forma apropiada y agradable. Los pasillos son tan estrechos que ninguna otra persona de la casa podrá contribuir a la tarea, tampoco podrá pasar si la mujer no tiene dimensiones del estereotipo 90-60-90. Las mesadas son tan reducidas que no permiten la preparación de la comida y el lavado en forma simultánea, están a una altura que la mujer necesita doblarse y le trae dolores de columna, las bachas son tan pequeñas que no pueden lavarse los instrumentos de cocina sin que el agua se salpique por todos lados.

Generalmente no se prevé que los pobres –o más bien las mujeres pobres– tengan acceso a los electrodomésticos. Esto trae graves problemas para colocar la heladera, microondas, y más aún el lavarropas, lo que da lugar al análisis de otro espacio.

b) "El lavadero castigo"

Si las cocinas son pensadas para que no molesten a los que viven, ¿qué podemos decir de los lavaderos? Están generalmente pensados con una pileta de lavar colocada al exterior, y si es posible, en la parte posterior de la vivienda, donde la mujer no moleste con ruidos. Ella deberá soportar estoicamente el calor, el frío, el viento, el polvo, etc. Estos espacios directamente son excluidos de la vivienda.

c) El tendedero, "¿dónde lo escondo?"

Sobre este espacio nunca se reflexiona, sólo se hace en los espacios residuales que le dejó el diseño "pensado". No se consideran condicionantes de ventilación, soleamiento y seguridad que esta actividad requiere.

d) "Hay un muerto en el ropero"

El ropero, generalmente, no existe en los diseños de las viviendas "mínimas" para los pobres. Estos lugares son los primeros que se desestiman a la hora de reducir espacios, sin considerar la necesidad de acopio, guardado y organización interna del hogar.

e) "Dormitorio hacinamiento"

Uno de los criterios que los varones del diseño y de las políticas determinan se refiere a *qué prioridad se le asigna a la superficie para dormitorios y/o cuántos dormitorios en relación con el grupo familiar*. Con el criterio de lo mínimo y lo "igualitario" se vuelve a reforzar la discriminación a la mujer, al efectuar diseños de dormitorios de dimensiones mínimas y con un criterio igualitario de reparto de cantidad de dormitorios, sin considerar si es una pareja joven, si es una pareja anciana, si es una familia tipo o si es una familia extensa. Lo igualitario, en este sentido, es sumamente inequitativo e irracional.

Es conocido, por varios estudios realizados, que el hacinamiento, si bien no es una causa directa, es una condición que permite que se produzca violencia contra las mujeres, niñas y niños. Agravando esta situación, no se prevé adecuadamente desde el diseño, la tecnología y los recursos económicos y tecnológicos el proceso de evolución del grupo familiar y de la vivienda. Desde la visión machista y de corto plazo, el riesgo de promiscuidad, abuso, etc., no es prioritario.

f) "Baño público"

A las mujeres, la cultura machista les requiere recato y discreción en las actividades de aseo y realización de actividades fisiológicas. Sin embargo, no se lo suele considerar en los diseños de las viviendas para pobres, donde el ingreso y egreso de los baños no están reservados a un área privada de la vivienda.

g) "El rey de la casa: el auto del varón"

Tenga o no tenga la familia un auto, esto sí se considera en el diseño de las viviendas mínimas para pobres. A veces no materializado, pero sí influyendo en todo el diseño de la vivienda. El paso lateral, a costa de reducción de espacios, paredes medianeras pegadas, ventilación, soleamiento, etc., es subordinado a las generosas dimensiones para los autos. Contrasta con la diferencia de criterio con respecto a los dormitorios.

h) "Espacio residencial"

No se visualiza la posibilidad de acciones productivas[7] dentro de la vivienda, cuando para las mujeres de los sectores medios y pobres, la vivienda es un ámbito de reproducción y producción alternativa para lograr la subsistencia (costura, alimentos, arreglos, peluquería, enfermería, huerta, venta, etc.). Otras actividades, como las educativas, recreativas, etc., tampoco son consideradas ni priorizadas.

---

[7] Ellas, por lo general, pasan más tiempo que los hombres en la casa, dado que ejercen mayoritariamente sus roles reproductivos y muchas veces los productivos, en el hogar (Chant 2003). En Herzer, Di Virgilio y Rodríguez (2006), *Urbanización y Género*.

i) "Espacios individuales"

Espacios sociales / solidarios / comunitarios. El diseño tradicional concebido desde una lógica verticalista, competitiva e individualista no llega a comprender el rol de la mujer dentro y fuera de su vivienda. La mujer, no sólo es el sustento emocional y psicológico de su familia, sino también desarrolla redes solidarias de sobrevivencia con otras mujeres para cubrir necesidades básicas. Cocinas y roperos comunitarios, cuidado de niños, trueque, etc. Es también la mujer la que se involucra en redes formales e informales de trabajo político, social, religioso, etc. Todas estas actividades sociales, solidarias y comunitarias no son concebidas desde la lógica tradicional. A su vez, son esenciales para las familias pobres.

j) "Espacios exteriores residuales"

Son los espacios que quedan después de ocupar la vivienda en el lote. No son espacios diseñados para habitar. Las múltiples actividades que desarrolla la mujer de producción de huerta, cocina en horno de barro, tendido de ropa, actividades productivas, esparcimiento, etc., son realizadas sin la existencia de diseño alguno.

Los nueve estigmas de diseño patriarcal en programas de mejoramiento y conjuntos habitacionales

Se vuelve a repetir el estereotipo de diseño pensado para la pobreza y sin consideración de aspectos específicos de género. En estos casos se suelen violar varios derechos considerados en los pactos: con el desalojo forzoso, con acciones inconsultas, con no respetar formas culturales de habitar y de producir, etc.

El género es intrínseco al análisis de la urbanización en los países en desarrollo, en tanto ésta afecta y cambia los roles y relaciones de género, y a la inversa, puesto que los roles y relaciones de género influyen y moldean el proceso de urbanización (Chant 1996).

a- "Diseño seccionador"

El diseño tradicional se realiza desde un tablero, forzando una transformación radical desde una trama compleja a una trama matemática y arbitraria. Se concibe desconociendo lo existente. Desde la lógica tecnocrática se desprecian las formas de habitar de la pobreza, de lo "marginal", de lo que debe ser transformado para ser "civilizado", de los que "deben ser educados", según la lógica del dominador. Se desconoce la cultura, se desconocen las formas creativas de sobrevivencia que desarrollan *redes sociales formales e informales*[8]. En particular las mujeres desarrollan redes, y algunas de

---

[8] En un trabajo de investigación realizado en el Barrio "Fuerte Apache" en Argentina, se corroboró la importancia y la efectividad de las redes sociales y su interconexión con otras organizaciones sociales

ellas están ligadas al cuidado y contención de niños y adultos mayores, a solidaridad alimenticia (préstamo de alimentos, olla popular, etc.), a solidaridad de abrigo y vestimenta (préstamos, trueque, intercambio de vestimenta, ropero comunitario, etc.), a solidaridad en cuidados de salud y acceso a educación, a solidaridad en actividades productivas, a solidaridad en estrategias de traslado y transporte dentro de la ciudad, a estrategias de desarrollo deportivo y de esparcimiento para niños, jóvenes y adultos mayores, etc.

El diseño tipo "plantilla" que secciona los asentamientos informales destruye los recursos de sobrevivencia que desarrollan redes sociales, extendidas dentro y fuera del territorio de los asentamientos precarios[9]. La relación de proximidad o continuidad espacial de sus actores le permite tal desarrollo. Al no conocer y/o respetar estas condiciones se destruyen recursos, tanto sociales como materiales:

- Se desconocen las actividades de sustento social, no cuantificadas económicamente desde la lógica machista, porque se desarrollan por procesos de cooperación y trueque entre mujeres, tanto para la vida familiar como para el desarrollo barrial. La mujer de asentamientos informales no es diferente de cualquier otra; es inherente a su espíritu la lucha por el acceso a condiciones que permitan desarrollar adecuadamente la vida de su familia y su comunidad.

- Se desconocen los recursos materiales de construcción, que aunque escasos y / o deteriorados, pueden reutilizarse y reciclarse para la nueva vivienda. La lógica tecnocrática desconoce que la acumulación de escombros, materiales no convencionales y desechos de otras viviendas son "ahorros" (realizados por años) que tienen valor dentro del mercado informal.

- Se desconocen los recursos ambientales, como los árboles que los sectores populares utilizan, tanto para desarrollar múltiples actividades en el exterior como para control bioclimático de las viviendas. Los sectores populares, que no siguen una grilla predeterminada, suelen tener una clara conciencia de cómo orientar sus unidades habitacionales para el mejor aprovechamiento, a diferencia de los técnicos

---

intermedias para la contención de situaciones de violencia, abuso, prevención de situaciones de salud, etc., en relación con los organismos públicos como la Policía, Oficina de prevención de violencia a la mujer, etc.

[9] Consecuencias que padecen las familias pobres a raíz de los desalojos forzados:

- Se daña o destruye la propiedad y los activos trabajosamente autoproducidos por familias y comunidades.
- Se pierde o se inutiliza capital productivo trabajosamente acopiado a lo largo del tiempo.
- Se rompen redes sociales, construidas en muchos casos a lo largo de años y generaciones.
- Se comprometen estrategias de vida y aun de subsistencia.
- Se pierde el acceso a facilidades y servicios sociales logrados con mucho sacrificio.
- Se genera violencia, violación, asalto y crimen para favorecer los desalojos o como consecuencia de las inadecuadas estrategias de relocalización o en casos extremos, de su ausencia, cuando se deja la gente en la calle o, peor aún, en medio del desierto. En Herzer, Di Virgilio, Rodríguez (2006), *Urbanización y género.*

que aplican la uniformidad sin considerar las orientaciones ni las actividades que pueden desarrollarse en espacios exteriores. Lamentablemente, es frecuente, la destrucción de especies de años para instalar la "plantilla".

Desde la lógica técnica, el sistema de "sorteo" para designar la ubicación de las familias en las nuevas viviendas, o la decisión del técnico –según criterios de "racionalidad"– sobre quién se queda, se corre o se traslada en los asentamientos a radicar, se consideran los procedimientos más "equitativos". Sin embargo, tienen esa aparente lógica "ascética" de toda ideología, porque parten de un punto en el que se desconoce el valor de las redes existentes y sus aportes, y dejan al "azar" una resolución que debería ser técnico-social.

El diseño participativo permite articular la lógica técnica con la lógica social y territorial. Permite articular lo nuevo con lo construido. Permite sinergia de recursos humanos y materiales potenciando las acciones transformadoras. Las redes se vuelven a reconstruir colectivamente logrando, incluso, superar los acuerdos realizados en el asentamiento original.

b- La "regularidad" Insegura

En la informalidad, las mujeres desarrollan estrategias y acuerdos para resistir la violencia cotidiana a la que están expuestas sin ninguna protección y/o control de las autoridades formales. En la invisibilidad de los asentamientos se establecen relaciones de poder y castigo que no tienen relación con la ley "formal". Se naturalizan acciones cotidianas de violencia como robos, abusos, ocupación y rotura de las viviendas, exposición a peleas o tiroteos entre bandas como parte de la vida barrial. Estas acciones se manejan sólo por "códigos" locales, con sanciones que pueden recibirse en forma inapelable por grupos que ejercen el poder en distintos momentos de la vida del asentamiento. La inseguridad es un tema complejo que debería conocerse acabadamente al momento de intervenir con una propuesta de apertura de calles, corrimientos y extracción de viviendas. Esta intervención implica trastocar equilibrios locales que traen como consecuencia una reacción con mayor violencia, tanto para el interior del asentamiento como para el proceso de mejoramiento barrial que se intenta desarrollar.

Las mujeres constituyen agrupaciones de vivienda y formas intrincadas de acceso único a ese conjunto, con el fin de no ser "blancos de paso" de correrías delictivas o colindar con espacios de "encuentro" de estas bandas. Su agrupación con ingreso único permite coayudarse o avisarse en situaciones de violencia. La cercanía les permite acordar cuándo trasladarse de la vivienda para hacerlo en conjunto o el cuidado permanente de las viviendas por alguna de ellas. Desarrollan un sistema de seguridad informal y solidario basado en la necesidad común de vivir y resistir en espacios violentos.

Este sistema suele ser literalmente "destruido" por apertura de calles, diseño de loteo, designación de lote y vivienda, etc. Todos realizados con total desconocimiento de esta situación. Lo que el arquitecto ve como "antiestético" y "antifuncional" lo es sólo desde su lógica y desconociendo la realidad diaria que viven las mujeres en barrios precarios.

A continuación, se hacen citas textuales de una mujer de un barrio del Programa Rosario Hábitat, al momento de habitar el mejoramiento: "Ahora que hemos abierto los pasillos y pueden pasar va a estar difícil". "Mi suegro ya me ha comprado rejas". "Hay muchos 'rastreros' (roban dentro del barrio), antes eran sólo los de afuera". "Hay bandas y disparos, sobre todo los fines de semana".

Una mujer que fue trasladada desde un asentamiento precario a un "nuevo barrio" en la Ciudad de Córdoba del Programa Mi casa, Mi vida, dice: "Tuve doce robos, después del tercero ya no denuncié más. Me violaron. Era un infierno. Me volví a la villa donde tengo conocidos y sabemos cómo cuidarnos".

Los procesos de diseño participativo permiten detectar las distintas redes y relaciones entre los vecinos y, principalmente, **acordar y negociar** quién se va, quién se corre, a dónde y cómo quedan determinados el diseño de lote, manzana y apertura de calle.

Ayuda al proceso de transformación de relaciones de poderes entre actores y la forma en que se habían apropiado del territorio. Da herramientas de discusión a los más débiles (mujeres solas, ancianas, etc.) y va llevando a los que ejercen el poder delictivo a no tener más opción que acordar y negociar su permanencia o retiro.

c- Los espacios "del más fuerte"

Los usos del espacio público están relacionados con patrones socioculturales, que se manifiestan en las interacciones y las relaciones que los habitantes establecen en el medio físico en el cual desarrollan la vida cotidiana (Segovia 1997). En los asentamientos precarios, donde lo que domina es la ocupación por fuerza y violencia, los espacios "comunes" de circulación, esparcimiento, recreativo, etc., son dominados, generalmente, por varones. Se pueden observar espacios dominados por el desecho de la basura seleccionada para la venta, animales, lugares de reunión de grupos utilizados para tomar alcohol y droga, zonas "rojas" por sus condiciones para realizar arrebatos y huida, zonas con depósitos de auto-partes, la infaltable cancha de fútbol, etc.

Los espacios "comunitarios", que sí son delegados a la mujer, son aquellos donde partidos políticos, religiones y el Estado intentan llegar para captar "adeptos" con actividades asistenciales de tipo social. Aquí se valora el rol de la mujer para el servicio "desinteresado", ya que son realizados sin ningún tipo de remuneración para suplir las falencias del Estado. Aparecen comedores, dispensarios, salitas de contención de niños, roperos comunitarios, etc.

En síntesis, los espacios comunitarios de la vida pública para esparcimiento son dominados por los varones. Las mujeres y niños no sólo son relegados, sino que corren riesgo al trasladarse en esos espacios, a diferencia de los espacios comunitarios desarrollados para el servicio, que sí son delegados a la mujer para ser utilizados por toda la comunidad.

Cuando se realizan diseños tradicionales para "mejoramiento" barrial, se vuelve a repetir el estereotipo determinado para la mujer y el varón. Para la mujer, el servicio, para el varón, el esparcimiento. Son diseños que no interactúan con varones y mujeres para poder acordar y transformar actividades, formas de uso y apropiación. Son parte del diseño "plantilla", indiferenciado y estandarizado. Esto determina, para espacios construidos, salón de "usos múltiples", y para espacio al exterior, plaza y cancha de fútbol.

Los equipamientos de servicios de atención primaria de la salud, comedores y estimulación temprana, etc., son pensados desde los organismos públicos sin consultar a la comunidad. El resultado es una inadecuación a necesidades específicas del grupo familiar y del entorno barrial, y una concepción vinculada al "autosostenimiento" por el sexo "débil". Se cree, desde el Estado, en la incapacidad de la mujer para decidir y aportar a la resolución del servicio, y por otro lado, se la percibe apta para el aporte voluntario de sostenimiento y complemento de los siempre escasos recursos estatales para servicios sociales. Se naturaliza que estos servicios son para "ayudar" a la mujer en su tarea de educación y control de la salud de "sus" hijos, para la alimentación, "su" embarazo y planificación familiar. Por esta razón, se concibe la participación voluntaria de la mujer para su sostenimiento.

En cuanto a la ubicación, son centrales al barrio, y se esgrime como argumento la equidistancia de las viviendas, pero sin considerar topografía, paisaje, aprovechamiento de recursos naturales o culturales, costumbres o deseos, etc. La ubicación y relación entre los espacios comunitarios son pensadas desde lo impersonal y la no identificación de grupos que desarrollarán y sostendrán las actividades. Se define en forma primaria, simple y estándar. Generalmente centralizada y agrupada. El resultado tiene que ver con espacios de "nadie", abandonados, sin uso comunitario.

En los procesos de diseño participativo, las familias, y en particular las mujeres, no tienen una propuesta estandarizada e inarticulada del contexto.

Por ejemplo, en Cuba San Antonio de Los Baños[10], los técnicos habían realizado una prepropuesta siguiendo los parámetros antes descriptos, pero en el proceso de diseño participativo fueron reconociendo razones absolutamente racionales, ligadas al contexto y a la cultura particular del grupo.

Las mujeres no quisieron una plaza central para el juego de niños, prefirieron el diseño de manzanas rectangulares, con calles semipeatonales (en Cuba hay muy pocos autos) y microespacios verdes cercanos a las viviendas para observar, en forma directa y haciendo sus tareas, a los niños jugar.

---

[10] Registro de resultados de Diseño Participativo del Programa 20 x 1000 Bº Escuela del Futuro. En Enet Romero (2003), Colección de Tecnologías Sociales CYTED (Ciencia y Tecnología Iberoamericana) Red XIV.f.

Prefirieron que la escuela, el área deportiva y la discoteca (esto es una necesidad en Cuba) estuvieran alejadas de la zona residencial para evitar los ruidos. Al haber pocos autos y un sólido acuerdo social, hay poca inseguridad en el traslado de los niños y jóvenes. En cambio, sí quisieron que tuvieran una ubicación central y equidistante al área residencial el centro de salud y centro de la tercera edad, porque no hacen ruido y se necesita que estén cerca para el traslado, que no es realizado en auto. Como podemos observar, la mujer piensa el diseño desde una percepción humana de afecto y protección a su familia y su comunidad.

d- *"Diseño trauma"*

El diseño tecnocrático sólo piensa en el objeto final, no piensa el proceso de transformación de los espacios y el impacto que esto genera en la población, en particular en las mujeres. Los procedimientos de apertura de calles y "remediación" (así denomina el BID a la extracción de viviendas precarias de áreas a las que rápidamente se convierte en parque "limpio") son acciones traumáticas para la psique de las personas que de un momento a otro ven destruido su hábitat. Se acentúa su situación de vulnerabilidad, inseguridad y desestabilización de sus referencias[11]. Estos procedimientos, aunque hayan sido realizados con metodologías supuestamente "participativas", en general no son comprendidos por las familias en su significado total, ni en el impacto que este traslado les traerá a sus vidas. Los motivos son múltiples: información incompleta, distorsionada, presiones legales (criminalización de la pobreza), psicológicas, físicas (incendios, robos, asedio policial, etc.) y promesas de "premios" (dinero, electrodomésticos, bicicletas, etc.) para la vivienda "soñada", etc.

Esto se da aun en ciertos casos, como en el programa Rosario Hábitat, para el cual se había desarrollado un procedimiento participativo para el proceso de apertura de calles y traslado. Cumpliendo la exigencia del BID, se había firmado un documento participativo de aceptación. En al menos el 70%, las familias no llegaron a comprender la real dimensión de lo que implicaba el traslado. En un operativo para la apertura y traslado de la Villa Corrientes participaron 95 miembros del programa. El momento en el que se comenzaron a demoler las viviendas para la apertura de calles fue violento y traumático, porque fue cuando las familias comenzaron a entender realmente las implicancias. Las personas quedaban mirando atónitas y perdidas, como después de

---

[11] Las mujeres son desproporcionadamente afectadas por los desplazamientos forzados, por las "limpiezas" de villas miseria y por la ejecución de proyectos urbanísticos impulsados por actores estatales, autoridades públicas, diputados, concejales y también privados (propietarios, agentes inmobiliarios). Ellas se tornan especialmente vulnerables cuando existen formas y usos discriminatorios ligados con restricciones a los derechos de propiedad, cuando se las incluye en esquemas de reasentamientos también forzados que resultan inadecuados o perjudican el sustento de su vida cotidiana y porque, cuando quedan sin hogar, se vuelven foco de actos de violencia y abuso sexual. En Herzer, Di Virgilio, Rodríguez (2006), *Urbanización y género.*

un bombardeo, y a la vez recogían sus pertenencias para ser cargadas en camiones y dirigirse al nuevo barrio.

Estos procedimientos traen serios traumas a ancianos, niños y mujeres que ven desestructurado violentamente su hábitat. Es decir, su vivienda, sus lazos afectivos, sus espacios de socialización, su relación con la ciudad, sus espacios de sustento, de formación, de salud, de transporte, etc. Es frecuente que a partir de estos procedimientos las familias perciban al programa de "mejoramiento" como "enemigos en una guerra". Se comienzan a producir bloqueos y boicots al trabajo de las empresas constructoras, que son las ejecutoras del despojo. Y a su vez, se convierten en aliados de toda familia que quiera ocupar los espacios "remediados" por el programa. Por ejemplo, el Programa Rosario Hábitat tuvo que contratar a personas como "guardias urbanos" para lograr el sostenimiento de los espacios "colonizados".

Los procedimientos participativos efectivos transforman la resistencia y el trauma en recursos y creatividad que refuerza el colectivo.

Veamos, por ejemplo, la *percepción de familias*[12] del mismo programa, una vez cambiado el procedimiento participativo: "Cuando nos citaron, pensamos que entre los vecinos y los técnicos nos íbamos a sacar los ojos". "Íbamos a pelear, pero el trato fue tan diferente, ellos nos preguntaron cosas y nos entendieron"."Nos dieron los planos y en un fin de semana nos pusimos todos los vecinos de acuerdo y en otro fin de semana nos corrimos todos". "Hicimos todo, pasillos, calles, corrimientos del cerco". "Ya no esperamos que venga la empresa constructora, nosotros nos organizamos y lo hacemos". "A los que ponen los mojones (agrimensores), nosotros los ayudamos y les dimos herramientas porque sabíamos dónde iban". "Hoy estaban los agrimensores buscando los mojones y fue la gringa en el acto a mostrarles… para que se vayan". "Antes la gente se quedaban mirando y se divertían cuando no los encontraban, decían 'que lo hagan ellos'". "A los que tienen que correr las casas, es justo que le den materiales, nosotros lo decidimos…te tenés que levantar temprano… por lo menos las cinco de la mañana, trabajás todo el día para ver si tenés armada una pieza… y muchas cosas perdés". "Los corrimientos fueron diferentes, todos los vecinos ayudaron a otros, acortó los tiempos y a las cuatro de la tarde estaba todo terminado, la angustia disminuyó".

Por otro lado, estos son ejemplos de la *percepción de los técnicos*: "Ahora los conflictos los resuelven los vecinos". "Cuando solucionás problemas en quince minutos, que antes te llevaban todo el proceso de proyecto, la alegría es enorme". "Nosotros actuamos ante el conflicto en forma diferente".

El proceso de diseño participativo permite transformaciones progresivas y compartidas entre técnicos y familias, con una real comprensión no sólo de la actividad puntual, sino también del proceso y el resultado final esperado.

---

[12] Citas textuales extraídas de la "clínica de evaluación participativa" de la aplicación de procedimientos de diseño participativo en varios proyectos del Programa Rosario Hábitat. Enet Romero. 2005.

e- La mujer "no participa"

Las modalidades tradicionales de operatorias de diseño de barrios, aun las de participación, limitan a la mujer, tanto para el acceso como para el proceso de ejecución. Es común escuchar "hay que promover la participación femenina, y que ésta se mide por el número de mujeres que asisten a talleres". Sin embargo, el problema central no está en el número de participantes, sino en la efectividad y calidad de esa participación. Por lo tanto, si no se analizan los factores que pueden influir en la calidad de la participación, seguiremos repitiendo acciones que sólo generarán mayor desgaste a la mujer y no transformaciones efectivas y sostenibles en su derecho a ser escuchadas, a opinar y a decidir.

Los criterios de "elegibilidad" para el acceso a políticas habitacionales están pensados desde la lógica patriarcal de los sectores dominantes. Son concebidos desde un "deber ser" estereotipado. Se selecciona la realidad coincidente con lo pensado por alguien en un escritorio en un lugar anónimo. Desde esta lógica, entre los distintos criterios sólo citaremos los que más impactan en la diferencia de género.

Primero, "debe" existir una familia. No puede aspirar a acceder una mujer sola y soltera. Menos aún entran en consideración jóvenes, lésbicas u homosexuales o conjuntos de personas que comparten la vivienda y los ingresos. Segundo, si existe un hombre, aunque sea un compañero temporal y no sea el proveedor de la familia, se lo visualiza como "jefe de familia". Tercero, sólo se considera a la mujer "jefa de familia" cuando tiene hijos y es la única proveedora.

Estas condiciones dan por sentada la tendencia a la existencia de grupos familiares formalmente instituidos, y no asimilan las relaciones familiares temporarias, las relaciones familiares que no cuadran dentro de lo denominado "familia tipo". La jefatura del hogar no debería tener como modelo al hombre que habita la vivienda –si es que lo hace–, dando por descontado que él es el proveedor. Hay una tendencia en los sectores populares por la cual la mujer es productora y reproductora, aunque tenga un compañero. Tampoco debería considerarse la jefatura sólo en virtud de quién sea el proveedor, porque ese criterio sigue priorizando el valor del dinero por sobre el valor de la reproducción y el desarrollo del grupo familiar ejercido sostenidamente por la mujer. Desde una lógica humana y social, la responsable de la reproducción y educación de hijos debería ser considerada "jefa de familia". Es la mujer, en un porcentaje mayoritario, la que permanece con sus hijos y sostiene emocional y físicamente a su familia, aunque se disuelva el grupo familiar inicial. Mayoritariamente, la mujer no aspira a una vivienda por su valor material, la visualiza como un lugar seguro en el mundo donde preservar a su familia.

El diseño participativo parte de un diagnóstico integral georeferenciado, que comienza por identificar la naturaleza no convencional de los grupos familiares, sus relaciones y sus responsabilidades. Se desarrollan instancias de diálogo interactivo donde se comienza a detectar la percepción sobre derechos y, en particular, sobre los derechos específicos de las mujeres y los niños. Se trabajan los derechos a acceso, participación y seguridad en la tenencia.

Criterios de participación para la toma de decisiones durante el proceso

La forma más generalizada de establecer procesos de participación entre el Estado y los grupos de base es a través de líderes y/o representantes de organizaciones barriales. Sin embargo, es común observar que la representación de estas organizaciones no se basa en procesos participativos efectivos sino, más bien, es resultado de un proceso de presión y luchas de poderes de actores que dominan el territorio. Estos representantes, en la mayoría de los casos, son varones. Es común detectar, cuando se hacen entrevistas a informantes clave, representantes de organizaciones cuyo presidente es un varón. Pero cuando se hacen preguntas de contenido y de organización, generalmente es una mujer "secretaria" la que contesta el contenido, porque es la que efectivamente actúa en el territorio. Representante y representado asienten esta situación[13].

Otro factor a considerar en el trabajo con organizaciones asentadas en el barrio es la interconexión que tienen con otros actores, que a través de representantes barriales (punteros) inciden en la vida del barrio. Es un líder o representante que no responde a intereses locales, ni tiene pensamiento propio, sino que responde a intereses que otros actores quieren imponer en el territorio. Si sólo se trabajara con estos representantes, el sistema participativo volvería a reforzar la estructura de poder no democrática existente, y la opinión de las mujeres volvería a quedar subsumida en la cultura machista.

El diseño participativo promueve el diálogo *con todos los actores* que inciden en forma directa o indirecta en el barrio, ubicándolos en el territorio. Además, se interroga sobre cómo inciden en él. El proceso participativo se sustenta en darle equidad de voz y voto a todos los actores, y no sólo a los líderes. En particular, las mujeres, que son las que mayoritariamente participan de actividades en donde se define su vivienda y su barrio. Durante el proceso de diseño participativo se va promoviendo mayor calidad de participación femenina. Es decir, se intenta promover que la mujer fortalezca su percepción sobre el derecho a participar y sobre todo a "decidir", que sienta que puede aportar aspectos específicos que sólo ella conoce, que su opinión y decisión vale, tanto o más que la de su compañero. El tema a decidir y su participación mayoritaria ayudan a afianzar sus derechos.

El derecho a participar de las mujeres también debe ir acompañado con las condiciones para que lo haga. Es importante considerar los horarios en los que las mujeres podrán participar (por ejemplo, considerar los horarios de búsqueda de niños a la

---

[13] Constatado por la recurrencia de esta situación en el ejercicio de 20 años de evaluación en asentamientos precarios, barrios sociales, etc. Enet. Ex Encargada Área Evaluación CEVE y evaluador de varios programas en Argentina y América Latina.

escuela u horario de comidas), prever contención para niños pequeños y bebés, para que no sea un impedimento o no pueda participar en igualdad de condiciones. Es imprescindible, asimismo, que los coordinadores de procesos participativos estén integrados por personas de los dos sexos, preferentemente mujeres, ya que las mujeres suelen "atreverse" a opinar y a expresarse con otras mujeres. Se tiene que promover un espacio para la expresión e intercambio entre "pares".

Es esencial que la coordinadora o coordinador maneje conceptos de género y utilice distintas oportunidades en el diagnóstico y en la priorización de problemas, propuestas y opciones para visualizar la importancia de la opinión femenina en el tema. También puede ir provocando situaciones de análisis contradictorio entre las prioridades del varón y las mujeres para ir generando acuerdos, tanto en el diseño como en el uso y sostenimiento de los espacios diseñados.

En general, podemos afirmar por experiencias de diseño participativo efectivo, que durante el proceso las mujeres van adquiriendo capacidades para participar, opinar y tomar decisiones. Van ocupando un espacio de decisión y los varones suelen comenzar a interesarse o "celar" su protagonismo externo al núcleo familiar. Es en esta instancia, y cuando se dan momentos decisivos en el diseño, que los varones suelen incorporarse para no perder poder de decisión. En esta etapa del proceso, con las mujeres fortalecidas y los hombres interesados, se suelen generar acuerdos compartidos que consideran equidad de género.

En el proceso de ejecución

El diseño tradicional se concibe para ser realizado por una empresa convencional. Esta propuesta margina tanto de la ejecución como del control a las familias. No se garantiza el derecho a control ciudadano.

En los procesos participativos, y en particular en los de diseño participativo, se concibe al diseño de espacios en forma progresiva, con consideración del territorio existente, contexto y recursos no convencionales. Esto permite que pueda percibirse tanto a la mujer como al varón como sujetos activos en el proceso de concreción de su vivienda. En algunos casos, se malentiende la participación con la coerción a la participación gratuita de la mano de obra. No se aumenta el recurso para la ejecución de las obras sino que se las descuenta con el criterio de "disminuir el costo social".

En casos donde la participación es efectiva, la decisión de contribuir en la obra surge del proceso de diseño. Comienza en el mismo diagnóstico, donde se analizan los recursos y condicionantes de las familias. En base a la propuesta y a un análisis estratégico, se decide la participación en la obra. Puede ser desde sólo controlar el proceso, pasando por participar del diseño del proceso de obra y formas de compra y control, a proponer una participación mixta con la empresa constructora, a impulsar la formación de una empresa social de trabajo para la ejecución, o a generar una actividad productiva sostenible en base a aprendizajes de oficios, etc.

A partir de una sola posibilidad, se abren múltiples opciones con amplia participación de la mujer[14]. En general, se supone que la mujer no puede o no debe participar, para no generar mayor sobrecarga a sus tareas productivas y reproductivas. Esto es sólo una suposición si no se trabaja con las mismas interesadas. No hay una propuesta fija, dependerá del diagnóstico y las aspiraciones de las mujeres.

A diferencia de la percepción generalizada sobre la dificultad de la mujer para participar en la ejecución de las obras, está comprobado que pueden y están más capacitadas que los varones para muchas tareas de obra[15]. Por ejemplo, tareas complementarias de obra como la administración, el presupuesto, la compra, el pañol, el control de obra en relación con pliegos. O tareas de obra como el replanteo, armado de armaduras, revoque, azulejado, colocación de pisos, colocación de cielorrasos, pintura, jardinería, etc.

La participación en obra surge de una decisión voluntaria con el fin de optimizar el presupuesto o mejorar superficie o calidad. Surge del mismo proceso de diagnóstico donde se analizará tanto la conveniencia de la participación de mujeres y varones como los roles y las tareas apropiados para los distintos sexos, edades y situaciones de vida particulares.

f- La tenencia insegura

Una vez que accede a la vivienda, comienza otro proceso que es la seguridad o no en la tenencia. Muchos programas de vivienda que se realizan para los sectores populares son pensados como "gasto social", y se generan "soluciones habitacionales" que suelen no cumplir las normativas mínimas. Esta situación, provocada por el mismo Estado, lleva a que no puedan ser aprobados los loteos y los planos de las viviendas para ser considerados "barrios residenciales" y ser transferida la propiedad a las familias.

En otros casos, no sólo no se cumplen estas exigencias legales, sino que además se considera que no es positivo dar la propiedad a las familias porque se corre el riesgo de que la vendan, lo que conllevaría un regreso a la situación previa para que el Estado, nuevamente, realice un "gasto social". Según esta perspectiva, el Estado debe seguir "manejando" el derecho de uso o no. Por ejemplo, un gobernador de Córdoba dijo

---

[14] El programa de mejoramiento barrial de Caracas (CAMEBA), financiado por el Banco Mundial, contempló la perspectiva de género en su diseño, incorporando a las mujeres con diversos roles (desde constructoras hasta inspectoras barriales o miembros del staff del programa). Ellas impulsaron mejoras en la calidad y en el mantenimiento de las obras así como en la búsqueda de eficiencia en la organización del trabajo. Contar con empleos remunerados las fortaleció y contribuyó a sus hogares. También se considera que el programa ayudó a generar capacidades institucionales en las comunidades involucradas.

[15] En los casos de evaluaciones efectuadas a procesos de autoconstrucción y/o racionalización, realizadas por CEVE (Centro Experimental de la Vivienda Económica) en Argentina, desde 1997 a 2000, reiteradamente puede comprobarse la efectividad de participación de la mujer, especialmente en tareas con mayor calificación educativa y movilidad fina. Enet (Ex Encargada Área Evaluación CEVE).

en el boletín oficial a familias que ingresaban a un conjunto habitacional: "Si ustedes se portan bien, les rifaremos una bicicleta y un electrodoméstico por mes, pero si se portan mal, no me va temblar la mano para sacarlos de las viviendas". (Sic)

En los casos en que se logra superar todos estos problemas, que a veces lleva años, se suele pensar en una sola opción de propiedad, que es la individual. No se concibe la inseguridad desde un enfoque sistémico, sólo se lo ve, en el mejor de los casos, desde el enfoque jurídico. América Latina resulta un caso especial en cuanto al modo en que se ha concebido el Derecho y las leyes en general. A lo largo de la historia, el Derecho, más que un recurso para proteger a los ciudadanos de los excesos privados o públicos, ha sido una herramienta al servicio de los sectores de poder socioeconómico. Esto ha mostrado sus impactos en el orden de la regulación urbanística, e incluso en la interpretación de los alcances del derecho de propiedad privada en las ciudades como una representación ilimitada de los intereses individuales, en comparación con intereses colectivos. Así, por una parte, la ciudadanía ha percibido el derecho como un instrumento de "un otro" que "está arriba" al servicio de la dominación política, e incluso, la explotación económica (Calderón 1999); por otra parte, los juristas han interpretado alcances casi absolutos de los derechos de propiedad privada, y en ello los sectores de poder (con énfasis en los dedicados al desarrollo inmobiliario) han encontrado ciertas conveniencias. Todo esto ha convergido en la ciudad, erigiendo escenarios de segregación y desigualdades varias, perpetuando así la pobreza sociohabitacional, junto a una aceptación frágil y permisiva de las normas[16].

El efecto inmediato que esta propuesta tiene es el de *generar inseguridad y especialmente inequidad con los sectores empobrecidos, y en particular con las mujeres.* Por un lado, los mismos programas habitacionales promueven "soluciones habitacionales" inseguras, tanto en lo jurídico como en el incumplimiento de normas mínimas que garantizan otras situaciones de inseguridad ligadas a la salud, educación, ambiente, etc.[17]. Por otro lado, la acción deliberada de no definir ninguna propuesta de tenencia genera dependencia del organismo oficial y sumisión a lo que considere el Estado que es *"portarse bien" y "portarse mal"*. En particular a las mujeres las deja expuestas, tanto a la presión de su pareja como a la de miembros de su comunidad. Cuando la mujer tiene problemas de relación con su compañero, comienza la disputa por el usufructo de la vivienda, y no tiene ningún resguardo legal ni social para defenderse. Queda, nuevamente, sometida a la violencia y a la imposición del más fuerte.

En otros casos, la inseguridad es producida por la situación de precariedad, tanto de la vivienda como del asentamiento: el hacinamiento, la inexistencia de servicios básicos

---

[16] En Enet *et al.* (2006), "Inseguridad de la tenencia del suelo y la vivienda".

[17] Solo como un ejemplo, el programa Provincial "Mi Casa Mi Vida" de la Ciudad de Córdoba en Argentina. Después de haber realizado 27 Barrios, ninguno había sido autorizado por la Municipalidad por el incumplimiento de normas, habiendo pasado, cuatro años de inicio del proceso (Registro del dato en 2006).

como agua potable, incendios producidos por conexiones irregulares de electricidad, el anegamiento de la vivienda por inexistencia de desagües, la contaminación por malas o inexistentes soluciones de cloacas, la inexistencia o deficiencia de transporte, servicios, violencia, etc.

Otro efecto, directamente relacionado con el anterior, es la venta informal de la vivienda. En general, este fenómeno se relaciona con la imposibilidad que tiene la mujer de desarrollar su subsistencia y resguardar su seguridad, ya que está expuesta a la presión de otros sectores, menos pobres, que con poco logran el uso y apropiación. En muchos casos relatan que prefieren volver a la situación de precariedad inicial donde informalmente lograba subsistir y resguardarse. En los casos en que se brinda resguardo legal de propiedad, generalmente individual, también queda en riesgo de inseguridad. Esta postura es la defendida por De Soto, quien sostiene que la propiedad es un activo económico que puede generar acceso a crédito, y así, formar parte del mercado formal.

Sin embargo, son muchas las evaluaciones que han demostrado que la propiedad individual para sectores empobrecidos –débiles económica y socialmente– ha facilitado la apropiación de este bien "legalizado" por los sectores económicos y "desarrolladores urbanos". En Perú y en México se ha podido comprobar la apropiación por parte de "desarrolladores urbanos" de grandes extensiones de tierra y vivienda urbanizada, generándoles gran rentabilidad a costa de la inversión estatal y la debilidad de los sectores empobrecidos.

La separación de bienes en situación de divorcio es otro aspecto a tener en cuenta en relación con la propiedad individual y su consideración como bien económico. Como ya describiéramos, los sectores populares no suelen generar vínculos tradicionales de familia nuclear, tampoco suelen ser estables, y además tienen dificultades para acceder a asistencia legal. Esta situación genera gran debilidad en la mujer y en los niños, quienes seguramente enfrentarán la posible pérdida de su vivienda.

Para tener una dimensión real de lo que significa la situación de inseguridad integral, podemos tener como referencia una evaluación del impacto[18] de un conjunto habitacional realizado en Santa Fe (evaluación realizada dos años después de la entrega). Según este estudio, las viviendas y el barrio habían sido realizados con el criterio de "progresividad" física, es decir, con incumplimiento de normativas mínimas, tanto en la vivienda como en el barrio. No se había entregado ningún titulo de propiedad, sólo un papel que informaba que era un comodato, pero ese papel no tenía ninguna validez legal. No se había realizado ninguna actividad de promoción y desarrollo social. El barrio no contaba con adecuados servicios y equipamientos. El resultado fue que, a dos años, el *60% de las familias originales habían vendido o perdido por usurpación de terceros su vivienda.*

---

[18] Enet *et al.* (2003), "Evaluación de transferencia de tecnología desde la perspectiva de los actores".

Algunas transcripciones textuales del significado de la tenencia para las familias y los políticos[19]

Familia del asentamiento: tenencia

"No sé, es por comodato, hasta que pague. No sé, nadie nos ha informado. Hay que ver, te prestan el terreno hasta que pueda conseguir trabajo y pagar la cuota. Estamos haciendo trámites para pagar la cuota y tener título. Yo tenía una casa de éstas, pero mi esposo se juntó con otra y me echó de la casa, mi papá me dejó hacerme esta piecita de chapas al fondo. Tengo miedo a las noches con las balas que traspasan la chapa. Aquí, cuando llueve, tengo 40 cm de agua. Fui a la Municipalidad pero no tengo ninguna respuesta."

Político: sobre la calidad de la vivienda y el barrio

"Para erradicación de ranchos está bien, tengo que ver qué le doy al tipo que lo saco de un rancho, tiene que tener etapas, y tienen que tener una acción del Estado que lo vaya formando y educando para que pueda no disfrutar de la vivienda, sino vivirla en serio, que la vivienda le sirve, aprender a hacer uso de ese confort."

Político: sobre la tenencia

"El comodato no es permanente. Nosotros se lo damos a cualquiera, nosotros generamos la figura del comodato porque hay una gran irregularidad por parte de la Municipalidad, en todos los terrenos fiscales no tienen mensura ni subdivisión. Para bajar ese estado de inseguridad, le damos un comodato, para decirle 'cuando legalicemos todo esto te la vendemos a vos'. Ese papel para ellos es hacerlos dueños absolutos de esas tierras, mientras tengan el sello de la Municipalidad ni se fijan si es el nombre de ellos, no saben leer ni escribir, y lo usan para transferirlo a otros y no se discute nada, ni se llama a abogados, se creen dueños absolutos, y eso es bueno."

Político: sobre el alto porcentaje de cambio en la titularidad de la vivienda

"Pero no hubo un desarraigo total, ellos tienen una permanente relación con la zona del Norte de donde han venido, entonces ellos viajan permanentemente, se van y las viviendas acá las venden o las transfieren o las prestan, o una especie de herencia. No son los habitantes originales a los que se les dio la vivienda. Normalmente son todos tobas, porque se las venden entre ellos, las ventas son una especie de trueque, por ahí se la venden por una bicicleta nueva a la casa."

---

[19] Las citas textuales presentes en este artículo son ejemplos de formas de percibir el hábitat por mujeres que habitan los barrios y por los técnicos que participan desde diversos ámbitos. Se han seleccionado frases que muestran una visión común sistematizada por el método de saturación en evaluaciones cualitativas (1987-2008).

La seguridad en la tenencia, para los sectores empobrecidos, no se soluciona simplemente con un título legal de propiedad. Debe comprendérsela desde los múltiples factores que inciden: precariedad física, ambiental, social y legal. La seguridad se construye y sostiene socialmente. Es por esta razón que el proceso de diseño participativo es eficaz para que las familias estén informadas y comprendan los alcances de la situación legal. Es eficaz para que, tanto varones como mujeres, acuerden la prioridad de tenencia en caso de disolución del núcleo familiar, preservando la vivienda como bien de uso y desarrollo de la vida familiar. Es eficaz para acordar colectivamente estrategias de sostenimiento de la tenencia, ante presiones del mercado inmobiliario y económico. Es eficaz para acordar diversas alternativas de tenencia jurídica que impliquen mayor seguridad, como la propuesta de propiedad colectiva. Es eficaz para promover acuerdos de uso y mejoramiento progresivo del hábitat entre las familias y las autoridades responsables.

g- Diseño "estigma"

El diseño tradicional se impone sin consulta, y produce uniformidad. Refuerza la desvalorización y la invisibilidad de las mujeres que no son consideradas sujetos con derecho, identidad y necesidades individuales. El diseño se impone para dictaminar, para calificar, para identificar la pobreza "urbanizada", "adaptada" a las normas. Es producto de "núcleos duros de creencia" que tienen los diseñadores con respecto a la pobreza, y a lo que "debe" ser la "vivienda apropiada" sin considerar la cultura particular, las necesidades y aspiraciones de género. El resultado es la existencia de "diseños tipo", que no responden a formas particulares de ocupar y usar los espacios territoriales y la vivienda.

Es tan extendido este criterio que pareciera que existiera una normativa que regula la necesidad de construir todas las viviendas iguales. No sólo de un barrio, sino de la mayoría de los barrios. Y sin embargo, es exactamente al revés. En los pactos, expresamente se manifiesta el derecho a la expresión cultural y adecuación ambiental.

Desde la visión tecnocrática, la estrategia del diseño uniforme se sostiene con los argumentos de que será difícil construir (o facilitarle el trabajo a la empresa constructora), o que tendrán mejor calidad por la posibilidad de administrar el control y la corrección de detalles constructivos (aunque, por datos de evaluaciones oficiales, los conjuntos habitacionales de este tipo presentan altos porcentajes de patologías). También aparece la vieja discusión de la ventaja de los edificios sobre las viviendas en lote (donde las evaluaciones han detectado mayores costos tanto en el corto como en el largo plazo, incompatibilidad con formas de vida, mayores situaciones de violencia, etc.). Todos argumentos totalmente rebatibles, y aun considerándolos, no justifican la uniformidad en las orientaciones, ubicación y tamaño de aberturas, tipo de protecciones, visuales, etc.

La verdadera razón de la existencia de esta tendencia es la representación de la pobreza desde lo mínimo y desde la uniformidad. Esta imagen material se suele "reforzar" con los nombres dados a los conjuntos habitacionales, que hacen referencia a símbolos y aspiraciones de la pobreza: "La ciudad de mis sueños", "Ciudad Evita", "Padre Angelelli", etc. Con esta imagen, al pobre, no se lo integra social y físicamente; más bien, se lo identifica y se vuelve a reforzar el estigma de la pobreza.

En muchos casos, las mujeres han manifestado que no dicen sus nombres ni clarifican exactamente dónde viven –tanto a empleadores como a personal de transportes públicos– porque son discriminadas y pierden la posibilidad de empleo o de ser transportadas a sus destinos. Es por esta razón que, en resultados de evaluaciones de impacto, puede observarse que lo primero que se tiende a ampliar o a modificar en el diseño de las viviendas es la fachada, es decir, su imagen a la sociedad y a la ciudad en general. Se observa este fenómeno en el diseño de jardines delanteros de vivienda, en la pintura con colores diferentes, en la ampliación hacia el frente, en el cambio de ventanas, de cocheras, etc. En resumen, en todo aquello que permita ejercer el derecho a una identidad.

El diseño participativo parte de identificar y valorar lo particular. Es un proceso que permite fortalecer la identidad individual y grupal. Permite ser reconocido por la comunidad, reforzando la identidad y necesidades de la mujer, no ya desde su rol estereotipado de la cultura patriarcal, sino como actor de derecho con necesidades específicas y con relaciones equitativas de género.

h- Diseño para la desconexión

La mayoría de los objetivos de los programas de mejoramiento de barrios tiene por fin o sentido conectar física y socialmente a los sectores "marginados" de la sociedad. Sin embargo, su forma de actuar es, precisamente, la focalización de su acción en el asentamiento precario. Actúa como un "tumor" a extirpar. Desconoce el contexto sociourbano donde se inserta y la "desconexión" social del mismo asentamiento. Interpreta una realidad compleja y sistémica hasta deformarla. Confunde "simple" con "simplismo" y minimiza el objetivo de conexión a la extensión de redes vehiculares y de infraestructura. Realiza "esponjamientos" (así denominan los técnicos a la acción de sacar viviendas para bajar la densidad y posibilitar la apertura de calles) y "remediaciones" (acción de sacar viviendas en áreas que se destinarán a espacios verdes). En otros casos, más violentos, la "remediación" es total, dejando "limpio" el espacio para la sociedad "civilizada" o para el uso de esos espacios por el mercado de "desarrolladores urbanos", que sí están integrados. Los "esponjados", "remediados" y "extraídos" son enviados a viviendas que generalmente se encuentran en barrios periféricos con escasa urbanización y mala conexión con la ciudad formal.

Desde esta lógica no se valora el impacto en la población, y en particular, en las mujeres. Esto implica para las mujeres: a) la dificultad de acceso a fuentes laborales

–que generalmente están relacionadas con el área urbana periférica del asentamiento–, dado que los servicios de transportes del nuevo barrio son deficientes y/o las mujeres no tienen recursos suficientes para utilizarlos; b) la discontinuidad de asistencia de los niños a los establecimientos educativos a los que asistían, aspecto que en muchos casos ha llevado a la pérdida del año y/o a traumas por la pérdida de conexión con su comunidad educativa; c) la discontinuidad en el acceso a controles médicos y tratamientos, lo que ha llevado al deterioro de la salud de mujeres y niños; d) efectos psicológicos traumáticos por la pérdida de relaciones sociales desarrolladas en el asentamiento y en el área urbana periférica; e) pérdida de materiales con posibilidad de reciclado de la vivienda del asentamiento y dificultades para el funcionamiento de la nueva vivienda.

Estas acciones sólo generan desconexión dentro de las familias del asentamiento, tanto en relación con su entorno como con la ciudad. Paralelamente, se produce una desconexión con el barrio donde se inserta el asentamiento, porque al actuar en forma focalizada, toda la inversión estatal y los mejoramientos se localizan en el área a "remediar", dejando la precariedad del barrio original sin ninguna respuesta. Así, se refuerza la visualización de las nuevas familias como "invasoras" y "privilegiadas" de un sistema asistencialista. Se producen tensiones de pobres contra pobres.

Otro aspecto que favorece la desconexión es la construcción de equipamientos sólo para el nuevo conjunto. En muchos casos registrados, los equipamientos se duplican. Las consecuencias son claras: se termina utilizando el equipamiento sólo por las familias del nuevo conjunto habitacional, reforzando la exclusión, el gasto público y la ineficiencia.

El diseño participativo parte de reconocer los distintos actores que inciden en forma directa o indirecta en el asentamiento y en su área territorial de inserción. El diseño comienza con un diagnóstico integral georeferenciado, donde se valoran todas las dimensiones de precariedad y de marginación desde la lógica de los diversos actores. Son ellos los que valoran prioridades y desarrollan diversas alternativas de resolución, que no siempre serán como el "esponjamiento". No hay respuestas "tipo" que no consideren la diversidad y las necesidades humanas y sociales que se violentan con los cambios físicos. Aun en los casos donde se decide el esponjamiento, se considera quién, a dónde, en qué condiciones, y con qué proceso debe llevarse a cabo.

El mismo diseño participativo es una herramienta de ejercicio progresivo de articulación entre actores que conviven en un territorio urbano-social que incluye al asentamiento. No se trabaja por exclusión y focalización, sino por articulación evolutiva. Este proceso participativo permite considerar los múltiples factores que incidirían en el desarrollo de actividades reproductivas y productivas que lleva adelante la mujer dentro y fuera del hogar. El diseño participativo es una herramienta para articular física y socialmente.

i- Diseño contra natura

La precariedad ambiental afecta en forma directa a la mujer y a los niños que conviven con focos de basura, ya sea por acumulación para venta o por asentamiento sobre basureros rellenados, generándoles infecciones varias, diarreas y deshidratación. En otros casos, estos problemas de salud surgen por localización cercana a fábricas o en áreas *rururbanas* donde se fumiga, por ubicación a menos de 300 metros de torres de alta tensión, o por presencia de transformadores de PCB. De esta manera, los habitantes quedan expuestos a contaminación ambiental tóxica que incide en los niveles de cáncer o deformaciones de niños al nacer.

Como mencionamos en el punto anterior, la situación de precariedad ambiental se suele subestimar y simplificar, tratando un problema complejo con soluciones simplistas. Pareciera que la resolución ambiental se puede concretar limpiando la basura existente en el asentamiento y/o recomponiendo canales que pueden cruzar el asentamiento, prohibiendo la cría de animales o la existencia de caballos. Se trabaja sobre los efectos y no sobre las múltiples causas que inciden en ese efecto. La transformación integral de situaciones ambientales requiere información, comprensión y acuerdos para transformación de formas de actuar. Requiere que el conjunto de actores de la sociedad y del área territorial a mejorar acuerde modificar hábitos de conducta. El mejoramiento de las condiciones físicas es necesario, pero si no va acompañado de procesos colectivos de transformación social serán soluciones de corto plazo que en el mediano y largo volverán a ser un problema.

Se ha evaluado reiteradamente la ineficacia, en el mediano plazo, de normativas que impiden la cría de animales (gallinas, chanchos), la conformación de "basureros comunitarios" para el caso de recolectores informales de basura, o la costumbre de tirar agua servida o basura a las acequias. En algunos casos, esas normativas son estrategias de subsistencia; si no se estudian y acuerdan otras alternativas, la fuerza de la necesidad, en general, hace que se todo vuelva a la realidad inicial. Además, estamos hablando de costumbres arraigadas que se materializan por la inexistencia de infraestructura y servicios. Cuando se cuenta con ellos, hace falta transformar hábitos.

El diseño participativo se construye en base a un proceso dialéctico de conciencia-educación y acuerdos colectivos, especialmente adecuado para las transformaciones necesarias en aspectos ambientales. Se parte de identificar los "sistemas" que determinan situaciones ambientales críticas y los actores implicados para realizar un diagnóstico integral del problema. Esto permite fortalecer la comprensión de cómo afectan los hábitos de unos en otros, y las responsabilidades y las alternativas de transformación para el mejoramiento. Estos ejercicios de análisis sistémico y toma de conciencia permiten poner en consideración de la comunidad quiénes son los principales afectados por estas situaciones: mujeres, niños y ancianos. Es el comienzo de una transformación en las relaciones de género en base a la conciencia de los efectos que genera.

La mujer: *"sólo* ama de casa y del barrio popular"

La concepción arraigada del rol tradicional de la mujer en la sociedad patriarcal incide en que, al momento de mejorar o diseñar barrios, no se considere claramente la incidencia de la localización urbana y las redes de contacto en el acceso y/o sostenimiento de fuentes de ingreso o laborales. A esta situación no prevista, se agrega la inexistencia de espacios productivos en el interior de la vivienda y el barrio.

En los casos de programas considerados "integrales" y que tienen por objetivo el desarrollo de actividades productivas, generalmente no articulan estas actividades con la definición de espacios arquitectónicos. El diseño arquitectónico tradicional no se concibe en el proceso ni en la definición de múltiples variables. A su vez, las acciones "sociales" o de "promoción productiva" también son pensadas desde la cultura patriarcal tecnocrática, sin conexión con las personas involucradas (en forma directa e indirecta) y con el territorio de inserción. Son propuestas "tipo" destinadas a la pobreza. En particular, cuando se las destina a la mujer, tanto los promotores como las familias de los barrios las visualizan en trabajos y roles tradicionales de extensión de sus actividades hogareñas y de servicio (repostería, decoración, comida, costura, etc.). No así al varón, a quien se visualiza con oficios formales que son requeridos en el mercado (electricista, gasista, carpintero, etc.).

Tanto a varones como a mujeres se los concibe como "microemprendedores", y ésa es una visión nuevamente constituida en relación con un dominador y un dominado, porque no considera al sujeto como beneficiario de derecho de empleo formal, y menos aún como sujeto económico activo que pueda integrarse al mercado (sólo puede permanecer en el nivel micro). Desde esta concepción, la "promoción productiva" pensada tiene un techo y un límite que no supera el barrio y la informalidad. La pobreza "empresaria" será responsable del fracaso, no el sistema económico de dominación.

En talleres desarrollados en el Programa Rosario Hábitat sobre acciones productivas, varones y mujeres sostenían reiteradamente que "el trabajo no se elige". Es una frase que expresa su propia percepción como sujetos de "no derecho". Cuando se exploraba sobre qué actividades productivas cumplían, la mayoría de los varones no tenía empleo, pero si alguno realizaba alguna actividad, aunque sea informal y eventual, la nombraba como trabajo, por ejemplo, "sereno", "jardinero", "obrero", etc. A diferencia de los varones, las mujeres llevaban a cabo múltiples tareas productivas, pero era notable cómo ellas consideraban que no era trabajo, sino más bien parte de sus obligaciones como "ama de casa". No se nombraban a sí mismas como "cocineras", "costureras", "acompañantes terapéuticos", "niñeras", "jardineras", "artesanas", etc. Menos aún visualizaban como trabajo las actividades sociales que desarrollaban para la comunidad. Es más, consideraban estas acciones con culpa porque "quitaban" tiempo a su pareja y a su familia.

La cultura patriarcal define a la mujer como un actor de servicio incondicional, que no debe recibir remuneración, porque ese servicio es un "valor" que se realiza en forma altruista y sólo por "amor" (a los otros, no a sí misma, lo cual puede ser entendido como egoísmo y orgullo). Esta visión, como dijimos, está aceptada tanto por dominador como por dominado, tanto en el barrio como en el Estado. Es por esta razón que el Estado visualiza a la mujer como agente social gratuito para implementar políticas sociales, no la visualiza como un actor de derechos y con valor de su tiempo. Los políticos y ONG repiten esta visión, trasladando a la "líder" su "representación" de asistente o incidente en el barrio. Se usa su trabajo y su valoración simbólica de "heroína desinteresada".

En los procesos donde se emplea la metodología de diseño participativo, se comienza por el desarrollo de un diagnóstico integral georeferenciado, que parte de identificar la problemática específica local, sus actores, sus redes, sus relaciones con el espacio local y otros ámbitos. Parte de un proceso que intenta rever y reconstruir el problema desde un enfoque sistémico. Intenta identificar y transformar los factores estructurales que determinan los problemas. Este proceso es desarrollado por el conjunto de actores, y en particular, por varones y mujeres para revertir visiones de dominador y dominado, de desvalorización como sujetos de derechos, de ampliación de posibilidades y alternativas de conexión y articulación.

El diagnóstico en sí mismo es el primer proceso de reflexión para el cambio. Se transforman las maneras de ver y considerar qué actividades se desarrollan, dónde, con qué actores, cómo se comercializa, a quién llega, etc. Se empieza a analizar en sistema, y se identifican posibles *clusters* de articulación desde el mercado "formal" e "informal". Se identifican potencialidades y debilidades a superar, se analizan las oportunidades y las amenazas que deberán conocer para transformar el círculo tradicional de dominador y dominado.

Como reflexión final abierta: ¿Puede ser el diseño participativo una palanca de reconstrucción de la definición de espacios con equidad de género?

En su concepción tradicional, el objetivo del diseño arquitectónico y urbano es la "configuración física de espacios habitables para el hombre". Pero deberíamos preguntarnos:

> *¿Quiénes interpretan las necesidades y las soluciones en la prefiguración de los espacios? ¿Con qué lógica? ¿Con qué intereses? ¿Cuál es su accesibilidad?*

Desde la visión *tecnocrática positivista*, el proceso de diseño implica decisiones técnicas arquitectónicas específicas para cada caso, que "deben" ser ejecutadas por especialistas. Sus decisiones arquitectónicas se basan, principalmente, en concepciones funcionalistas con ideas muy elementales sobre el impacto social, cultural, económico, productivo, ambiental, etc. Sin embargo, la evaluación de diseños arquitectónicos nos muestra que, generalmente, existen grandes *desfasajes* entre lo que imagina el arquitecto diseñador y lo que necesita el usuario que habita esos espacios. Más aún cuando debe "interpretar" necesidades y aspiraciones de las mujeres.

Desde la visión *pesimista*, el proceso de diseño no sólo implica decisiones técnicas arquitectónicas que pueden ser múltiples, sino que implica, además, decisiones *económicas, productivas, sociales, culturales, ambientales* para las que los profesionales de la arquitectura y de otras disciplinas no cuentan con la suficiente *información y formación* en virtud de tomar decisiones para prefigurar espacios.

La visión *contextualista* avanza más allá, y plantea la necesidad de comprender los múltiples aspectos (técnicos, económicos, productivos, sociales, culturales, ambientales, etc.) que intervienen en el diseño, dentro de un *proceso histórico de construcción y apropiación del territorio*. Esto es, dentro de un Proceso de Producción social del hábitat.

Es por estos interrogantes que el *diseño participativo, desde un enfoque sistémico, puede definirse como:*

> **La construcción colectiva, entre diversos actores, que directa o indirectamente se verán implicados, y que tienen el derecho de tomar decisiones consensuadas, para desarrollar factores integrales y evolutivos a necesidades y aspiraciones del grupo, que se concretan en propuestas integrales y en los espacios físicos para tal desarrollo.**

En particular, *se puede constatar que el diseño participativo puede utilizarse como palanca de transformación en la comprensión y configuración de espacios seguros para habitar.*

> **El diseño participativo se propone como una herramienta concreta que aporta al proceso de transformación de percepciones, desde los sexos a los derechos, los roles, y los impactos que se generan en las mujeres, y en forma indirecta en la familia y toda la comunidad donde ésta se inserta.**

> **El proceso de diseño participativo permite transformar, y a la vez desarrollar, propuestas específicas que consideran las necesidades y aspiraciones de las mujeres en acuerdo y comprensión por parte de los compañeros varones. Es un proceso de repensar y reflexionar sobre lo tradicionalmente instituido a los roles y a la forma de apropiación y uso de los espacios privados y públicos.**

El diseño participativo es una herramienta que permite transformar el sistema establecido de pensar y diseñar espacios para la pobreza y las mujeres. Posibilita no sólo una transformación en el modo de percibir y de actuar de varones y mujeres con respecto al diseño arquitectónico y urbano, sino también, especialmente, de los profesionales de la arquitectura, del urbanismo y de la ciencias sociales, que en general actúan, inconscientemente, repitiendo el modelo tradicional de diseño de espacios desde la lógica machista y de clase.

> **La configuración estándar de módulos repetidos al infinito no configura espacios para habitar, sino para contener y "acorralar" en espacios alejados de las ciudades a los pobres y a mujeres pobres.**

Para terminar pensando: las diez razones para utilizar la herramienta de diseño participativo como una palanca de transformación en la definición de espacios con equidad de género

1-Del diseño "tablero" al diseño "humano" con enfoque de género

El diseño tecnocrático y machista no podrá comprender y dar respuestas a mujeres y varones en sus condiciones de existencia en un tiempo dado. El diseño humano, además de técnica y razón, es también imaginación y afectividad.

Son necesarios todos los actores de un sistema para transformar sus relaciones. No es la lucha de unos sobre otros. Es el proceso por el cual, los distintos actores, van adquiriendo una conciencia crítica del problema y formas de transformarlo, superando las conciencias "mágicas" e "ingenuas" que describe el maestro Paulo Freire.

2-Del diseño "complicado" al diseño "complejo"

A lo múltiple, lo heterogéneo, lo divergente y lo femenino, no se lo ignora. Se lo identifica, valora, resignifica y acuerda, a través de una práctica de diseño que se construye, colectiva y evolutivamente, desde la realidad compleja.

El pensamiento femenino parte de lo existente, de lo real, de lo mínimo para construir colectivamente transformaciones considerando los tiempos necesarios de evolución entre lo soñado y lo posible.

3-Del diseño "fragmentador" al "integrador"

El diseño tradicional para identificar, calificar y discriminar de la cultura dominante y machista refuerza la desestructuración de la identidad y la pérdida de vínculos humanos y sociales. El diseño participativo que integra y pone en evidencia la inexistencia de un pensamiento único relaciona aparentes divergencias, integrando lo técnico con lo humano, lo práctico con lo afectivo, lo individual con lo social, lo femenino con lo masculino.

4-Del diseño "dominador" al de "liberación"

El diseño tradicional permanece carente de preguntas y análisis colectivo, y sólo puede producir uniformidad, que vuelve a estigmatizar al excluido y al pensamiento femenino. El diseño participativo permite repensar críticamente, entre varones y mujeres, los roles, espacios adecuados y formas de utilizarlos. No desde la confrontación estéril, sino desde un proceso de ampliación de la comprensión del problema, sacudiendo la lógica del dominado y el dominador.

5-Del diseño "domesticador" a "ruptura del estereotipo"

Desde respuestas "tipo", producto de núcleos duros de creencia de sectores dominantes y machistas, a un diseño creativo, de búsqueda, análisis y negociación de nuevas y diversas alternativas apropiadas y apropiables entre diversos.

Para romper el estereotipo que la cultura patriarcal impone, se debe partir de repensar el papel asignado a la pobreza dentro de un sistema capitalista, y a su vez, de cómo se visualizan los roles de las mujeres y los varones pobres dentro de este sistema. Esta comprensión permitirá superar la repetición de modelos de dominación entre varones y mujeres pobres. Permitirá que los compañeros puedan comprenderse también como dominados y funcionales a un sistema inequitativo.

6-Del diseño "pasivo" al diseño "autogestionario"

Los diseños "llave en mano" paralizan y refuerzan las conductas regresivas y pasivas entre dominador y dominado, entre varones y mujeres. Frenan la creatividad y la acción liberadora que les permitiría adecuarse a realidades complejas.

El diseño tradicional intenta que la función se amolde a la forma desde una lógica dominadora y de cultura patriarcal. La uniformidad del diseño o el *"uniforme"* para los pobres y las mujeres pobres no es casual. La creatividad colectiva, construida entre varones y mujeres que replanteen los estereotipos, generaría cambios en el sistema preestablecido de dominación.

7-Del diseño "individualista" al diseño "comunitario"

El diseño participativo permite superar el individualismo competitivo de la cultura machista, por la reconstrucción de una trama social solidaria que ayude a superar la soledad y la fragmentación.

La cultura dominante promueve el individualismo, especialmente de los pobres, ya que ellos, si se asocian en bloques visibles e invisibles, saben que los sectores oprimidos son más, pero solos no podrán transformar sistemas. La mujer pobre de las barriadas latinoamericanas sabe de redes, sabe del trabajo comunitario, de la mano que va y viene en un contexto de penurias donde sólo le quedan estrategias de sobrevivencia.

8-Del diseño "para" al diseño "entre"

Es un proceso evolutivo de análisis crítico y propuestas donde todos aprenden de la reflexión y el ejercicio de la práctica colectiva.

El diseño participativo permite canalizar la energía creativa y esperanzada de la mujer para lograr el hábitat deseado para su familia y su comunidad. Permite un espacio de diálogo y crítica profunda entre varones y mujeres. Fortalece sus capacidades para ejercer un diálogo equitativo.

9-Del diseño "asistencia" al diseño "de derechos"

El diseño tradicional y patriarcal legitima la desigualdad social porque desconoce al oprimido y a la mujer como sujetos pensantes y de derecho. No les reconoce el derecho a estar informados, a expresarse, a asociarse, a elegir residencia, a tomar decisiones y a adecuar su hábitat a su forma cultural de vida. El diseño participativo permite discutir, luchar y concretar derechos sociales y de género en la realidad.

El diseño participativo es un proceso transformador donde la mujer fortalece su valoración como persona de derechos, ya que valora su particular naturaleza, necesidades y aspiraciones. Permite que técnicos, políticos y varones comprendan la necesidad de equidad y de la consideración específica de la naturaleza femenina en la configuración y uso de los espacios de la vivienda, el barrio y la ciudad.

10-Del diseño de "nadie" al diseño "apropiable"

El diseño tradicional no contempla lo individual, lo particular, los tiempos especiales, la forma progresiva de construir y deconstruir colectivamente según el proceso que cada grupo puede y quiere darse. El diseño participativo se define con y para el grupo humano. Se diseñan espacios para ser vividos, no para ser mostrados o acumulados en la carrera financiera.

El diseño para vivir se construye desde la vida cotidiana. No se decreta, no es sólo ladrillos, no es sólo un espacio formal arquitectónico para revistas. El diseño para vivir resulta de procesos de transformación y permanencia, de acuerdos y de divergencias, de sentimientos y de imaginarios de cada persona, familia y comunidad.

Es por todas estas reflexiones, que el arquitecto no es el "autor" del diseño para vivir.

Éste se construye con múltiples manos, miradas y sueños de mujeres y varones.

Bibliografía.

AA.VV. (2007), "Primer Informe sobre el trabajo de investigación en el Barrio 'Padre Mujica', más conocido como Fuerte Apache", Buenos Aires, Ministerio de Seguridad de la Provincia de Buenos Aires.

Enet, M.; Romero, G.; Oliveras, R. (2008), *Herramientas para pensar y crear colectivamente. Sistema integrado de tecnologías de Diagnóstico + Planificación + Monitoreo + Evaluación + Comunicación*, Córdoba, Argentina, CYTED (Ciencia y Tecnología Iberoamericana), con apoyo de HIC (Hábitat Interantional Coalitiion). Disponible en línea: http://evaluacion-participativa.blogspot.com/

Enet, M. *et al.* (2008) "Herramientas participativas y ambientales para la construcción intersectorial de innovaciones en operatorias de vivienda social" (artículo presentado en congreso).

Enet, M. (2007). "Diseño participativo. Una herramienta de la Producción social del hábitat", Costa Rica (artículo presentado en congreso).

Enet, M. (2007), "Los 10 mitos que frenan el diseño participativo", Costa Rica (artículo presentado en congreso).

Enet, M. (2006), entrevista "Mi casa Mi vida", en Revista *Vivienda Popular.* SEDECA, Nº 59 (octubre), pp. 23-32. Secretariado de Enlace de Comunidades Autogestionarias. Programa de Viviendas Sociales. Buenos Aires.

Enet, M. (2006), "Diseño participativo de mejoramiento de asentamientos precarios. Una estrategia de desarrollo barrial sustentable", Revista *Páramo del Campo y Ciudad*, Nº 10 (octubre). Centro de Estudios sobre Marginación y Pobreza CEMAPEM. Toluca. Estado de México.

Enet, M. *et al.* (2005), "Diez factores claves en la factibilidad del desarrollo de programas integrales, participativos, progresivos y flexibles de hábitat desde entidades gubernamentales. Reflexiones sobre el caso del Programa Rosario Hábitat", Revista *Vivienda Popular*, Nº 16 (noviembre), pp. 64-72. Universidad de la República. Facultad de Arquitectura.

Enet, M. (2002), *"El significado y el uso del diseño participativo en el nuevo contexto político y social de los 90"*, en *La participación en el diseño y planificación del hábitat*, México, Editorial Impretel.

Falú, A. (1997), "Por el derecho de mujeres y hombres a ciudades equitativas y sustentables: de Beijing a Estambul". Disponible en línea en la página web de Riadel sobre Género y Desarrollo Local. Consulta: 16 de diciembre.

Falú, A. y Rainero, L. (1996), "Hábitat urbano y políticas públicas. Una perspectiva de género", en Luna, Lola y Vilanova, Mercedes (comps.), *Desde las orillas de la política, Género y poder en América Latina*, Barcelona, Universidad de Barcelona/ ICD, Barcelona, p. 56.

Herzer, Di Virgilio y Rodríguez (2006), *Urbanización y género.*

Massolo, Alejandra (1990) *Las Mujeres y el Hábitat Popular: ¿cooperación para la sobre-vivencia o para el desarrollo?* Barcelona.

Rainero, Liliana (2001), *Gestión Urbana, Género y Programas Sociales*, Buenos Aires, IIED-AL. Medio Ambiente y Urbanización.

Ramos Padilla, M. Á. (2003), *Salud mental y violencia estructural en sectores urbanos pobres.*

Romero, G.; Mesías, R.; Enet, M. (2004), *La participación en el diseño urbano y arqui-tectónico en la producción social del hábitat.*, México, CYTED (Ciencia y Tecnología Iberoamericana). Red XIV.f "Tecnologías sociales en la Producción social del hábitat". Disponible en línea: www.hic-al.org/documentos/libro_cyted.pdf

Romero, G.; Enet, M.; Olivera, R.; Mesias; Coipel; Osorio (2008), "Capítulo I: Pro-ducción del Hábitat", en *Herramientas de planeamiento participativo para la gestión local y el hábitat*, La Habana, Editorial CYTED.

"Nuestro tema es la vivienda"
El caso de un Movimiento de Trabajadores Desocupados de la ciudad de Buenos Aires, 2002-2006[1]

Mariano Perelman

Bajé del subterráneo en la Estación Constitución. Crucé la calle sorteando vendedores ambulantes y puestos callejeros apostados sobre la Avenida Brasil. Pasé bajo la autopista y caminé los cincuenta metros hasta la puerta del Movimiento de Trabajadores Desocupados (MTD) como tantas veces lo había hecho[2].

---

[1] Partes de este capítulo fueron publicadas en la *Revista de la Escuela de Antropología* N° 18 (2007) y en *Mundo Urbano* N° 31 (2008).

[2] Las agrupaciones piqueteras (que conforman "el movimiento") se caracterizan por un repertorio de acciones colectivas entre las que el piquete (práctica que consiste en corte de rutas, puentes, calles) ocupa un lugar central. Éstas nacen a la luz de las trasformaciones ocurridas durante la década de 1990 en varias provincias del país, a partir de reclamos por los despidos masivos de trabajadores de empresas privatizadas, junto con los cada vez más precarizados trabajadores estatales. Este modo de protesta se va haciendo fuerte y generalizando a medida que pasa la década y que las transformaciones se hacen sentir con mayor fuerza. Los piquetes, en tanto forma de protesta, comienzan a expresar la reivindicación del derecho al trabajo, el trabajo perdido. Pero hablan también de las formas de intervención del Estado (cada vez más asistencial y focalizador) y la *politicidad* de las clases populares. Los Movimientos de Trabajadores Desocupados (MTD) son una de las formas de agrupación que conforman el movimiento piquetero. Son organizaciones de base local, y se definen como "antiimperialistas, anticapitalistas, independientes del Estado, de la Iglesia, de los sindicatos y de los partidos políticos", según la definición que puede leerse en uno de los carteles del local de unos de los movimientos en donde hicimos trabajo de campo. Se pronuncian como "horizontales", en donde las decisiones son tomadas por el colectivo.
La denominación de "trabajador desocupado" es una síntesis que genera procesos identificatorios que se dan a partir de de la protesta, pero también de un trabajo cotidiano de reconfiguración social.
Esta (re)construcción identitaria en relación con el (no)trabajo se genera a partir de una serie de actividades cotidianas que se denominan "proyectos productivos" (huertas solidarias, panaderías comunitarias, artesanías en cuero, comedor y merendero, fragmentación de artículos de limpieza, corte y confección, etc.). A su vez, existen las formas de movilización y visibilización de sus reclamos, en

Entré al oscuro y largo espacio que hace de comedor, sala de reunión, lugar de costura, donde se da apoyo escolar y se venden productos "regionales", indumentaria realizada por ellos y artículos de limpieza como lavandina o detergente.

Apenas pude hacer unos metros cuando Jorge, uno de los referentes, se me abalanzó. Me saludó efusivamente y me dijo "¿no te enteraste?". "¿De qué?", le pregunté todavía atónito por el tono con el que me había recibido anticipando alguna noticia de las bien malas. "Nos desalojan la casa".

El MTD se había formado cuando algunos de los integrantes de la comisión de trabajo de la Asamblea de Plaza Dorrego, en el corazón del barrio de San Telmo, decidieron separarse por considerar que sus intereses no eran representados por ésta. Las asambleas barriales y vecinales, que se habían estructurado con base territorial, eran social y políticamente plurales. Ciertas diferencias no tardaron en manifestarse. Un grupo de vecinos notó que entre ellos existían los mismos problemas: generalmente eran desempleados. Más tarde fueron percibiendo mayores coincidencias: además de la falta de trabajo, la mayoría tenía problemas de vivienda y, en relación con esto, una serie de privaciones de servicios habitacionales y urbanos.

En el marco de estas diferencias, y pensado que sus problemas requerían acciones que la asamblea no estaba dispuesta a llevar adelante, decidieron conformarse como Movimiento de Trabajadores Desocupados, con base en los barrios de San Telmo y Barracas. Allí, se encontraron con una primera dificultad, la de tener un local propio donde poder desarrollar las actividades grupales y dar comida y alojamiento a los que nada tenían.

Desde entonces, y cada vez con más fuerza, el problema de la vivienda se constituyó en uno de los temas centrales y en uno de los objetos principales de las acciones y reivindicaciones del movimiento. En este capítulo, nos focalizamos en este problema dando cuenta de por qué un movimiento que se denomina "trabajadores desocupados", que surge en la escena pública elevando demandas de trabajo, termina condensando en la vivienda uno de sus mayores reclamos. Cuando empecé a hacer trabajo de campo en el movimiento, a visitar las casas de los que formaban el MTD, a asistir a reuniones y marchas, me interesó comprender qué pasaba con los antes ocupados, y cómo resignificaban su situación actual (la de desempleado). Sin embargo, el foco fue virando hacia los problemas habitaciones porque era un tema que –de diferentes maneras– aparecía constantemente[3].

---

una interdependencia cada vez más fuerte con el Estado. Es necesario plantear que si bien los MTD dan cuenta de nuevas formas de asociación, también urge remarcar que los *piqueteros* son mucho más que piqueteros. Los grupos están conformados por sujetos históricamente constituidos que no actúan siempre de manera racional ni coherente. Entre los integrantes existen intereses y motivaciones diferentes para formar parte del grupo, lo que produce una complejidad hacia el interior de los movimientos que muchas veces no es analizada.

[3] El trabajo de campo se realizó durante el período 2004-2006.

En la Ciudad de Buenos Aires, los problemas asociados a la falta de trabajo se expresan en dificultades habitacionales, y éstas, a su vez, generan problemas para conseguir empleo y una serie de privaciones asociadas a ello. Más aún, para estos grupos el local del movimiento y su propia casa funcionan como espacio de socialización, de reunión, de trabajo. En este sentido, para los integrantes, el derecho a la vivienda es derecho al trabajo, a la organización y a la ciudad.

A mediados de 2002, un vecino que por la simpatía ideológica y política con el grupo y, ante la situación económica que vivía el país y que no le permitía alquilar su propiedad, les *prestó* un local chico, a unos cincuenta metros de la plaza Dorrego, en el corazón central del *casco histórico* de la ciudad. En ese lugar funcionaba un comedor, un merendero, cocinaban para vender en las ferias y en la calle, fraccionaban detergente para la venta. La desocupación y la pobreza alcanzaban índices históricos.

Estela, una de las impulsoras del MTD, recuerda: "Empezamos a crecer ahí, San Telmo era un localcito muy, muy chiquitito, estábamos todos apiñados [...] hasta que empezó a venir más turismo y se empezó a poner más 'interesante' [difícil], empezaron todos a quejarse, empezaron a sacar a todos los vendedores que había, se armó quilombo y al final nos sacaron". Este proceso se dio a comienzos del año 2004. Entonces, se vieron nuevamente en la necesidad de buscar un local para poder desarrollar sus actividades.

Más tarde, y con ayuda de los otros movimientos, consiguieron alquilar otro local en el barrio de Constitución, a unas diez cuadras del primero, y a una y media de la estación de tren de Constitución. Así como en el anterior, en ese también funcionó un comedor para los integrantes[4]; fue el lugar de reunión de los diferentes plenarios del movimiento, se desarrollaban algunos proyectos productivos, se utilizaba como punto de reunión para ir a las marchas, se llevaban adelante los talleres de formación, se confeccionaban los formularios para pedir planes sociales, etc. Así, este espacio ocupó un lugar central en la vida cotidiana de los integrantes.

Si bien lograron alquilarlo "con papeles, garantía y todo", contaron con toda una serie de problemas, muchos de ellos relacionados con los servicios públicos privatizados, como recurrentes cortes de luz por falta de pago o carencia de gas suplida con el uso de las mucho más caras garrafas. Además, el local contaba con importantes problemas edilicios y estaba infestado de ratas y cucarachas. Gran parte del dinero para mantener la renta mensual provenía del uso colectivo de los subsidios familiares[5] y de organizaciones sociales afines[6].

---

[4] El comedor, además de intentar solucionar el problema alimentario de los integrantes, sirve como mecanismo de cooptación para nuevos integrantes. Muchos se acercan buscando algo que comer. La respuesta suele ser "sí, quedate, no hay problema, pero tenemos que charlar, así te contamos qué es esto".

[5] Como subsidios habitacionales y el Plan Jefes y Jefas de hogar Desocupados.

[6] Principalmente, del Frente Popular Darío Santillán.

Cuando se formó el movimiento, el comedor funcionó como uno de los espacios centrales gracias a diferentes motivos. En primer lugar, porque allí se intentaba dar solución a uno de los problemas acuciantes de los integrantes: el del alimento. En segundo lugar, porque formaba parte de la estrategia política de incentivar a los vecinos del barrio a que se unieran al proyecto político del movimiento. En tercer lugar, y ligado a ello, el momento del almuerzo significaba el espacio de socialización, de transmisión de noticias, de verse cara a cara entre todos. Pero las exigencias del Gobierno de la Ciudad de Buenos Aires para *bajar* alimentos frescos, hacía que las cosas no fueran tan sencillas.

Uno de los subsidios centrales con el que mantienen el comedor es el que les otorga el "Programa de Apoyo a Grupos Comunitarios". Entre los requisitos a cumplir se destaca el de reunir ciertas condiciones "ambientales y otras de los lugares en los cuales se desarrollen los programas, para garantizar la adecuada prestación del servicio". A su vez, que el inmueble no reúna las condiciones de "salubridad y habitabilidad necesarias" es motivo para el cese del apoyo[7]. Entre los requisitos para acceder a la asistencia del Apoyo a grupos comunitarios que aparecen en la Guía de Servicios 2003 del Gobierno de la Ciudad de Buenos Aires, se agrega que el establecimiento no debe ser una vivienda de uso familiar. Todo esto genera una dificultad mayor en esta zona de la ciudad y hace que el peligro de dejar de recibir el subsidio sea constante.

A los problemas habitacionales del movimiento hay agregar los individuales (o quizá deberíamos empezar por aquí)[8]. Debemos hacer una aclaración importante. Entre los integrantes existe una heterogeneidad de situaciones con respecto al trabajo, a la vivienda y a las expectativas que se tiene sobre los horizontes y las luchas que se llevan a cabo.

No todos tienen la misma trayectoria laboral ni antigüedad en el desempleo. A su vez, la situación habitacional también es heterogénea y compleja. Si bien algunos pueden ser considerados de una clase media baja empobrecida durante la década de 1990, la mayoría de ellos son parte de los sectores bajos del barrio. Muchos tienen varias décadas viviendo en La Boca, Barracas o San Telmo, algunos otros –en general migrantes de las provincias o de países limítrofes–, apenas unos años. Mientras los primeros suelen vivir en conventillos, edificios *monoblocks* o departamentos propios o alquilados (y cuando éste es el caso lo hacen desde hace varios años en el mismo), los demás están mayoritariamente alojados en hoteles, en pensiones o en casas tomadas.

Algunos otros, han entrado en cooperativas de vivienda y están a la espera de los créditos del IVC para poder llevar adelante el proyecto (en general son de autoconstrucción). Las condiciones habitacionales, ya sea el subsidio habitacional del gobierno (válido por seis meses), vivir en hoteles o en una toma, genera en sus vidas

---

[7] Decreto 4141/MCBA/87.

[8] Ponemos en el centro de la escena los habitacionales, sin desconocer otra serie de problemas a los cuales haremos alusión de manera tangencial.

una sensación de incertidumbre constante. El alquiler de un departamento aparece una opción lejana. Los altos precios, las exigencias para poder acceder a él y la falta de previsión de ingresos y proyectos a futuro (generalmente los contratos son a dos años) hacen que ésa no sea una posibilidad realmente imaginada.

Esta sensación de inseguridad se ha vuelto una realidad palpable ante los procesos de reconversión barrial de los cuales los integrantes fueron testigos privilegiados. Y ello es más problemático aún, si se entiende que la vivienda para estos sectores es en muchos casos, también, lugar de trabajo. Lo mismo ocurre con el local del MTD. Como dijimos, en él se duerme, se cocina, se hacen reuniones, se realizan proyectos productivos, se llevan adelante talleres, etc.

En este contexto, las organizaciones sociales de la ciudad, más allá de haber nacido en relación con el problema del empleo, son formas de colectivizar otros problemas y de buscar soluciones a ellos. Aquí nos encontramos con dos cuestiones básicas. La primera es que, supuestamente, la vivienda es un bien que *debe adquirirse en el mercado,* y así planteado sería un problema individual. Se debe acceder a ella a través de los mecanismos formales de mercado. Sin embargo, los sectores populares raramente acceden a ella apelando a dichos mecanismos (Di Virgilio 2004). Esto nos lleva a una segunda cuestión: si como plantea Rodríguez (2005), existen tres formas básicas de hacer y acceder a la ciudad (mercado y submercado inmobiliario; acción estatal y "formas pobres de hacer la ciudad"), todos estos procesos se entrelazan de manera compleja a partir de las trayectorias sociales y de las construcciones imaginarias de la ciudad. Procesos que se dan de manera entrelazada y donde la organización colectiva juega un papel central en tanto *colectivizador* de experiencias similares y organizador de demandas, tanto en los planos individuales como en lo colectivos.

En el caso analizado, existe un nivel supramovimiento que hace que los problemas sociales barriales adquieran –o puedan adquirir, para ser más preciso– una dimensión mayor. Con respecto a la vivienda, por ejemplo, cuando se realizó el campo de este trabajo, formaban parte del Espacio de Coordinación de Cooperativas Autogestionarias (ECCA), en el que convergen una serie de organizaciones que difieren políticamente y que se reúnen situacionalmente[9]. En conjunto, además de producir una serie de

---

[9] Movimiento de Ocupantes e Inquilinos (MOI), Polo Obrero, Federación de Cooperativas de Vivienda Solidarias y Autogestionarias, Frente Popular Darío Santillán, Coordinadora de Inquilinos de Buenos Aires, MTL Rebelde, UTOD Villa 20, Ex AU3, Asamblea Congreso, Asamblea de San Telmo, Cooperativas Compartir Vecinos, San Bernardo Abad, Luz de Esperanza, Emergencia, ETI Nexos Sedeca, El Ceibo, Casa para Todos, Casa Amarilla, Alfa y Omega, 24 de Agosto, 21 Septiembre, Uspallata, Domingo 7, Desde el Pie, Coviso. Los planteos formulados por el espacio pueden encontrarse en Rodríguez, María Carla; Di Virgilio, María Mercedes; Vio, Marcela; Porcupez, Valeria; Ostuni, Fernando; Mendoza, Mariana, y Morales, Betsy (2007), *Políticas del hábitat, desigualdad y segregación sociespacial en el AMBA.* Buenos Aires, Área Estudios Urbanos del IIGG-FSOC-UBA y Grupo Argentina de Producción Social del Hábitat, HIC-AL.

documentos[10], realizaron marchas a la legislatura, a la jefatura de Gobierno y al Instituto de la Vivienda de la ciudad para reclamar por, entre otras cosas, viviendas dignas.

"¿Vos buscás a los piqueteros? Ellos se mudaron"

Como vimos, los integrantes del MTD viven y realizan su actividad en tres barrios de la Zona Sur de la ciudad: San Telmo, Barracas y La Boca. En primer lugar, destaquemos que las organizaciones sociales, en especial los comedores comunitarios, no son una novedad[11]. Sin embargo, en la década de 1990 y en la siguiente, comenzaron a surgir *otras* organizaciones. Aun cuando se enmarcan en un cierto descontento en relación con los partidos políticos tradicionales, esta aparición no se explica solamente a partir de ello[12]. No puede oponerse el formar parte de los MTD a lo que suele denominarse "política tradicional" (Perelman 2008a). Si bien sus primeros integrantes –muchos de ellos hoy referentes– fueron parte de las asambleas barriales que sí cuestionaban las formas de hacer política tradicional, el paso del tiempo trajo al movimiento sujetos cuyos horizontes políticos no son los mismos que los de los referentes del movimiento[13].

La aparición de organizaciones sociales da cuenta de la fragmentación hacia el interior de los sectores populares. Fragmentación que no se explica sólo a partir de una estrategia del capital para dividir, sino también en función de horizontes políticos e ideológicos disímiles.

El MTD comienza a partir de sentir y vivir el desempleo, una necesidad de colectivizar experiencias y pensar soluciones, buscando nuevas formas de construir trabajo y poder popular. En este sentido, la idea es la de construir una sociedad basada en otros ideales. Busca el cambio social de *otra forma*, tiene su especificidad, en tanto forma de hacer política, manera de organizarse, de protestar, con métodos específicos, vinculados al territorio, con relaciones internas de carácter asambleario y con el intento de construir relaciones horizontales. Debemos aclarar, como desarrollamos en otro lugar (Perelman 2006), que las motivaciones para ingresar y permanecer en el MDT son disímiles, y estas diferencias se expresan también en la visión que los sujetos tienen sobre el proceso.

Si los integrantes del MTD no son la excepción a las dificultades que tienen los sectores populares en la ciudad de Buenos Aires, es porque en los últimos años se suman nuevas complicaciones. Además de una creciente urbanización de la pobreza, la(s) lógica(s) internas de reproducción de las ciudades experimentan cambios signi-

---

[10] Los planteos formulados por el espacio pueden encontrarse en Rodríguez, María Carla (2007).

[11] Ver, por ejemplo, para el caso de la Boca, Mónica Lacarrieu (1995).

[12] Un interesante trabajo en relación con el tema es el de Juan Carlos Torre (2003).

[13] Así, por ejemplo, muchos en secreto cuentan que votan al peronismo, al que el movimiento cuestiona.

ficativos (Catenazzi y Di Virgilio 2001). Se incrementó el costo de vivir en Buenos Aires al tiempo que algunos espacios fueron relegados (Cuenya 2004) y nuevamente puestos en valor. La nueva política de lugares (Lacarrieu 2005) fue configurando conflictivamente otras centralidades que influyeron fuertemente en la forma de imaginar, transitar y vivir en la ciudad, llevando adelante procesos de recualificación urbana en algunos barrios porteños.

Los barrios de San Telmo, La Boca y Barracas están siendo parte de una fuerte ola de inversiones[14]. El primero, como parte de la revitalización del casco histórico, que junto con el segundo forma parte del circuito turístico de la ciudad. Muchas de las tierras antes relegadas y ocupadas por los sectores populares son ahora lugar de disputa entre éstos y grandes capitales concentrados[15]. Ahora bien, las negaciones que sufren los integrantes del MTD en la zona "más antigua de la ciudad" no pueden entenderse sólo como parte de la especulación económica. El caso de San Telmo se encuadra en el proceso de renovación antes descrito. Ya no es una zona donde los pobres puedan vivir, o al menos no estos pobres: *los piqueteros*. Digo "los piqueteros" porque así son reconocidos, tanto por los "vecinos" como por otras organizaciones barriales.

Muchos de los vecinos han comenzado a ver con malos ojos a estos sujetos que aparecen como sucios, ruidosos y feos. En suma, "quedan mal". La apuesta al turismo ha contribuido al intento de eliminación de estos sujetos. Si como dicen, "vienen con euros y se compran todo, el cambio les conviene", se ha configurado todo un mercado dirigido a este público (casas de arte argentino, marroquinerías, cafeterías, ferias "fashion", etc.), donde los productos elaborados por el MTD o las ferias que ellos realizan no cuadran. Las ferias, los locales y la venta ambulante adquieren hoy en día un nuevo cariz. Ya no son más los sujetos de bajos ingresos vendiendo empanadas o ropa usada. Son ahora artistas, actores, diseñadores los que invaden las calles de San Telmo[16]. Como escribe Lacarrieu (2005):

---

[14] Estos temas fueron tratados en Hilda Herzer (org.) *Con el corazón mirando al sur*, Buenos Aires, Espacio. Para el caso específico del MTD, Mariano Perelman (2008b).

[15] También se produjo un doble proceso que complica la situación aún más para los movimientos localizados en el ámbito de la Ciudad: por un lado, la devaluación de la moneda nacional en 2002 implicó una pérdida más que significativa en el poder adquisitivo de los sujetos; por el otro, y como parte de este mismo proceso, las transformaciones en el mercado inmobiliario hacen que la posibilidad de costear un terreno se haga cada vez más difícil. El mercado de alquileres ha sido un lugar de máxima especulación. La falta de créditos para la compra (la imposibilidad de acceder a uno), los cambios en la política tendientes a la construcción de viviendas para los sectores de menores ingresos, una mayor demanda de alquileres, han hecho que en los últimos años la situación sea mucho más difícil. Sobre los cambios en la política habitacional nos remitimos a Cravino (2002).

[16] Cabe destacar que los discursos de la antigüedad y de la legitimación de ciertos grupos sociales no son aspectos novedosos. Sin embargo, éstos no son rígidos. Muy por el contrario, se resignifican constantemente a partir de una serie de procesos que hacen que se activen o dejen de funcionar.

> Es posible volverse "merecedor de la ciudad", siempre y cuando la posición social que se ocupa, aun cuando sea indeseable, pueda negociarse y acabar asimilándose a las estrategias utilizadas en los nuevos procesos urbanos –por ejemplo, los inmigrantes pueden ser al mismo tiempo exóticos y mostrables en itinerarios de la ciudad marcados y legitimados para ellos, pero también expulsables y encerrables en zonas desde las cuales sean invisibilizados por atribuírseles rasgos de delincuentes y criminales.

La pobreza no forma parte de ese patrimonio construido, y cuando no es explícitamente "desalojada" actúan otros mecanismos de expulsión negando la posibilidad de reproducción social.

Así, los nuevos discursos en torno a la ciudad y ciertas áreas específicas funcionan como una de las formas en las que se expresa el proceso de exclusión social. La *patrimonialización*, la *estetización* de los barrios se constituyen como discursos y prácticas legitimadoras de la intervención sobre la pobreza. También ocurre que las alianzas entre sectores sociales diferentes se van desdibujando conforme algunos de ellos perciben una mejora en las condiciones, reactualizando el discurso referente a que los que cobran planes son "vagos".

Pero es cierto que históricamente rechazadas, las clases populares también resisten y generan diferentes formas de habitar, que impugnan las políticas hegemónicas a la vez que las utilizan y conviven con ellas. Aquí nos centramos –volvemos a destacarlo– en uno de esos procesos: la negación de la vivienda, sin que esto signifique que sólo nos abocamos a ello. La imposibilidad de configurarse como otros "merecedores" les impide poder conseguir tanto espacios de trabajo como lugares para vivir y circular, y se ven obligados a no vivir más donde hace tiempo lo hacen.

Además de las mudanzas a las que hicimos alusión, la casa tomada que tuvieron por más de tres años fue desalojada. Allí vivían varios de los integrantes. Ubicada a cinco cuadras del local, había también una guardería donde eran cuidados los chicos que todavía no tenían edad para ir a la escuela, a quienes se les proporcionaba el desayuno y la merienda. La guardería no funcionaba todos los días, ya que las dos personas (dos mujeres de veinte años) que se encargaban de pasar a buscar a los chicos por el local, y cuidarlos durante el día, estudiaban y se dedicaban a otras tareas personales[17] ("trabajaban") que no les permitían dedicarse exclusivamente a esta tarea. En la casa de dos pisos vivían seis familias, cada una de ellas contaba con un cuarto, sin importar la cantidad de personas que la conformara. Dos baños compartidos, una cocina, colgados de la luz y sin gas. Desmejorada por la falta de arreglos, vidrios rotos, sin puertas, sin privacidad, era sin embargo un espacio codiciado por los integrantes del movimiento.

Para los integrantes, el desalojo forma parte de una política de especulación inmobiliaria privada, avalada por el Gobierno de la Ciudad. Así, los terrenos han adquirido

---

[17] No todos los integrantes de los MTD son desocupados ni dedican todo su tiempo a las tareas del movimiento. Los grupos se conforman de manera compleja y heterogénea.

valor en los últimos años, transformando todas las casas vacías en un negocio del gobierno. Ahora bien, con el desalojo de la casa tomada las familias quedaron en *la calle*. La "solución" vino de la mano del alquiler de un nuevo local, un galpón ubicado en las adyacencias de las vías del tren a cuadras del Riachuelo. Las familias viven ahora más lejos del centro de la ciudad, casi en los límites de la capital. Este espacio funciona como centro del barrio de Barracas. Al igual que en el local de Constitución, se realizan una serie de actividades que hacen a la cotidianeidad del movimiento.

Durante muchos años, para varios de los que hoy son integrantes, fue *"vivir en la calle o en una toma"*, como me dijo una señora de cuarenta años luego de haber sido desalojada.

Las pensiones de la zona cuestan alrededor de cuatrocientos pesos mensuales el cuarto[18]. En general, tienen un baño y una cocina compartida para todos los que allí viven. Pero el precio hace que esta opción se torne casi inaccesible. Los que viven en pensiones deben contar con la ayuda del grupo doméstico completo para afrontar los gastos. Es el caso de Tino, un matricero que hoy en día, además de *militar*[19] en el movimiento y cobrar un plan social de $150, se dedica "cuando lo llaman" a la seguridad en boliches de noche. Su hijo mayor cuenta con una beca (pasantía) de trabajo otorgada por el Gobierno de la Ciudad para realizar actividades durante seis meses en una fábrica, y una de sus hijas trabaja en un local de comidas rápidas. La menor, de 17 años, está en el último año de la secundaria.

Según las estimaciones realizadas por el MTD, el ingreso mensual promedio de una familia es de $400 (alrededor de U$S130)[20]. Éste fue calculado a partir del cobro del Plan Jefas y Jefes de Hogar Desocupados y las *changas* que los integrantes puedan realizar. Como dijimos, el subsidio habitacional del gobierno (válido por seis meses) es otra estrategia utilizada por los integrantes. Si bien para muchos es una realidad, la mayoría no está conforme, ya que implica una condición de incertidumbre constante. También hicimos referencia a los que han entrado en cooperativas de vivienda.

En este contexto, los integrantes cada vez encuentran mayor dificultad para vivir cerca de los lugares de trabajo (el local, las ferias del barrio de Barracas o San Telmo, algunos negocios que los "emplean" de vez en cuando). Si bien la mayoría de los sujetos que integran los movimientos siempre han tenido problemas para acceder a la vivienda, tanto los movimientos como sus integrantes encuentran una dificultad aún mayor. Pero este proceso no se produce en la resignación, y hoy los movimientos son espacios de colectivización de los problemas habitacionales. Si antes esta precariedad habitacional y laboral los hacía rotar por distintas casas, inquilinatos, hoteles

---

[18] Los precios a los que hacemos alusión son del año 2006.

[19] Denominamos militantes a los que tienen un rol activo en la participación cotidiana del movimiento.

[20] Hablamos ahora sólo de dinero, aunque sabemos que los ingresos familiares no deben medirse sólo en moneda.

del barrio, hoy esto parece cada vez más difícil. El proceso de reconversión del barrio tiende a expulsarlos de la zona a lugares gradualmente más lejos (uno de los nuevos locales está a dos cuadras del Riachuelo).

Kowarick (en Carman 2003) dice que "las frecuentes mudanzas tienden a desenraizar a estas personas, y tal vez hasta a dificultar una consolidación más efectiva y afectiva de los lazos [...], elemento básico para enfrentar el cotidiano expoliativo de nuestras ciudades". Es por ello que los sentidos, los efectos de esta negación, son mucho más profundos que una *mudanza*.

Además, como plantea Marcús en relación con la socialización urbana y sus efectos en los consumos, la afectividad y la sexualidad de jóvenes migrantes que habitan en hoteles-pensión de la Ciudad de Buenos Aires (vivir en zonas céntricas de la Ciudad de Buenos Aires) supone la posibilidad de un grado de integración a las instituciones de la sociedad civil, al tiempo que les posibilita interactuar con sujetos de sectores sociales. Según Marcús, las mujeres que allí viven ocupan una posición más ventajosa (social, cultural y simbólicamente) al interior de los sectores populares respecto a la población de madres adolescentes socializadas en contextos de pobreza (villas miseria y asentamientos).

La dificultad de conseguir un local donde llevar a cabo sus actividades hace que la reproducción misma de los grupos se ponga en riesgo. En este sentido, la vivienda forma parte del derecho al trabajo. Recordemos que las actividades que desarrollan dentro de los locales de los MTD son sus formas de trabajo (Perelman 2007), y que además muchos realizan trabajos en sus casas (por ejemplo tejen, arreglan o cocinan). A éstas debemos agregar las "changas" que pueden hacer, las ferias en las que participan, etc.

Conclusiones

Conforme a lo descripto, se puede entender por qué, si bien se constituyen en tanto Movimiento de Trabajadores *Desocupados*, en donde la identidad de trabajador y la necesidad de continuar realizándose a partir de ello tiene una lugar simbólico, político, económico, ideológico central, encuentran también en la vivienda –en un sentido amplio– una problemática tan importante como la primera. A partir de sus reclamos, de los proyectos productivos y la utilización que hacen de los planes estatales, llevan adelante un trabajo cotidiano en pos de la resignificación y (re)construcción del estar desempleado.

Estas situaciones que se vivían como un problema individual pasan, una vez integrante de un movimiento, a ser una cuestión colectiva y hasta identitaria[21], que se va

---

[21] El piquetero, en tanto actor social "que aparece", se constituye en la calle, en el espacio público. La diversidad y las diferentes adscripciones a líneas político-sindicales dentro del movimiento a la hora de "hacerse visibles" en un corte, una marcha o cualquier otro tipo de tecnología manifestante hace

construyendo tanto en los barrios como a partir de las acciones de protesta. Lo mismo ocurre con la vivienda. Las estrategias históricas habitacionales se combinan en los años 1990 con nuevas políticas de intervención sobre espacio. Los sectores populares cada vez cuentan con mayor dificultad para acceder a una vivienda.

En el marco de una nueva forma de entender la ciudad, de una política de lugares y de memoria, el barrio sufre un proceso de fuertes transformaciones en el cual los pobres no tienen lugar. La estatización del espacio a partir de la reinvención del pasado, y con ella de la caracterización de los sujetos "aceptados", ha dejado fuera a los integrantes; el aumento en los alquileres de los locales y los desalojos de casas no les permiten ni desarrollar sus actividades como grupo ni estar cerca de los lugares de trabajo.

Los movimientos de la ciudad cuentan con una serie de problemas habitacionales para poder realizar aquéllas, y para ello generan toda una serie de nuevas estrategias que combinan las trayectorias, la intervención estatal, generan relaciones con otros grupos, etc.

También es preciso recordar cómo estos procesos se entrecruzan con otros. La política alimenticia, por ejemplo, no suele verse en relación con la negación del espacio urbano. Sin embargo, una y otra están estrechamente ligadas: el MTD necesita del comedor ya que sus integrantes, desocupados, necesitan alimentarse. Además, sirve como vidriera para que nuevos posibles integrantes se acerquen. A su vez, este local es el centro de la vida social del movimiento. Allí se llevan a cabo toda una serie de tareas tan diversas como el "apoyo escolar", la confección de las listas para los planes, un taller de costura, etc. Es un espacio de almacenamiento de mercadería y es el lugar de las reuniones. Este lugar debe cumplir una serie de requisitos para que el Gobierno de la Ciudad les "baje" los "tan ansiados alimentos".

Al mismo tiempo, con los bajos ingresos monetarios y la dificultad para movilizarse a grandes distancias, existe la necesidad de vivir cerca del local del movimiento/lugar de trabajo. Pero ante el crecimiento de emprendimientos como parte de la *gentrificación* del barrio, los locales son cada vez más escasos. También se van rompiendo ciertas lealtades y simpatías hacia esta población, que ya no encuentra en sus vecinos aquel reconocimiento como sujetos válidos en el barrio.

Marchas, concentraciones, talleres de información y formación, tomas de casas, alquileres, inquilinatos, son parte de las formas de vivir la ciudad, de resistir y de generar nuevos sentidos, dando espacio para la (re)construcción de un derecho: el derecho a la vivienda. Para los integrantes de los movimientos la vivienda digna no es sólo una necesidad, es parte de los "derechos humanos", y generan toda una serie de prácticas en torno a producir este derecho ciudadano.

La aparición en el espacio público en forma de reclamo en torno de un derecho ciudadano es productiva de éste. Colectiviza un problema que aparece como individual,

---

necesario una diferenciación. En este contexto adquiere relevancia la identificación de los sujetos para con su propio grupo con la utilización de banderas tras las que "marchan", pecheras, gorros, etc.

genera toda una serie de acciones en pos de una vivienda. Si como vimos, la vivienda aparece en el capitalismo como una cuestión personal, individual, perteneciente al ámbito de lo privado, es en este proceso que se transforma en un reclamo colectivo en forma de derecho. Por otro lado, la aparición de estos sectores viene a reclamar el uso de la ciudad y a cuestionar el merecimiento económico, los parámetros de belleza de la misma. Buscan, demandan, negocian un espacio, que si bien es público *está cada vez más privado.*

La negación de la vivienda es una negación al uso de la ciudad en su conjunto. Los procesos que describimos tienden *a tirar fuera* de la ciudad a los sujetos que no pueden acceder de manera "ideal" al mercado inmobiliario; pero como vimos, esta negación es mayor: es la del lugar de trabajo (de la actividad) y la de transitar la ciudad.

Cada vez más lejos están los locales de los MTD, cada vez más precarios y chicos. Cada vez cuentan con mayor dificultad para desarrollar sus actividades. A esto debemos sumar otras prácticas de control sobre el espacio (persecución, detenciones policiales, entre otras), que hacen que vivir sea cada vez más complicado.

Pero no todo pasa por la resistencia. La negociación también está presente. Ambos procesos no están escindidos. Muchas veces estos pasan por acceder a los medios proporcionados por los ámbitos estatales, que generalmente van modificando sus límites de tolerancia en relación con los procesos que se van desarrollando.

Bibliografía

Carman, M. (2003), *Narraciones de identidad, procesos de ennoblecimiento y disputas por el patrimonio en el barrio del Abasto. El caso de los ocupantes ilegales de casas tomadas.* Tesis Doctoral, Facultad de Filosofía y Letras de la Universidad de Buenos Aires, p. 121.

Catenazzi, A. C. y Di Virgilio, M. M. (2001), *Ingreso ciudadano y condiciones urbanas. Aportes para una estrategia de política social del Gobierno Nacional.* Informe final, Secretaría de Tercera Edad y Acción Social, Ministerio de Desarrollo Social y Medio Ambiente.

Cravino, M. C.; Fernández Wagner, R. y Varela, O. (2002), "Notas sobre la política habitacional en el AMBA en los años '90", en Andrenacci (org.), *Cuestión social y política social en el Gran Buenos Aires*, La Plata, UNGS/ Al margen, pp. 111-128.

Cuenya, B. (2004), "Grandes proyectos y teorías sobre la nueva política urbana en la era de la globalización. Reflexiones a partir de la experiencia de la ciudad de Buenos Aires", en Cuenya, Fidel y Herzer (coord.), *Fragmentos Sociales. Problemas urbanos de la Argentina.* Buenos Aires, Siglo XXI. pp. 89-110.

Di Virgilio, M. M. (2004), "'Casa se busca.' Explorando las relaciones entre estrategias habitacionales, redes sociales y políticas sociales", en Beatriz Cuenya, Carlos Fidel, e

Hilda Herzer (coord.), *Fragmentos Sociales. Problemas urbanos de la Argentina*, Buenos Aires, Siglo XXI, pp. 211-235.

Herzer, H. (org.) (2008), *Con el corazón mirando al sur,* Buenos Aires, Espacio.

Lacarrieu, M. (1995), "'Que los conventillos no mueran': disputa por el espacio barrial", en *Políticas sociales y estrategias habitacionales*, Buenos aires, Espacio, pp. 62-119.

Lacarrieu, M. (2005), "Nuevas políticas de lugares: recorridos y fronteras entre la utopía y la crisis", en Max Welch Guerra (ed.) *Buenos Aires a la deriva.* Buenos Aires, Biblos, pp. 363- 395.

Marcús, J. "Ser madre en los sectores populares: una aproximación al sentido que las mujeres le otorgan a la maternidad", en *Revista Argentina de Sociología,* año/vol. 4 (noviembre-diciembre), pp. 100-119.

Perelman, M. (2008a), "Democracia, trabajo y ciudadanía: reflexiones a partir del caso argentino", en *Revista Sociológica,* N° 67.

Perelman, M. (2008b), "Pobreza urbana o negación de la ciudad. Reflexiones a partir de grupos de desocupados porteños", en *Mundo Urbano,* N° 31.

Perelman, M. (2007), "Theorizing Unemployment: Toward an Argentine Anthropology of Work", en *Anthropology of Work Review, Vol. 28, N° 1.*

Perelman, M. (2006), "¿De trabajadores a beneficiarios? El movimiento piquetero en Argentina", en *Revista Interseções 8(1)*, IFCH / UERJ, julo, pp. 151-168.

Rodríguez, M. C. (2005), *Como la estrategia del caracol… Ocupaciones de edificios y políticas locales del hábitat en la ciudad de Buenos Aires*, Buenos Aires, El cielo por Asalto.

Rodríguez, M. C.; Di Virgilio, M. M. ; Vio, M.; Porcupez, V.; Ostuni, F.; Mendoza, M. y Morales, B. (2007), *Políticas del hábitat, desigualdad y segregación socioespacial en el AMBA.* Buenos Aires, Área Estudios Urbanos del IIGG-FSOC-UBA y Grupo Argentina de Producción Social del Hábitat, HIC-AL.

Torre, J. C. (2003), "Los huérfanos de la política de partidos. Sobre los alcances y naturaleza de la crisis representación partidaria", en *Desarrollo Económico* Vol. 42, N° 168 (enero-marzo), pp. 647-65.

El Movimiento Territorial Liberación (MTL) y la construcción del complejo habitacional Monteagudo a partir del relato de los participantes: un estudio de caso

Cecilia Fraga

Introducción

Dentro de una perspectiva general de modalidades de autoproducción del hábitat, llevadas adelante por los sectores de menores ingresos como estrategia de resistencia frente a las políticas neoliberales, este trabajo se enmarca en la perspectiva de la producción social del hábitat. Por definición, las experiencias de producción social del hábitat suponen una dimensión colectiva (Di Virgilio, Rodríguez, *et al.* 2007). En este capítulo se analizarán las características de esos colectivos y las formas de participación que contemplan, y se indagará el papel del liderazgo en los mismos. Para estudiar estos procesos se eligió la experiencia de construcción del complejo habitacional Monteagudo, llevada adelante por el Movimiento Territorial de Liberación (MTL) a través de su Cooperativa de Vivienda, Crédito y Construcciones MTL Limitada y de la empresa constructora de su propiedad.

Las observaciones y conclusiones que siguen a continuación se desprenden de un análisis previo realizado en el marco de mi beca estímulo de iniciación[1]. Los objetivos eran: I) caracterizar los sistemas de reclutamiento de participantes y de organización de la participación en experiencias de autogestión del hábitat popular; II) caracterizar

---

[1] Proyecto UBACyT S032 "Producción Social del Hábitat en el Área Metropolitana de Buenos Aires". Directora María Carla Rodríguez en Codirección con María Mercedes Di Virgilio.

las trayectorias de participación que describen los protagonistas de esas experiencias de autogestión; III) identificar los mecanismos (motivaciones, experiencias y/o relaciones) que impulsan la participación de miembros de base en dichos procesos de autogestión de soluciones habitacionales; IV) establecer relaciones entre los mecanismos organizacionales de reclutamiento y organización de la participación, y las motivaciones, experiencias y relaciones de los miembros de base; V) caracterizar los procesos de construcción de liderazgos en dichos contextos.

Con vistas a reconstruir las experiencias vitales de aquellos que intervienen en este proyecto, se realizaron catorce entrevistas semiestructuradas a participantes en la construcción del complejo habitacional Monteagudo en el barrio de Parque Patricios (CABA) durante el segundo semestre de 2007 y el primer semestre de 2008. De esta manera, se buscó reconstruir las experiencias vividas y las formas organizativas que emergieron de un proyecto de autogestión de vivienda popular. El trabajo se basó principalmente en un análisis temático de las entrevistas y las notas de campo, y en tareas de observación.

El Movimiento Territorial de Liberación es un movimiento social y político, de origen piquetero y de alcance nacional, que se constituye como tal luego de la crisis de 2001-2002. Específicamente, el MTL, en la Ciudad Autónoma de Buenos Aires, comienza a desarrollarse en el mismo período, ante la emergencia habitacional en la ciudad porteña, caracterizándose por la ocupación colectiva de casas y edificios públicos y privados, a fin de obtener lugares de vivienda para las familias. Estas ocupaciones y/o tomas se producen como respuesta a la necesidad de resolver problemas centrados en lograr espacios populares de hábitat, tanto para la construcción de viviendas como para el desarrollo de proyectos comunitarios y de trabajo (Poli 2007). Entre los diversos proyectos e iniciativas desarrollados por el MTL, nos centraremos en la participación en la construcción del complejo habitacional Monteagudo, iniciada en el segundo semestre de 2004 y finalizada a principios de 2007. Esta experiencia es la primera del MTL en materia de producción social del hábitat.

Respuestas sociales al modelo neoliberal

La elaboración de este tipo de proyectos productivos y económicos autogestionados (Palomino 2003) constituye en la actualidad un objetivo de acción de diversos movimientos sociales que surgieron como respuestas al modelo neoliberal de los años 1990. Entre estos movimientos se destacan los que tienen como protagonistas a trabajadores de empresas recuperadas (Rebón 2005) y a grupos piqueteros. A partir de entonces, se van configurando en la Argentina formas de organización que intentan sobrevivir a las altas tasas de desocupación y pobreza que se agudizan con la crisis de 2001-2002.

En este contexto, se intentaba resolver necesidades legítimas que el mercado no consideraba y que el Estado tampoco estaba proveyendo. En una sociedad donde prima la lógica capitalista y donde el sector estatal no alcanza a producir los bienes públicos imprescindibles, emerge una lógica alternativa: el sector de la economía social. Este incluye "actividades cooperativas de consumo y producción, asociaciones libres, redes mutuales y comunitarias, y otras formas articuladas orgánicamente para gestionar los recursos y necesidades de sus miembros y de la comunidad, que son socialmente eficientes, ahorran, acumulan, invierten e innovan, pero no tienen fines de lucro" (Coraggio 2004: 12).

En este marco, y como consecuencia de la acción colectiva y organizada para la producción social del hábitat, se ha ido gestando la experiencia de progresivos desarrollos del cooperativismo autogestionario como incipiente movimiento social y como expresión de lineamientos de políticas orientadas hacia la concreción del derecho a la ciudad (Rodríguez 2004). Un ejemplo de esto es la creación de la Cooperativa MTL Limitada y la empresa constructora de su propiedad. El protagonismo de los movimientos sociales y la implementación de programas de promoción de formas asociativas y trabajo autogestionario comienzan a configurar así un nuevo contexto (Hintze 2006). Específicamente respecto a las políticas de fomento a la autogestión cooperativa del hábitat, este enfoque significa la construcción de un camino alternativo al tradicional de ejecución empresarial, "*la vivienda como mercancía objeto de ganancia* ('modelo tradicional FONAVI'), y de entrega de viviendas 'llave en mano', sustentada en una *concepción no participativa*" (Rodríguez 2004. El destacado es propio). Este cambio supone una canalización de los recursos públicos hacia las cooperativas, entendidas como actores económicos protagonistas.

Es decir que, en la experiencia de construcción que aquí se estudia, confluyen años de lucha que resultan en un marco institucional y jurídico (Ley 341/00), para la autogestión del hábitat popular en un contexto de emergencia en el que los movimientos sociales devienen los protagonistas que llevan adelante estas iniciativas. Así, la construcción del complejo habitacional Monteagudo constituye actualmente un ejemplo paradigmático de cómo desocupados se incorporan a emprendimientos autogestionados impulsados por un movimiento social y político, logrando satisfactoriamente organizarse en torno a necesidades y privaciones.

La creación de la Cooperativa MTL Limitada y la opción por la empresa constructora

En el marco de la Ley 341/00 del Gobierno de la Ciudad Autónoma de Buenos Aires, el predio, que era una fábrica de pinturas abandonada vinculada a Bunge&Born y desactivada hace ya veinte años, quedó escriturado a nombre de la Cooperativa MTL Limitada. De esta manera, el terreno de 18.000 m^2 delimitado por las calles Monteagudo, Cortajerena, Iguazú y Fátima fue comprado en diciembre de 2003 por la cooperativa MTL Limitada, al precio de \$1.400.000. La reglamentación de la Ley

341 habilitó la posibilidad de que organizaciones sociales constituidas en cooperativas puedan administrar como tales recursos estatales en la Ciudad de Buenos Aires. El aspecto más significativo es que, por primera vez en la Ciudad de Buenos Aires, las organizaciones sociales se constituyen en un actor central de las políticas de hábitat[2]. La aprobación de esta Ley permitió que la Comisión Municipal de Vivienda (CMV) –actualmente el Instituto de Vivienda de la Ciudad (IVC)– destinara $16.000.000 a la cooperativa en el marco del Programa de Autogestión para la Vivienda (PAV), para la construcción del complejo. En relación con el financiamiento, el crédito fue de $75.000 por vivienda y contra certificación de obra ejecutada. La cooperativa recibió así el préstamo de mayor magnitud hasta la fecha. Es un crédito blando a pagar en treinta años con tasas del 0% destinado a familias de pocos recursos, con cuotas fijas en pesos. Si bien en el Boleto de compra-venta que firmaron la Cooperativa y el Gobierno de la CABA figura 0% de interés, actualmente se está discutiendo un posible incremento del mismo.

El PAV ofrece así un marco institucional para la conformación de cooperativas con vistas a la concreción de sus proyectos de vivienda. Si bien estas iniciativas permiten solucionar el problema del déficit de vivienda para varios sectores, estas formas asociativas se hallan sometidas a las presiones que les impone el sistema (exigentes pautas para la obtención de los recursos financieros, encuadramientos jurídicos, técnicos y profesionales, etc.).

Respecto al sistema de ejecución elegido, la Cooperativa de Vivienda, Crédito y Construcciones MTL Limitada es propietaria de una empresa constructora que tiene a sus trabajadores en relación de dependencia, en los términos que establece el convenio colectivo de trabajo de la Unión Obrera de la Construcción de la República Argentina (UOCRA) –monto del sueldo, asignaciones familiares, aguinaldo, vacaciones, ART y obra social, horas extras– y demás beneficios laborales. Esta opción que eligió el MTL da cuenta de los vacíos legales que existen en la legislación argentina para desarrollar figuras jurídicas adecuadas para el trabajo autogestionario. Como señala Rodríguez (2004), este proceso de desarrollo de organización social se vio tensionado por la política habitacional tradicional, que ha tenido como destinatario privilegiado a las empresas constructoras como actor económico relevante. En este sentido, el MTL hizo una opción al elegir conformar una empresa constructora de su propiedad para poder acceder al crédito. También se ha desarrollado, tras opciones respecto al sistema de ejecución autogestionario, por ejemplo, la propuesta realizada por el Movimiento de Ocupantes e Inquilinos.

En relación con quiénes son los que integran la cooperativa, corresponde destacar que muchos de los miembros se acercaron al movimiento a partir de sus participaciones

---

[2] La Ley estuvo vigente hasta la sanción de su modificatoria, la Ley 964, en diciembre de 2002. La Ley 964 desarrolla y especifica un conjunto de aspectos ligados con las operatorias colectivas organizadas.

en movilizaciones, piquetes y tomas surgidas al calor de la crisis 2001-2002. En su mayoría, se trata de hombres y mujeres vinculados a situaciones críticas habitacionales provenientes de villas y asentamientos, que comparten la experiencia de haber encontrado en la participación en el movimiento una salida colectiva a su déficit habitacional. Por otro lado, quienes conforman el cuadro directivo de la cooperativa poseen en general una larga experiencia de militancia partidaria (ligados al Partido Comunista Argentino) y en el campo popular.

Con relación a la vinculación de la cooperativa con el movimiento social, cabe señalar que este último es el que decide las líneas de acción que luego la cooperativa ejecuta. Es decir que en materia de toma de decisiones existe una relación jerárquica entre el movimiento, la cooperativa y la empresa constructora. La estructura organizacional puede asemejarse a un triángulo donde distintos espacios están interrelacionados de manera jerárquica en el proceso de toma de decisiones. Si bien muchas actividades son creadas por las demandas de los participantes de base, el proceso de toma de decisiones se concentra en el cuerpo directivo de la Cooperativa y del Movimiento. El siguiente cuadro intenta mostrar la dinámica institucional del proceso de toma de decisiones.

Cuadro 1. La estructura organizacional y el proceso de toma de decisiones

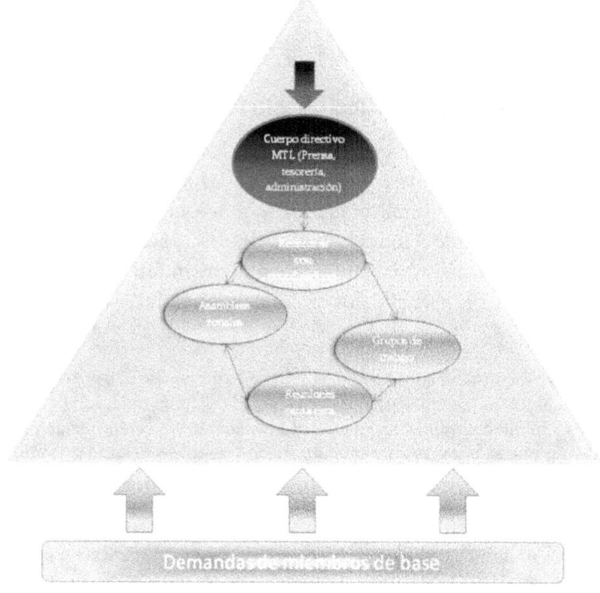

Es decir que las decisiones que se toman en el marco del movimiento social son llevadas a cabo por los miembros de la cooperativa. Aunque esto plantea una estructura de organización de tipo jerárquica, los miembros de base de la cooperativa tienen posibilidad de participar en las asambleas zonales, que son espacios de discusión, y de este modo, exponer posturas que son sometidas a debate. Las asambleas zonales tienen lugar todos los lunes en cada barrio (La Boca, Barracas, Almagro, Parque Patricios –que nuclea a Boedo y Pompeya–, Mataderos, Villa 21, Villa 24, Villa 31 y Once). Las mismas constituyen un ámbito de participación de los miembros de la cooperativa en la toma de decisiones. Si bien las grandes líneas ya están trazadas por el movimiento a nivel nacional, estos ámbitos permiten la discusión de temas más focalizados al área local.

Los lineamientos del movimiento en relación con el nivel de la CABA, que se definen en las asambleas zonales, quedan sujetos así a las decisiones de la Mesa Federativa y la Mesa Ejecutiva, que también se reúnen semanalmente. La Mesa Federativa está compuesta por 60 delegados de todo el país. Esta Mesa posee un cuerpo ejecutivo, llamado Mesa Ejecutiva, compuesto por trece delegados, nombrados anualmente en el Encuentro Regional donde cada zona (diez en CABA) nombra a un delegado. A su vez, cada asamblea zonal nombra a los 60 delegados de la Mesa Federativa y a los encargados de las distintas Comisiones que se fueran constituyendo.

En síntesis, la estructura organizacional y el proceso de toma de decisiones dan lugar a un sistema de relaciones que permite la creación de espacios de acción colectiva comunes.

La participación en la construcción y la forma de organización

La articulación de espacios participativos y de actores con capacidad de agregar intereses facilita los intentos de coordinación de las acciones. Específicamente en relación con la empresa que implicó abarcar todo lo que hace a la construcción de un complejo habitacional de 326 viviendas, el desafío supuso diseñar, en la mayoría de los casos sin experiencia previa, una estructura organizativa que hiciera viable la construcción del "Mega"[3]. Para ello, los cerca de 300 hombres y mujeres que partici-

---

[3] Respecto a las características de las viviendas, el complejo comprende 326 viviendas en PH de 2 ó 3 pisos, de 2 a 4 ambientes. Cuatro viviendas por planta, dieciséis en total, comparten una escalera común, que lleva a submódulos funcionales de fácil mantenimiento, conformando un total de diez torres. Las viviendas poseen pisos cerámicos, equipamiento completo en cocina y baño, estufas y calefón. Los departamentos se dispusieron en forma de hileras, unidas en sus extremos por pórticos de ladrillo a la vista. Entre ellas se extienden patios a ambos lados, lo que permite que todas las unidades gocen de luz natural. En el perímetro se localizaron los espacios cubiertos destinados al equipamiento urbano: un salón de usos múltiples, diez locales comerciales –aún no se encuentran funcionando–, espacios para taller de herrería y carpintería para fabricar las aberturas, como otras terminaciones y muebles para vivienda –estos galpones quedan instalados para futuras obras de la Cooperativa, in-

paron de la construcción del complejo contaron con la asistencia técnica del estudio Pfeifer-Zurdo Arquitectos. Asimismo, el Instituto de Vivienda de la Ciudad envió a estudiantes de la Facultad de Arquitectura de la Universidad de Buenos Aires a realizar como pasantes tareas de apoyo. También contaron con la asistencia de un maestro mayor de obras, un cooperativista uruguayo de Autogestión y Ayuda mutua. Además, para poder hacerse cargo de la parte contable y financiera, fueron convocados técnicos y profesionales amigos de algunos integrantes del MTL. En esta fase del proceso, las redes de amistad y parentesco jugaron un papel muy importante para la organización de este proyecto, en tanto que canales de transmisión de conocimiento, información y oportunidades.

Respecto a los inicios de la participación en este proyecto, la mayoría de los entrevistados relata que tuvieron sus primeros contactos con el MTL al calor de la crisis 2001-2002 en marchas y piquetes por la obtención de subsidios por desempleo y bolsas de alimentos: "Entonces salíamos a pedir los bolsones de alimentos, reclamábamos que nos den la comida, y marchábamos todos juntos" (E1). En relación con esta etapa, se valora el compañerismo resultante de la experiencia de lucha.

Las personas que ya participaban del movimiento señalan la importancia de haber ocupado hoteles, no sólo para solucionar provisoriamente el déficit de vivienda, sino también como ámbito de socialización para reclutar a futuros miembros: "Y ahí [en el hotel] les íbamos contando y tratando de que se unan a nosotros" (E3). A través de charlas informales y en pequeños grupos, los miembros del movimiento buscan atraer a futuros participantes. Éstos adquieren también, en el proceso de reclutamiento, una perspectiva respecto a cuáles son las misiones del movimiento, su metodología y su posible rol dentro del mismo.

A lo largo de la experiencia del MTL en CABA, puede advertirse que la participación en los piquetes comienza a ser utilizada como medio para la obtención de recursos para los emprendimientos autogestionados –y no como un fin en sí mismo–, lo que nos devuelve a la cuestión de su identidad, fundamentalmente, como "desocupados". Muchos de los entrevistados se autodefinieron como "trabajadores sin trabajo". Siendo así, reclaman que el Estado genere fuentes de trabajo donde "los propios compañeros fueran los trabajadores" (E5).

Es decir que más allá del marco institucional y jurídico (Ley 341) que habilitó a grupos sociales –convertidos en cooperativas– para recibir subsidios del Gobierno de la CABA, hubo una decisión por parte del movimiento que llevó a optar por hacerse

---

cluso como venta al público, y tampoco están funcionando aún– y una guardería / jardín maternal. Como consecuencia de la acción colectiva y organizada para la producción social del hábitat, aparece también la capacidad para "producir barrios" (Rodríguez 2004) o explotar sus potencialidades. Por ejemplo, en la esquina de José C. Paz y Monteagudo, se construyó una pequeña plaza pública para mejorar la integración al barrio. La Cooperativa realizó, por imposición del Gobierno de la CABA, la reapertura de la calle José C. Paz, que a la vez que divide al conjunto en dos sectores, beneficia la conectividad e integración en el barrio.

cargo de la construcción y poner "manos a la obra". La toma de esta decisión está relacionada con lo que señala Carlos "Chile", referente del movimiento: "Se trata de una acción político cultural territorial, que tiene como objetivo construir una nueva identidad" (E13*). Existe en esta experiencia una búsqueda de resignificación identitaria que supone asimismo la recuperación de la iniciativa política. Como señala Palomino (2003), "lo que está presente en las actividades de los grupos piqueteros es la politización de la esfera de la reproducción social, del consumo y la distribución de bienes y servicios".

La politización del proceso de construcción se dio desde el principio. Una vez constituida la cooperativa MTL Limitada y entregado el terreno por el Gobierno de la CABA, los miembros se encontraron con demoras de las partidas presupuestarias, situación que los llevó a organizarse y a trabajar con las herramientas que ellos mismos poseían o que conseguían a través de parientes, amigos y vecinos. Nuevamente, aquí se muestra la importancia de las redes para hacer viable el emprendimiento en sus comienzos. Además, para poder obtener ingresos e iniciar la construcción se vendieron los materiales que se hallaban en el predio (estructuras metálicas, chapas, etc.). Así, desde el comienzo de la obra y por iniciativa propia, los miembros se organizaron, dándose soluciones a las dificultades con las que se toparon, encargándose de la compra de materiales, del alquiler de máquinas y de la búsqueda de los materiales requeridos.

Como estrategias de fomento de la participación y del involucramiento de todos los miembros, se realizaron capacitaciones para quienes no poseían conocimientos sobre la construcción. Las mismas estuvieron a cargo de los miembros que sí poseían competencias en carpintería y albañilería, que enseñaban a sus compañeros un nuevo oficio. Por otro lado, se fue organizando y conformando una "división social del trabajo", donde un grupo se encargaba de la seguridad y otro de la construcción.

Respecto a las decisiones sobre el diseño arquitectónico, Carlos "Chile" cuenta que se estableció un diálogo con los arquitectos del estudio Pfeifer-Zurdo para que se tuvieran en cuenta las necesidades y deseos de quienes luego vivirían allí. Una vez finalizada la construcción, también organizaron un consorcio –donde cada vivienda paga un peso por metro cuadrado– con un encargado por torre, que realiza las tareas de limpieza de patios, el mantenimiento de los jardines y tareas afines[4].

Por otro lado, siendo que el movimiento decidió que cada familia fuera propietaria de la vivienda que habita, la empresa constructora, al continuar generando trabajo una vez finalizada la construcción del complejo, permitió que los nuevos propietarios pudieran enfrentar el pago de las cuotas del crédito recibido. Así, la forma jurídica que adoptaron les permite, con vistas hacia al futuro, continuar construyendo para los cerca de 1.500 integrantes del MTL, y además presentarse a licitaciones para terceros.

La participación en la toma de decisiones puede advertirse también en lo referente a la adjudicación de las viviendas, que se realizan en asamblea con la consulta de to-

---

[4] La luz y el agua se pagan por monto total, no por vivienda.

dos los participantes en la construcción, siendo los criterios de mérito en el trabajo, emergencia y participación en el movimiento los más importantes.

En general, el proceso de autogestión implicó un permanente aprendizaje tanto de cuestiones técnicas como organizativas, lo que implicó confianza en la capacidad de poder hacer del grupo: "Y nosotros íbamos viendo, y nos fuimos dando cuenta de lo que íbamos haciendo y de lo que se podía hacer, sobre la marcha te vas dando cuenta de todo lo que se va logrando" (E7). Esta percepción de la capacidad individual y colectiva de "poder hacer, lograr" es un aspecto fundamental de la participación y de la acción colectiva. Este aprendizaje constituyó una base fundamental para ampliar el espacio de lo que puede ser pensado como posible.

La experiencia de participación en la biografía de los protagonistas

El involucramiento y la decisión de participar en esta experiencia de autogestión del hábitat popular se encuentra asociada, en el relato de los distintos miembros de base, con la necesidad de salir de una situación crítica de vivienda y encontrar una solución definitiva al problema de la casa propia. Al respecto, el acto volitivo de participar puede advertirse claramente en el momento de la entrada del individuo al grupo. La decisión de participar en este proyecto de vivienda popular es una respuesta concreta a la situación de déficit de vivienda en la que los entrevistados se encontraban antes de participar en la cooperativa.

En lo que hace a las experiencias de participación previa de los entrevistados, algunos de ellos eran miembros del MTL con anterioridad a la existencia de este proyecto de vivienda popular. Otros iniciaron su participación al mismo tiempo que comenzó la construcción del complejo. Estos últimos señalaron no haber tenido experiencias previas de militancia o participación en partidos políticos, agrupaciones o movimientos sociales. En este sentido, la decisión individual de participar en la construcción de viviendas es vivida como un punto de inflexión en sus vidas. Por ejemplo, una mujer con tres hijos nos cuenta: "Yo antes vivía con mis nenas en un mismo lugar donde hacíamos todo, comíamos, dormíamos, todo en el mismo lugar; ellas ahora tienen un lugar para jugar" (E1). La importancia de un espacio de uso exclusivo para dormir, otro para comer y otro para jugar fue señalada por las madres entrevistadas en virtud de un cambio profundo y positivo en sus vidas cotidianas. Así, el "Mega" implicó ponerle fin a una situación de hacinamiento familiar prolongada.

Además de una salida al déficit de vivienda, la participación en la cooperativa aparece como el único recurso de protección o de creación de empleo: "Nosotros, viste, fuimos aprendiendo, y así también ahora podemos seguir trabajando, construyendo" (E3). "Yo ahora sé que voy a tener trabajo y eso te cambia" (E6).

De acuerdo con el relato de los entrevistados, la experiencia de autogestión ha sido evaluada positivamente. Por un lado, produjo una evolución favorable en las condiciones de vida de sus miembros, siendo los aspectos más importantes aquellos que podríamos denominar "sociales": viviendas dignas y estabilidad laboral y económica. Por otro lado, la capacitación recibida y la adquisición de competencias, generan una revalorización de la propia autoestima. Los logros, asociados al presente, se hallan relacionados con la percepción por parte de los entrevistados de que se abre a partir de esta experiencia un futuro más alentador: "Con todo lo que fuimos haciendo te das cuenta que los sueños son posibles y que ahora las cosas son distintas" (E8).

Respecto a los resultados que dejó esta experiencia, existe una autopercepción de un mayor involucramiento activo y compromiso de los participantes que se plasma en diversos trabajos al interior de la cooperativa, ya sea en la empresa constructora o en otros emprendimientos. Asimismo, en el relato de los protagonistas, aparece la percepción de la necesidad de haberse involucrado y participado para generar un cambio en sus vidas. En este sentido, respecto a qué significó esta experiencia, los miembros señalan el logro y la concretización de meses de lucha, sueños y esperanzas que hoy por fin adquieren forma material.

Reflexiones finales

A lo largo de los meses que duró la obra, los participantes en la construcción fueron mostrando su creciente entusiasmo por el proyecto y su sentimiento de pertenencia al movimiento, reforzando su cohesión interna y su capacidad organizativa a medida que iban recogiendo los frutos de su lucha y movilización y éstos se iban materializando en el "Mega". De este modo, las prácticas asociativas fueron ganando terreno al inicial reclamo del alimento y la vivienda, dando lugar a formas de organización y gestión que mostraron la capacidad del MTL para llevar adelante una experiencia de autogestión del hábitat popular.

Así, se generaron puestos de trabajo para cerca de 300 trabajadores y, de esta manera, el complejo Monteagudo no sólo solucionó el problema de la vivienda para 326 familias, sino que también significó la posibilidad de recuperar para un gran número de personas la cultura del trabajo y la solidaridad, convirtiendo la obra en una verdadera escuela de oficios.

Bibliografía

Coraggio, J. L. (2004), "Una alternativa socioeconómica necesaria: La economía social", en Danani (comp.), *Política Social y Economía Social: Debates fundamentales*, Buenos Aires, Ed. Altamira.

Di Virgilio, M. M.; Rodríguez M. C. *et al.* (2007), *Políticas del hábitat, desigualdad y segregación socioespacial en el área metropolitana de Buenos Aires*, Buenos Aires, AEU-Instituto de Investigaciones Gino Germani, UBA; Grupo Argentina de Producción Social del Hábitat hic-al FVC-MOI-SEDECA.

Hintze, S. (2006), "Exclusión, derechos y políticas sociales. La promoción de formas asociativas y trabajo autogestivo en la Argentina", *FERMENTUM*, Mérida-Venezuela, Año 16, N° 45.

Palomino, H. (2003), "Las experiencias actuales de autogestión en Argentina. Entre la informalidad y la economía social", *Nueva Sociedad*, N° 184, Argentina.

Poli, C. (2007), *Movimiento Territorial Liberación. Su historia. Piquetes, organización, poder popular*, Buenos Aires, Ediciones CCC (Centro Cultural de la Cooperación Floreal Gorini).

Rebón, J. (2005), "Trabajando sin patrón. Las empresas recuperadas y la producción", *Documentos de Trabajo*, N° 44 (Septiembre), Buenos Aires, Instituto de Investigaciones Gino Germani, Facultad de Ciencias Sociales, UBA.

Rodríguez, M. C. (2004), "Hábitat, cooperativismo autogestionario y redefinición de las políticas públicas: buscando la 'nueva fábrica' en los barrios de Buenos Aires", Revista *Argumentos*, Septiembre, Argentina.

Sobre la transformación de la significación cultural del espacio vivido

El Movimiento de Ocupantes e Inquilinos - CTA

María Carla Rodríguez

Introducción

Aquí se analiza la experiencia cooperativa de autogestión, propiedad colectiva y ayuda mutua del Movimiento de Ocupantes e Inquilinos de la CTA[1] en áreas centrales de ciudad de Buenos Aires. Se presentan las estrategias de solución sectorial propuestas por el MOI –basadas en mecanismos y condiciones de acceso al suelo urbano y producción habitacional autogestionaria de calidad– y se las inscribe en la caracterización de la historia y las prospectivas del Movimiento.

Como un aspecto relevante, el proceso de resignificación cultural que emprende la población involucrada en prácticas autogestionarias emerge como sustento de la transformación de su vida cotidiana, más allá de los ladrillos. El tránsito hacia perspectivas integrales de transformación a partir de la sectorialidad del hábitat y el impulso de procesos de democratización de la centralidad urbana proyectan la autogestión como una vía privilegiada para revertir la desigualdad y la segregación.

---

[1] La Central de Trabajadores de la Argentina nuclea a trabajadores formales e informales y sus diversos tipos de organización sectorial y territorial desde su origen como Congreso, en 1991.

Historia y prospectivas del Movimiento de Ocupantes e Inquilinos (MOI): impulsando el cooperativismo autogestionario del hábitat en ciudad de Buenos Aires

Este apartado reconstruye las etapas que demarcan el derrotero transitado por el MOI, sus características y desafíos asumidos[2]. En grandes trazos, la primera etapa abarca desde fines de los años 1980 hasta 1998, y se centró en el impulso de procesos de organización cooperativa con población residente en edificios ocupados. En cada caso, implicó definir procedimientos particulares para regularizar el dominio o acceder a la compra de inmuebles en áreas urbanas centrales de la ciudad.

Durante la segunda etapa, entre 1998 y 2007, las cooperativas se constituyeron a partir de una apertura más general a todos los trabajadores y familias de bajos ingresos con problemas de techo. Para ello, se organizaron ámbitos específicos, denominados "guardias de autogestión". En esta etapa, los proyectos habitacionales se canalizaron en el marco de la Ley 341 de la ciudad, sancionada en el año 2000, y su programa de aplicación en el Ejecutivo local. La existencia de estos marcos institucionales que fue producto, en buena medida, de la acción sociopolítica impulsada por el MOI, permitió entre 2002 y 2006 la compra de cien predios de óptima localización e inserción urbanas.

Experiencia fundacional: el ex Patronato de la Infancia (PADELAI) en el Área Histórica de Preservación (San Telmo)

Durante la reinstalación democrática, en los años 1980, la pobreza urbana se desplegó territorialmente a través de un doble movimiento: expansión suburbana periférica (autoproducción de barrios originados en "tomas de tierra") y reapropiación de la centralidad, mediante la ocupación intersticial de cientos de inmuebles vacíos y repoblamiento de "villas" (Rodríguez 2005). Sobre el final de la dictadura –tras la instalación de políticas de corte neoliberal sostenidas en el genocidio de 30.000 militantes– miles de personas y familias empobrecidas por este proceso ocuparon inmuebles ociosos en la ciudad, para sostener su existencia cotidiana.

El contexto sociopolítico "tolerante" posibilitó inicialmente esta situación. Asimismo, permitió la recreación de redes y vínculos, como el caso de un grupo de militantes políticos y profesionales de izquierda que volvieron a la universidad pública (UBA) para transmitir generacionalmente la experiencia interdisciplinaria de la Escuela de Arquitectura-Ciudad de la Universidad de La Plata, impulsada por Marcos Winograd en la década de 1960[3].

---

[2] Etapas definidas a partir de formas de organización interna, perfil de la población convocada, metodología de trabajo organizativo e hipótesis de vinculación con el Estado. Abarcan 22 años y cinco coyunturas político-institucionales.

[3] Arquitectura-Ciudad promueve una reconfiguración del objeto de la arquitectura privilegiando la ciudad en tanto producto social sobre lo particular (la arquitectura objetual) y lo público sobre lo

Esa confluencia signó la experiencia fundacional en el ex Patronato de la Infancia (PADELAI). Se trataba de un predio localizado en el Área de Recuperación Patrimonial de San Telmo, que dio lugar a una propuesta elaborada y gestionada ante el legislativo local, por una cooperativa de las familias ocupantes, un equipo técnico interdisciplinario de la UBA y un conjunto de ONG[4].

El derecho a la ciudad constituyó un eje rector de la experiencia inicial del MOI y su posterior desarrollo. En este sentido, el caso suma a un torrente que, en América Latina, le otorga creciente relevancia en la definición de políticas habitacionales y urbanas. El concepto, que no es nuevo, ha ganado terreno en las últimas décadas –aunque muy insuficiente en sus alcances efectivos– en el debate, las reivindicaciones y propuestas de diversos movimientos populares, sectores académicos y algunas experiencias de gobierno local y nacional[5].

En el caso del ex PADELAI, la propuesta implicaba regularización dominial y reciclaje por autogestión –administración directa de los recursos por la cooperativa– de un conjunto habitacional (118 unidades de vivienda), un complejo de equipamiento comercial (60 locales) y comunitario-barrial (jardín maternal y salón de usos múltiples). En términos de propiedad, se establecía un condominio entre el municipio y la cooperativa, reservando el programa de viviendas para la segunda y la explotación

---

privado (redefiniendo sus relaciones programáticas). Propone la redefinición del perfil profesional, asociándolo al ejercicio de prácticas interdisciplinarias, definidas junto con y para la resolución de necesidades y capacidades de los sectores populares, mediante procesos participativos de gestión y diseño (Winograd 1988).

[4] Sobre un predio de 5.869 m², tasado oficialmente por el Banco de la Ciudad de Buenos Aires en 1990 en U$S 1.100.000, se localizan dos edificios de dos niveles que totalizan una superficie de 4.380 m².

[5] El derecho a la ciudad problematiza la relación entre espacio público y privado, invita a desnaturalizar y relativizar las bondades del carácter jurídicamente irrestricto de la propiedad privada del suelo urbano en las sociedades capitalistas. El concepto fue formulado en los años 1960 por Henry Lefebvre (1968), revindicando la posibilidad de que la gente volviera a ser dueña de la ciudad, recuperando la primacía de su valor de uso como escenario de la construcción de la vida colectiva. El fenómeno de expropiación de la ciudad por los grupos de poder económico y político se ha profundizado con el despliegue de la dinámica capitalista a escala mundial. En "La ciudad conquistada" (2003), Jordi Borja lo retoma y vincula con la perspectiva de los derechos humanos "complejos". La experiencia latinoamericana contemporánea –y la bibliografía– vinculan derecho a la ciudad, ciudadanía y espacio público, como una trilogía que inspira un abanico amplio de políticas urbanas que apuntan a la democratización de la producción, acceso y disfrute de la ciudad. Por ejemplo, la experiencia brasileña de impulso a la Reforma Urbana (que involucra movimientos, redes multiactorales, nuevas instituciones estatales, normativas, experiencias de gobierno y gestión), en general su inclusión como derecho con rango constitucional en reformas constitucionales concretadas en Brasil y Bolivia e impulsada en Venezuela, o la experiencia colombiana de recuperación de plusvalías urbanas (Fabio Velazquez 2007). También existe un incipiente proceso argentino de MRU y, en general, un creciente debate en organizaciones y movimientos sociales del continente. En el plano internacional, a partir de la experiencia brasileña, se ha movilizado su reconocimiento mediante una Carta Mundial del Derecho a la Ciudad.

comercial para el Estado. Los fondos del programa comercial se reinvertirían en mejoramiento del hábitat popular barrial[6].

La disputa del ex PADELAI, pese a la inicial escrituración del predio a favor de la cooperativa, se perdió. En 2003, tras un tortuoso proceso, el inmueble fue desalojado mediante la fuerza pública.

Etapa de organización cooperativa en edificios ocupados

Pero los contenidos de esa experiencia se recrearon en otros mojones. Entre 1991 y 1998, en un contexto político local y nacional adverso, unas 500 familias organizadas en cooperativas del MOI impulsaron procesos de regularización dominial ante el Gobierno Nacional (específicamente con el Organismo Nacional de Bienes del Estado-ONABE), el Legislativo de la ciudad y compras de inmuebles en el mercado. Unas 200 familias, con aciertos y errores, concretaron ese objetivo, organizadas en las Cooperativas Perú, La Unión, Yatay, Fortaleza, Nueva Vida I y II y Consorcio Eleodoro Lobos, y localizadas en los céntricos y consolidados barrios de San Telmo, San Cristóbal, Barracas y Caballito.

El MOI –sus militantes– llegaban a esos edificios ocupados mediante contactos que establecían algunas familias. Impulsaban tres ejes de trabajo: organización interna, gestión con el Estado y desarrollo de contenidos específicos de proyecto. El proceso se sustentaba en reuniones sistemáticas de tipo asambleario y una intensa interacción cotidiana entre familias y militantes.

Entre 1997 y 1999 también se ejecutó el primer reciclaje por autogestión en la ciudad de Buenos Aires (en San Telmo, límite con Puerto Madero). Se trataba de una antigua fábrica de hidrófugos que Cooperativa la Unión transformó en un conjunto de veinte viviendas cáscara, con financiamiento de un programa nacional piloto (Programa 17) de la Subsecretaria de Vivienda de la Nación, a un costo promedio de U$S 350 el m², contra U$S 800 el m² de los programas locales por licitación empresarial del período. La superficie de las viviendas oscila entre 50 y 100 m². Ese aprendizaje "caso a caso" permitió acumular experiencia para transitar una práctica orientada a la generalización.

Aportes a la gestación de políticas públicas y apertura de la propuesta al conjunto de la población sin techo

Los aprendizajes precedentes sustentaron la participación del MOI en la Asamblea Constituyente de la Ciudad (1995). Allí, un ejercicio práctico de "democracia parti-

---

[6] Criterios de autogestión, propiedad colectiva y ayuda mutua fueron asumidos en esta etapa por el MOI y potenciados en el encuentro con la experiencia cooperativa uruguaya y la fundación de la red SELVIP (Secretaría Latinoamericana de la Vivienda Popular).

cipativa" permitió aportar especificidad al artículo constitucional sobre hábitat: Art. 31 (en particular, la promoción explícita de los planes autogestionados de vivienda sumados al criterio de radicación).

Luego se impulsó el proceso participativo que gestó la Ley 341/00, a través de la constitución de una mesa multiactoral motorizada por el MOI, la Mutual de Desalojados de La Boca y la Comisión de Vivienda de la Legislatura. Esta normativa sintetizaba el tránsito cooperativo más propio del MOI, reivindicando el derecho a vivir en áreas centrales por parte de los sectores de bajos ingresos, con el balance de las herramientas de gestión local –créditos individuales– producidas como respuesta a la movilización de población en riesgo de desalojo ante el proceso de renovación urbana iniciado en La Boca, a mediados de los años 1990.

Paralelamente, asumiendo que la población ocupante de cada edificio, por diversos motivos, en muchos casos no lograba construir una mayoría organizada tras la propuesta habitacional cooperativa, el MOI reformuló y abrió su propuesta al conjunto de la población sin techo, en ámbitos específicos caracterizados por la adhesión y organización electivas, denominados "guardia de autogestión"[7].

Carácter y alcances de la Ley 341

La Ley 341 otorga créditos blandos para facilitar el acceso a la vivienda a hogares de escasos recursos en la ciudad. Como rasgo central, reconoce a las organizaciones sociales como sujetos de crédito y ejecutoras de los proyectos. Incluye compra de inmuebles, obra nueva, rehabilitación o mejoramiento y recursos para asistencia técnica interdisciplinaria. Define un tope (ajustable) que se ha mantenido en torno a los U\$S 30.000 por unidad de vivienda. El crédito se reintegra hasta un plazo de treinta años. Se subsidia la tasa de interés, con franjas entre 0 y 4%, y prevé cuotas de devolución no superiores al 20% de los ingresos familiares. No establece restricciones mínimas por el nivel de ingreso para las familias, ni requiere ahorro previo.

A partir de la crisis de 2001, la Ley 341 y sus programas operativos fueron apropiados por un amplio espectro de organizaciones, movimientos, partidos políticos y cientos de familias ocupantes e inquilinas, a pesar de limitaciones burocráticas, ahogos financieros y del incremento sostenido del precio del suelo que actualmente la pone en crisis.

Entre 2002 y 2007, 2.564 familias adquirieron 110 inmuebles de localización urbana consolidada, 4 proyectos se finalizaron (339 viviendas), 33 proyectos están en ejecución (885 viviendas) con una inversión de U\$S 27.048.769 administrados por las organizaciones sociales, 61 proyectos (1.535 viviendas) tienen previsión pre-

---

[7] Allí las personas participan de un ciclo de formación, coordinados por cooperativistas más experimentados.

supuestaria acordada y 398 cooperativas y asociaciones (8.591 familias) impulsan proyectos en distintas etapas[8].

Destacan por escala/complejidad las propuestas urbanas, las del Movimiento Territorial Liberación-MTL (conjunto ejecutado de 320 viviendas, equipamiento comunitario, comercial y radio FM en el barrio Parque Patricios) y las del MOI (180 viviendas con equipamiento comunitario y un centro educativo integral autogestionario, en 4 proyectos, actualmente en ejecución, localizadas en los barrios históricos de San Telmo, Barracas y Constitución). La compra de predios durante la poscrisis inmediata implicó óptimas inversiones públicas. Las propuestas urbanísticas se abren a sus entornos barriales y los mejoran. Estas obras implican una competitiva relación costos/calidad en relación con programas convencionales en curso (si bien deben profundizarse estudios comparados) y la creación efectiva de capacidades ejecutoras (la empresa autogestionaria "MTL construcciones" opera actualmente con 500 trabajadores del sector). No obstante, el Ejecutivo local cerró el programa a nuevos proyectos en 2007, mientras las obras de la Ley 341 son uno de sus pocos ítems en ejecución en la materia.

Mecanismos de acceso y gestión propuestos por el MOI

La transferencia directa de recursos públicos a las organizaciones populares implica crear capacidades para definir, llevar adelante y controlar el desarrollo de los proyectos. Este rol ejecutor, en el MOI, se inscribe en una intervención política más general que promueve el desarrollo de la participación organizada en el diseño, planificación, seguimiento, evaluación y eventual redireccionamiento de programas y políticas.

Estas políticas requieren, asimismo, un papel articulador de los organismos de gobierno y sus trabajadores estatales, generando ámbitos e instrumentos de participación, perfiles y calificaciones laborales pertinentes, ajustando parámetros de financiación y auditoría, etc.

En América Latina, se han desarrollado procesos significativos en el campo de la autogestión del hábitat. La bibliografía da cuenta de alcances y limitaciones: algunos vinculados con aspectos internos y específicos (la eficiencia es un desafío nodal), pero también con condicionantes y dinámicas políticas estructurales.

Por ejemplo, en Lima (Perú), la temprana, masiva y fenomenalmente expandida dinámica de autoproducción poblacional de las periferias o "conos"[9] ha sido objeto recurrente de admiración y "mistificación", base de diversas –y contradictorias– propuestas políticas (desde al filoanarquismo de Turner en los años 1960 hasta el neoliberalismo de Hernando De Soto, en los años 1990). Como caso específico de producción colectiva organizada en forma autogestionaria se cita la experiencia de

---

[8] Informe IVC (diciembre de 2007).

[9] Que involucra alrededor del 60% de la superficie de la ciudad (Riofrío 1983).

CUAVES-Comunidad Urbana Autogestionaria de Villa "El Salvador" (Imparato 2003; Barreda y Tokeshi 2001; Teschner, Klaus 1998; Zeballos, Eduardo 1991; Riofrío y Rodríguez 1980; Etienne,Henry 1978)[10], unida históricamente con el complejo devenir de la experiencia política de la izquierda peruana. En el abanico de debates y análisis subyace un trasfondo de preocupaciones asociadas con las posibilidades y limitaciones del desarrollo sociopolítico que otorga contexto, significado y alcances a la "autogestión".

México DF también destaca en el ejercicio de prácticas habitacionales autogestionarias, con un hito en las ejecutadas a partir del gran terremoto de 1985 (Connolly, Coulomb, Duhau 1991). El movimiento atravesó consecuencias dispares a partir de los procesos de institucionalización de algunas de esas propuestas como políticas nacionales y locales (Ortiz 2002). Encuentros y desencuentros ligados con los avatares de la evolución política y la relación entre movimientos y partidos políticos, en particular, a partir de la experiencia gubernamental progresista del PRD (Sandoval, G. 2004: [11])[12].

Pero la experiencia paradigmática –en términos de su estructuración como política habitacional, continuidad y escala– ha sido la del cooperativismo autogestionario de propiedad colectiva y ayuda mutua uruguayo, con base en un marco normativo y de políticas implementado desde 1968, que fungió de base para la constitución de un potente sujeto sociopolítico: la Federación Uruguaya de Cooperativas de Vivienda por Ayuda Mutua. Se trató de cientos de conjuntos habitacionales y "trozos de ciudad democrática", en una historia entrelazada, estrecha y a veces también contradictoriamente, con el desarrollo de la experiencia política del Frente Amplio (FA), a escala local y luego nacional. En Brasil, la misma ha sido recreada en el contexto de desarrollo de los movimientos urbanos populares vinculados a la experiencia gubernamental del Partido de los Trabajadores (PT).

En el MOI, los procesos cooperativos autogestionarios se inician en las guardias y continúan en cada cooperativa sobre tres ejes de prácticas: participación, ahorro y ayuda mutua. Cada cooperativa recorre, a su vez, los ciclos de gestión del proyecto, compra de un inmueble, ejecución de la obra y habitar, construyendo los instrumentos que regulan distintos aspectos de su vida colectiva (reglamento interno, reglamento de ayuda mutua, criterios de adjudicación de las viviendas, convivencia en el habitar). De este modo, la cooperativa se asume como organización estable y permanente, que adecua sus objetivos e instrumentos organizativos a diferentes etapas que atraviesa el grupo humano que la constituye.

---

[10] 133 publicaciones producto de diversas investigaciones así como dos obras literarias. Disponible en línea: www.amigosdevilla.it.

[11] Entrevista.2004.

[12] Entrevista. 1999.

El modelo MOI integra ayuda mutua (18 horas en promedio familiar semanal), ahorro previo (definido por cada cooperativa según sus posibilidades) y propiedad colectiva como modalidad permanente de tenencia. La mano de obra calificada es provista por una cooperativa de trabajo, constituida en el marco de la organización.

Para lidiar con el tiempo, se ha generado un programa de sostén denominado "Vivienda Transitoria" (PVT) desarrollando condiciones habitacionales que, sin alcanzar los estándares de calidad de las viviendas definitivas, brindan estabilidad, morigeran significativamente la precariedad y el hacinamiento, y prefiguran la experiencia de convivencia y mantenimiento de los conjuntos definitivos.

Las Viviendas Transitorias son organizadas y mantenidas por las familias residentes, quienes definen reglas internas (reciben el espacio habitacional en forma subsidiada y se hacen cargo del pago de los servicios y mantenimiento cotidiano del edificio). En el MOI se desarrollaron tres experiencias PVT, abarcando 50 familias emplazadas en cercanías de los proyectos definitivos y otras cooperativas (Barracas y San Telmo). Asimismo, el MOI propone que estos PVT sean comprados por el GCBA, integrando un banco de inmuebles de política habitacional[13].

La Vivienda Transitoria (cuyo carácter de tránsito se liga a la concreción de los proyectos habitacionales definitivos) brinda parámetros para repensar el abordaje de otros instrumentos dirigidos hacia la emergencia habitacional: comodatos o alquileres sociales, formas asociativas con menores grados de exigencia y rediseño de la utilización del subsidio.

A partir de la crisis de 2001 y su impacto local en hoteles, el gobierno local conformó un ámbito institucional de VT. En 2005, 400 familias contaban con veinte inmuebles subsidiados por el GCBA. Lamentablemente, el Ejecutivo suspendió arbitrariamente el programa. Las organizaciones con mayor desarrollo sostienen actualmente sus PVT con recursos propios y/o en diversas situaciones de litigio político y/o judicial.

El MOI implementó otro instrumento de sostén denominado "Programa de Preobras", que como práctica inicial de ejecución autogestionaria y puesta a punto de las cooperativas implica, al igual que los PVT, orientar subsidios hacia dispositivos colectivos dirigidos al fomento de capacidades productivas y organizativas.

La transformación cultural, piedra angular de los procesos autogestionarios del hábitat

La dimensión cultural emerge como factor clave para la sustentabilidad y alcances de las transformaciones promovidas a través de procesos autogestionarios de hábitat. Cambios en la subjetividad transitados en las prácticas colectivas dan cuenta de un

---

[13] El PVT 3-MOI –Av. Independencia casi esquina 9 de Julio– es patrimonio del GCBA y fue adquirido a instancias del MOI para este fin.

proceso de aprendizaje que habilita la resignificación del espacio vivido y sedimenta el modo de vida cooperativista.[14] Identificamos tres facetas centrales[15]:

Asumir de manera consciente la compleja integración de la diversidad

La heterogeneidad social, económica y cultural, signada por múltiples inserciones sociales, nacionales, laborales, educativas, habitacionales y políticas de los sectores populares y medios bajos, es una característica constitutiva del MOI (que se encuentra en sincronía con la hipótesis fundacional de su organización mayor de pertenencia: la Central de Trabajadores de la Argentina-CTA[16]).

Este rasgo es un laboratorio privilegiado para la experimentación a escala micro del ejercicio del "derecho a la ciudad". Como mayor desafío, comporta una ambigüedad tensionante, sostenida en la sospecha de que las diferencias son irreductibles y desafían a convivir cotidianamente construyendo organización unitaria consciente a partir y asumiendo esa irreductibilidad[17].

a) Desarrollo de nuevas competencias y resignificaciones

La organización cooperativa se vive como un potente dispositivo transformador. Se participa con la razón y los afectos, poniendo el cuerpo y el tiempo y modificando progresivamente la vida cotidiana. Esta encrucijada temporo-espacial –en parte obligatoria y en parte elegida– constituye la urdimbre de la cotidianeidad cooperativa, *locus* de nuevos aprendizajes.

En nuestras sociedades desiguales y excluyentes, los procesos de individuación y las posibilidades de desarrollo de la reflexividad constituyen una posibilidad y un recurso desigualmente constituido. La organización social autogestionaria habilita un espacio para desarrollar las competencias que permiten desnaturalizar los mecanismos de la desigualdad y un tipo de contexto colectivo que resignifica el desarrollo individual, a partir de la crítica del mito de la autonomía robinsoniana.

Alejandro dice: "Entonces yo, un giro de 180º... imaginate un tipo que viene de estar dos años abandonado en un hospicio a poder tener un buen diálogo con una arquitecta...de estar abandonado a tener un espacio. Sentirte en tu casa y poder decir verdaderamente, de corazón: '¿A dónde vas?' Y responder: 'Voy a mi casa'". Se habla de corazón, integrando razón y afectos que se han involucrado en un proceso

---

[14] Cuando una persona/familia se acerca a la Guardia del MOI, los primeros meses, insume 2 ó 3 horas semanales. En grupo precooperativo promedian 15 horas semanales. Como cooperativista, en la etapa de obra, destina —junto con su familia— unas 24 horas semanales (asamblea semanal cooperativa, trabajo en comisión y campo de obra). Si es consejero, rondará las treinta.

[15] Analicé ocho entrevistas en profundidad a mujeres (5) y hombres (3) que expresan cualitativamente gran parte de esta heterogeneidad.

[16] Que el MOI integra desde 1991.

[17] ¿Soportar? ¿Tolerar? ¿Reconocer? ¿Aceptar? ¿Disfrutar? ¿Amar? ¿Encontrar al "otro" en nosotros?

de modificación progresiva de la vida cotidiana, porque el proyecto cooperativo implica "*poner el cuerpo*", en distintos "espacios", en forma personal y familiar, modificando progresivamente la cotidianeidad. Ese tiempo –en parte obligatorio y en parte elegido– que se dedica en espacios colectivos a compartir, participar y trabajar juntos, constituye la urdimbre de la cotidianeidad cooperativa. Allí cada participante transita nuevas experiencias y aprendizajes[18], abriendo un espectro variable de nuevas dimensiones que antes no formaban parte de la vida cotidiana. Por ello, como dice Liliana: "Entrar a la organización te cambia. Te cambia totalmente lo que es la vida, lo que es los pensamientos".

Progresivamente, la organización conjuga ámbitos, actividades y usuarios/participantes, en un caldero donde se cuecen y transforman las experiencias vividas junto con la espacialidad urbana y sus significaciones (a escala microsocial y barrial: proyecto a proyecto, en cada salón de usos múltiples, edificio a edificio. Y en lo institucional: ley a ley, programa a programa, presupuesto a presupuesto).

b) De pacientes a discentes[19]: ensanchando la capacidad de decisión política

La palabra y el debate son vehículo de los cambios vividos en la cotidianeidad del contexto organizativo. Capacidad autogestionaria y deliberación van juntas. Se aprenden simultánea y colectivamente, mientras se van redefiniendo los vínculos intersubjetivos. Algunos señalan que esas transformaciones inciden positivamente en sus relaciones personales y familiares. Generan conflictos pero también herramientas para pasar a un nuevo estado de situación. Este ejercicio individual y (en) colectivo, posibilita reconocer ambigüedades, contradicciones propias y de las relaciones humanas y sociales, así como el poder interpelar de manera igualitaria al resto de las personas, independientemente de la posición social que ocupen[20].

---

[18] Por ejemplo, reuniones y acciones de creación, organización, participación en determinados productos materiales –y nuevas espacialidades– que apuntalan el proyecto cooperativo (como puede ser un Jardín Maternal, la búsqueda de una futura vivienda transitoria, jornadas solidarias para habilitar algún equipamiento de uso colectivo, etc.), participación en instancias de interacción con legisladores y funcionarios ejecutivos de distintos rangos y niveles, festejos, cursos de capacitación.

[19] Neologismo introducido por Paulo Freire. Como "discentes", los educandos pueden "pensar acertadamente" para "hacer acertadamente", es decir, con capacidad de reflexión crítica sobre su práctica. No hay entendimiento que no sea comunicación e intercomunicación y que no se funde en la capacidad de diálogo. Por eso, pensar acertadamente es dialógico y no polémico (Freire 2002: 39).

[20] Alejandro: "Aprender a respetarse el uno al otro, aprender a debatir... escuchar, si no te gusta y consensuar... todo lo que tengo que decir lo hablo...eso te permite otra libertad psíquica, para decir con toda tranquilidad: soy transparente, soy loco, soy payaso, soy bueno, soy malo. Te liberás de determinadas ataduras, de represiones...opresiones y se generan cambios en la conducta".
Chola: "Yo era una ama de casa dedicada a tener todo ordenado, a tejer patines, almohadones, pero llegar al MOI despertó en mí valores distintos... no encuentro la palabra, sea la categoría que sea... sea un diputado, sea el mismo Presidente de la Nación, yo estoy en condiciones de entablar una conversación, de explicarle mi lucha, mi sufrimiento, mis ansiedades, mis expectativas, mi desafíos.

El acto y la reflexión sobre el sentido de tomar la palabra en ámbitos colectivos son indicio de un tránsito de pacientes (sujetos pasivos) a participantes o usuarios. A su tiempo, cada quien abandona el rol pasivo respecto de los acontecimientos que marcan su vida. Estos cambios, ligados con la cuestión de la "decisión", parecen ligarse con el carácter que asume el proceso comunicativo en los procesos autogestionarios. Si éste fortalece prioritariamente lo dialógico (reduciendo los márgenes de imposición, los mecanismos grupales regresivos y manipulatorios), se profundiza el sentido de apropiación y pertenencia de los participantes, como productores de conocimiento, diálogo y organización social[21]. De este modo se fortalecen competencias para el ejercicio de la democracia participativa, sustentando la posibilidad de reivindicación y ejercicio del derecho a la ciudad.

Democratizando la centralidad urbana

> Chola: "El derecho a la ciudad, lo ganamos...fui parte de muchas idas y venidas, y discutir y pelear y hacerles notar (a concejales, políticos, vecinos, organizaciones), que teníamos derecho a la ciudad. Como cualquier ser humano… Eso fue parte de ganar el respeto de otros sectores, digamos… con mucho esfuerzo".

El tránsito desarrollado por el MOI a lo largo de casi dos décadas desplegó como eje nodal el derecho a vivir en áreas centrales por parte de los sectores de bajos ingresos. Es decir, "el derecho de los ciudadanos a figurar en todas las redes y circuitos de dominación, de información y de intercambios. Lo cual no depende de una ideología urbanística, ni de una intervención arquitectónica, sino de una propiedad esencial del espacio urbano: la centralidad" (Lefebvre 1972: 2). Por eso el MOI plantó mojones concretos en disputa por la apropiación de la centralidad urbana, como forma de acción política y sostén de un debate mayor en pos de la construcción de una ciudad democrática.

Ya en su acción fundacional en el Área de Preservación Histórica, la propuesta urbanística y social del MOI implicaba disputar la reinscripción del lugar que "ocuparían", en esa nueva democracia, los sectores populares, construyendo cauces para no devenir marginales, excluidos, superfluos, en un territorio que demostró con el tiempo su rol estratégico inserto en la dinámica de renovación urbana de sesgo "turístico cultural" y excluyente, que involucra en forma creciente el conjunto del área sur de Buenos Aires, entre otras. (Harvey 2002; Herzer 2008; Cosacov y Menazzi en Herzer 2008).

No me da temor sino que me siento con todas las fuerzas y el valor de hacer frente a quien sea... con una fuerza de convencer".

[21] Sentido presente en la teoría Bajtiniana (Voloshinov 1992), que nos provee elementos para analizar la coexistencia diálogo-polémica en los procesos de transformación cultural contrahegemónica y herramientas significativas para pensar y asumir el conflicto constitutivo de la otredad.

A contrapelo, por un lado, de ese reforzamiento de la centralidad urbana de carácter excluyente experimentado en estas décadas, bajo un modelo de concentración y segregación crecientes –que se expresa en la valorización exacerbada del precio del suelo y en el papel omnipresente de sucesivos gobiernos nacionales y locales como facilitadores del flujo del capital tanto con sus intervenciones como "no intervenciones"– , y por otro, a caballo de las crisis que genera ese mismo modelo de desarrollo, y en particular de las respuestas organizativas articuladas desde los sectores populares urbanos, en la ciudad de Buenos Aires, la Ley 341 habilitó un significativo campo de disputa por la democratización de la apropiación de la centralidad urbana. Esto se dio al posibilitar como herramienta de gestión la preservación de la heterogeneidad de usos y sectores sociales, y la coexistencia de las diferencias como elemento fundante de la construcción material y cultural de una ciudad democrática. La conformación no prevista de un banco de inmuebles de calidad y óptima localización con destino a la producción de vivienda social dirigida por las organizaciones es un saldo provisorio de esta disputa social y política.

La autogestión cooperativa, así, desafía con evidencias el sentido común economicista naturalizado y hegemónico que supone vincular precio de mercado y capacidad de pago individual de cada familia como criterio definitorio de dónde habitar, y que naturaliza la segregación socioespacial, es decir, *la negación del derecho universal a la centralidad urbana.*

Algunas conclusiones

En un contexto continental y nacional donde ninguna línea de políticas habitacionales ha mostrado su capacidad contundente para reducir el déficit habitacional, planteamos que el balance de alcances y limitaciones de la experiencia analizada –considerada en su contexto sociopolítico continental– plantea claramente la autogestión como evidencia indiscutible del poder de transformación de la desigualdad socialmente producida.

Asimismo, se reconoce que los procesos de resignificación cultural del espacio vivido, transitados a distintas escalas, constituyen la argamasa que da sustentabilidad, es decir, flexibilidad, capacidad de adecuación y, en definitiva, reaseguro estratégico, sostenido en la apropiación social a los dispositivos de políticas, programas e instrumentos que se puedan diseñar, impulsar e instalar.

La "construcción" del "derecho a la ciudad" –a la centralidad urbana– emerge de un denso recorrido anclado en la transformación de la vida cotidiana en una tarea compleja de intercambio y traducciones que puede ejercer un efecto *performativo* sobre la dimensión política.

La disputa por la democratización de la centralidad urbana evidencia que no hay desarrollo políticamente neutro. La autogestión tampoco es un "mecanismo neutral" para cualquier modelo de desarrollo. Las condiciones cotidianas de vida de los sectores populares dependen de los procesos políticos que los involucran o protagonizan.

La experiencia local y continental en materia de autogestión del hábitat evidencia que las relaciones entre producción del hábitat, organización de la población y proceso sociopolítico constituyen un aspecto nodal en un necesario balance regional de experiencias, frustraciones y perspectivas de gobiernos con orientación transformadora, progresistas y/o de horizonte socialista.

Finalmente, el MOI ha iniciado en el último bienio una nueva etapa de nacionalización. Sus procesos organizativos, propuestas y metodologías, en distintas fases de desarrollo, tienen presencia en localidades de seis distritos provinciales[22].

Bibliografía citada.

Arturo, J. (2007), "Derecho a estar en la ciudad y desarrollar sentidos de pertenencia", en Velázquez Fabio (comp.), *Conversaciones sobre el derecho a la ciudad. Colección Travaux* de l' Institut Francais d'Études Andines., vol. 257, Lima. (pp. 31-38).

Barreda, J. ; Tokeshi, J. (2001), "Estudio urbanístico de las I y II de Pachacmac: programa urbano de DESCO", *Documento de Trabajo,* Lima, DESCO.

Borja, J. (2003), *La ciudad conquistada,* Barcelona, Alianza Editorial.

Coulomb, R. (1992), *Pobreza urbana, autogestión y política*, México, Ediciones de CENVI.

Connolly, Coulomb R. y Duhau, E. (1991), *Cambiar de casa pero no de barrio. Estudios sobre la reconstrucción de la ciudad de México,* México, CENVI-UAM.

Cosacov N; Menazzi, L. (2008), "Revalorización y exclusión en el barrio de San Telmo: algunas reflexiones para comprender el consenso", en Herzer, Hilda, *Con el corazón mirando al sur,* Buenos Aires, Espacio editorial.

Freire, P. (2002), *Pedagogía de la autonomía*, Buenos Aires, Siglo XXI.

Imparato I. (2003), Slum upgrading and participation: lessons from Latin America, Ivo Imparato, Jeff Ruster, Washington DC, World Bank.

Harvey, D. (2002), "The art of rent: globalization, monopoly and the commodification of culture", en *Socialist Register 2002: A World of Contradiction.* Disponible en línea: http://socialistregister.com/recent/2002/harvey2002

Henry, E. (1978), *La Escena Urbana: Estado y Movimiento de pobladores 1968-1976,* Lima, PUCP.

Herzer, H. (2008), *Con el corazón mirando al sur,* Buenos Aires, Espacio editorial.

Lefebvre, H. (1970), *La revolución urbana*, Madrid, Alianza Editorial.

---

[22] Ciudad de Buenos Aires, Provincias de Buenos Aires, Santa Fe, Neuquén, Río Negro y Tierra del Fuego, en gran parte caracterizados por fuertes procesos de especulación inmobiliaria asociados al turismo.

Lefebvre, H. (1972), *Espacio y política,* Barcelona, Editorial Península.

Ortiz, E.; Zarate, L. (2002*), Vivitos y coleando. 40 años trabajando por el hábitat popular en América Latina, México,* Universidad Autónoma Metropolitana-HIC-AL.

Riofrio, G.; Rodriguez, A. (1980), *De Invasores a Invadidos*, Lima, DESCO.

Rodríguez, M. C .(2009), *Autogestión, políticas del hábitat y transformación social.* Espacio editorial. Buenos Aires.

Rodríguez, M. C. (2005), *Como en la estrategia del caracol. Ocupaciones de edificios y políticas municipales del hábitat,* Buenos Aires, El cielo por Asalto.

Teschner, K. (1998), "Villa El Salvador y sus ampliaciones // Villa El Salvador uns seine Erweitwrungen" en *Revista TRIALOG* nº57, 2/1998, Stuttgart, Alemania.

Vigna, D.; Fell, C. (2003), *Action collective et participation politique dans une barriada de Lima, Villa El Salvador*, Paris, Université de la Sorbonne nouvelle (Thèses et écrits académiques).

Winograd, M. (1988), *Intercambios*, Buenos Aires, Espacio Editora.

Voloshinov V. (1992) (a. Bajtin, M.), "El problema de la relación entre las bases y las superestructuras" y "Planteamiento del problema del 'discurso ajeno'", en *El marxismo y la filosofía del lenguaje,* Madrid, Alianza Editorial.

Zeballos, E. (1991), "Villa El Salvador: tiempos de lucha y organización", en Gustavo Riofrío *et al., Villa el Salvador*, pp.138-202.